rowohlt
POLARIS

Tobias Escher

Die Weltmeister von Bern

Biografie einer Jahrhundertmannschaft

Rowohlt Polaris

2. Auflage Juli 2024

Originalausgabe
Veröffentlicht im Rowohlt Taschenbuch Verlag,
Hamburg, Juni 2024

Covergestaltung Hauptmann & Kompanie Werbeagentur, Zürich
Coverabbildung picture alliance /dpa
Innengestaltung Daniel Sauthoff
Satz Scala OT bei Pinkuin Satz und Datentechnik, Berlin
Lithografie Susanne Kreher
Druck und Bindung GGP Media GmbH, Pößneck
ISBN 978-3-499-01442-0

FSC
www.fsc.org
MIX
Papier | Fördert gute Waldnutzung
FSC® C014496

Inhalt

Teil 3: Nach Spiez

Anhang

Prolog

> *«Sechs Minuten noch im Wankdorfstadion in Bern. Keiner wankt. Der Regen prasselt unaufhörlich hernieder. Es ist schwer, aber die Zuschauer, sie harren aus. Wie könnten sie auch? Eine Fußballweltmeisterschaft ist alle vier Jahre. Und wann sieht man solch ein Endspiel? So ausgeglichen, so packend!»*

Alles fühlt sich schwer an. Die Füße. Das Knie. Der Kopf. 84 Minuten hat Ottmar Walter alles aus seinem Körper herausgepresst. Es regnet unaufhörlich. Seine Kleidung ist vollgesogen, der Ball scheint doppelt so viel zu wiegen wie beim Anpfiff. Ottmar war nach links ausgewichen, nach rechts, ließ sich fallen und sprintete wieder und wieder in den Strafraum.

Doch die meiste Zeit hatte er zugeschaut. All die Lücken, die er zulief, all die Kopfballduelle, in die er sich warf: allenfalls eine Fußnote gegen eine ungarische Mannschaft, die minutenlang das deutsche Tor belagert hatte.

2:0 hatten sie geführt, ehe Deutschland noch vor der Halbzeitpause zum 2:2 ausglich. Ottmar beobachtete, wie die Ungarn auf dem Weg zur Kabine miteinander schimpften. Doch er sah auch, wie sie aus der Kabine zurückkamen. Mit dem Willen, den Deutschen eine Lektion zu erteilen.

Kein Spieler merkt so schnell, wenn ein Spiel gegen die eigene Mannschaft läuft, wie der Mittelstürmer. Er nimmt dann nicht mehr teil am Spiel. Dreißig Minuten lang war es Ottmar Walter jetzt schon so ergangen. Der Ball befand sich weit weg von ihm, im deutschen statt im ungarischen Strafraum. Keine Minute verging ohne ungarische Torchance. Ferenc Puskás schießt auf das deutsche Tor – Toni Turek pariert. Mihály Tóth dribbelt zwei Abwehrspieler aus – Werner Kohlmeyer wirft sich in den Schuss. Sándor Koscic köpft – die Latte rettet.

Doch nun spürt Ottmar, wie sich das Blatt wendet. Plötzlich

fliegen wieder Bälle in seine Richtung. Lange Schläge, um die er sich mit den gegnerischen Verteidigern streitet. Flanken führen zu Kopfballduellen, und Kopfballduelle führen zu Eckbällen. Ottmar Walter ist wieder im Spiel – und damit auch die deutsche Nationalmannschaft.

«Jetzt Deutschland am linken Flügel, durch Schäfer. Schäfer spielt zu Morlock, wird von den Ungarn abgewehrt.»

Eigentlich könnte Helmut Rahn sich zurücklehnen. Den versprochenen Treffer hat er bereits geliefert, vor über einer Stunde, als er den Ball nach einer Ecke nur über die Linie drücken musste. Nur, so richtig rahnmäßig war das Tor nicht. Er wollte eine seiner berühmten Bomben zünden, für die ihn seine Mitspieler bewundern und die Gegner fürchten. In der 75. Minute hatte er die Möglichkeit dazu, als er einen Doppelpass spielte und das Leder aufs Tor jagte. Doch Torhüter Gyula Grosics fischte den Ball aus dem Winkel. Dieser verdammte Grosics!

Das darf es nicht gewesen sein, denkt Rahn. Ein Ding muss ihm noch gelingen. Nichts hält ihn mehr auf seiner Rechtsaußen-Position. Die zeichnet Sepp Herberger sowieso nur an die Tafel, weil er den Namen Rahn ja irgendwo hinschreiben muss. Rahn und sein Trainer wissen: Er wird sowieso überall auftauchen. Nun schleicht er sich ins Zentrum. Auch wenn die Flanke von Schäfer nicht ankommt: Rahn überkommt das Gefühl, dass dies nicht die letzte Hereingabe war.

«Bozsik. Immer wieder Bozsik. Er hat den Ball verloren. Diesmal gegen Schäfer. Schäfer nach innen geflankt.»

Ottmar Walter hat wieder etwas zu tun. Schon bevor Schäfer den Ball erhält, sprintet er in den Strafraum. Er weiß genau, was kommen wird. Schäfers Flanken sind gut. Nicht so butterweich wie die gelöffelten Hereingaben seines Bruders. Aber sie sind gut genug, um die ungarischen Abwehrspieler zu beschäftigen.

Ottmar merkt früh, dass er den Ball nicht erreichen wird. Selbst wenn – die Flanke fliegt zu weit hinter ihn, um den Ball irgendwie Richtung Tor zu drücken. Aber er kann Mihály Lantos ärgern. Der ungarische Verteidiger soll den Ball nicht sauber köpfen können. Dafür will Ottmar sorgen.

«Kopfball. Abgewehrt.»

Lantos' Kopfball landet direkt vor den Füßen von Helmut Rahn. Genau wie von ihm vorhergesehen. Er nimmt ihn an und hebt kurz den Kopf. Drei Gegenspieler, keiner in direkter Reichweite. Sehr gut. Genau so wollte er ihn haben.

Ottmar Walter läuft nach rechts. Er steht mutterseelenallein vor dem Tor. Ein Pass zu ihm, und er muss den Ball nur noch am Torhüter vorbeischieben. Ottmar schreit sich die Seele aus dem Leib. «Boss! Boss!» Doch eigentlich weiß er: Wenn Rahn den Ball in Schussposition erhält, gibt es für ihn keine Mitspieler mehr. Es gibt nur noch den Ball und das Tor.

Alle wissen das. Nur Lantos nicht. Der Manndecker zögert eine Sekunde. Kein Ungar steht näher zu Rahn. Lantos fürchtet, Rahn könnte zu Ottmar passen. Armer, unwissender Lantos. Ein Helmut Rahn spielt keine Pässe, sobald er in Schussposition steht.

Rahn sieht, wie Lantos zögert. Er bestärkt dessen Zweifel. Mit einem kurzen Kontakt mit dem rechten Bein täuscht er einen Pass an. Im letzten Moment zieht er den Ball mit der Innenseite nach links. Lantos merkt, dass er hereingelegt wurde. Mit einem Spagatschritt hechtet er zum Ball. Zu spät.

«Aus dem Hintergrund müsste Rahn schießen.»

Rahn hat sich mit seinem Haken Zeit verschafft. Eine Gasse öffnet sich zwischen den Verteidigern. Ein direkter Weg zum Tor. Helmut Rahn bemerkt sie als Erster. Dann sehen Lantos und seine Mitspieler die Lücke. Zu dritt stürzen sie auf Rahn.

«Rahn schießt.»

Die Ungarn reißen Rahn zu Boden, aber erst, nachdem er mit dem linken Fuß einen Schuss abgelassen hat. Rahn sieht den Ball nicht. Aber das muss er auch nicht. Schon als er die Kugel getroffen hatte, wusste er, wo sie landen wird.

«Toooor! Toooor! Toooor! Toooor!»

TEIL 1

Vor Spiez

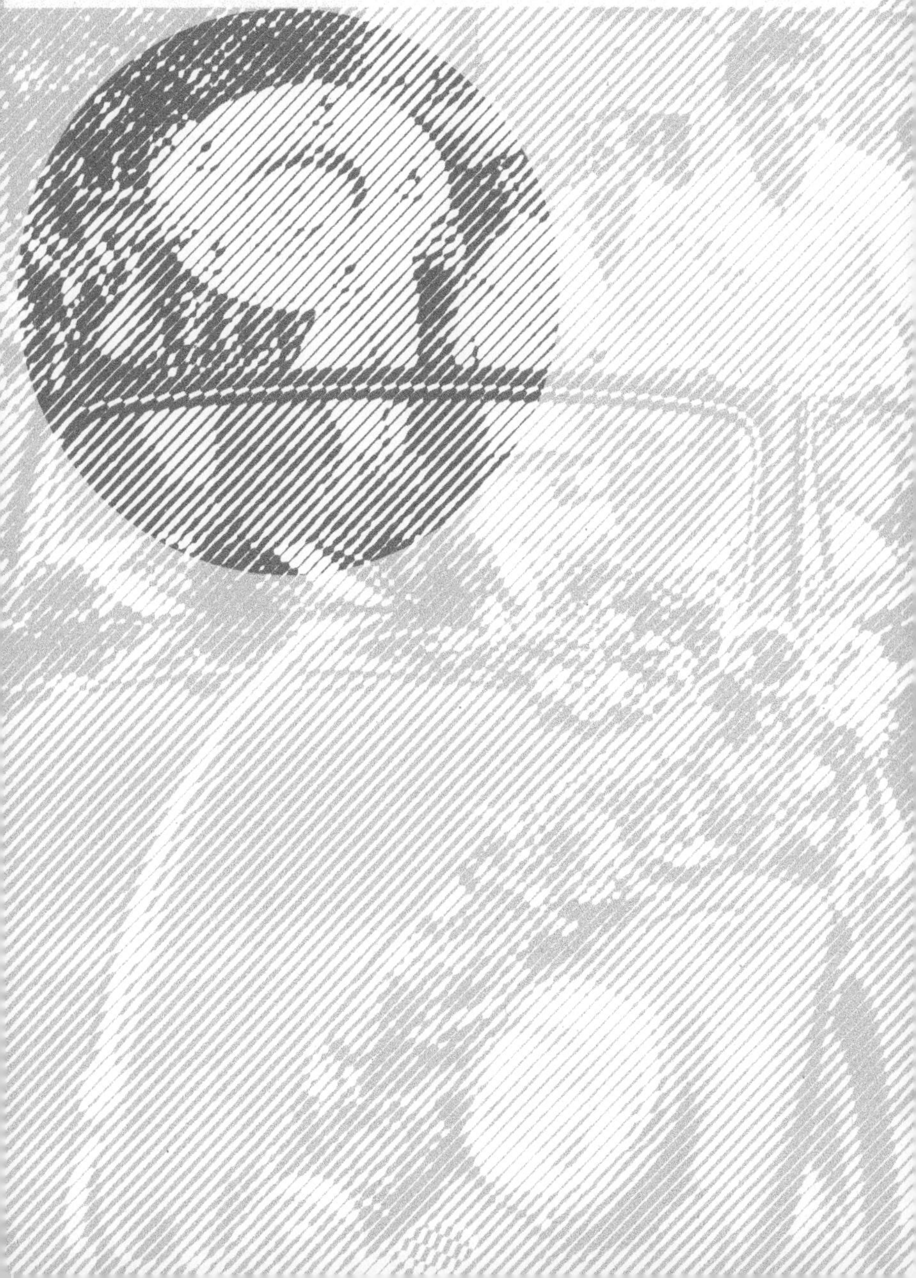

OW:
Ein Traum und ein Krieg

Ottmar Walter kann die Wut nicht mehr verdrängen. Den ganzen Tag hatte er sich den Schwachsinn anhören müssen. «Lass es doch einfach sein, Ottmar! Du wirst nie so gut wie dein Bruder! Siehst du nicht, was der Fritz alles kann?» Besonders sein Vater schien stets zu wissen, was Ottmar alles nicht schaffen wird. Eins betont er immer wieder: So gut kicken wie der Fritz wird Ottmar nie.

Ottmar kennt die Sprüche; nicht nur von seinem Vater, sondern auch von den Mitschülern, von seinen Mitspielern, von den Zuschauern. Tief im Inneren weiß er, dass sie recht haben. Niemand auf der Welt bewundert Fritz Walter so sehr wie sein kleiner Bruder. Er wird den Ball nie so elegant streicheln, nie solch ein Gefühl entwickeln für das Geschehen auf dem Platz. Aber es deshalb nicht versuchen? Ottmar hat die Hänseleien ertragen. Nicht immer still und klaglos – dafür war er zu wild und sein Mundwerk nicht zahm genug. Aber er hat sich nie so aufgelehnt wie an diesem 14. Juli 1940.

Eigentlich hätte es ein Freudentag sein sollen. Sein 19 Jahre alter Bruder Fritz trägt zum ersten Mal das Trikot der deutschen Nationalmannschaft. Deutschland gegen Rumänien. Der 16 Jahre alte Ottmar und sein Vater sitzen im Stadion, als Fritz mit Adler und Hakenkreuz auf der Brust den Rasen des Frankfurter Waldstadions betritt. Die 40 000 Zuschauer jubeln, als der älteste Walter-Spross die ersten drei Treffer vorbereitet. Sie sind völlig aus dem Häuschen, als der Debütant in der zweiten Halbzeit selbst drei Tore erzielt. 9:3 lautet der Endstand. Zu Hause erwartet die gesamte Familie den frisch gebackenen Nationalspieler. Ottmar, sein Bruder Ludwig und seine Schwestern Sonja und Gisela überreichen Fritz einen Blumenstrauß. In der Gaststätte der Familie wird gefeiert bis zum Morgengrauen.

Dieser Tag weckt in Ottmar einen sehnlichen Wunsch. Er will auch das schwarz-weiße Trikot der Nationalmannschaft tragen. Die deutsche Nationalhymne hören. Von Zehntausenden von Zuschauern angefeuert werden und nicht, wie am heimischen Betzenberg, nur von ein paar Tausenden. Noch am selben Tag fasst er einen Entschluss: Er will Nationalspieler werden, genau wie sein Bruder.

Ottmar erzählt seiner Familie von diesem Wunsch. Sein Vater lacht nur. «Du steifer Jockel wirst niemals so gelenkig wie der Fritz!» Da platzt Ottmar der Kragen. Mit blanker Faust schlägt er auf ein Bierfass. «Ich wette um ein Fass Bier, dass ich es schaffe!» Das gigantische Fünfzig-Liter-Fass zeigt sich von Ottmars Schlägen unbeeindruckt. Sein Vater auch. «Leicht verdientes Bier», murmelt er und schlägt ein. Ottmar hat nun einen weiteren Grund, allen zu beweisen, was in ihm steckt.[1]

Ottmar Walter erblickt am 6. März 1924 das Licht der Welt. Er ist das dritte Kind von Ludwig und Dorothea Walter. Sein Vater wuchs auf im Dorf Niederkirchen, etwas nördlich von Ottmars Geburtsstadt Kaiserslautern. Ludwig verließ seine Heimat vor dem Ersten Weltkrieg. Ihn zog es nach Amerika, er wollte die weite Welt sehen und ein paar Dollar verdienen. 1914 kehrte er zurück in die Pfalz. Wenige Tage später bricht der Erste Weltkrieg aus. Ludwig wird zum Militär eingezogen. Die Armee schickt ihn nach Berlin. Hier lernte er Dorothea kennen, Spitzname: «s' Dorsche». Die waschechte Berlinerin war kaum zwanzig, als sie mit Ludwig das erste Kind erwartete: ihren Sohn Friedrich, Rufname: Fritz, geboren am 31. Oktober 1920. Gemeinsam zog die frisch gebackene Familie zurück in die Heimat des Vaters, genauer gesagt nach Kaiserslautern. Mit dem angesparten Geld aus Ludwigs Zeit in Amerika und mit etwas finanzieller Hilfe seiner Mutter kaufte sich die junge Familie ein Haus in der Bismarckstraße.

Im Erdgeschoss eröffneten die Walters eine Gastwirtschaft. Für 70 Pfennig bekommt man Rippchen mit Sauerkraut und Brot, für 90 Pfennig ein Kotelett mit Kartoffeln. An besonderen Tagen servieren sie Gulasch mit Nudeln.

Ottmars Kindheit spielt sich hauptsächlich zwischen dieser Gastwirtschaft und der Schule ab – wobei die Betonung auf «zwischen» liegt. Die Walter-Söhne verbringen selten Zeit zu Hause. Ottmars ältester Bruder Fritz trat schon von Kindesbeinen an gegen jeden Gegenstand, den er finden konnte. Mit sechs überzeugte er die anderen Kinder auf der Straße, ihn beim Fußball mitspielen zu lassen. Sie waren deutlich älter, doch Fritz war schon in jüngsten Jahren der merklich bessere Kicker. Der schmächtige Junge nahm den Ball und dribbelte an allen anderen vorbei. Es ist der Beginn seiner Karriere als Schreck eines jeden Gegenspielers.

Fritz gibt die Freude am Fußballspiel an seine zwei Brüder weiter. Ludwig junior, der zweitälteste Sohn, ist still und zurückhaltend. Sohn Nummer drei, Ottmar, hat Temperament. Fritz sorgt dafür, dass sie immer mitspielen dürfen. Grünflächen sind im Kaiserslautern der Zwanzigerjahre rar gesät. Fußball wird auf den Straßen gespielt. Nur alle paar Jubeljahre tuckert ein Auto vorbei. So haben die Kinder die Möglichkeit, von Bordstein zu Bordstein zu kicken. Auf Kaiserslauterns Straßen befinden sich zu jener Zeit auf beiden Seiten der Straße Einlässe zum Kanal; Einbuchtungen im Bordstein, welche die Kinder mit Sandsäcken füllen.[2] So konnten die Kinder auf zwei Tore spielen, von einer Straßenseite zur anderen. Gekickt wird mit allem, was die Umgebung hergibt: Stofffetzen, runde Steine, verlorene Tennisbälle. Einen eigenen Ball können sie sich nicht leisten. Um das zu ändern, sammeln die Kinder der Bismarckstraße die abgeschälten Kartoffelschalen in den ansässigen Lokalen und verkaufen sie als Tierfutter an die Bauern. Der mit dem Gewinn erworbene Ball wird gehütet wie ein Schatz.

Ludwig senior ist nicht begeistert, dass sich seine Kinder dem Fußball verschreiben. Er hat keine konkrete Abneigung gegen den Sport. Längst vorbei ist die Zeit, als der Fußball als «Fußlümmelei» verschrien war. Ludwig würde es jedoch lieber sehen, dass seine Jungs boxen. In Amerika hat er häufig Boxkämpfe besucht. Ihn faszinierten die dunkelhäutigen Kämpfer mit ihren durchtrainierten Körpern. Als der Deutsche Max Schmeling 1936 gegen den haushohen Favoriten Joe Louis aus den USA boxt, sitzt Walter senior mit seinen Jungs am Radioempfänger. Der Kampf findet zur amerikanischen Prime Time statt – also mitten in der deutschen Nacht. Die Stimme des Reporters überschlägt sich, als der krasse Außenseiter den amerikanischen Favoriten zu Boden schickt. Ottmar lauscht gespannt. Einige Zeit später will er sich auch im Boxsport versuchen – allerdings nur kurz. Seine Liebe gilt dem Fußball.

Ottmar saugt alles auf, was sein Bruder tut: jede Bewegung, jede Finte, jede Technik. Aber er kann nicht jede der filigranen Bewegungen einfach kopieren. Sein Vater hat recht: Sein Körper ist steifer als der seines Bruders, seine Knie nicht so beweglich, sein Fuß hölzerner. Doch Ottmar weiß, dass er gar nicht so gut sein muss wie Fritz. Wenn sein Bruder zwei oder drei Kinder auf sich zieht, genügt es, wenn Ottmar sich hinter deren Rücken wegstiehlt. Fritz muss nur den Ball zu ihm passen, und er schießt ihn ins Tor. So gewinnen die Walter-Brüder jedes Spiel. Im Sommer treffen sich die Kinder Kaiserslauterns auf einer Wiese hinter der Nähmaschinenfabrik Pfaff. Sie tragen das Turnier der Straßen aus, jede Straße stellt eine Mannschaft. Fast immer stammt die Siegermannschaft aus der Bismarckstraße.

Mit der Zeit kicken die Gebrüder Walter nicht mehr nur auf der Straße. Ihre Mutter meldet sie im örtlichen Sportverein an. Der nächstliegende Klub wäre eigentlich der VfR Kaiserslautern, dessen Stadion steht auf dem Erbsenberg. Dorothea Walter gefällt der Verein jedoch nicht. Die Berlinerin ist sich zu fein für den Arbeiterverein VfR, murmeln sie in Kaiserslautern. Die Wahrheit ist simpler: Ein anderer Klub verspricht, Fritz mit Sportschuhen auszustatten. Dorothea hasst es, dass Fritz seine guten Schuhe immer beim Kicken ruiniert. So meldet sie Fritz Walter beim 1. FC Kaiserslautern an. Seine Brüder folgen ihm zu jenem Klub, dessen Sportplatz auf dem Betzenberg steht. Ottmar überredet auch seinen Freund Ernst Liebrich und dessen Bruder Werner, zum 1. FCK zu gehen.

In den Sommerferien reisen die Walters meist nach Berlin. Die Schwester der Mutter lädt sie ein. Ottmar und seine Brüder verbringen viel Zeit am Wannsee, aber auch auf den Straßen der Stadt. «Am Brabanter Platz und in den Hinterhöfen haben wir mit den Kindern der Nachbarschaft natürlich auch Fußball gespielt», wird sich Ottmar später erinnern. «Mitunter waren wir dann die Stars – oder wollen wir es mal so sagen: Die Großstadtbuben haben über uns Jungs aus der Provinz nicht schlecht gestaunt, was wir so alles mit dem Ball machten.»[3] Berlin ist für die Walter-Kinder eine zweite Heimat.

Als 1933 die Nationalsozialisten die Macht übernehmen, verändert sich Ottmars Tagesablauf. Die nationalsozialistische Partei hat große Pläne für Deutschlands Jugend. Sie soll im Geist des neuen Regimes geschult werden. Die Mädchen müssen zum Bund Deutscher Mädels, die Jungs wiederum kommen in die Hitlerjugend. Die Nachmittage und Wochenenden stehen ganz im Zeichen des Führers. Ottmar Walter kickt nunmehr nicht nur auf der Straße und für den 1. FC Kaiserslautern, sondern auch unter dem Wappen Fähnlein 3. Dazwischen müssen die Jugendlichen immer wieder paramilitärische Übungen absolvieren. «Ein guter deutscher Junge gehorcht!», bringt ihm der Vorsitzende seiner Gruppe bei, der Jungführer. Der neun Jahre alte Ottmar versteht dieses neue Regime nicht so ganz, freut sich aber, noch öfter Fußball spielen zu dürfen. In der Hitlerjugend steigt Ottmar in den Rang eines Sportwartes auf.[4] Er lebt eine Jugend im Zeichen des Sports, immer in tiefster Bewunderung zu seinem großen Bruder.[5]

Das Talent von Fritz Walter spricht sich schnell herum. Anfangs hatte der Jugendtrainer des 1. FC Kaiserslautern Fritz noch in der Abwehr aufgestellt. Als er in einem seiner ersten Spiele beim Stand von 0:4 nach vorne stürmt, erzielt er prompt ein Tor. Sein Trainer empfängt ihn in der Kabine mit einer Standpauke. Ein deutscher Junge habe die Befehle eines Erwachsenen zu befolgen! Aus Fritz werde sowieso nie ein Stürmer, poltert der Trainer. Das entpuppt sich als eine der größeren Fehleinschätzungen der deutschen Fußballgeschichte. Fritz Walter wird alsbald im Sturm aufgestellt und schießt Tore am Fließband.[6] Mitte der Dreißigerjahre kommen zu den Spielen der Jugendmannschaften des 1. FC Kaiserslautern fast so viele Zuschauer wie zu den Partien der Herren-Elf. Sie wollen den Wunderknaben Fritz Walter sehen.

Mit 17 Jahren soll Fritz in der Herren-Mannschaft debütieren. Laut geltender Spielordnung dürfen jedoch nur Spieler ab 18 in der ersten Mannschaft auflaufen. Um diese Regelung zu umgehen, bedarf es der Sondergenehmigung eines Arztes. Der weigert sich jedoch, Fritz ein Attest auszustellen. «Der Kerl ist nur ein Strich in der Landschaft! Was wollt ihr mit dem?»[7] Fritz muss aufgepäppelt werden. Der Vereinsvorstand organisiert, dass Fritz täglich bei der Familie Speyerer zu Mittag essen kann. Die Speyerers haben einen Metzgerbetrieb und immer ein paar Scheiben Wurst oder ein Kotelett übrig. Hier genießt Fritz deftige Kost und Fleisch in Massen. Was er nicht aufisst, nimmt er mit nach Hause. Seine Brüder erhalten die Reste.

Ottmar kennt es bereits, dass sein Bruder eine Sonderbehandlung erhält. Wenn Ottmar oder seine Geschwister nicht aufessen wollen, zwingen ihre Eltern sie dazu. Bei Fritz wird ein Auge zugedrückt. Die Mutter sagt immer zu Fritz, er habe so schöne Hände – viel zu schade, um Schuhe zu putzen. Ottmar und Ludwig müssen also Fritz' Treter polieren, damit dessen Hände schön sauber bleiben. Und wenn Fritz sich den ganzen Tag auf dem Fußballplatz rumtreibt, sagt sowieso niemand etwas – das ist schließlich seine Gabe. So muss Ottmar allein dem Vater ein

Butterbrot bringen, wenn dieser früh am Morgen im Wald Stockholz sammelt. Auf den hochbegabten, sensiblen Fritz nehmen alle Rücksicht. Ludwig und Ottmar werden hingegen zu starken Jungs erklärt und entsprechend behandelt.

Neid empfindet Ottmar jedoch nie. Zumindest äußert er sich nie so. «Ich war Fritz-vernarrt. Fritz war für mich alles, das muss ich ehrlich zugeben. Er wusste, dass ich alles für ihn tun würde ... Mich hänselten sie manchmal, wenn sie sagten, du musst dich aber anstrengen, wenn du so werden willst wie der Fritz ... Ich orientierte mich unwahrscheinlich am Fritz, an allem, was er spielerisch-technisch an den Tag legte.»

Fritz muss nicht lange auf sein Debüt warten. Sein erstes Spiel für den 1. FC Kaiserslautern bestreitet der 17-Jährige am 25. März 1938. Beim Freundschaftsspiel gegen den 1. FC Pforzheim schießt er zwei Tore. Danach steht er auch in der Liga in der Kaiserslauterer Startelf. Die Mannschaft steigt trotzdem ab. Fritz Walter sorgt aber in der kommenden Saison dafür, dass der 1. FCK direkt in die oberste Liga zurückkehrt. Er ist an 93 der insgesamt 113 Tore beteiligt. In einigen Spielen trifft er vier- oder fünfmal.[8]

Ottmar sitzt häufig im Publikum, wenn sein Bruder aufläuft. Die meisten Spiele finden ohnehin in der näheren Umgebung Kaiserslauterns statt. Eine nationale Liga kennt der deutsche Fußball nicht. Der Deutsche Fußball-Bund hätte 1933 beinahe eine Profiliga eingeführt. Mit dem Machtantritt der Nationalsozialisten war dies Makulatur. Diese schafften die Landesverbände ab und gliederten den deutschen Fußball in Sportgaue. In 16 Gauligen spielen die Klubs um eine regionale Meisterschaft. Der 1. FC Kaiserslautern spielt zur Saison 1938/39 in der Mittelpfalz-Staffel der zweiten Gauliga Südwest. Dort trifft Fritz Walters Team auf illustre Namen wie den SV Niederauerbach oder den Werksportverein Kammgarn.[9]

Um den Jahreswechsel 1938 auf 1939 sieht Karl Hohmann erstmals Fritz Walter spielen. Er ist einer der vielen Regionaltrainer, die sich um den Nachwuchs im deutschen Fußball kümmern. Hohmann erkennt Fritz Walters Talent sofort. Begeistert kontaktiert er den Reichstrainer. Sepp Herberger ist zuständig für die Nationalmannschaft und damit die oberste Instanz im deutschen Fußball. Herberger solle bitte zum nächsten Lehrgang im Südwesten Deutschlands erscheinen, Hohmann wolle ihm einen ganz besonderen Spieler vorstellen. Er verspricht nicht zu viel. «Talente wie den Fritz entdeckt man nicht, die kommen von selbst hervor», wird Herberger später über diesen Tag sagen.[10] Er zeigt Fritz seine Bewunderung auf die Herberger-eigene Art: indem er ihm erst einmal vorhält, was er alles an seinem Spiel verbessern müsse. Er brauche mehr Kondition, müsse härter trainieren, und vor allem Kopfbälle solle er üben! In sein Notizbuch trägt er ein: «Fritz Walter, 1. FC Kaiserslautern».

Fritz absolviert in den kommenden Monaten Extraschichten. Statt zwei- bis dreimal die Woche zu trainieren wie seine Mannschaftskameraden, klettert er jeden Tag über den Zaun des Trainingsgeländes, um frühmorgens oder spätabends allein zu üben. Bei Waldläufen arbeitet er an seiner Kondition. Ottmar sieht, welch ein Pensum sein Bruder absolviert, und tut es ihm gleich. «Zweimal in der Woche trainierten wir mit der Jugend. Zusätzlich fuhr ich jeden Abend mit dem Fahrrad in den Wald, machte meinen Waldlauf, sprang an Bäumen hoch, köpfte und so weiter – das waren alles Dinge, die ich dem Fritz abguckte.»

Ottmar Walters Weg in die erste Mannschaft des 1. FCK verläuft schneller als der seines Bruders. Am 1. September 1939 überfällt das nationalsozialistische Deutschland Polen. Am 3. September erklären Großbritannien und Frankreich Deutschland den Krieg. Die jungen Erwachsenen, die jedes Wochenende auf den Fußballplätzen kicken, verlassen in Scharen ihre Heimat. Sie werden zur Armee eingezogen. Auch der 1. FC Kaiserslautern verliert nach und nach seine Spieler an die Kriegsfront. Der Klub sucht händeringend nach Verstärkung.

So bestreitet Ottmar bereits im Alter von 17 Jahren das erste Spiel im rot-weißen Trikot des 1. FC Kaiserslautern. Sein Debüt führt ihn im September 1941 nach Metz.[11] Wenige Wochen zuvor hatte das Deutsche Reich den sogenannten Blitzkrieg gegen Frankreich gewonnen. Die lokalen Führer der nationalsozialistischen Partei wollen die Verbindung des alten und neuen Deutschlands feiern. Sie setzen ein Freundschaftsspiel zwischen einer Heeresauswahl und dem 1. FC Kaiserslautern an. Kaiserslautern gewinnt mit 9:3. Fritz schießt vier Tore. Ottmar eins.[12]

In den kommenden Monaten beeilen sich die Nationalsozialisten, die annektierten Gebiete in das Reich einzugliedern. Kaiserslautern ist nun nicht mehr Teil der Gauliga Südwest, sondern kickt in der Gauliga Westmark. Die Gegner stammen nicht mehr nur aus Speyer oder Ludwigshafen, sondern auch aus dem saarländischen Saarbrücken oder dem lothringischen Metz.

Ottmar avanciert nach seinem Debüt schnell zum Stammspieler. Woche für Woche läuft er an der Seite seines Bruders auf. Fritz hat die Rolle des Mittelstürmers inne, Ottmar spielt als Halbstürmer neben ihm. Die vorherrschende taktische Formation der Zeit, das WM-System, sieht fünf Stürmer vor: In der Mitte kickt der Mittelstürmer, auf den beiden Flügeln die Außenstürmer. Dazwischen schließen die Halbstürmer die Lücken und verbinden das Spiel zwischen den Außen und dem Zentrum. Ottmar fühlt sich in dieser Rolle ideal aufgehoben: Er darf seinem Bruder zuarbeiten, ihm die Bälle zuspielen und dessen Pässe erlaufen. Fritz interpretiert die Rolle des Mittelstürmers ohnehin recht frei. Er taucht mal hier auf, spielt mal dort einen Pass oder schlägt vom Flügel eine Flanke. Ottmar kennt die Spielweise seines Bruders wie kein anderer. Er weiß, wann er dessen Position einnehmen und wann er in den freien Raum starten muss. Ottmar stellt sich auf dem Platz ganz in den Dienst seines Bruders.

Nicht nur die Gebrüder Walter sorgen für Aufsehen. Auch Ottmars Freund Ernst Liebrich hat mittlerweile in der ersten Mannschaft debütiert. Werner Kohlmeyer, nur wenige Wochen jünger als Ottmar, verstärkt das Team in der Abwehr. Er ist nicht nur ein bulliger Verteidiger, sondern bricht auch in der Leichtathletik mehrere lokale Rekorde. Mit dem erst 20 Jahre jungen Werner Baßler versteht sich Ottmar besonders gut. Ottmar spielt gerne mit dem Flügelstürmer zusammen. Die Talente des 1. FCK dominieren die neu gegründete Gauliga. Der FK Pirmasens, geschwächt durch die Abberufung seiner Spieler in den Krieg, geht gegen den FCK mit 0:26 unter. Die Schmach sitzt so tief, dass die Pirmasenser ihre Mannschaft am nächsten Tag vom Spielbetrieb abmelden.

Kopf der Mannschaft bleibt Fritz Walter. Bereits im Jahr 1942 bezeichnen die Sportgazetten den FCK als «Walterelf». Fritz war mittlerweile zum Stammspieler in der deutschen Nationalmannschaft aufgestiegen. Die Länderelf ruht auch im Krieg nicht. Im Gegenteil: Sie bestreitet so viele Spiele wie nie zuvor. Während die Nationalsozialisten den Krieg über ganz Europa bringen, wollen sie im Heimatreich den Anschein der Normalität wahren. Länderspiele dienen als Ablenkung für die Bevölkerung. Zugleich nutzen die Nazifunktionäre diese Partien, um Bände zu knüpfen zu Verbündeten und zu Nationen, die unter deutscher Besatzung stehen. Zwischen April 1940 und April 1941 finden 13 Länderspiele statt. Fritz war seit seinem Debüt im Juli 1940 bei jedem Lehrgang anwesend. Er sieht Nationaltrainer Herberger fast schon häufiger als seine eigene Familie.[13]

Dass Fritz selten zu Hause ist, liegt auch an einem anderen Grund. Auch ein Nationalstürmer bleibt nicht verschont vom Militärdienst. Der Zweite Weltkrieg fordert einen stetigen Nachschub an Soldaten. Kaum ein kriegsfähiger Mann kann sich dem entziehen. Eine glückliche Fügung sorgt dafür, dass Fritz in seiner Heimatstadt Kaiserslautern einkaserniert wird. Zu den Spielen seiner Kaiserslauterer darf er die Kaserne verlassen, an die Front muss er zunächst nicht. Dennoch rückt der Krieg damit näher an die Familie Walter.

Dem sportlichen Erfolg des 1. FCK tut dies keinen Abbruch. In der Gauliga Westmark eilt der Club von Sieg zu Sieg. Als Gauliga-Meister qualifizieren sie sich für die Ausscheidungsspiele um die Deutsche Meisterschaft. Die Sieger aller Gauligen treten im K.-o.-System an, um den deutschen Meister zu ermitteln. In der ersten Runde treffen die Kaiserslauterer auf Waldhof Mannheim. Es wird die erste große Sternstunde der Walter-Brüder. Ottmar erzielt das frühe 1:0 und später einen weiteren Treffer, sein Bruder steuert drei Tore bei zum 7:1-Erfolg. Die überregional bislang kaum bekannten Kaiserslauterer tauchen plötzlich auf in der Liste der Titelfavoriten.

In der zweiten Runde muss der 1. FCK gegen den FC Schalke 04 antreten. Seit 1934 stand der Verein aus Gelsenkirchen in acht von neun Endspielen um die Deutsche Meisterschaft. Fünfmal haben sie den Titel errungen. Die Mannschaft um Ernst Kuzorra und Fritz Szepan spielt technisch derart brillanten Fußball, dass ihr Spiel einen eigenen Namen bekam: Der «Schalker Kreisel» soll beschreiben, wie die Schalker unentwegt die Positionen tauschen und sich den Ball zuspielen. Pass, Annahme, Pass: So lautete das Idealbild des «Schalker Kreisels».

Da die Gelsenkirchener selbst in Kriegszeiten in Bestbesetzung antreten, sind sie auch in diesem Jahr haushoher Favorit. Gegen den 1. FC Kaiserslautern werden sie dieser Rolle gerecht. Die Walter-Brüder sehen staunend zu, wie die Schalker Ball und Gegner laufen lassen. Der Ball kreiselt um sie herum und an der Lauterer Abwehrreihe vorbei. Zwischenzeitlich führt Schalke mit 7:0, ehe Ottmar und Fritz noch drei Ehrentore erzielen. Schalke gewinnt 9:3. Der Traum von der deutschen Meisterschaft – er ist fürs Erste ausgeträumt.

Der Fußball dominiert das Leben der Walter-Brüder. Sie gehen zwar, wie alle Kicker jener Zeit, geregelten Berufen nach. Fritz hat auf der Sparkasse gelernt, Ottmar ließ sich zum Kfz-Mechaniker ausbilden. Unter der Woche warten sie aber nur auf den Sonntag, den Tag des Fußballs. Sie leben für ihren Sport.

Mit der Zeit wirft der Krieg aber immer größere Schatten auf ihr Leben. Fritz war es gelungen, in den ersten eineinhalb Jahren als Soldat vom Frontdienst verschont zu bleiben. Im April 1942 wird er jedoch an die Front berufen. Nationaltrainer Herberger sorgt sich um seinen Schützling. Der 21-Jährige ist schon jetzt Kopf und Herz seiner Nationalmannschaft. Herberger besorgt Fritz ein Attest; angeblich setze ein Magenleiden diesen außer Gefecht. Die nächsten zwei Monate verbringt Fritz im Lazarett in Nancy. Das hindert ihn nicht daran, zwischenzeitlich abzureisen und die Meisterschaftsspiele gegen Mannheim und Schalke zu bestreiten. In beiden Spielen zeigt der «kranke» Fritz Fabelleistungen. Als Fritz' Attest abläuft, überlegt sich Herberger eine neue List. Dank seiner Hilfe wird Fritz nicht an die Front, sondern nach Berlin versetzt. In der Heimatstadt seiner Mutter kickt er fortan für die Truppenmannschaft eines Wachbataillons. [14]

Ottmar wird mit jedem Tag stärker vor Augen geführt, dass er sich dem Krieg nicht mehr lange wird entziehen können. In Kaiserslautern werfen bereits 1940 britische Kampfflugzeuge erste Bomben auf die Stadt. Seit das Deutsche Reich im Sommer 1941 auch der Sowjetunion den Krieg erklärt hat, mehren sich die Meldungen toter und vermisster Soldaten. Millionen junger Deutscher werden an die Ostfront geschickt und kehren nie zurück. Ottmar will nicht warten, bis er zum Militärdienst berufen wird. Er will sein Schicksal selbst in der Hand behalten. Im Juli 1942 meldet er sich zusammen mit seinen Mannschaftskameraden Werner Baßler und Ernst Liebrich zum Marinedienst. Keiner von ihnen hatte zuvor irgendeinen Bezug zu Schiffen; Kaiserslautern ist weder für seine Meereslage noch für seine Seen bekannt. Der größte See, den Ottmar je gesehen hatte, dürfte der Wannsee bei seiner Tante in Berlin gewesen sein. Warum also ausgerechnet die Marine? Ganz einfach: Den jungen Männern gefallen die blauen Uniformen. «Auf die Mädchen wirkten die blauen Jungen besonders anziehend», so Ottmar.

Die Naivität, mit der Ottmar und seine Mannschaftskameraden in den Krieg ziehen, verblüfft. Bis heute gibt es keine Anhaltspunkte, dass ein Mitglied der Walterelf besondere Hingabe zum Nationalsozialismus hegte. Im Gegenteil: Ernst Liebrich hatte sogar eine recht distanzierte Haltung zu den Machthabern. Sein Vater war als früheres Mitglied der kommunistischen Partei eingesperrt worden. Nur deshalb war er aus seinem Verein geflogen und beim 1. FC Kaiserslautern gelandet. Doch auch Ernst Liebrich meldet sich freiwillig. All die jungen Männer waren zum Dienst am Heimatland erzogen worden. Sie wissen, dass sie dem Kriegsdienst sowieso nicht entgehen können. Warum dann nicht wenigstens schick aussehen?

Für Ottmar Walter bedeutet der Marinedienst zunächst keinen Fronteinsatz. Im holländischen Breda, damals von Deutschland besetzt, erhält er seine Grundausbildung. Zum Jahreswechsel 1943 wird er nach Kiel versetzt. Unter der Woche lernt er auf Marineschiffen. An den Wochenenden will er nicht auf Fußball verzichten. Ottmar und Werner Baßler melden sich beim örtlichen Verein Holstein Kiel als Gastspieler. Während des Zweiten Weltkriegs ist es üblich, dass deutsche Soldaten am Ort ihrer Kasernierung die lokalen Vereine verstärken. Das wirbelt den deutschen Fußball mächtig durcheinander. Während zuvor namhafte Teams ihre Spieler an die Front verlieren, können bis dato unterklassige Teams aus Städten mit hoher Militärpräsenz auftrumpfen.

Holstein Kiel gehört zu diesen Vereinen. Die mit zahlreichen Gastspielern gespickte Mannschaft avanciert zum besten Team in Deutschlands Norden. Ottmars erstes Spiel im Trikot der Holstein-Störche ist ein Freundschaftsspiel gegen den FC St. Pauli im März 1943. Kiel siegt 10:1. Die Mannschaft gewinnt deutlich die Gauliga Schleswig-Holstein. Während Ottmars Stammverein, der 1. FC Kaiserslautern, geschwächt von kriegsbedingten Abgängen, im Niemandsland der Gauliga Westmark herumdümpelt, spielt Ottmar mit seinen Kielern um die Deutsche Meisterschaft.

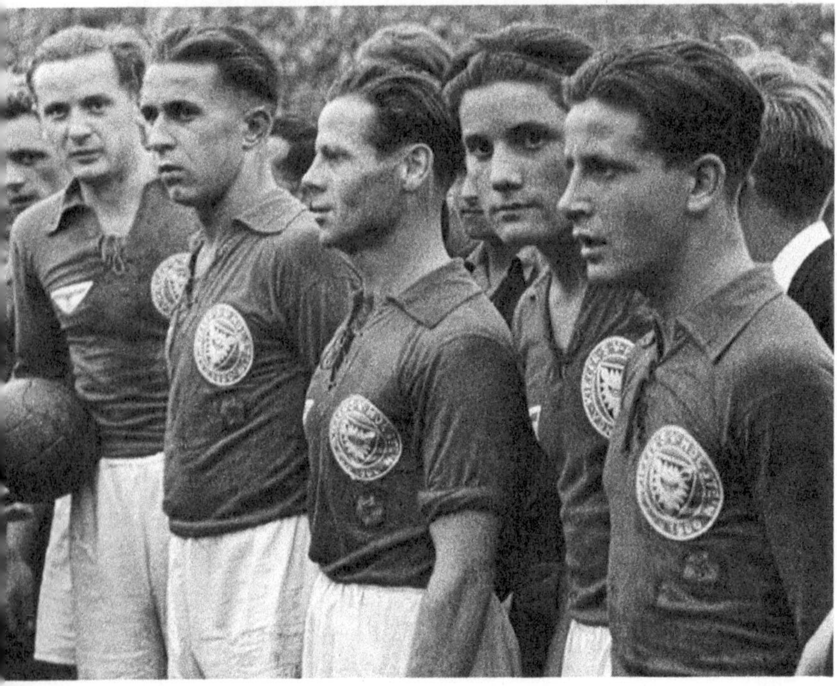

Ottmar Walter (Zweiter von rechts) kämpft im Dress von Holstein Kiel um die Deutsche Meisterschaft 1943.

Das Deutsche Reich hat zu diesem Zeitpunkt eine Ausdehnung erreicht wie nie zuvor. Zur deutschen Meisterschaft haben sich alteingesessene Vereine qualifiziert wie der amtierende Meister FC Schalke oder der Rekordmeister 1. FC Nürnberg, aber auch Teams aus Warschau, Posen oder Wien. Holstein Kiel zieht in der ersten Runde ein Freilos. Im Achtelfinale müssen sie beim Berliner SV antreten. Die Stadt, in der Ottmar viele Sommer seiner

Jugend verbracht hat, treibt ihn zu Höchstleistungen an. Er erzielt den wichtigen ersten Treffer. Kiel gewinnt 2:0. Wie im Vorjahr steht Ottmar im Viertelfinale um die Deutsche Meisterschaft.

Dort warten alte Bekannte. Den Kielern wird der FC Schalke 04 zugelost. Als die Auslosung bekannt wird, steht halb Kiel Kopf. Die Nachfrage nach Karten ist kaum zu befriedigen. Zahlreiche Schaulustige wollen die legendären Schalker Kicker Ernst Kuzorra und Fritz Szepan bestaunen. Der Platzwart beschließt eigenmächtig, dass in das 15 000 Menschen fassende Stadion auch 18 000 Zuschauer hineinpassen. Zwar müssen auch die Schalker durch den Krieg Talente an die Mannschaft heranführen, wie etwa den 16 Jahre jungen Stürmer Berni Klodt. Dennoch geht der amtierende Meister als haushoher Favorit in das Spiel.

Die Partie auf dem Holstein-Platz avanciert zu einer der größten Fußball-Sensationen der Kriegsjahre. Die Kieler gehen früh in Führung. Ottmar ist zwar selten im Strafraum zu finden. Doch immer wieder reißt er Lücken für seine Mitspieler oder setzt sie mit klugen Pässen in Szene. Ohne Fritz an seiner Seite genießt er mehr Freiheiten, und er weiß diese zu nutzen. Noch vor der Pause schießt Holstein das zweite und das dritte Tor. Schalke kommt über einen Elfmeter zwar zum Ehrentreffer. Doch als Holstein mit dem Schlusspfiff das 4:1 erzielt, brandet im ganzen Stadion Jubel auf. Die Zuschauer stürmen das Spielfeld, sie tragen ihre Helden auf den Schultern vom Platz.

Im Halbfinale wartet der Dresdner SC. Der Spielbetrieb wird bereits vom Krieg bestimmt. Lange Reisen sollen vermieden werden aus Angst vor Fliegerangriffen und um das überlastete Transportwesen zu schonen. Daher findet das Spiel auf halbem Wege zwischen beiden Städten im Hannoveraner Eilenriedestadion statt. Die Kieler Spieler reisen schon einen Tag vorher an. Am Morgen des Spiels am 13. Juni 1943 kommt es zu einem Luftangriff auf die Stadt Kiel. Deutsche Jäger und die britische Royal Air Force liefern sich über der Stadt eine größere Schlacht. Die Sorge um Verwandte und Freunde wiegt bei vielen Spielern größer als die Konzentration auf ein Fußballspiel. Dresdens Nationalstürmer Helmut Schön erzielt den ersten Treffer, zwei weitere folgen. Holstein verliert mit 1:3. Die Dresdner gewinnen wenige Tage später auch die Deutsche Meisterschaft.

Auf Ottmar Walter wartet ein letztes Spiel im Kieler Dress. Zu jener Zeit wird auch der dritte Platz der deutschen Meisterschaft ausgespielt. Im Berliner Poststadion findet das Spiel um Platz drei einen Tag vor dem großen Finale statt. Gegen den First Vienna FC zeigen die Kieler noch einmal ihr ganzes Können, ehe die Marine die Mannschaft über alle Meere verstreut. Besonders Ottmar ist hoch motiviert, schließlich läuft er abermals in der Heimatstadt seiner Mutter auf. An den ersten beiden Kieler Treffern ist er beteiligt, das dritte Tor erzielt er selbst. Kiel gewinnt mit 4:1.[15]

Ottmar Walter zieht sich in den Katakomben des Olympiastadions um, als eine kleine Gestalt die Kabine betritt. Ottmar Walter kennt den Mann von Fotos und aus Erzählungen seines Bruders. Seine Mitspieler verstehen kaum ein Wort, als der Mann im Trenchcoat im Mannheimer Dialekt zu babbeln beginnt. Der Pfälzer Ottmar versteht den badischen Mundschlag von Sepp Herberger ohne Schwierigkeiten. «So, Sie sind also Ottmar Walter. Ihr Bruder hat mir schon viel von Ihnen erzählt», sagt der Reichstrainer. Ottmar lauscht andächtig seinen Worten. Herberger hat wie immer etwas zu mäkeln. «Sie sollten Ihre Sprungkraft und Ihre Antrittsschnelligkeit ein bisschen verbessern.»

Kurz bevor er die Kabine verlässt, spricht er die Worte aus, von denen Ottmar seit Jahren träumt. «Bald haben wir ein Länderspiel gegen Finnland. Halten Sie sich bereit.»

Einige Wochen lang wartet Ottmar Walter auf die Berufung zum Länderspiel. Mit jedem Tag schwindet seine Hoffnung. Als Sepp Herberger ihm das Versprechen gab, ihn zum nächsten Länderspiel mitzunehmen, war das letzte Spiel der Nationalelf bereits Monate her. Es fand im November 1942 statt, in Bratislava traf Deutschland auf die Slowakei. Das Ergebnis – ein deutscher 5:2-Sieg – war nebensächlich. Die Partie erinnerte weniger an ein Fußballspiel denn an eine politische Kundgebung. Die Zuschauer nutzten das Spiel, um ihren Unmut über die deutsche Kriegstreiberei auszudrücken. Schon beim Einlaufen ins Stadion grölten und pfiffen die slowakischen Fans. Jedes Foul an den Deutschen wurde frenetisch bejubelt. Nach der Halbzeitpause wollten die deutschen Spieler den Rasen gar nicht mehr betreten. Herberger musste ihnen gut zureden, damit sie auf das Feld zurückkehrten.

Ottmar muss einsehen, dass Herberger sein Versprechen nicht wird halten können. Die Sportpresse druckt nichts über ein Länderspiel gegen Finnland. Seit Joseph Goebbels wenige Wochen vor den deutschen Meisterschaftsspielen den «totalen Krieg» ausgerufen hat, wurde der Sportverkehr drastisch eingeschränkt. Herberger hatte zwar hinter den Kulissen nichts unversucht gelassen, um ein Länderspiel gegen Finnland zu organisieren. Doch die Macht eines Reichstrainers ist in Zeiten des totalen Krieges begrenzt. Ottmars Traum vom Länderspiel – er bleibt ein Traum.

Er setzt sich neue Ziele. Holstein Kiel will ihn unbedingt halten. Als einfacher Marinesoldat ist dies kaum möglich. Ottmar bemüht sich um eine Stelle als Sportoffizier. Es wäre die Chance, seinen Marinedienst dem geliebten Sport zu widmen. Ehe er für diese Dienstlaufbahn infrage kommt, muss Ottmar jedoch 18 Monate Frontbewährung nachweisen. Walter lässt sich an die Atlantikküste versetzen. Fortan schiebt er Dienst auf dem Torpedoboot T 15.

Er bleibt in Kontakt mit Herberger. Über seinen Bruder hat Ottmar erfahren, dass Herberger den Nationalspielern beim Militärdienst unter die Arme greift. Fritz wurde mehrfach zu Truppenteilen verlegt, bei denen wenig Gefahr eines Fronteinsatzes besteht. Zeitweise hatte er für eine Pariser Soldatenelf gekickt, ehe er nach Italien abkommandiert wurde. Trotzdem war Ottmar in großer Sorge um seinen Bruder gewesen. Während er um die Deutsche Meisterschaft kämpfte, rang Fritz monatelang mit einer Malaria-Infektion. Als diese geheilt war, kündigten die Italiener das Bündnis mit den Deutschen. Sie kämpften fortan aufseiten der Alliierten gegen Deutschland. Fritz konnte sich nur kurz vor knapp über die Alpen retten. Zumindest war er heil nach Kaiserslautern zurückgekehrt.

Wenig später hört Ottmar, dass sein Bruder bei einem Jagdgeschwader dient. Ottmar kommt das seltsam vor. Wie wurde aus seinem Bruder, dem Obergefreiten der Wehrmacht, über Nacht ein Unteroffizier der Luftwaffe? Bald jedoch sah er Fritz' Namen häufig in den Sportzeitungen und konnte sich die Hintergründe zusammenreimen. Denn Fritz kickt in der Mannschaft der «Roten Jäger», einem Fußballtrupp zusammengestellt von Hermann Graf. Der Major ist ein hochdekorierter Kriegsheld, mit seinem Jagdflieger hatte er mehr Abschüsse vorzuweisen als jeder andere Kampfpilot. Die nationalsozialistische Propaganda hatte Graf zu einem Helden der Kriegszeit erhoben. Seine wahre Leidenschaft aber gilt dem Fußball. Einst war Graf als überdurchschnittlich fähiger Torhüter in den Dunstkreis der Nationalmannschaft gelangt. Zu einem Länderspieleinsatz kam er zwar nicht, doch er blieb mit Reichstrainer Sepp Herberger freundschaftlich verbunden. Im Krieg lebt diese Verbindung neu auf. Graf und Herberger lassen nach und nach einige der besten deutschen Kicker zur Luftwaffe versetzen. Graf bastelt sich so eine Auswahlmannschaft des deutschen Fußballs. Die NS-Oberen drücken beide Augen zu angesichts von Grafs Verdiensten und seiner hohen Popularität im Volk. Außerdem lassen sich Grafs «Rote Jäger» zur Truppenbespaßung einspannen.[16]

Ottmar wird nicht Teil der Mannschaft. Herberger versucht stattdessen, Ottmar bei Breslau 02 unterzubringen, einer Sammelstelle für verdiente Kicker analog zu den Roten Jägern. Doch das Vorhaben misslingt. Ottmar muss weiter Kriegsdienst in

Brest schieben. Für kurze Zeit liegt sein Schiff vor Cuxhaven vor Anker, und er verstärkt die örtliche Mannschaft des Cuxhavener SV. Ansonsten rückt der Fußballsport in den Hintergrund – wie im gesamten Reich. Ottmar ist jetzt in erster Linie Marinesoldat.

Viele Soldaten berichten, dass das Nervenaufreibende an einem Krieg nicht unbedingt die Kämpfe selbst sind. Es ist die ständige Furcht davor, wann ein Gefecht ansteht. Für Marinesoldaten gilt dies in noch viel stärkerem Maße als für andere Truppenteile. Sie befinden sich mit ihren Schiffen auf dem Meer, umgeben von nichts außer Wasser. Die Ortungssysteme können zwar vor Feindkontakt warnen. Doch im Zweiten Weltkrieg ist angesichts der Bedrohung durch U-Boote und schlechter Radargeräte nie ganz klar, wann Gefahr droht.

Ottmar Walter erlebt den Angriff mitten in der Nacht. Leuchtraketen steigen auf. Der stockdüstere Himmel färbt sich taghell. Torpedos sausen durch das Wasser. Von allen Seiten fliegen Kugeln. Granaten schlagen ein, Splitter wirbeln durch die Luft. Der Lärm übertönt alles. Ottmar schnappt sich seine Schwimmweste. Viel mehr bekommt er nicht zu fassen. Es endet, kaum dass es begonnen hat. Ottmars Schiff säuft ab.

Ottmar klammert sich an seine Schwimmweste. Das Adrenalin, das durch seinen Körper strömt, beginnt zu schwinden. Langsam spürt er die Schmerzen. Ottmar betrachtet seinen Körper. Ein Loch klafft in seinem Oberarm, ein weiteres in seinem Oberschenkel. Aus seiner Schulter ragen kleine Splitter. Das Wasser um ihn färbt sich rot. Am meisten schmerzt sein rechtes Knie. Er kann es kaum bewegen. Mehrere Splitter haben sich durch das Fleisch gebohrt.

Stundenlang treibt Ottmar zwischen Trümmer- und Leichenteilen. Ein deutsches Boot sammelt ihn und einige weitere Verletzte auf. Von den 130 Mann an Bord hat kaum jemand überlebt.[17]

Im Lazarett stapeln sich die Verletzten auf den Gängen. Die Ärzte haben kaum Zeit, sich intensiv um ihre Patienten zu kümmern. Der Marinearzt Dr. Linnemann befindet sich auf seiner Visite, als er plötzlich innehält. «Ich kenne Sie! Sie sind Ottmar Walter. Ich habe Sie spielen sehen!» Der Arzt ist ein Fan von Holstein Kiel und hatte das Spiel gegen Schalke im Stadion verfolgt. Er betrachtet Ottmar Walters rechtes Knie. Die Splitter müssen raus. Während eines Krieges, in dem kaum Zeit bleibt für fachgerechte Amputationen, entfernt Dr. Linnemann in einer komplizierten Prozedur einige der Splitter aus Walters Knie.

Als Ottmar Walter nach der Operation erwacht, fragt er: «Kann ich jemals wieder Fußball spielen?» Doch der Arzt kann nicht einmal sagen, ob das Bein gerettet ist. «In fünf Tagen müssen Sie das Bein wieder um 90 Grad beugen können. Ansonsten bleibt es für immer steif.»[18]

Ottmar Walter liegt in seinem Krankenbett und versucht, sein Bein zu bewegen. Er lässt sich Gewichte geben, um die Muskeln anzusprechen. Mit zehn Kilo an jedem Fuß wippt er. Stundenlang. Die Schmerzen, die er spürt, sind kaum zu beschreiben. Doch er gibt nicht auf. Es hätte das Ende für all das bedeutet, was er je geträumt hat. Das Fußballspielen. Die Laufbahn als Sportoffizier. Das Trikot der Nationalmannschaft. Eisern zieht Ottmar sein Trainingsprogramm durch. Bereits nach vier Tagen kann er das rechte Bein um 90 Grad beugen.

Zusammen mit Ottmar Walters Schiff gehen große Teile der deutschen Marine unter. Die Alliierten landen unter amerikanischer Führung in Omaha Beach. Schnell verdrängen sie Deutschland von der Atlantikküste. Der kampfunfähige Ottmar gelangt in amerikanische Kriegsgefangenschaft. Die Amerikaner schicken ihn nach Brest, ehe er auf ein Gefangenenschiff geführt wird.

Ottmar hat in seiner Kindheit viele Geschichten über die Vereinigten Staaten gehört. Sein Vater sprach unentwegt von seiner Zeit in Übersee. Von den Boxkämpfen, die er besuchte, den großen Werbetafeln, die überall hingen, den Menschen aus aller Herren Länder, die er dort traf. Ottmar hatte wie seine Brüder davon geträumt, eines Tages nach Amerika zu reisen. Dass er dies an Bord eines Gefangenenschiffs tut, ist eine bittere Fügung des Schicksals.

Ottmar Walter erlebt das Kriegsende in einem Gefangenenlager in Virginia, Tausende Kilometer und ein Weltmeer getrennt von seiner Heimat. Auch nach der Kapitulation geben die Amerikaner ihre Kriegsgefangenen nicht frei. Ottmar wartet. Einen Monat. Zwei. Ein ganzes Jahr. Viel zu tun gibt es in seinem Gefangenenlager nicht, zu sehen noch viel weniger. Um das Warten erträglich zu gestalten, beginnt er zu rauchen. Ottmar weiß, dass Sportler eigentlich nicht rauchen sollen, Nationalspieler erst recht nicht. Aber wozu sich jetzt zurückhalten? Sport lässt sich hier kaum treiben. Die Amerikaner haben kein Interesse am Fußball. Ob und wann er nach Hause kommt, weiß er nicht. Eine Nationalmannschaft gibt es nicht mehr, ganz zu schweigen von einer Nation.

Zwei quälend lange Jahre verbringt Ottmar Walter in Übersee. Erst 1946 kehrt er nach Europa zurück, genauer gesagt in ein Kriegsgefangenenlager in England. Nahe Liverpool wartet er auf seine Entlassungspapiere. Der Prozess zieht sich. Auf einer Schreibstube erkennt ein Offizier seinen Namen. «Walter … Kennen Sie den Fußballspieler Fritz Walter?» «Ja», antwortet Ottmar gedankenschnell. «Das ist mein Bruder.» Der Offizier will es zuerst kaum glauben. Dann fachsimpelt er mit Ottmar über den Fußballgott und die Welt. Wenige Tage später erhält Ottmar seine Entlassungspapiere. Er darf mit dem nächsten Schiff nach Deutschland zurückkehren. Der Name Walter erspart ihm eine lange Wartezeit.

Als er am 2. Oktober 1946 am Hamburger Hafen eintrifft, erwarten ihn sein Bruder Fritz und Sepp Herberger bereits. Der frühere Reichstrainer ist nunmehr arbeitslos. Er eröffnet Ottmar, dass dieser nicht sofort in seine Heimatstadt Kaiserslautern zurückkehren könne. Deutschland sei nunmehr in vier Zonen geteilt: eine amerikanische, eine britische, eine französische und eine sowjetische. Kaiserslautern läge in der französischen Zone. Die Franzosen seien früheren Soldaten gegenüber nicht gerade wohlwollend gesinnt nach diesem bestialischen Krieg. Sie würden Ottmar sofort wieder in ein Lager stecken. Herberger habe aber ein oder zwei Ideen, wie sich Ottmars Rückkehr bewerkstelligen ließe. Auch in diesen Nachkriegsmonaten ist Herberger ein eifriger Pläneschmied. Bis er etwas Konkretes habe, könne Ottmar bei ihm in Weinheim wohnen, sagt Herberger. Es liegt nicht weit entfernt von Kaiserslautern, allerdings nicht in der französischen, sondern der amerikanischen Zone.

Noch mehr staunte Ottmar, als Fritz ihm erzählt, dass er nicht mehr auf der Sparkasse arbeitet. Er steht nun ganz in Diensten des 1. FC Kaiserslautern. «Ottmar, wir haben wieder eine Mannschaft zusammen. Wir spielen wieder. Willst du mitmachen?»

HR:
Eine Jugend im Krieg

Man kann sich Bilder anschauen des alten Ruhrgebiets, Erinnerungen lesen, Zeitzeugen lauschen. Aber riechen kann man das Ruhrgebiet nicht mehr. Könnte man hundert Jahre in der Zeit zurückreisen, würde man sich als Erstes an diesem Geruch stören. Der beißende Duft von Kohle und Teer und Schlacke – er ist längst verflogen. Zu einer Zeit, als das Wort Umweltschutz nicht einmal Schulterzucken hervorrief, flogen der Dampf und der Rauch aus den Schornsteinen der Fabriken einfach in die Luft.

Zeit seines Lebens wird Helmut Rahn auf diesen Geruch verweisen, wenn er von seiner Heimat spricht. Dieser süßlich-modrige Duft, der charakteristisch ist für das Gebiet zwischen den Flüssen Ruhr und Emscher. Diesen Duft atmet Rahn vom Tag seiner Geburt an ein. Dieser Duft ist seine Heimat.

Helmut Rahn kommt am 16. August 1929 als dritter Sohn seiner Familie in Essen zur Welt. Sein Vater war in Gelsenkirchen geboren. Er hat, wie so viele im Ruhrgebiet, Jahre seines Lebens unter Tage verbracht.[19] Auf der Zeche hat er so lange geschuftet, bis er sich mit einem eigenen Betrieb selbstständig machen konnte. Er beschaffte sich Pferde und Fuhrwerk. Seitdem transportiert er für die Zechen der Gegend Deputatkohle. So nennt man die Kohle, die die Bergarbeiter zusätzlich zu ihrem Lohn vom Bergwerk erhalten. Rahns Vater kümmert sich um Beschaffung und Transport dieser Kohlen. Rahns Mutter, eine gläubige Katholikin, kam im österreichischen Wels zur Welt und verbringt ihr Leben im Ruhrgebiet.

Rahn wächst im Essener Norden auf, Adresse: Leseband 28. Die anderen Kinder taufen ihn «Köttel», was ziemlich genau das bedeutet, was man denkt: Rahn ist in den Augen seiner Altersgenossen nicht größer als ein kleiner Kothaufen. Die Zeiten sind härter, der Umgangston rauer – und Helmut ein wirklich schmächtiger Junge.

Wie viele seiner Altersgenossen wird Helmut Rahn auf der Straße gegen alles getreten haben, was halbwegs rollt. In seiner Familie herrscht kein ausgeprägtes Fußballinteresse, weder bei seinen (deutlich älteren) Brüdern noch bei seinem Vater. Der war ein stadtbekannter Turner. Bei den damals üblichen Schaukämpfen hatte er sich zahlreiche begehrte Schleifen erturnt. Fußball spielt allenfalls in den Schimpftiraden seiner Mutter eine Rolle. Sie fürchtet, dass ihr Sohn seine guten Schuhe ruiniert.[20]

Wenige Tage nach Helmut Rahns zehntem Geburtstag bricht der Zweite Weltkrieg aus. Seine älteren Brüder müssen an die Front. Sein Vater erhält aufgrund seiner Tätigkeit das Prädikat «von der Heimatfront nicht abkömmlich». Er bleibt in Essen und kümmert sich um seinen Fuhrpark, den er mittlerweile um ein paar Autos erweitert hat.

Bereits im Jahr 1940 fliegen britische Bomber-Verbände erste Luftangriffe auf das Ruhrgebiet. Essen ist ein beliebtes Ziel der Bomber: Die Kruppwerke produzieren den für die Kriegswirtschaft lebenswichtigen Stahl, die Bergwerke versorgen das Land mit Kohle. Schnell greift in der Bevölkerung die Sorge um, Opfer der Luftangriffe zu werden. Die nationalsozialistische Führung fürchtet um die Moral der Deutschen. Alle Kinder und Jugendlichen sollen so bald wie möglich von den Städten hinaus auf das Land geschickt werden. Für die nationalsozialistischen Verwaltungsbeamten, die diesen Befehl auszuführen haben, entpuppt sich das als Drahtseilakt: Sie sollen möglichst viele Kinder aus den Städten evakuieren, ohne dies wie eine allgemeine Evakuierung aussehen zu lassen. Diese hätte den Deutschen die Illusion geraubt, dass dieser Krieg weit weg vom Heimatreich geführt wird.

Als Kompromiss ersinnen die Nationalsozialisten die Kinderlandverschickung. Das dazugehörige Rundschreiben führt aus: «Der Führer hat angeordnet, dass die Jugend aus Gebieten, die immer wieder nächtliche Luftalarme haben, auf der Grundlage der Freiwilligkeit in die übrigen Gebiete des Reiches geschickt wird.»[21]

Helmut Rahn gehört zu den ersten Kindern, die Ende 1940 ihre Heimat verlassen. Seine Eltern bleiben in Essen. Er selbst tritt zusammen mit seiner Klasse eine Zugreise an, die ihn quer durch das nationalsozialistische Deutschland führt. Am Ende landen Rahn und seine Mitschüler im Protektorat Böhmen und Mähren. Das Deutsche Reich hat dieses Gebiet, das im heutigen Tschechien liegt, bereits vor Beginn des Kriegs annektiert. Die Essener schlagen ihr Lager in der Stadt Gumpolds (heute Humpolec) auf, hundert Kilometer südöstlich von Prag. Weibliche und männliche Schüler werden strikt getrennt. Rahn und seine Klassenkameraden kommen in einem alten Waisenhaus unter.

Die Nationalsozialisten möchten mit der Kinderlandverschickung die Stadtbevölkerung nicht nur vor Bombenangriffen schützen. Sie sehen auch die Chance, die Jugend in ihrem Sinne zu formen. Fernab der Heimat und weit weg vom Einfluss ihrer Familien sollen die Kinder die Ideologie des Nationalsozialismus verinnerlichen. In Helmut Rahns Altersklasse gehört zu jedem Lager ein Jungführer der Hitlerjugend. Er ist mit der Aufgabe betraut, das Leben außerhalb des Unterrichts zu regeln. Tägliche Appelle gehören zum Lageralltag genauso dazu wie paramilitärische Übungen und Geländemärsche. Die Machthaber vor Ort achten penibel darauf, dass die deutschen Kinder keinen Kontakt zu den Einheimischen pflegen. Der Tag ist streng getaktet. Jede Form von Individualismus wird unterdrückt.

Zu den wenigen Geschichten, die Rahn später aus dieser Zeit teilt, gehört die Erinnerung an seinen ersten Fußball-Wettkampf. Das Fußballspielen soll im Lager zunächst verboten werden.

Rahns Lehrer teilen dieselbe Sorge wie seine Mutter: Das Kicken könnte den Schuhen schaden! Ein Lehrer aus einem anderen Lager überzeugt die Essener Erziehungsberechtigten, ihre Jungs trotzdem an Wettkämpfen teilnehmen zu lassen – nur eben barfuß.

So findet Rahns erstes richtiges Fußballspiel weit, weit entfernt von seiner Heimat statt. «Passt auf den Grünen auf!», schreien die gegnerischen Spieler. Gemeint ist Helmut Rahn. Er trägt als einziger eine grüne Hose. Die Deckung hält Rahn nicht auf: Laut eigener Angabe schießt er alle drei Tore seiner Mannschaft – und das, obwohl er mit nackten Füßen gegen den Ball tritt. Dass das Spiel 3:6 verloren geht, ist für ihn nur eine Randnotiz. Entscheidend ist das Gefühl, das ihn überkommt, als er die Gegner stehen lässt und den Ball ins Tor schießt. Dieses Gefühl möchte er öfter spüren.

Als Helmut Rahn aus dem Lager zurückkehrt, liegt Essen in Trümmern. Die Vereinigten Staaten hatten Deutschland den Krieg erklärt. Mit den Amerikanern im Bunde intensivieren die Alliierten ihre Luftangriffe. Kaum eine Stadt im Ruhrgebiet sieht sich heftigeren Angriffen ausgesetzt als Essen. Die Kruppwerke sind das Hauptziel der Bomber. Längst geht es den Alliierten nicht mehr nur darum, kriegswichtige Industrien zu zerbomben. Der Luftkrieg soll das deutsche Volk zermürben. Immer mehr Bomben fallen auf den Stadtkern. Fast alle Schulen in Essen sind bereits zerstört.

Helmut Rahn wird von seinen Eltern wieder fortgeschickt. Sein Weg führt nach Oberostendorf im Allgäu, 80 Kilometer westlich von München. Hier lebt Rahn nicht mehr in einem Lager, sondern bei einer Bauernfamilie. Die Jugendlichen sind nun nicht mehr so stark abhängig von der Hitlerjugend; die Kinderlandverschickung gleicht mittlerweile stärker einer Evakuierung denn einer ideologischen Maßnahme. Auf dem Land sind die Schrecken des Krieges weit entfernt. Nur ab und an dröhnen die Motoren der Jagdflugzeuge, wenn diese Oberostendorf auf ihrem Weg Richtung Augsburg oder München überfliegen.

Hier im Allgäu bekommt Helmut manchmal Besuch von seiner Mutter. Sie bringt auch seinen kleinen Bruder Hans mit, der erst wenige Jahre alt ist. Eines Tages erreicht sie ein Telegramm. Der Vater schickt es. Helmut Rahns älterer Bruder Herbert ist tot. Gefallen als Fallschirmjäger. Die Mutter solle sofort nach Hause zurückkehren. Mit einer Mischung aus Trauer und Trotz beschließt sie, ihre Familie fortan zusammenzuhalten. Die Tage der Kinderlandverschickung sind für Helmut Rahn gezählt. Mit seiner Mutter und seinem Bruder kehrt er nach Essen zurück. Gemeinsam schlägt sich Familie Rahn durch das brennende Deutsche Reich.

Zwei Monate später verlässt Helmut in Essen die Schule. Sein Vater besorgt ihm eine Lehrstelle als Autoelektriker. Er hofft, dass Rahn mit seinem Wissen über Autos eines Tages im familiären Betrieb helfen kann. Der Plan geht nicht auf. Einige Monate nach dem Beginn der Lehre wird Rahns Ausbildungsstätte bei einem Fliegerangriff ausgebombt. Unter den Trümmern begraben liegt auch Rahns Karriere als Autoelektriker.

Früher als geplant beginnt Helmut mit der Arbeit bei seinem Vater. Theoretisch lautet seine Aufgabe, die Deputatkohle an die Bergwerksarbeiter auszuliefern. Praktisch hat er damit zu kämpfen, die Pferde im Zaum zu halten. Die Alliierten fliegen nun pausenlos Luftangriffe. Das Dröhnen der Flugzeuge und das Rattern der Flugabwehrgeschütze schreckt die Tiere auf. Der noch immer recht schmächtige Junge hat seine liebe Mühe, die Kohlen an den Mann zu bringen.

Eines Tages galoppiert Helmut mit seinem Fuhrwerk, als sich Flugzeuge nähern. Er steigt ab und rettet sich in den nächstgelegenen Bunker. Als er den Bunker wieder verlässt, fehlt von den Pferden und vom Fuhrwerk jede Spur. Sie haben Reißaus genommen. Ein Pferd ist zum Haus der Rahns galoppiert, wie sich später herausstellt. Das andere Pferd und das Fuhrwerk tauchen nie mehr auf. Vielleicht wurden sie von einer Bombe getroffen. Vielleicht hat ein findiger Dieb die Gelegenheit genutzt.

Der Krieg ist nun endgültig ins Reich heimgekehrt. Die deutschen Soldaten kämpfen an allen Fronten Rückzugsgefechte. Selbst die größte Propaganda kann nicht mehr übertünchen, dass es für das Deutsche Reich nichts mehr zu gewinnen gibt. Dennoch mobilisieren die Fanatischsten der Fanatiker noch einmal die letzten Reserven. Alle Männer zwischen Pubertät und Greisenalter werden aufgerufen, als Teil des Volkssturms das zerbröselnde Reich zu verteidigen.

Rahns Mutter hat bereits einen Sohn verloren, ein weiterer ist verschollen, als Männer in Parteiuniformen an der Tür klopfen. Sie suchen Helmut Rahn. Er soll zur Volksfront, seine Heimat verteidigen. Rahns Mutter will auf keinen Fall einen weiteren Sohn für das Vaterland opfern. Sie schickt Helmut auf den Taubenschlag, direkt unter dem Dach. Zusammengekauert hockt er zwischen den Brieftauben seines Vaters. «Der Helmut ist nicht da!», antwortet seine Mutter. Ein paarmal spielen die ungebetenen Besucher dieses Spielchen mit, bis es ihnen zu bunt wird. «Wenn Ihr Sohn nie da ist, brauchen Sie wohl auch keine Lebensmittelkarten mehr?», fragen sie rhetorisch. Nur über diese Karten lässt sich im kriegsversehrten Reich Nahrung beschaffen. «Behalten Sie sie ruhig!», antwortet Rahns Mutter. Familie Rahn muss das Essen fortan noch strikter einteilen. Doch Helmut bleibt vor der Soldatenkarriere bewahrt.[22]

Als die Deutschen am 7. Mai 1945 die bedingungslose Kapitulation unterschreiben, sitzt Helmut Rahn in seinem Heimathaus in Essen. Die einzigen Schüsse, die er im Krieg abgefeuert hat, gingen auf die Tore im Kinderlandverschickungslager 235.

Rahns Heimatstadt Essen ist am Kriegsende nicht wiederzuerkennen. Fast 200 000 Wohnungen zählte die Stadt vor dem Krieg. 64 000 wurden total zerstört, fast 100 000 weitere mehr oder weniger beschädigt. Die ganze Stadt ist übersät von Kratern und Blindgängern, die jederzeit doch noch explodieren können. Britische Soldaten patrouillieren auf den Straßen. Deutschland steht unter dem Diktat der vier Siegermächte. Die Alliierten machen sich daran, das Land von den Überresten der nationalsozialistischen Herrschaft zu befreien. Nie wieder soll von deutschem Boden Gefahr ausgehen.

Jede Art von Zusammenkünften wird untersagt. Der deutsche Hang, sich in Vereinen und Klubs und Wohlfahrtsorganisationen zusammenzuschließen, behagt den neuen Machthabern nicht. Sie sehen in diesen Strukturen eine Keimzelle der Nationalsozialisten. Die Sportvereine beziehen die Alliierten ausdrücklich in ihre Analyse ein. Sie hatten sich ohne Widerworte angepasst, als die Nazis 1933 ein neues Zeitalter ausriefen. Sofort organisierten sich viele Fußballvereine nach dem Führerprinzip, Juden und andere unliebsame Gruppen wurden ausgeschlossen. Nach 1945 lösen die Alliierten daher sämtliche Sportvereine und -verbände auf.

Doch die Sieger sind auch überrascht, wie schnell das selbst proklamierte Herrenvolk zu eifrigen Wiederaufbauhelfern mutiert. Gestern noch hatten sie halb Europa terrorisiert. Heute spielen sie sich als neue Deutsche auf, die mit Gewalt nichts mehr zu tun haben wollen. Die befürchteten Partisanenkämpfe bleiben aus. Niemand trauert den alten Organisationen hinterher, vom Wohlfahrtsbund über die Hitlerjugend bis hin zur vormals so mächtigen NSDAP.

Nur den Hang zum Sportverein, den können die Alliierten den Deutschen nicht austreiben. Obwohl die Alliierten jedweden organisierten Sport verbieten, finden bald die ersten Fußballspiele statt. Unter Decknamen treten die alten Vereine wieder gegeneinander an. In Essen trifft eine Mannschaft namens «Suppengrün» auf das Team «Aschenkippe». Es handelt sich um ein Spiel einer örtlichen Auswahl gegen die Überreste des FC Schalke 04. Überall finden geheime Spiele wie dieses statt. Die Zuschauer strömen zu den Sportplätzen, die jedoch wie das gesamte Land in Trümmern liegen.[23]

Zumindest im Westen lenken die drei Besatzungsmächte bald ein. Nach und nach dürfen traditionsreiche Vereine wie der FC Schalke oder Borussia Dortmund neu gegründet werden. Schon im Oktober 1945, nicht einmal ein halbes Jahr nach Kriegsende, findet in Essen die erste Stadtmeisterschaft statt. Der Ball rollt wieder.

Helmut Rahn beschließt in diesen Tagen, sein Hobby aus dem Verschickungslager wieder aufzunehmen. Er tritt dem lokalen Sportverein Altenessen 12 bei. Das Thema Schuhe ruft noch immer Streit hervor im Hause Rahn. Seine ersten Spiele bestreitet er in seinen Sonntagsschuhen, was seine Mutter nicht gern sieht. Allzu gut kicken lässt sich mit den Halbschuhen ohnehin nicht. Über einen Freund gelangt er an ein Paar Fußballstiefel. Dessen Bruder ist im Krieg gefallen. Das Paar ist drei Nummern zu groß, aber Helmut zieht einfach mehrere Paar Socken übereinander an, dann passen sie irgendwie.[24]

Das übergroße Schuhwerk bremst seine Spielfreude nicht. An jedem Sonntag ist er nun auf dem Sportplatz anzutreffen. Er spielt für die Jugendmannschaft, später schon für die B-Mannschaft, manchmal darf er auch bei der A-Elf antreten. Dass er erst 17 Jahre alt ist, kümmert niemanden. Die alte Spielordnung ist mit dem Deutschen Reich untergegangen. Es herrschen die wilden Regeln der Nachkriegszeit. Wer wo spielt, entscheidet sich von Woche zu Woche. Ständig kommen neue Spieler hinzu – Heimgekehrte aus dem Krieg, Vertriebene aus den ehemaligen Ostgebieten des Deutschen Reichs oder Kriegsgefangene, die auf ihre Entlassung warten mussten. Viele der Spieler, die vor dem Krieg in Essen kickten, sind gefallen oder derart lädiert, dass an Fußballspielen nicht mehr zu denken ist. So sucht fast immer irgendeine Mannschaft einen Mitspieler. Rahn hilft gerne aus, nicht nur bei Altenessen 12, sondern auch bei Klubs aus anderen Vierteln. An manchen Wochenenden bestreitet er vier oder fünf Spiele. Hauptsache, Fußball.

Fußballspiele sind damals ein kleines Abenteuer. Von den ehemals 78 Sportplätzen in Essen sind nach dem Krieg nur noch 30 einigermaßen bespielbar.[25] Manche wurden von den Briten beschlagnahmt als Lagerfläche für militärische Geräte. Die meisten jedoch sind vollkommen zerstört und übersät mit Kratern. Woche für Woche schuften die Vereinsmitglieder, um die Plätze wieder herzurichten. Doch im ganzen Land herrscht Materialmangel. Notdürftig werden die Löcher mit Asche gefüllt. Wirklich gerade rollt der Ball auf diesen Feldern nicht. Fast keine Mannschaft hat Trikots, auch Hosen und Schuhe sind Mangelware.

Helmut Rahn ist das egal. Er will spielen. Seine Mit- und Gegenspieler kennt er aus der Nachbarschaft und aus seiner Schulzeit. Schnell kristallisiert sich heraus, dass er ihnen eins voraushat: Talent. Rahn gehört zu den Spielern, die alle Jugendlichen hassen. Er spielt so gut wie nie den Ball ab. Selbst wenn er an drei Gegenspielern vorbeigezogen ist, will er auch noch den vierten ausdaddeln. Doch das geht so oft gut, dass er sich das erlauben darf. Rahn ist ein Solist in einem Sport, der eigentlich ein Teamsport ist.

Rahns Körper funktioniert wie ein Radar. Egal, wo er sich befindet: Er erkennt sofort den schnellsten Weg zum Tor. Mit dem Ball am Fuß dribbelt er seine Gegenspieler aus, lässt sie links und rechts stehen. Rahn schießt Tor um Tor um Tor. Dieses Gefühl, den Ball ins Netz zu dreschen, lässt er sich nicht nehmen – schon gar nicht von seinen Mitspielern, die ein Zuspiel fordern. Sein Talent gestattet ihm diese Sonderrolle. Immer häufiger darf er als Mittelstürmer der ersten Mannschaft auflaufen.

Die Nachkriegszeit könnte trister kaum sein. Die Deutschen bekommen die Folgen des Kriegs zu spüren; Folgen, die ihre angegriffenen Nachbarn schon jahrelang erdulden mussten. Dass Nahrungsmittel rationiert werden müssen, waren die Deutschen aus Kriegszeiten gewohnt. Aber die Nationalsozialisten hatten penibel darauf geachtet, dass die eigene Bevölkerung genug zu essen hatte. Dafür wurden die besetzten Gebiete geplündert.

Nach dem Ende des Kriegs muss sich das geschrumpfte Deutschland selbst versorgen. Die Alliierten kappen die Rationen radikal. 1946 beträgt die durchschnittliche Ration der Deutschen 1500 Kalorien.[26] Sieben Gramm Fett sollen den Tagesbedarf decken. Fleisch ist Mangelware, Kaffee und Zigaretten Luxusgüter. Eine kleine Sonderration bekommt nur, wer hart arbeitet, etwa die Kumpel in den Bergwerken. Satt werden aber auch sie nicht.

Das Geld ist in der Nachkriegszeit praktisch wertlos. Die lebenswichtigen Güter werden ohnehin rationiert, Luxusgüter nicht produziert. Ohne Lebensmittelkarten lassen sich Brot, Butter und Gemüse nicht erwerben. Zumindest nicht auf legalem Wege. Unter der Hand blüht daher der Schwarzmarkt: Zigaretten lassen sich gegen Nahrung eintauschen, Kohle gegen Kaffee, Dienstleistungen gegen ganze Tiere.

In dieser Zeit erfährt Helmut Rahn, welche Privilegien sein Fußballtalent ihm einbringt. Der Fußballsport erfährt in den Nachkriegsjahren einen unheimlichen Boom. Er gehört zu den wenigen Freizeitbeschäftigungen, die von der Zerstörung weitgehend unberührt geblieben sind. Sicher, die Plätze sind ramponiert. Aber sie lassen sich mithilfe der Arbeit der Vereinsmitglieder wieder aufbauen. Die Hallen der Boxer hingegen liegen in Trümmern, genauso die Konzert- und Theatersäle. Neue Filme können nicht produziert, Kinos in Ermangelung von Strom kaum betrieben werden. Wer am Wochenende etwas Zerstreuung sucht, muss fast zwangsläufig den Fußballplatz aufsuchen.

Selbst allenfalls lokal bekannte Klubs wie Altenessen 12 stehen im Fokus. Größere Betriebe und deren Geschäftsführer sehen in den Fußballvereinen einen netten Zeitvertreib. Zugleich hoffen sie auf Prestige, Anerkennung und vielleicht auch etwas Ware zum Handeln. Im Fall von Altenessen 12 stammt der Gönner aus der Schachtanlage «Prinz Heinrich». Der Betriebsführer der Anlage kümmert sich um den Verein und dessen Spieler. Auf dem Schwarzmarkt tauscht er Kohle gegen Schuhe und Trikots. Vorbei sind die Zeiten, in denen Rahn mit viel zu großen Schuhen und nacktem Oberkörper kicken muss.

Besonders wichtigen Spielern verschafft der Mäzen sogar eine Anstellung. Rahn fällt in den Kreis der Auserwählten, immerhin hat er sein Talent schon bei einem Spiel der Stadtauswahl zur Schau gestellt. Vor 15 000 Zuschauern traf Essen auf Stuttgart,

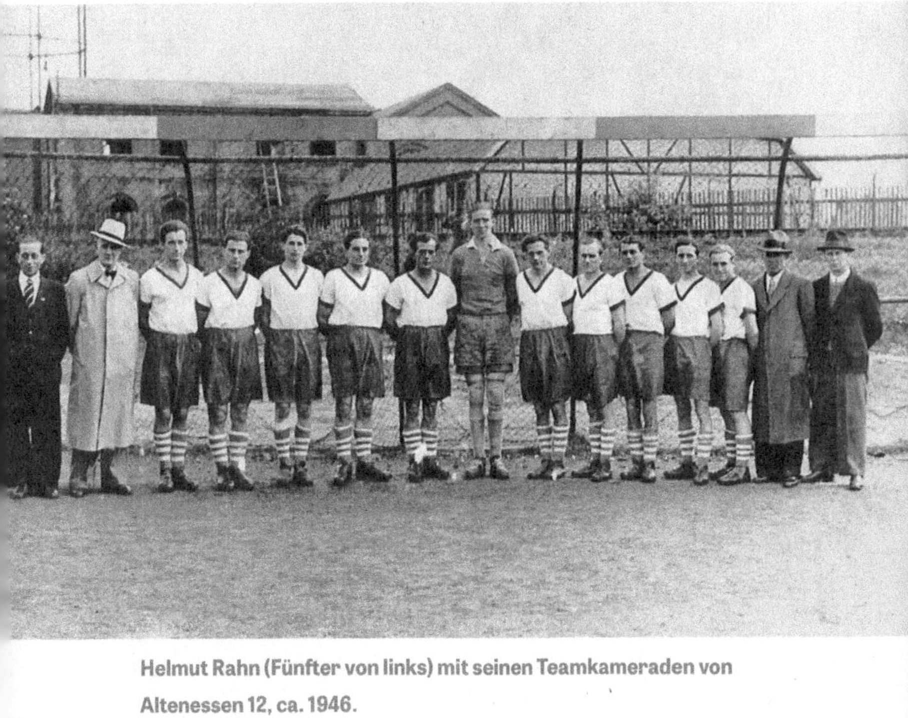

Helmut Rahn (Fünfter von links) mit seinen Teamkameraden von Altenessen 12, ca. 1946.

das erste Spiel vor großem Publikum für Helmut. Damit er Altenessen 12 treu bleibt, bekommt er nun eine Arbeitsstelle auf der Zeche. Wie sein Vater vor ihm fährt er hinunter in den Schacht.

So schwer schuften wie sein Alter muss Helmut aber nicht. Die Zeche meldet die Fußballer zwar als Schwerstarbeiter. Somit bekommen sie Extrarationen zugeteilt. Unter Tage erhalten die Kicker aber die leichten Arbeiten, damit sie fit bleiben für das Training. Zwar fährt Helmut jeden Morgen Hunderte Meter mit dem Aufzug in die Tiefe, aber die harte Arbeit, die Kohleklumpen aus den Felsen zu schlagen, übernehmen andere. Rahn bleibt in der Nähe des Förderkorbs. Als letztes Glied der Kette hat er die Aufgabe, besonders große Klumpen mit einem Hammer zu zerkleinern. Die meiste Zeit schaut er nur zu, wie die Kohle am Förderband an ihm vorbeirauscht. Eine halbe Stunde früher als alle anderen kehrt er an die Oberfläche zurück. Das Training wartet.

Eines Tages muss Rahn zu einer Beerdigung eines Nachbarkindes – eine traurige Alltäglichkeit in dieser Zeit. Er tauscht seine Schicht. Als er unter Tage fährt, steht für seinen Posten am Ende des Förderbands bereits ein anderer Kumpel bereit. Der Vorarbeiter dieser Schicht, im Revierdeutsch Steiger genannt, kennt Rahn nicht. An Fußball hat er kein Interesse. Er sieht in Altenessens Stürmer nur einen normalen Kumpel. So fordert er ihn auf, gefälligst in den Streb hineinzuklettern und Kohle aus dem Gestein zu schlagen. «Mach ich nicht!», sagt Rahn. Man habe ihn nicht für diese Arbeit eingestellt. «Machst du wohl!», bellt der Steiger. Rahn fordert den Steiger auf, ihn wieder ans Tageslicht fahren zu lassen. Der denkt gar nicht daran. Mürrisch bezieht Helmut seinen Posten. Die Luft wird immer heißer und stickiger, je weiter er in den Schacht kraxelt. Er beschließt, keinen Finger zu krümmen. Rahn steht im Bergwerk, schwitzt und wartet. Als die Schicht endet, steht er als Erster am Förderkorb. Der Steiger kündigt Konsequenzen an. Diese zieht Rahn dann selbst: Er kündigt.

Rahn kickt weiter für Altenessen 12 und fängt wieder bei seinem Vater an zu arbeiten. Zwischenzeitlich verdingt er sich auch als Helfer auf einer Galopprennbahn; an Pferden hat Helmut einen Narren gefressen. Ganz ungetrübt ist die Beziehung zu seinem Heimatverein danach aber nicht mehr.

Eines Tages treten ein paar Spieler des BV Stoppenberg an Rahn heran. Sie fahren am Wochenende raus aufs Land. Die Stoppenberger wollen gegen den Dorfverein Oelde 09 antreten, um ein paar Kartoffeln abzustauben. Diese «Kartoffelspiele» sind gang und gäbe im Fußball des Nachkriegsdeutschlands. Statt mit Geld lassen sich die Kicker mit Naturalien bezahlen. Immer wieder zieht es die Teams der großen Städte auf das Land. Selbst große Vereine wie der FC Schalke oder der 1. FC Nürnberg touren regelmäßig über die Dörfer, um ihre Spieler zu versorgen.

Im Falle der Stoppenberger liegt ein Tauschgeschäft vor: Die Essener Spieler bringen Kohle mit und kehren dafür mit Kartoffeln ins Ruhrgebiet zurück. Die Jungs aus dem benachbarten Stadtteil drängen Rahn, mitzukommen. Das Angebot klingt verlockend. Doch eigentlich hat er ein Punktspiel mit Altenessen. «Komm schon!», sagen die Männer. Rahn schlägt ein. Ohne sich bei seiner Mannschaft abzumelden, reist er nach Oelde.

Helmut hat in den vergangenen Jahren fleißig trainiert. Noch immer ist er ein eher schmächtiger Junge, seine Dribblings gelten als seine Stärke. Doch in seiner Freizeit hat er an seinem Schuss gearbeitet. Toreschießen ist sein Hobby, und wer Tore schießen will, braucht trainierte Beine und einen satten Schuss. Mit rechts hat sich Rahn bereits einen Bombenschuss angeeignet, wie er selbst zu sagen pflegt. Mit links übt er noch.

Obwohl Rahn normalerweise nicht für Stoppenberg kickt, avanciert er zum besten Spieler des Spiels. Das Abspiel war ohnehin nie seine Stärke. Er nimmt einfach den Ball, dribbelt ein paar Gegner aus und zieht ab. Da ist es eigentlich egal, wer an seiner Seite spielt. In Erinnerung bleiben aus diesem Spiel nicht seine drei Tore[27] – sondern ein Freistoß, den der Torhüter hält. Oeldes Torwart bekommt seine Fäuste nicht rechtzeitig hoch, der Ball knallt ihm mit voller Geschwindigkeit ins Gesicht. Er verliert mehrere Zähne.

Wenige Tage später erhält Helmut einen Brief. Absender: die Vereinsführung des SV Oelde. Sie fordern nicht etwa Schadensersatz wegen der ausgeschossenen Zähne. Sie wollen Rahn verpflichten. Die Oelder Vereinsbosse kommen nach Essen in die Wohnung der Familie. Die Verhandlungen finden vor allem zwischen Rahns Eltern und Mäzen Rudolf Haver statt. Rahn erhalte nicht nur einen Arbeitsplatz, die Familie werde auch großzügig in Naturalien entschädigt, so der Gönner des Klubs.

Zur Saison 1949/50 läuft Helmut Rahn tatsächlich für den SV Oelde auf. Zunächst lebt er als Untermieter bei einer älteren Frau. Ihr wird der Trubel um den jungen Rahn aber alsbald zu viel; pünktliches Heimkehren und Nachtruhe gehören nicht zu seinen Gewohnheiten. Bald schon wohnt er mit einem Mitspieler zusammen. Tagsüber darf er in der Kontrollabteilung der örtlichen Zentrifugenfabrik kleine Handzentrifugen kontrollieren und zum Verkauf freigeben; eine wirkliche Qualifikation dazu hat Rahn nicht.[28]

Die meiste Zeit verbringt er ohnehin auf dem Fußballplatz. Zunächst gefallen ihm die Ideen seines neuen Trainers gar nicht. Der sieht in Rahn keinen klassischen Stürmer; zu verspielt seien seine Dribblings, zu wenig kopfballstark sei der 1,78 Meter kleine Rahn, zu schmächtig sei seine Figur, um sich den breiten Verteidigern entgegenzustellen. Der Trainer möchte Rahn zu einem Rechtsaußen umschulen. Der fügt sich widerwillig seinem Schicksal. Es ist ja schließlich nicht gesagt, dass Rahn den Anweisungen seines Trainers auch Folge leisten muss. Im Spiel zieht es ihn weiterhin ständig in Richtung Tor. Seine neue Rolle verschafft ihm allerdings die Möglichkeit, während der Spiele auf dem Flügel unter- und dann überraschend wiederaufzutauchen.

Rahn hat es gut in Oelde. Es gibt reichlich zu essen, die Arbeit strengt ihn nicht zu sehr an, er kann sich ganz dem Fußball verschreiben. Dennoch drängt es ihn bald wieder zurück nach Hause. Die 52 Tore, die er in seiner Saison in Oelde schießt, unterstreichen sein Talent.[29] Sie zeigen aber auch: Rahn ist den unteren Spielklassen, in denen Altenessen, Stoppenberg und Oelde kicken, längst entwachsen. Es wird Zeit, dass er sein Talent auf größerer Bühne unter Beweis stellt.

OW:
Rückkehr in eine zerstörte Heimat

Ottmar Walter hatte lange Zeit von diesem Augenblick geträumt. Über zwei Jahre hat er in Kriegsgefangenschaft verbringen müssen, ehe er zum Jahreswechsel 1946/47 in seine Heimat zurückkehren kann. Sepp Herberger hat seine Versprechen gehalten und ihm eine Anstellung bei der Stadt Kaiserslautern vermittelt. Ottmar fährt fortan für das Ernährungsamt Lebensmittelkarten aus. Die französischen Behörden behelligen den ehemaligen Marinesoldaten aufgrund seiner Tätigkeit nicht.

Man müsste meinen, Ottmar könnte nach dieser langen Leidenszeit gar nicht abwarten, endlich wieder auf den Fußballplatz zurückzukehren. Auch in der französischen Zone läuft der Spielbetrieb schon wieder. Der 1. FC Kaiserslautern tritt in der Nordstaffel der Oberliga Südwest an. Doch Ottmar wagt es nicht, die Träume seines alten Lebens wieder aufzunehmen. Er kann sein im Krieg lädiertes Knie zwar bewegen. Doch Fußball spielen? Auf hohem Niveau? Über 90 Minuten? Das traut er sich nach zwei Jahren Kriegsgefangenschaft nicht zu. Er befürchtet, nicht an seine früheren Leistungen anknüpfen zu können.

Sein Bruder sieht die Sache anders. Fritz will unbedingt, dass Ottmar wieder beim 1. FC Kaiserslautern spielt. «Die Leute haben längst gehört, dass du wieder da bist», sagt er. «Die wollen dich spielen sehen!» Der Rückkehrer fürchtet jedoch die Reaktion des Publikums. Sie würden ihn auspfeifen, wenn er nach zehn Minuten verletzt das Feld verlassen muss. Die Regeln sind streng: Die elf Spieler, die ein Spiel beginnen, müssen es auch beenden. Sollte er nicht weiterspielen können, müssten Ottmars Mitspieler mit einem Mann weniger weiterspielen, und das mag er nicht verantworten.

Fritz findet einen Kompromiss. Er weiß: In einem Punktspiel

darf sein Bruder nicht einfach ausgewechselt werden. Stattdessen vereinbart er ein Freundschaftsspiel mit dem SV Wiesenthalerhof, einem Verein aus einem Kaiserslauterer Vorort. Vereinsführer Fritz macht mit den Gastgebern ab, dass Ottmar im Zweifel ausgewechselt werden darf. «Du machst ein bisschen mit. Und wenn es nicht mehr geht, gehst du wieder runter.»

Ottmar Walters Knie schmerzt. Doch er beißt die Zähne zusammen. Die gesamten 90 Minuten steht er auf dem Platz. Wenige Tage später feiert er auch sein Pflichtspiel-Comeback. Beim 9:1-Pokalsieg über den VfR Kaiserslautern erzielt Ottmar sieben Tore. Die Zeit bei der Marine, die Jahre in der Kriegsgefangenschaft: Das alles scheint weit weg, als er das Trikot des 1. FC Kaiserslautern überstreift.

Von da an ist Ottmar Walter wieder fester Bestandteil der Mannschaft. Nicht alle Kameraden, mit denen er vor dem Krieg gespielt hat, kicken noch an seiner Seite. Sein Bruder Ludwig, der als Talent ebenfalls an der Schwelle zur ersten Mannschaft gestanden hatte, musste aufgrund einer Kriegsverletzung das Fußballspielen aufgeben. Torhüter Theobald Baumann, von allen nur «Pat» gerufen, war im Krieg gefallen. Die meisten Kaiserslauterer Spieler haben hingegen Glück gehabt. Werner Baßler, Werner Kohlmeyer, die Liebrich-Brüder: Sie alle laufen wieder Wochenende um Wochenende für den FCK auf.

Unbestrittener Anführer der Mannschaft ist Fritz Walter. Er hat den Krieg auf die dramatischst denkbare Weise überstanden. Kurz vor Kriegsende kam er in sowjetische Gefangenschaft. Keinem anderen Kriegsgegner hatte Deutschland mehr Leid zugefügt als den Sowjets. Millionen ihrer Bürgerinnen und Bürger sind an der Front gefallen, von der SS ermordet worden oder elendig verhungert. Die Deutschen hatten über die Hälfte ihrer sowjetischen Kriegsgefangenen sterben lassen. Entsprechend rücksichtslos gingen die Sowjets ihrerseits mit den Deutschen um. Kriegsgefangenschaft in Sibirien, das bedeutete brutale Jahre im Arbeitslager, Hunger und Tod. Jeder dritte deutsche Gefangene überlebte die Tortur nicht. Zum Vergleich: Gerade einmal 0,2 Prozent der in den USA inhaftierten Gefangenen kamen um.

Fritz war bereits auf halbem Weg nach Russland, als sein Zug in Ungarn haltmachte. Wäre er an diesem Tag weitergefahren, hätte er Jahre seines Lebens in sibirischen Lagern schuften müssen. Er wäre als anderer Mensch nach Hause gekommen, wenn er überhaupt je seine Heimat wiedergesehen hätte. Doch während Fritz auf den nächsten Zug wartete, sah er, dass die ungarischen Wächter Fußball spielten. Der Ball rollte vor seine Füße. Fritz war noch immer gezeichnet von seiner Malaria-Infektion. Das hinderte ihn jedoch nicht daran, seine Fußballkünste vorzuführen. Der Nationalstürmer jonglierte die Kugel ein paarmal mit Sohle und Hacke, er führte seine besten Tricks vor. Ein Wärter schrie: Das ist doch Fritz Walter! Der hat doch beim Länderspiel zwischen Deutschland und Ungarn brilliert! Fritz durfte mitspielen. Der nächste Zug nach Sibirien fuhr ab, doch Fritz saß nicht drin. Auch nicht im übernächsten. Stattdessen trainierte er die Wärter seines Gefangenenlagers. Als wäre das nicht Wunder genug, traf Fritz wenige Tage später seinen Bruder Ludwig. Er überzeugte die Wächter, dass auch er ein großer Fußballspieler sei. Wenige Wochen später erklärten die Ungarn die Brüder zu Franzosen und setzten sie in einen Zug nach Wien. Fritz kam heim. Zeit seines Lebens wird er behaupten, dass die Partien im Gefangenenlager die wichtigsten seines Lebens gewesen waren.

Zurück in Kaiserslautern hatte Fritz nur einen Wunsch: Fußball spielen. Er kündigte seine Anstellung auf der Sparkasse und widmet sein Leben fortan vollends dem 1. FC Kaiserslautern. Er muss seine Mitspieler nicht überzeugen, ihm zu folgen. Sie kennen sein Talent. Wie selbstverständlich leitet Fritz das Training. Das Extraprogramm, das er schon seit Jahren abspult, müssen nun auch seine Mitspieler absolvieren. Der Spielertrainer lässt seine Mitspieler im Wald antreten. Zehn Kilometer Laufen stehen auf dem Programm. Zwischendurch müssen sie sprinten und auf Waldlichtungen Gymnastikübungen absolvieren. Fritz lässt aus alten Holzlatten eine Vorrichtung bauen, mit der sich Kopfbälle trainieren lassen: An einem Seil hängt ein Fußball in der Luft, er schwingt von einer Seite auf die andere wie ein Pendel. Wenn das eigentliche Training endet, schiebt Ottmar noch ein paar Extraschichten an diesem Kopfballpendel. Er hat noch Herbergers Worte im Ohr: Seine Sprungkraft müsse besser werden! Eine Nationalmannschaft mag es nicht mehr geben. Das soll für Ottmar kein Hemmnis darstellen, sich Herbergers Ratschläge zu Herzen zu nehmen.

Fritz hat sich eine fixe Idee in den Kopf gesetzt: Er will seine Kaiserslauterer nach dem Vorbild des FC Schalke formen. Die 3:9-Niederlage, welche der FCK vor dem Krieg gegen Schalke erlitten hat, hat ihn nachhaltig beeindruckt. Die technische Brillanz der Schalker, das Zusammenspiel, die taktische Klasse: All das möchte er auch mit dem 1. FC Kaiserslautern erreichen. Die Granden des FC Schalke, Ernst Kuzorra und Fritz Szepan, sind mittlerweile weit über 30 Jahre alt; zu alt, um den deutschen Fußball weiter zu dominieren, wie sie es vor dem Krieg getan haben. Der 1. FC Kaiserslautern soll sie beerben, so plant es der Lauterer Spielertrainer.

Fritz möchte das Spiel der Schalker weiterentwickeln: Aus dem «Passen, Annehmen, Weiterspielen» entfernt er das «Annehmen». Der 1. FC Kaiserslautern soll mit einem Kontakt spielen. Was Fritz bereits beherrscht, müssen seine Mitspieler noch lernen. Der Trainer, Kapitän und Vereinsführer in Personalunion nimmt seine Schützlinge hart ran. Immer wieder lässt er das Passen trainieren. Unter Gegnerdruck muss der Empfänger einen Pass weiterspielen. Besonders Ottmar erhält scharfe Ermahnungen von seinem Bruder: Er dürfe nicht stehen bleiben, sondern müsse dem Ball entgegengehen.

Die Spieler folgen Fritz bedingungslos. Auch Ottmar murrt nur kurz, als Fritz ihm offenbart, dass seine Stammposition als halbrechter Stürmer fortan an jemand anderen vergeben sei – und zwar an ihn selbst. Nach dem Krieg hatte Fritz sich auf der tieferen Position ausprobiert. Ihm gefällt, dass er sich hier öfter in den Spielaufbau einschalten kann. Aber der Spielertrainer hat eine Idee: Ottmar könne ja im Sturmzentrum spielen. Hier klaffe im Kader eine Lücke. Es klingt wie ein Vorschlag. In Wahrheit ist eine Diskussion nicht angedacht. Ottmar hat immer gerne als Verbindungsspieler agiert. Aber wenn Fritz es so möchte, wird es gemacht. Es gibt Schlimmeres, als Tore schießen zu dürfen, denkt er sich.

Das Leben im Deutschland der Nachkriegszeit ist beschwerlich. Kaiserslautern wurde – wie so viele andere Städte – im Krieg fast vollständig zerstört. Überall in der Stadt legen Trümmer ein bewegtes Zeugnis ab über die Leiden des Krieges. Die Ernährungslage ist katastrophal. Der Winter 1946 geht als kältester des gesamten 20. Jahrhunderts in die Geschichte ein. Missernten und die bittere Kälte kosten Tausende Menschen das Leben.

Auch die Fußballspieler des 1. FC Kaiserslautern führen kein leichtes Leben. Wohnraum ist rar, eine geregelte Arbeit findet sich nicht für jeden, Trümmer wollen geschleppt und beseitigt werden. Doch die Fußballer genießen einige Privilegien. Zahlreiche Menschen schauen zu, als der 1. FC Kaiserslautern in der Saison 1946/47 die Nordstaffel der Oberliga Südwest gewinnt.[30] Eine deutsche Meisterschaft wird zwar nicht ausgetragen. Dafür findet ein Finale gegen den Sieger der Südstaffel statt. Der 1. FCK überrollt den VfL Konstanz mit 8:1 und 8:4. Ottmar erzielt acht der insgesamt 16 Kaiserslauterer Tore. Die Lauterer Spieler sind stadtbekannt – mit all den Vorteilen, die das so bringt.

Die Prominenz der Kicker zieht viele Menschen an. Auch die Damenwelt. Im Umfeld der Mannschaft buhlen Frauen um die Gunst der Spieler. Der Krieg prägt auch den Liebesmarkt. Millionen junger Männer haben ihr Leben im Zweiten Weltkrieg verloren. Die erste Volkszählung der Bundesrepublik ergibt: Auf jede Frau im heiratsfähigen Alter kommen 0,75 Männer. Eine von vier Frauen muss sich also damit abfinden, keinen Mann zu finden. Das ist ein schweres Schicksal in einer Gesellschaft, die für die materielle Absicherung einer Frau die Hochzeit vorsieht. Frauenzeitschriften erklären ihren Leserinnen, sie müssten die

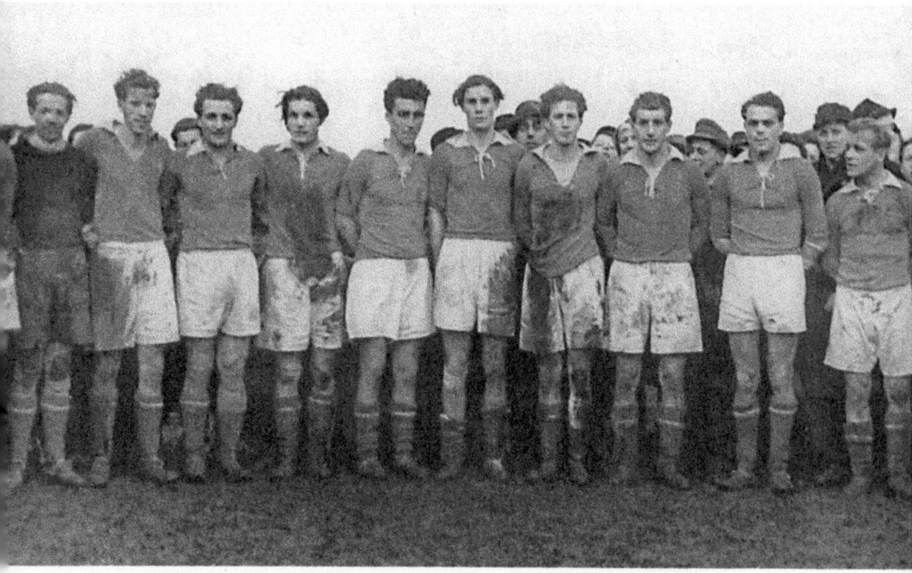

Die Mannschaft des 1. FC Kaiserslautern im Jahr 1947 mit Ottmar Walter (Fünfter von links).

Ansprüche herunterschrauben. Es sei besser, einen kriegsversehrten Mann mit nur einem Bein zu heiraten, als ganz ohne Gatten dazustehen.

Die Kaiserslauterer Spieler kosten ihre Popularität aus. Vor allem Fritz wird in jener Zeit häufig in Damenbegleitung gesichtet.[31] Seine Tage als Schwerenöter enden, als er sich in eine junge Italienerin mit langem schwarzen Haar verliebt. Die Hochzeit zwischen Fritz und Italia Walter sorgt in der Stadt für einiges Aufsehen. Warum muss der bekannteste Sohn der Stadt eine

Ausländerin heiraten? Die schwarzhaarige Frau werde ihn verhexen! Ressentiments wie dieses leben auch nach der totalen Niederlage des selbst ernannten Herrenvolks weiter. Sepp Herberger ist zunächst ebenfalls nicht begeistert von Fritz' Wahl. Dennoch lässt er sich überreden, Fritz als Trauzeuge beizustehen.

Auch der frühere Marinesoldat Ottmar dürfte nicht als Jungfrau in seine Ehe gegangen sein. Doch er beendet das Leben als Single, als er eines Wintertages am Rande des Spielfelds eine junge Dame erblickt. «Darf ich Ihnen meinen Mantel umhängen? Sie frieren ja so», fragt Ottmar die Frau.[32] Sie stellt sich ihm als Anneliese vor. Seine Mitspieler staunen nicht schlecht, als Ottmar und Anneliese tatsächlich bald ein Paar werden. So eine wunderschöne Frau mit strahlend blondem Haar! Sie wollen unbedingt wissen, wie er das geschafft hat. Ottmar zuckt nur mit den Schultern und pfeift ein Lied aus der bekannten Operette «Im weißen Röss'l»: «Was kann der Sigismund dafür, dass er so schön ist? Was kann der Sigismund dafür, dass man ihn liebt? Die Leute tun, als ob die Schönheit ein Vergeh'n ist! Man soll doch froh sein, dass es so was Schönes gibt!» Fortan nennen ihn seine Mitspieler nur noch Sigismund. Im August 1948, einen Monat vor Fritz' Hochzeit, heiratet Ottmar seine Anneliese.

Die Spieler genießen nicht nur bei den Frauen Vorteile, sondern auch in materieller Hinsicht. Die Vorzüge sind zwar kaum zu vergleichen mit den Millionensummen, die Fußballer im 21. Jahrhundert verdienen. Zumindest um eines müssen sich die Spieler in den schweren Nachkriegsjahren selten sorgen: um Nahrung.

Auch der 1. FC Kaiserslautern bestreitet Kartoffelspiele. «Grumbeerspiele» werden sie in der pfälzischen Mundart genannt. In Zeiskam erhalten die Spieler Zwiebeln, in Schifferstadt Kohlköpfe und in Alzey zwei ganze Wildschweine. In Herxheim spielt der FCK um Tabak. Der lässt sich auf dem Schwarzmarkt gegen Nahrung eintauschen. Einmal reisen sie sogar ins Ruhrgebiet, der STV Horst-Emscher bietet Kohle. Der Ruf Fritz Walters öffnet Türen. Viele wollen den 24-fachen Nationalspieler und dessen «Walterelf» sehen.

Für die Kaiserslauterer sind diese Spiele nicht nur aus materieller Sicht eine gute Schule. Meist gilt die Abmachung, dass der 1. FCK für jedes Tor belohnt wird. Ein Extratreffer bringt einen Extrasack Rationen. Die Spieler lernen so, auch gegen unterklassige Gegner ihr bestes Spiel aufzuziehen. Nur bei einem Dorfkick lässt Spielertrainer Fritz Walter die Zügel schleifen. Bei diesem Spiel gilt die Abmachung, dass der Gastgeber für jedes Kaiserslauterer Tor einen Sack Kartoffeln spenden soll. Nach dem Treffer zum 12:0 schreit Fritz über den ganzen Platz: «Hört auf, nach vorne zu spielen! Die haben nur zwölf Säcke!»

Bei den Reisen auf das Land werden die Spieler bei Privatleuten einquartiert. Viele sind stolz, Spieler des besten Vereins ihrer Region bewirten zu dürfen. Sie tischen das beste Essen auf, das die Speisekammer hergibt. Bilder dieser Zeit unterstreichen, dass die Fußballspieler des 1. FCK zwar keineswegs übergewichtig sind – untergewichtig jedoch auch nicht.

Nicht nur in der Ferne erhalten die Kaiserslauterer Extrarationen. Fritz handelt mit den örtlichen Metzgermeistern aus, dass diese Kaiserslauterer Spieler bekochen, so wie ihn einst die Familie Speyerer aufgepäppelt hat. Neben den Speyerers machen auch die Familien Kuby, Kübler und Willenbacher mit. Fritz nutzt dies als Erziehungsmaßnahme: Spieler, die am Wochenende besonders gut gespielt haben, dürfen bei den Speyerers einkehren. Hier schmeckt das Essen besonders lecker. Wer seine Aufgaben auf dem Fußballfeld vernachlässigt, muss zu den Willenbachers. Frau Willenbacher kocht zwar ebenfalls fabulös. Herr Willenbacher hält jedoch nicht mit deftigen Worten zurück, wenn sein Lieblingsverein verliert. Als Beilage zur Kraftbrühe gibt es Kraftausdrücke.

Nicht nur die Spieler des 1. FC Kaiserslautern lassen sich bekochen. Auch Sepp Herberger trifft man in den ersten Nachkriegsjahren immer wieder in Kaiserslautern. Die Fahrt aus dem amerikanisch besetzten Weinheim ins französische Kaiserslautern mag beschwerlich sein. Beide Orte sind nur 65 Kilometer voneinander entfernt, trotzdem benötigt Herberger für die Bahnreise durch das zerstörte Land rund vier Stunden. Er nimmt die Reise dennoch auf sich, um seinen Lieblingsschüler Fritz zu treffen. Immer mal wieder leitet er auch das Training am Betzenberg. Vor allem aber quartiert sich Herberger bei den Gönnern des FCK ein und setzt sich an den gedeckten Tisch.

Eines Tages kehren Ottmar, Fritz und Herberger bei den Speyerers ein. Es gibt Kaffee und Kuchen. Besonderer Beliebtheit erfreut sich der Bienenstich von Frau Speyerer. Fritz wacht wie ein Schlosshund darüber, dass jeder exakt ein Stück erhält. Ein jeder Kaiserslauterer hebt sich sein Stück für den Schluss auf. Herberger weiß nicht um diese Regelung, als er sich gleich zu Beginn zwei Stücke Bienenkuchen schnappt. Als Ottmar es Herberger gleichtun will, fährt ihn sein Bruder an: «Ottmar, du weißt, bei uns bekommt jeder nur ein Stück Bienenstich!» Herberger begeht das Malheur, Ottmar bekommt den Ärger.

Herberger verbringt die Tage in Kaiserslautern freilich nicht nur mit Kaffee und Kuchen. Zusammen mit Fritz feilt er an der Zukunft des deutschen Fußballs. Einen deutschen Fußballverband gibt es zwar immer noch nicht. Die Alliierten legen ihr Veto ein. Gegen wen sollte eine deutsche Nationalmannschaft auch spielen? Deutschland steht unter alliierter Verwaltung und wird international geächtet. Dass Herberger sich oft bei befreundeten Gönnern einquartiert, hängt sicher auch damit zusammen, dass er zwischen 1945 und 1947 keiner geregelten Arbeit nachgeht. Erst dann ergattert Herberger eine Stelle an der neu gegründeten Sporthochschule Köln.

Herberger ist dennoch nicht untätig. Eines Tages werde es wieder eine deutsche Nationalmannschaft geben, hofft er, und dann werde er wieder gebraucht. Mit Nachdruck plant er den Neuaufbau einer imaginären Nationalmannschaft – und Fritz Walter ist sein Schlüsselspieler. Herberger nutzt seine Arbeitslosigkeit, um Fritz Walter seine Vorstellung des perfekten Fußballs einzutrichtern.

Herberger erklärt seinem Schützling, wie moderner Fußball auszusehen habe: Positionen werde es im Fußball der Zukunft nicht mehr geben. Alle Spieler müssen sich ständig bewegen, Angreifer müssen verteidigen und Verteidiger angreifen. Nur so ließen sich massierte Deckungen knacken. «Wirbel», nennt Herberger diese Taktik. «Ihre Kaiserslauterer machen schon vieles richtig», sagt Herberger. Aber es ließe sich noch mehr herausholen.

Wenn Herberger die Trainingseinheiten leitet, greift er zu besonderen Methoden. Er lässt die Spieler barfuß um den Platz laufen, um sie abzuhärten. Statt mit Fußbällen kicken die Kaiserslauterer mit Tennisbällen. Wer einen kleinen Ball treffen kann, hat mit dem großen keine Probleme mehr, sagt Herberger. Er lässt die Spieler bewusst mit dem falschen Fuß schießen. Sie sollen lernen, mit beiden Füßen gleich gut zu schießen. Werner Kohlmeyer tut sich als eifriger Schüler hervor. Binnen vier Wochen schießt er die Kugel mit seinem schwachen linken Fuß genauso weit wie mit seinem starken rechten.

Ottmar erhält von Herberger gesonderte Anweisungen. Als Mittelstürmer bekommt er die Aufgabe, nicht mehr im Sturmzentrum auf Anspiele zu warten. Er solle sich ständig bewegen, auf die Flügel ausweichen, die gegnerischen Manndecker aus der Abwehr ziehen. Seine Rolle im Sturm entscheide darüber, ob der «Wirbel» funktioniere.

Der Mittelstürmer gibt sich redlich Mühe, die Anweisungen von Herberger und seinem Bruder zu befolgen. Es fällt ihm nicht immer leicht. Die Leichtfüßigkeit seines Bruders hat er ohnehin nie erreicht. Sein im Krieg lädiertes Knie erlaubt es ihm aber kaum mehr, so spritzig und laufstark zu agieren, wie er es gern würde. Nach den Spielen schwillt sein Knie an. Er lässt es punktieren und fährt ins Schwimmbad, um sich dort mit neuartigen Düsen unter Wasser massieren zu lassen. Für die Trainingseinheiten besorgt er sich einen Stützstrumpf, um das rechte Bein zu stabilisieren. Es hilft alles wenig. Die meisten Spiele kann er nur unter Schmerzen bestreiten.

Viele Leute behaupten, Aufgeben gehöre nicht zu ihrem Wortschatz. Auf kaum jemanden trifft diese Prahlerei so zu wie auf Ottmar Walter. Trotz Schmerzen trainiert er mehrmals die Woche und tritt an Sonntagen zu Punktspielen an. Er schont sich nicht, und er sieht auch keine Veranlassung, seine Gegner zu schonen. Trotz Schmerzen wirft er sich in jeden Zweikampf, egal wie aussichtslos er erscheint. Kopfbälle, lange Zeit Ottmars Schwachstelle, werden zu seinem Markenzeichen. Er setzt Arme und Körper ein, um sich gegen seinen Gegner einen Vorteil zu verschaffen.

Fritz hat wenig von seinem spielerischen Talent eingebüßt. Er ist jedoch auch ein ängstliches Genie. Vor jedem Spiel überkommt ihn die Sorge, was passieren könne, wenn es schiefgeht. Was die Leute wohl sagen! Nicht selten verbringt Fritz die Zeit vor dem Anpfiff auf der Toilette. Die Angst schlägt auf seinen Magen. Auf Auswärtsfahrten genügt es bereits, dass Fritz eine Nonne sieht, und seine Laune ist dahin. Ein schlechtes Omen! Manchmal engagieren seine Mitspieler einen Schornsteinfeger, der scheinbar zufällig am Betzenberg vorbeischlendert. «Schau, Fritz! Ein Schornsteinfeger! Der bringt Glück!»

Gerade Ottmar bemüht sich, seinem Bruder gut zuzureden. Die Rolle des sensiblen Jungen ist seit Kindestagen an Fritz vergeben, also schlüpft Ottmar in die Rolle des harten Hunds. Vor einem schweren Spiel gegen TuS Neuendorf sagt Ottmar zu Fritz: «Sieg oder Krankenhaus!» Fritz, nervös wie vor jedem wichtigen Spiel, sagt nur: «Es muss!» Ottmar legt seine Hand auf Fritz' ausgestreckten Arm. Wenige Sekunden später liegen die Arme sämtlicher Spieler übereinander. Sie haben einen Kreis gebildet und schreien: «Es muss!» Ottmar strengt sich noch mehr an, als er das ohnehin schon immer tut. Nach einem Zweikampf mit einem Gegenspieler blutet sein Ohr, mit einem Turban auf dem Kopf bestreitet er das Spiel zu Ende. Der 1. FC Kaiserslautern gewinnt. Ottmars Prophezeiung erfüllt sich indes nicht: Aufgrund des blutenden Ohrs heißt es für ihn nicht «Sieg oder Krankenhaus», sondern «Sieg und Krankenhaus».[33]

Ottmar Walter strengt sich auch deshalb so an, weil er spürt: Hier in Kaiserslautern entsteht etwas. Die Trikots der Kaiserslauterer sind nun nicht mehr rot-weiß. Fritz hat durchgesetzt, dass die Mannschaft komplett in Rot aufläuft. Es war eine Reminiszenz an seine Zeit bei den «Roten Jägern». Die Gegner nennen die Kaiserslauterer bald die «Roten Teufel», so sehr fürchten sie Spiele gegen den 1. FCK. Die Mannschaft deklassiert nicht nur Dorfmannschaften. Auch in der Oberliga Südwest werden Kantersiege bald zur Gewohnheit. 9:1, 9:0, 13:0: So lauten einige der Ergebnisse in der Saison 1947/48. Von 26 Ligaspielen gewinnt Kaiserslautern 23. Die einzige Niederlage kassiert der 1. FCK beim VfL Neustadt. Beim 0:2 steht Ottmar Walter nicht auf dem Platz. Kaiserslautern gewinnt die Nordstaffel der Oberliga Südwest und tritt im Finale um die Meisterschaft gegen den Sieger der Südstaffel an. Nach zwei klaren Siegen über den SV Fortuna Rastatt qualifiziert sich Kaiserslautern für die erstmals nach dem Krieg ausgetragene Deutsche Meisterschaft.

Einen deutschen Fußballverband gibt es zwar noch immer nicht. Doch die regionalen Verbände schaffen es erstmals, die Alliierten zu überzeugen, eine zonenübergreifende Meisterschaft zuzulassen. Alle vier Besatzungsmächte haben bereits zugestimmt, als die große Politik drei Wochen vor dem Beginn die Sache verkompliziert. Frankreich, Großbritannien und die USA führen in ihren Zonen eine neue Währung ein. Die Deutsche Mark soll die Reichsmark ersetzen, die ohnehin nur noch auf dem Papier Gültigkeit hat. Mit der Währungsreform stirbt die letzte Hoffnung auf ein vereintes Deutschland. Die Sowjetunion führt kurze Zeit später in ihrer Zone eine eigene Währung ein. Damit ist die deutsche Teilung in drei westliche und eine östliche Zone besiegelt. Auch im Sport gibt es fortan zwei Deutschlands. Die sowjetischen Besatzer verbieten dem Ostmeister SG Planitz, zum bereits angesetzten Spiel gegen den Südmeister aus Nürnberg anzutreten.

Die Sieger der westlichen Zonenligen spielen dennoch um den deutschen Titel. Neben den Meistern und Vizemeistern der drei Westzonen darf auch der Berliner Meister antreten. In einem K.-o.-System soll der erste deutsche Nachkriegsmeister ermittelt werden. Der 1. FC Kaiserslautern hat keine Mühe, in das Finale einzuziehen. Im Viertelfinale gewinnen sie gegen 1860 München mit 5:1. Dasselbe Ergebnis erreichen sie im Halbfinale gegen TuS Neuendorf.[34] Ottmar Walter erzielt im Viertelfinale einen und im Halbfinale zwei Treffer. Der 1. FC Kaiserslautern steht im ersten Nachkriegsfinale des deutschen Fußballs. Gegner ist der 1. FC Nürnberg.

75 000 Zuschauer strömen am 8. August 1948 in das Müngersdorfer Stadion in Köln. Mit improvisierten Tribünen haben die Verantwortlichen das Stadion erweitert, um möglichst viele zusätzliche Zuschauer einlassen zu können. Niemand weiß so recht, wer als Favorit in das Spiel geht. Mit sechs Meistertiteln gebührt dem 1. FC Nürnberg zwar der Titel «Rekordmeister». Ihre letzte Finalteilnahme datiert jedoch aus dem Jahr 1937. Einzig Hans Uebelein ist aus dieser Mannschaft übrig geblieben. Der 1. FCN schickt – wie so viele deutsche Teams – eine neu zusammengewürfelte Mannschaft auf das Feld.

Vor dem Spiel stürmen die Kaiserslauterer Spieler in Fritz Walters Hotelzimmer. Der Kapitän und Trainer solle das Endspielergebnis auswürfeln! Die Würfel zeigen ein 6:4 für den 1. FC Nürnberg. Ganz so viele Tore bekommen die Zuschauer zwar nicht zu sehen. Doch der Sieger stimmt. Bei der 1:2-Niederlage erweist sich die Deckung der Lauterer als löchrig. Fritz schimpft nach dem Spiel vor allem auf Mittelfeldspieler Heinz

Klee. Der habe seinen Gegenspieler immer wieder aus den Augen verloren! Dieser breit gebaute junge Mann namens Max Morlock habe schalten und walten können, wie er wollte. Es rettet Kaiserslautern nicht, dass Ottmar Walter mit einem Schuss ein gegnerisches Eigentor provoziert. Ausgerechnet Veteran Uebelein trifft ins eigene Tor.[35]

Nach dem Spiel ist an eine geordnete Übergabe der Schale nicht zu denken. Die im Stadion zusammengepferchten Zuschauer stürmen den Platz. Die Kaiserslauterer ziehen sich zurück in die Kabine. Ottmar hat wieder einmal seinen Körper an seine Belastungsgrenze geführt – und darüber hinaus. Sein Knie schwillt an. Die Schmerzen werden von Spiel zu Spiel stärker. Er weiß, dass er so eigentlich nicht weitermachen kann.

Herberger weiß wie so häufig Rat. Er kenne einen Arzt, der sich das Knie einmal anschauen könne. Aufgeben komme jetzt nicht infrage, so Herberger. Das Finale um die Deutsche Meisterschaft sei nur der Anfang gewesen. Im Hintergrund fänden bereits Verhandlungen über eine Wiedergründung des Deutschen Fußball-Bundes statt. Bald, ja ganz bald werde es auch wieder eine Nationalmannschaft geben, versichert Herberger seinen Kaiserslauterer Schützlingen. Ottmar Walter wird gebraucht.

HR:
Die Oberliga Wildwest

Zeit seines Lebens wird Helmut Rahn als Kind des Ruhrgebiets bezeichnet. Die Verbindung ist, betrachtet man seine Biografie, in jungen Jahren eher brüchig. Zwischen seinem zehnten und zwanzigsten Lebensjahr hat er mindestens so viel Zeit auf dem Land verbracht wie in seiner Heimatstadt Essen – erst in der Kinderlandverschickung, dann als Spieler in Oelde. Der Krieg und dessen Folgen haben Rahns Jugendzeit bestimmt. Sicherheit, zunächst in körperlicher und später in materieller Hinsicht, gab es nur auf dem Land.

Geld hatte für ihn bis zu diesem Zeitpunkt seines Lebens keine Rolle gespielt. Er war in einer Zeit aufgewachsen, in der sich mit Geld nichts kaufen ließ. Lebensmittel waren knapp. Man musste sehen, wo man blieb. Dass er mit 20 Jahren zum zweitklassigen SC Oelde wechselte, hing sicher auch mit der guten Versorgungslage auf dem Land zusammen.

Im Jahr 1949 gehören die größten Versorgungsängste der Vergangenheit an. Nach der Währungsreform füllen sich die Regale der Läden wieder. Die Bauern fahren gute Ernten ein. Schon 1950 kann die Regierung der neu gegründeten Bundesrepublik Deutschland verkünden, dass die Lebensmittelmarken der Vergangenheit angehören.

Da trifft es sich, dass Rahn just in diesem Sommer ein Angebot aus seiner Heimatstadt erhält. Die Sportfreunde Katernberg, ein Verein aus Essens Norden, waren zur Saison 1950/1951 in die Oberliga West aufgestiegen. Der Verein sucht Spieler, um in der höchsten Spielklasse des Westens bestehen zu können. Die Zeche Zollverein steht als großzügiger Gönner hinter dem Klub. Bei den Sportfreunden Katernberg unterschreibt Helmut Rahn erstmals in seinem Leben einen Vertrag. 160 Mark erhält er, dazu Spesen und Auslagen für Trainings- und Spielbekleidung.

Ein Profispieler ist er mitnichten. Der deutsche Fußball hat sich nach dem Krieg um die Frage herumgewunden, ob Fußballspielen ein Beruf ist oder reine Freizeitbeschäftigung. Am Ende erfinden die Verbandsoberen den Begriff des Vertragsspielers. Fußballer dürfen zusätzlich zu Reisekosten und Verpflegungspauschale eine Entschädigung von maximal 320 DM erhalten. Das ist zu jener Zeit eine Menge Geld; im Jahr 1949 betrug das Durchschnittsgehalt eines Arbeitnehmers 237 Mark im Monat.

Der Haken an der Sache: Ein Fußballer muss neben dem Fußballsport einem geregelten Beruf nachgehen. Nur so lässt sich verhindern, dass die Finanzämter die Gehälter der Spieler voll besteuern und Sozialbeiträge darauf erheben. Das wollen die Verbände und Vereine um jeden Preis verhindern, es hätte die Klubs schließlich eine Menge an Sozialabgaben und Steuern gekostet. Damit die Finanzämter die Spieler als Halbtags- und nicht als Vollzeitkicker ansehen, arbeiten die meisten Fußballer tagsüber.

Dass diese Regelungen größtenteils nur auf dem Papier gelten, ist allen Beteiligten bewusst. Die Sportpresse greift bei jeder sich bietenden Gelegenheit die Scheinheiligkeit dieser Regelung auf. Das System sei verlogen, schreiben der *Kicker*, das *Sport-Magazin* und die *Sport-Illustrierte* unisono. Der Verein vermittele den Spielern eine Anstellung, die in vielen Fällen allenfalls in der Theorie bestünde. Zugleich öffne das System Tür und Tor für schwarze Kassen: Unter der Hand erhalten die Spieler zusätzliche Zahlungen, um das System zu umgehen. Diese Zahlungen als offenes Geheimnis zu bezeichnen, wäre eine Untertreibung: Geheim ist nichts daran.

Dass Stadtteilvereine wie die Sportfreunde Katernberg in der Oberliga kicken können, liegt maßgeblich an ihren Gönnern. Der Verein gibt den Spielern Verträge, die Zeche Zollverein wiederum gibt ihnen gute Jobs mit leichter Arbeit. Bei fast allen

Klubs ziehen große Firmen und Patriarchen im Hintergrund die Strippen. Wer über Geld und Verbindungen verfügt, kann seinen kleinen Stadtteilklub zu regionalem Erfolg führen.

Rahn kennt das System bereits aus seinen Tagen im Essener Amateurfußball. Er verspürt jedoch keine Lust, noch einmal unter Tage zu arbeiten. Die Erfahrung aus Altenessen hat ihn abgeschreckt. Rahn lehnt das Berufsangebot der Zeche Zollverein ab. Ab und an fährt er Touren für das Transportunternehmen seines Vaters. Ansonsten macht er das, was er bereits in Oelde die meiste Zeit getan hat: Er konzentriert sich auf das Fußballspielen.

Seinen Einstand in der Oberliga West feiert er am ersten Spieltag der Saison 1950/51. Beim 3:2-Erfolg über Borussia Mönchengladbach schießt er direkt ein Tor. Bereits am zweiten Spieltag lässt er einen weiteren Treffer folgen. Rahn hat auch bei den Sportfreunden nichts von der Unbekümmertheit verloren, die ihn als Amateurspieler ausgezeichnet hatte. Noch immer schaut er weder nach links noch nach rechts, wenn er den Ball bekommt. Seine eigennützigen Dribblings werden in der Sportpresse gerügt. Mannschaftsdienliches Spiel ist für die meisten Sportjournalisten wichtiger als die Frage, ob ein Spieler besonders gut dribbeln kann. Doch an gelungenen Tagen finden sich auch äußerst positive Kritiken zu Rahn. Eine Zeitung schreibt: «Man merke sich: Rahn!»

Rahn trägt seinen Teil dazu bei, dass die Sportfreunde am Ende der Saison recht souverän die Klasse halten. Sieben Tore erzielt er in seiner ersten Spielzeit; kein schlechter Wert für einen 21-jährigen Rechtsaußen. In nachhaltiger Erinnerung bleibt das Stadtderby gegen Rot-Weiss Essen. Die favorisierte Mannschaft von RWE liegt an der heimischen Hafenstraße bereits 2:0 vorne, ehe Katernberg aufdreht. 2:2 lautet der Endstand.

Rahns Leistungen bleiben nicht verborgen. Er erhält Angebote von anderen Vereinen. Eigentlich sollte das Vertragsspieler-Statut verhindern, dass Spieler allzu häufig den Verein wechseln. Was soll ein Wechsel schließlich bringen, wenn man sowieso nirgends mehr als 320 Mark verdienen kann? Diese Grenze existiert allerdings nur auf dem Papier. Hinter den Kulissen buhlen die Vereine mit weit höheren Summen um die Spieler.

Nach Kriegsbeginn hatten sich noch die süddeutschen Teams die größten Talente geschnappt, denn die Oberliga Süd hatte ihren Spielbetrieb bereits im November 1945 aufgenommen. Dadurch hatten die Vereine mehr Geld zur Verfügung und konnten die besten Spieler West- und Norddeutschlands zu sich locken. Die Anziehungskraft der Oberliga Süd zeigt sich exemplarisch am Torhüter Toni Turek. Reichstrainer Sepp Herberger hatte ihn bereits während des Krieges zu einem Lehrgang der Reichself eingeladen. Turek verließ 1946 das Ruhrgebiet gen Frankfurt. Zwischen 1947 und 1950 hütete er dann das Tor der TSG Ulm. Turek ging es im Süden Deutschlands derart gut, dass er dem Verein sogar nach einem Abstieg treu blieb – und das, obwohl er zu jener Zeit als bester Torhüter Deutschlands galt.

Die britischen Besatzer ließen eine solche Liga zunächst nicht zu. Es dauerte bis zum September 1947, ehe auch in der britischen Zone überregionale Ligen ihren Betrieb aufnahmen. Wie sehr die westdeutschen Fußballfans einer solchen Liga entgegengefiebert hatten, zeigte sich bereits am ersten Spieltag der Oberliga West. Über 100 000 Menschen besuchen die sechs Spiele. Es bleibt keine Ausnahme. Woche für Woche strömt eine hohe fünfstellige Anzahl an Menschen in die kaum wiederaufgebauten Stadien, um die Spiele der Oberliga West zu verfolgen – weit mehr als in jeder anderen Liga. Die Wege im Westen sind kurz, selbst Auswärtsspiele für Fans leicht zu erreichen. Woche für Woche gibt es Spitzenspiele zwischen Traditionsklubs wie dem FC Schalke und Borussia Dortmund oder Duelle zwischen aufstrebenden Vereinen wie Preußen Münster und Rot-Weiss Essen.

Die Liga erhält den Spitznamen «Straßenbahn-Liga», da selbst Dortmunder Fans mit öffentlichen Verkehrsmitteln leicht Spiele in Köln besuchen können.

Mit den Zuschauermassen kehrt auch das Geld ein in den westdeutschen Fußball. Die Zeit, als der FC Schalke mit «Kumpeln aus der Nachbarschaft» Fußballdeutschland aufmischte, sind vorbei. Die großen Klubs präsentieren vor jeder Saison mindestens einen, meist sogar mehrere Neuzugänge. Selbst die überregionale Presse wird auf die nicht ganz so verdeckten Zahlungen im Westen Fußballdeutschlands aufmerksam. So schreibt der *Spiegel*, Preußen Münster habe sich seinen Sturm über 100 000 Mark kosten lassen.[36] Auch Torhüter Turek kehrt 1950 in den Westen zurück. Er trägt fortan das Trikot von Fortuna Düsseldorf. Seine Geschichte zeigt: Selbst in der Nachkriegszeit ist es mit der Vereinsliebe nicht weit her, wenn ein Fußballspieler andernorts eine günstige Gelegenheit sieht – nur dass damals eine günstige Gelegenheit kein Millionengehalt bedeutete, sondern eine Mahlzeit auf dem Tisch und ein Dach über dem Kopf.

Helmut Rahn hat mit seinen starken Leistungen für Katernberg Begehrlichkeiten geweckt. Große Klubs buhlen um seine Unterschrift. Besonders der FC Schalke bemüht sich um Rahn. Trainer Fritz Szepan reist persönlich nach Essen. «Du hast mit dem großen Szepan gesprochen?», staunen Rahns Freunde, als er beim Feierabendbier am Tresen von der Begegnung erzählt. Szepans Name gilt etwas im Ruhrgebiet. Tausend Mark habe er ihm geboten, unter der Hand, versteht sich. Dazu bekäme er ein möbliertes Zimmer in Gelsenkirchen, ein Arbeitsplatz ließe sich auch finden. So manch ein Freund wird sich gefragt haben, warum Rahn überhaupt zögert.

Der Grund für Rahns Zögern sitzt an einem Direktoren-Schreibtisch der Koksofenbau und Gasverwertungs-AG, kurz Kogag. Georg Melches hat es in seinem Leben weit gebracht: Der Sohn eines Bergarbeiters hat sich bei der Kogag in eine leitende Position hochgearbeitet. Seine Leidenschaft gilt Rot-Weiss Essen.

1907 gehörte Melches zu den Gründern des Vereins. Jahrelang kickte er in der ersten Mannschaft. Danach machte er sich im Verein in verschiedenen Positionen verdient. Als er finanziell und gesellschaftlich aufsteigt, nutzt er sein gewonnenes Prestige, um seinem Heimatverein unter die Arme zu greifen. Offiziell übernimmt er nie das Amt des Vorsitzenden. Doch jeder in Essen weiß: Nichts im Verein läuft ohne seinen Segen. Drei Telefone stehen in seinem Büro: zwei für die Firma, eins für Vereinsangelegenheiten. Eine seiner Sekretärinnen kümmert sich einzig um den Papierkram des Klubs.

Nach dem Zweiten Weltkrieg steigt RWE unter seiner Ägide zu einem der besten Klubs Westdeutschlands auf. Das Geheimnis: Rot-Weiss kauft sich eine Truppe aus den besten Spielern des gesamten Ruhrgebiets zusammen. Von der Mannschaft, die noch vor drei Jahren in der zweiten Liga gekickt hat, sind 1951 nur noch vier Spieler übrig. Der Rest wurde von neuen Spielern aus der Region ersetzt. Melches' neuester Wunschspieler ist dieser junge Fußballer, den er beim Lokalrivalen aus Katernberg hat spielen sehen. So einen Fummler will er für das eigene Team.

Prokurist Melches sticht Fußballikone Szepan aus, weil er Rahn besser versteht. Melches spürt, dass Rahn seine Heimatstadt nicht verlassen möchte, selbst wenn er nur in das benachbarte Gelsenkirchen ziehen müsste. Rahn hat genug von den Wanderjahren. Er will dort wohnen bleiben, wo seine Familie und Freunde zu Hause sind.

Vor allem aber erkennt Melches, dass Rahn wenig Interesse zeigt an Geld. Was bedeuten tausend Mark schon für einen Jungen, der im Krieg aufgewachsen ist? Was heute da ist, kann morgen schon weggebombt sein. In diesem Wissen wuchs die Generation Rahn auf. Nein, einen Jungen wie Helmut muss man anders umgarnen. Dessen Hobbys sind Fußball, Pferde – und Autos. Melches bietet ihm eine Arbeit als Fahrer an. Ab und an müsse er Melches zu einem Termin oder einem Geschäftsessen fahren. In seiner Freizeit dürfe er den Dienstwagen aber so viel nutzen, wie er möchte. «Drei Räder gehören der Firma, eins Ihnen.»[37] Rahns Augen funkeln. Er entscheidet sich gegen die tausend Mark. Bald steht ein brandneuer Opel Kapitän vor seiner Haustür.

Die Sportfreunde Katernberg schäumen, als sie von Rahns Wechselabsichten hören. Der Junge hat gerade einmal eine Saison für Katernberg gespielt! Wo kämen wir denn hin, wenn jeder Spieler ständig den Verein wechselt? Melches fährt zur Zeche Zollverein, um die Sache unter Männern zu klären. Das heißt so viel wie: Die Vereinsbosse trinken Schnaps, rauchen Zigarre, und am Ende des Abends liegt ein Zettel mit einer Zahl auf dem Tisch. Wie hoch die Ablösesumme ist, die Rot-Weiss Essen an die Sportfreunde Katernberg zahlt, steht in keiner Zeitung. Aber wenige Tage nach Rahns Transfer beginnen die Katernberger mit dem Bau eines Holzzaunes um ihr Stadion. So können sie Schaulustige ohne Tickets von den Spielen fernhalten. Die Essener taufen die Holzkonstruktion «Rahn-Zaun».

Rahn hatte nie Probleme, sich in eine neue Mannschaft einzufügen. So auch nicht bei Rot-Weiss Essen. Sein Trainer Karl Hohmann stellt ihn vom ersten Spieltag an in die Startelf. Nur beim Spiel gegen Katernberg fehlt er; dieses Zugeständnis musste Melches Rahns Ex-Verein machen. Mit seinen Nebenmännern August Gottschalk und Berni Termath versteht sich Rahn nicht nur auf dem Platz prächtig. Nach den Spielen kehrt die Mannschaft oft in der Gaststätte «Sportlerklause» ein. Sie gehört Kapitän Gottschalk. Bei reichlich Bier werden Siege gefeiert und Skat gekloppt. Besonders gefallen Rahn die Kegelabende. Den Wettkampf liebt er nicht nur auf dem Fußballplatz. Bald tritt er einem Kegelclub bei. Dessen Name: «Einer steht immer».

So zielsicher wie auf der Kegelbahn ist Rahn auch auf dem Fußballplatz. Sein Debüt-Treffer gelingt Rahn am zweiten Spieltag, beim 5:0 gegen die STV Horst Emscher erzielt er ein Tor. Wenige Wochen später brilliert er im Stadtderby gegen Schwarz-Weiß Essen, drei Tore steuert er zum 6:2-Erfolg bei. Nach sieben Spieltagen steht Rahn bereits bei neun Treffern. Rahns Talent, seine Unbekümmertheit, sein Zug zum Tor: Das alles ist mittlerweile selbst für Laien nicht mehr zu übersehen. Mit seinen Finten und Schüssen avanciert der Rechtsaußen zur Attraktion der Essener Mannschaft. Rot-Weiss setzt sich an die Spitze der Tabelle.

Rahns Trainer Hohmann hatte Sepp Herberger schon auf Fritz Walter aufmerksam gemacht. Nun ruft er erneut seinen alten Freund an. Ob Herberger nicht einmal nach Essen kommen könne? Hohmann habe hier zwei Schützlinge, die ihm gefallen dürften. Der Termath könne gut kombinieren, und der Rahn, tja, wie der Rahn spielt, das lasse sich am Telefon nicht beschreiben. Das müsse man mit eigenen Augen sehen.

Herberger reist in das Ruhrgebiet, um das Spiel von Rot-Weiss Essen gegen Hajduk Split zu verfolgen. Melches verfügt dank seines Postens über internationale Kontakte, weshalb Rot-Weiss immer mal wieder auf renommierte Vereine aus ganz Europa trifft. Mit diesen Freundschaftsspielen lassen sich Zuschauer auch an punktspielfreien Wochenenden in das Stadion an der Hafenstraße locken. Rot-Weiss braucht die Einnahmen; eine zusammengekaufte Mannschaft will schließlich bezahlt werden. Zugleich dienen solche Teams als gute Trainingsmaßnahme für die Spieler. Wer gegen internationale Spitzenklubs besteht, kann auch in der Oberliga West gewinnen.

Helmut Rahn erwischt gegen Hajduk einen Sahnetag. Gleich drei Tore schenkt er dem jugoslawischen Nationalkeeper Vladimir Beara ein.[38] Rot-Weiss Essen gewinnt 6:1. Herberger hat sich den Auftritt auf der Tribüne genau angeschaut. Wie immer lässt er es sich nicht nehmen, nach dem Spiel in der Kabine vorbeizuschauen. Der kleine Mann mit dem großen Hut schlendert in die Richtung von Rahn und Termath. Er schüttelt beiden die Hand und sagt: «Halten Sie sich ran! Womöglich haben Sie mal Chancen auf die Nationalmannschaft.»[39]

OW:
Ein Traum wird wahr

Herberger hatte nicht zu viel versprochen. Nicht umsonst nennt man den Ort Radevormwald das «Mekka für Knie-Fälle». Der Professor der örtlichen Klinik operiert Ottmars rechtes Knie höchstpersönlich. Professor Schulz entfernt zwei kleine Granatsplitter, die im Knie verblieben waren. Zudem zieht er zwei Silberfäden ein, die das Gelenk stabilisieren sollen. Ottmar muss noch einige Tage in Radevormwald verbringen. Bald jedoch schnürt er wieder die Fußballschuhe für den 1. FC Kaiserslautern. Auch weiterhin wird er nicht ganz schmerzfrei kicken können. Aber immerhin muss er keinen Stützstrumpf mehr tragen.

Die Lauterer haben die Meisterschaft 1948 knapp verpasst. Auch in den folgenden zwei Spielzeiten soll es nichts werden mit einem Titel. 1949 scheitern sie im Halbfinale mit 1:4 an Borussia Dortmund. Im Jahr darauf ist bereits im Viertelfinale Schluss. Der spätere Meister VfB Stuttgart erweist sich bei der 2:5-Niederlage als drei Nummern zu stark. An den Leistungen von Ottmar liegen die Niederlagen keineswegs. Es scheint eher so, als würde die Abwehr des 1. FCK in wichtigen Spielen auseinanderbrechen.

Die Niederlagen schaden der Popularität der Mannschaft nicht. Fritz gehört schon seit dem Zweiten Weltkrieg zu den populärsten Sportlern des Landes. Seine «Walterelf» wollen Menschen im gesamten Land bestaunen. Vor der Saison 1949/50 startet der 1. FC Kaiserslautern eine Reise durch das gesamte Land. Er siegt 4:0 in Kassel und 3:1 in Nürnberg und verliert mit 0:3 beim VfL Osnabrück und 2:4 beim FC St. Pauli. Egal, wie die Spiele ausgehen: Die Stadien sind prall gefüllt.

Auch die Stadt Kaiserslautern entdeckt die Mannschaft für sich. Sie gibt eine Broschüre heraus, mit der sie Touristen anlocken möchte. Die Gäste sollen sich die Spiele auf dem Betzenberg ansehen und anschließend noch in der Stadt verweilen. «Sie sollen herzlich willkommen sein und damit rechnen dürfen, dass sie mit echter Pfälzer Gastfreundschaft empfangen werden.» Bei Messen bittet die Stadt Fritz und seinen Bruder Ottmar, Werbung für ihre Heimat zu machen. Wer Bürgermeister der Stadt werden will, muss sich auf dem Betzenberg sehen lassen.

Die Wohlhabenden der Stadt geben sich die Klinke in die Hand, um am Erfolg der «Walterelf» teilzuhaben. Hatte sich die Mannschaft in den mageren Nachkriegsjahren auf Metzger und Bäcker verlassen, stammen die Gönner nun aus der Industrie. Die Firma Pfaff, ihrerseits Fabrikant für Nähmaschinen, sowie die Kammgarnspinnerei bieten den Spielern Arbeitsplätze – leichte Tätigkeiten, bei denen sie nachmittags freihaben. So bleibt mehr Zeit zum Training. Die Direktoren der Firmen lassen sich in das Präsidium des Vereins wählen. Immer mal wieder stecken sie den Spielern des 1. FC Kaiserslautern kleine und große Scheine zu. Sie wollen schließlich nicht, dass andere Vereine die Spieler abwerben. Fritz Walter hatte nach dem Krieg Angebote aus halb Deutschland erhalten. Auch auf Ottmar war ein Verein zugekommen. Doch ein Umzug nach Offenbach kam für ihn nicht infrage.

Ottmar fühlt sich wohl in seiner Heimatstadt. Er spielt zusammen mit seinem Bruder in einer der besten Fußballmannschaften des Landes. Die Arbeit bei der Stadt ist nicht allzu beschwerlich. Zusammen mit seiner Frau kauft er ein Wohnhaus, es steht neben dem Haus seiner Schwiegereltern. Anneliese erwartet ein Kind. 1950 erblickt Ottmar junior das Licht der Welt. Familie, Haus, ein solider Beruf: Ottmar lebt den Traum der deutschen Nachkriegszeit. Die Leiden der Kriegsjahre scheinen vergangen zu sein. Selbst die Schmerzen in seinem Knie treten langsam, aber sicher in den Hintergrund.

Komplett fühlt sich Ottmars Leben dennoch nicht an. Auch in den schwierigen Jahren hat er seinen Traum nie vergessen. Er wollte immer für die Nationalmannschaft seines Landes auflaufen, so wie dies seinem Bruder gelungen war. Doch eine Nationalmannschaft hat das neue Deutschland weiterhin nicht.

Die Alliierten wachen noch immer mit Argusaugen über die Entwicklung des Landes. Es entsteht ein immer stärkerer Kontrast zwischen den drei Besatzungszonen im Westen und der sowjetischen Besatzungszone im Osten. Die Westmächte möchten eine demokratische Gesellschaft errichten. Sie erteilen Genehmigungen für Parteien und Verbände. Freie Zeitungen werden gegründet, demokratische Wahlen abgehalten. Die sowjetischen Besatzer im Osten möchten einen Staat sozialistischer Bauart formen: Die Wirtschaft wird zentral gesteuert, die Sozialistische Einheitspartei beansprucht sämtliche Führungspositionen in Politik und Wirtschaft. Die einstigen Verbündeten aus Ost und West sind sich nur noch in wenigen Fragen einig. Die Amerikaner und die Sowjets sehen nicht mehr im deutschen Volk eine Bedrohung. Sie sehen sich gegenseitig als größten Feind.

Eine der wenigen Fragen, in denen in den ersten Jahren nach Kriegsende Einigkeit herrscht, ist der Sportverkehr. Deutschland soll ausgeschlossen bleiben von internationalen Sportwettbewerben. Deutsche Mannschaften dürfen nicht gegen ausländische Teams antreten. Die Gründung eines nationalen Sportverbandes bleibt für die Alliierten ein Tabu. Die regionalen Verbände mögen einen Ligenbetrieb austragen, am Ende mag es im Fußball sogar eine deutsche Meisterschaft geben. Doch einen Verband auf zonenübergreifender Ebene erlauben die Machthaber nicht.

Die erste Nation, die den internationalen Boykott des deutschen Fußballs bricht, ist die Schweiz. Ende 1948 finden Freundschaftsspiele zwischen schweizerischen und deutschen Klubs statt. 70 000 Zuschauer stürmen das Stuttgarter Stadion, als eine örtliche Stadtauswahl auf ein Team aus Zürich trifft. Angesichts des hohen Interesses hätten die Veranstalter auch 200 000 Tickets verkaufen können. In München und Karlsruhe folgen weitere grenzüberschreitende Duelle. Laut der Spielordnung der Fifa sind Duelle gegen deutsche Mannschaften eigentlich verboten. Der Schweizer Verband bestraft die abtrünnigen Klubs. Daraufhin startet die Schweizer Zeitschrift *Fußball* eine Spendenaktion, um die Geldstrafe für die Klubs zu bezahlen. Das Geld ist binnen weniger Tage gesammelt. Die Stimmung in der Schweiz geht klar in Richtung Aussöhnung. Die Schweizer, angesichts ihrer Neutralität vom Krieg unberührt, wollen nicht auf Sportwettkämpfe gegen ihre nördlichen Nachbarn verzichten. Die Gründe dürften nicht rein romantischer Natur sein: Bei Gastspielen in Deutschland lässt sich für die Schweizer Vereine gutes Geld verdienen.

International trifft die Schweizer Haltung auf wenig Zustimmung. Die holländische Zeitung *Het Vrije Volk* schreibt: «Nein, Schweizer, das war falsch von euch, das war geschmacklos! Europa blutet noch aus Tausenden durch die Deutschen geschlagenen Wunden, und in zehntausend Familien herrscht noch Trauer.»[40]

Letztlich löst die große Politik das Problem des deutschen Sports. Am 23. Mai 1949 gründet sich auf dem Boden der drei westlichen Besatzungszonen die Bundesrepublik Deutschland. Viereinhalb Monate später folgt die Deutsche Demokratische Republik auf dem Boden der sowjetischen Besatzungszone. Die deutsche Teilung ist zementiert. Der Zweite Weltkrieg geht nahtlos in den Kalten Krieg über. Die USA wünschen, dass die Bundesrepublik in das westliche Bündnis einbezogen wird. Die Sowjetunion verfährt auf dieselbe Art mit der DDR. Deutschland wird nicht länger als Aussätziger behandelt. Es stellt jetzt die Grenze dar zwischen dem westlichen und dem östlichen Staatenblock.

Im Jahr 1949 wittern die Funktionäre der deutschen Regionalverbände die Chance, einen nationalen Fußballverband zu gründen. Nach der Gründung der Bundesrepublik Deutschland gibt es keine Veranlassung mehr für die Westmächte, den Plan abzulehnen. Am 21. Januar 1950 feiert der Deutsche Fußball-Bund seine Wiedergründung. Wenige Wochen später bereits wird der DFB in die Fifa aufgenommen. Nur fünf Jahre nach dem Ende des Kriegs kehrt Deutschland auf die internationale Fußballbühne zurück.

Der Verband wählt Dr. Peco Bauwens zum Vorsitzenden. Bauwens hatte lange Jahre als Schiedsrichter auf höchstem Niveau gepfiffen. Auch international war er in seinem Metier als Fachmann anerkannt. In den Zwanzigerjahren hatte er so manches Spiel geleitet, in dem Sepp Herberger auf dem Platz stand. Der ehemalige Reichstrainer geht fest davon aus, dass sein alter Freund ihn bald wieder als Bundestrainer anstellen wird. Was spricht schon dagegen?

Sicher: Bauwens und Herberger haben ein Entnazifizierungsverfahren durchlaufen müssen. Über diese Verfahren versuchten die Alliierten, Täter des nationalsozialistischen Deutschlands ausfindig zu machen und zu bestrafen. Beide waren 1933 in die NSDAP eingetreten, Bauwens als Mitglied Nummer 2.103.982, Herberger wenige Tage später als Nummer 2.208.548. Bauwens wurde schnell wieder von der NSDAP ausgeschlossen, da seine Frau Jüdin war. Die Familie Bauwens sah sich während der Nazizeit zahlreichen Repressalien ausgesetzt. Bauwens' Frau beging daraufhin 1940 gar Selbstmord.

Herberger wiederum blieb bis zum Kriegsende NSDAP-Mitglied. Er engagierte sich zwar nie explizit in der Politik und teilte auch privat nie die Positionen der Nationalsozialisten. In die NSDAP sei er nur auf Anraten von Freunden eingetreten, beteuert er nach dem Krieg, «wie man zuweilen Mitglied in einem Verein wird». Als Reichstrainer war er jedoch dem nationalsozialistischen Amt für Leibesübungen unterstellt und posierte mit dem Hakenkreuz auf seinem Trainingsanzug. Nicht nur das Entnazifizierungskomitee in Weinheim stuft ihn als «Mitläufer» ein. Auch manche Funktionäre und Journalisten stellen die Frage, ob es richtig sei, einem ehemaligen NSDAP-Mitglied seinen alten Job zurückzugeben.[41]

Der DFB kann den Druck nicht ignorieren. Bauwens stellt seinen alten Freund Herberger nicht ohne Weiteres ein. Stattdessen schreibt der DFB die Bundestrainer-Stelle öffentlich aus. Die Bewerber müssen ein Konzept für den deutschen Fußball vorlegen und sich vor einem Komitee beweisen. Herberger schäumt. «Wer will denn da überhaupt prüfen? Der einzige – bei aller Bescheidenheit –, der den ganzen Komplex, auch in seinen Einzelheiten, aus erfolgreicher Praxis beurteilen kann, bin ich selbst.»[42] Der DFB zeigt sich unbeeindruckt. Als dann auch noch ein anonymer Informant behauptet, Herberger habe während des Kriegs ihm unliebsame Fußballspieler an die Front versetzen lassen, scheint der Weg zurück in das neue, alte Amt endgültig verbaut.

Das wäre wohl auch das Aus für Ottmar Walter. Er weiß: Seine Zukunft in der Nationalmannschaft ist eng gekoppelt an Herberger. Der frühere Reichstrainer ist sein Mentor. Ottmar kennt die Gedankenspiele Herbergers. Er möchte die Nationalelf um Fritz Walter aufbauen. Ottmar kennt seinen Bruder besser als jeder andere. Solange Herberger mit seiner Nibelungentreue an Fritz festhält, hat auch Ottmar eine Chance auf eine Länderspielkarriere. Nicht umsonst war Herberger in den vergangenen Jahren Woche um Woche nach Kaiserslautern gereist, um dem 1. FCK seinen «Wirbel» zu lehren. Ein neuer Nationaltrainer würde eigene Akzente setzen wollen.

Herberger gibt sich nicht geschlagen. Er macht den Denunzianten ausfindig und bringt ihn dazu, seine Aussage zu revidieren. Frühere Nationalspieler sagen zu seinen Gunsten aus. Herberger habe sie mit Politik nie behelligt. Der Reichstrainer spannt befreundete Journalisten ein, die gefällige Artikel über ihn schreiben. Auch Fritz Walter meldet sich zu Wort und weiß nur Gutes zu berichten über seinen Trainer und Trauzeugen.

Der Druck wirkt. Herberger erhält den Posten. Er schlägt sogar noch Privilegien heraus: Er bringt seinen alten Freund Bauwens dazu, dem Nationaltrainer das alleinige Recht über die Nominierung des Kaders zu bewilligen. Bis dato musste er sich mit einem

Ausschuss abstimmen. Herberger will aber keine Kompromisse mehr eingehen. Aus dem alten Reichstrainer wird der neue Bundestrainer.

Der DFB ist wiedergegründet, Herberger zurück auf seinem Posten: Nun gibt es zwar offiziell keine Hürden mehr für die Wiederaufnahme des Länderspielbetriebs. Doch zunächst reißt sich kein Land darum, gegen die Kriegstreiber aus Deutschland anzutreten. An Länderspiele ist also zunächst nicht zu denken. Deutsche Fußballanhänger müssen sich mit Interzonenspielen trösten. Bereits 1948 war eine Auswahlmannschaft der britischen auf ein Team aus der amerikanischen Zone getroffen. Das Spiel traf auf ein derart breites Echo, dass bald zahlreiche Interzonen-Duelle stattfinden. In der Saison 1949/1950, rund um die Gründung der beiden deutschen Staaten und des DFB, wird sogar eigens ein Pokalwettbewerb ausgerufen. Im Länderpokal treten die einzelnen Regionen des Landes mit Auswahlmannschaften gegeneinander an. Sogar eine Auswahl aus dem sowjetisch besetzten Sachsen darf an diesem Wettbewerb teilnehmen.

Ottmar Walter läuft im Länderpokal für die Mannschaft Südwestdeutschlands auf. Die Südwestdeutschen um die Gebrüder Walter werden ihrer Favoritenrolle gerecht. Auf dem Weg ins Finale besiegen sie Westfalen und Hamburg. Im Endspiel wartet mit den Bayern ein veritabler Gegner, zumal Fritz aufgrund einer Verletzung fehlt. Ohne seinen Bruder findet Ottmar nicht ins Spiel, als Mittelstürmer bleibt er abgemeldet. Ganz anders sein Gegenüber Horst Schade: Der Mittelstürmer der Spielvereinigung Fürth erzielt beide Tore beim bayerischen 2:0-Erfolg. Die Sportpresse kürt ihn zum besten Stürmer des Landes. Ottmar kann es ihnen nicht verdenken. Er ist selbst beeindruckt von der Schusskraft seines Gegenspielers.

Erst in der darauffolgenden Saison kommen die deutschen

Anhänger in den Genuss eines Länderspiels. Die Schweiz übernimmt wieder einmal die Vorreiterrolle. Der Schweizer Verband willigt ein, zwei Länderspiele gegen die Bundesrepublik auszutragen: eines auf deutschem und eines auf schweizerischem Boden. Deutschlands Nationalmannschaft soll am 22. November 1950 auf die internationale Bühne zurückkehren.

Acht Jahre ist es her, seit zuletzt eine deutsche Nationalmannschaft ein Spiel bestritten hat. Von den Spielern, die beim 5:2-Erfolg in der Slowakei den Unmut des Publikums auf sich gezogen hatten, wird nur Andreas Kupfer gegen die Schweiz auflaufen. Manche wie Rekordnationalspieler Paul Janes haben die Fußballschuhe an den Nagel gehängt. Andere wie der dreimalige Torschütze August Klingler haben den Krieg nicht überlebt.

Ein prominenter Name fehlt: Fritz Walter. Sein Schicksal beschäftigt vor dem Spiel die Sportgazetten des Landes. Kann er gegen die Schweiz spielen? Oder nicht? Hat er Angst vor schlechten Kritiken? Die Gerüchteküche brodelt. In Wirklichkeit laboriert Fritz an einer Knieverletzung. [43]

Die Gemengelage spricht nicht gerade für Ottmar Walter. Die Presse hat zuletzt nicht wohlwollend über seine Leistungen geschrieben. Fußballdeutschland geht fest davon aus, dass Horst Schade gegen die Schweiz auf der Mittelstürmer-Position spielen wird. Ottmar könnte es dem Nationaltrainer nicht verdenken. Schade hat den Länderpokal für Bayern praktisch im Alleingang gewonnen. Ottmar kann nicht einmal auf die kongeniale Partnerschaft mit seinem Bruder verweisen. Das letzte Argument pro Ottmar sitzt in Stuttgart nur auf der Tribüne.

22. November 1950. Über zehn Jahre sind vergangen, seit Ottmar Walter nach dem Länderspiel-Debüt seines Bruders mit voller Wucht gegen ein Bierfass schlug. Sieben Jahre ist es her, seit Sepp Herberger ihm in Berlin Hoffnungen auf einen Länderspieleinsatz gemacht hat. Vor sechs Jahren klammerte er sich im Atlantik an seine Schwimmweste. Nun steht er hier, im Trainingsanzug des Deutschen Fußball-Bunds, und will gerade

zur Teambesprechung der Nationalmannschaft gehen, als er eine Hand auf seiner Schulter spürt. Es ist die Hand des Bundestrainers. «Ottes, hören Sie mal», sagt Sepp Herberger. «Sie spielen heute. Ich wollte Ihnen das schon vor der Sitzung sagen. Sie können auch ohne den Fritz Fußball spielen. Ich weiß, was Sie können.»

Im Stadion trifft Ottmar seinen Bruder Fritz. Der lächelt verschmitzt; Herbergers Lieblingsschüler weiß längst, dass sein Bruder in der Startformation steht. «Sigismund, geh' raus und spiel' dein Spiel. Such' dir deine Laufwege, so wie immer. Dann wissen die anderen schon, wo sie dir den Ball zuspielen müssen.»[44]

Als der Stadionsprecher die Aufstellung verliest, buhen einige Zuschauer, als sie den Namen Ottmar Walter hören. Sie haben fest mit einem Einsatz von Horst Schade gerechnet. Die Stimmung auf den Rängen ist ohnehin angespannt. Der Andrang auf das Länderspiel ist riesengroß. Der DFB hat über 100 000 Karten verkauft – weit mehr, als in das Neckarstadion eigentlich hineinpassen. Zudem hat der Regen den Weg zu den Tribünen in ein einziges Matschfeld verwandelt. Es kommt an manchen Aufgängen zu Panik, Menschen werden verletzt. Die Absage des Spiels droht. Erst in letzter Sekunde fällt die Entscheidung, die Partie anzupfeifen. Die Zuschauer lassen ihren Unmut über die schlechte Organisation an Herbergers Aufstellung aus.

Ottmar Walter blendet alles aus: die Pfiffe, die Zuschauer, das Wetter. Er hat sein halbes Leben auf diesen Augenblick gewartet. Die Mannschaften betreten das Spielfeld. Es läuft die Schweizer Hymne. Anstelle der deutschen Hymne folgt eine Schweigeminute für die Opfer des Zweiten Weltkriegs. Robert Ludwig vom *Sport-Magazin* wird nach dem Spiel schreiben: «Totenstille herrschte im Rund der 115 000, die entblößten und gesenkten Hauptes dastanden. Die ganzen schweren Ereignisse der letzten 15 Jahre zogen wie ein Film an unserem geistigen Auge vorüber.»[45] Was in diesem Moment an Ottmar Walters innerem Auge vorbeizieht, weiß nur er.

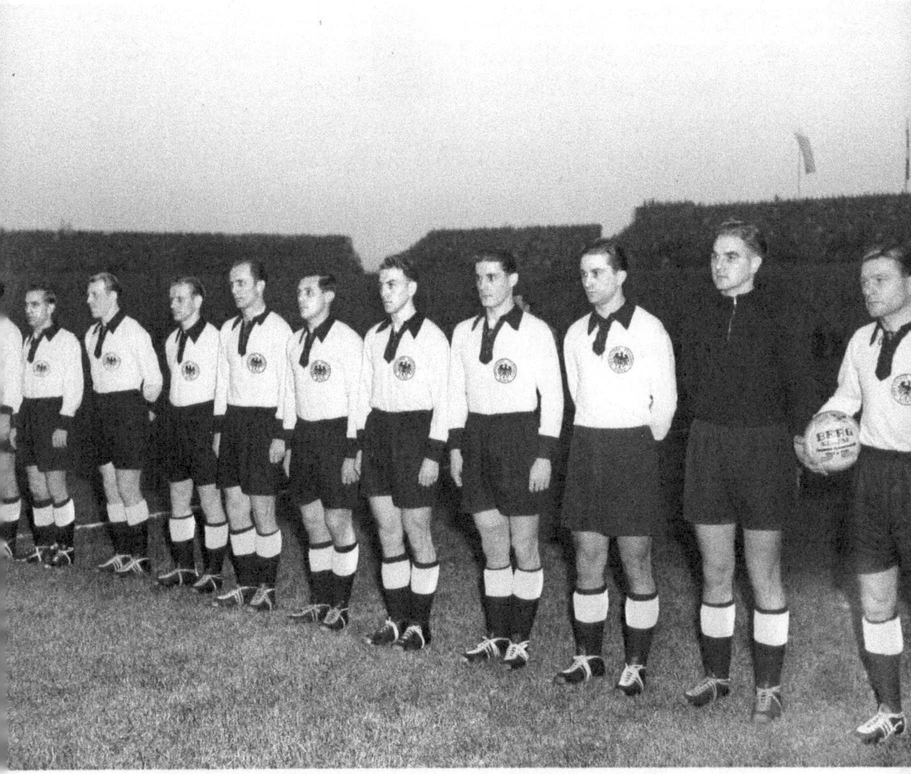

Deutschlands erste Nationalelf nach dem Krieg vor dem Spiel gegen die Schweiz mit Ottmar Walter (Vierter von rechts).

Schiedsrichter Arthur Ellis aus England pfeift die Partie an. Ottmar kennt seine Aufgabe. Herberger hat sie ihm über Jahre eingetrichtert. Ein Stürmer dürfe nicht vorne auf Anspiele warten, er müsse sich bewegen, ausweichen, die gegnerischen Verteidiger aus dem Abwehrzentrum herausziehen. Gegen die Schweiz sei dies besonders wichtig, dozierte Herberger vor dem Spiel. Deren Trainer Karl Rappan lässt die Eidgenossen im sogenannten «Schweizer Riegel» verteidigen. Einer der fünf Angreifer wird hierbei für Deckungsarbeiten in der Abwehr eingespannt. So bleibt ein Verteidiger ohne direkten Gegenspieler.

Er kann als Ausputzer hinter seinen Kollegen absichern. Nur wenige Nationalteams der Welt schaffen es, gegen diese Schweizer Nationalmannschaft Torchancen herauszuspielen.

Ottmar weicht nach rechts aus, nach links. Sein Bruder hatte recht. Seine Mitspieler erkennen seine Laufwege und wissen, was sie zu tun haben. Besonders leicht fällt ihm das Zusammenspiel mit dem halbrechten Stürmer Max Morlock. Der Nürnberger hatte Ottmar schon im Finale 1948 beeindruckt. Immer wieder startet der Halbstürmer in den Strafraum. Er füllt die Lücken, die Ottmar bei seinen Ausflügen auf den Flügel hinterlässt. Nach wenigen Minuten schlägt Ottmar eine Flanke von der linken Seite auf den Kopf von Morlock. Doch er kann den Ball nicht richtig drücken. Der Führungstreffer muss warten.

Das Spiel gegen das Schweizer Abwehrbollwerk fällt der deutschen Mannschaft schwer. Doch Ottmar knackt den Riegel. Kurz vor dem Ende der ersten Halbzeit bekommt Deutschland eine Ecke zugesprochen. Ottmar springt hoch und wuchtet den Ball auf das Tor. Der Ball fliegt in Richtung Torwinkel. Der Torwart ist geschlagen, doch ein Schweizer Verteidiger probiert sich als zweiter Torhüter. Er hebt den Arm und faustet den Kopfball weg. Elfmeter. Herbert Burdenski läuft an und versenkt den Ball. 1:0.

In der Halbzeitpause trifft Ottmar seinen Bruder. Fritz ist beeindruckt von der Laufstärke des Mittelstürmers, aber auch besorgt. «Sag mal, schaffst du das noch eine Dreiviertelstunde?» «Wenn es sein muss, noch drei Stunden», antwortet Ottmar. Auch in der zweiten Halbzeit bleibt Deutschland das bessere Team. Ottmar Walter ist links wie rechts zu finden. Von der halbrechten Seite trifft er die Latte. Ein Tor will ihm nicht gelingen. Doch auch ohne eigenen Treffer ist er der beste Mann auf dem Platz.

Nach dem Spiel kommt Herberger auf ihn zu. Er sagt nur zwei Worte. «Ottmar, danke!» Mehr sind nicht nötig. Jahrzehnte später, als alter Mann, wird er in einem Interview sagen: Das sei der größte Erfolg gewesen, den er als Fußballer je erlebt habe.[46]

Auf dem Bankett nach dem Spiel klopfen alle Ottmar auf die Schulter. Schiedsrichter Ellis ist nicht nur von Ottmar begeistert. Er sagt der gesamten deutschen Mannschaft eine goldene Zukunft voraus. «So gut haben nicht einmal die Schweden gespielt, als sie Dritter bei der Weltmeisterschaft wurden!» Ellis muss es wissen. Er war bei der Weltmeisterschaft 1950 als Schiedsrichter im Einsatz. Wahrscheinlich spricht aus ihm aber eher die Höflichkeit – und der Sekt, der auf dem Bankett in Strömen fließt.

Ottmar Walter genießt und schweigt. Er hat sich seinen Traum erfüllt.

HR:
Taubenjagd in Istanbul

Der Postbote hat bei den Rahns stets viel zu tun. Die deutsche Wirtschaft läuft nach dem Krieg wieder an, Vater Rahns Kohlentransport floriert. Die Aufträge erhält er per Einschreiben. Als im Herbst 1951 ein Brief mit dem Absender DFB ins Haus flattert, runzelt er die Stirn. Nanu, ein DFB hat doch noch nie bei ihm Kohlen bestellt? Sein Sohn schnappt ihm den Brief weg. Der ist für ihn.

Der Deutsche Fußball-Bund nominiert Helmut Rahn für das Länderspiel gegen die Türkei. Treffpunkt: Flughafen Frankfurt. Es geht nach Istanbul. Die Spieler sollen sich selbst um ihre Ausweise kümmern und Urlaub beantragen. Für jeden verpassten Arbeitstag erhalten sie eine Aufwandsentschädigung in Höhe von ein paar Mark. Voller Stolz präsentiert Rahn das Schreiben seinen Kollegen bei Rot-Weiss Essen. Berni Termath hat ebenfalls einen Brief erhalten. Essens 23 Jahre alter Linksaußen und der 22 Jahre alte Rechtsaußen Rahn reisen zusammen in die Türkei. Herberger hatte ihnen nicht grundlos Hoffnungen gemacht.

Am Flughafen in Frankfurt gibt es ein großes Hallo beim DFB-Tross. Kapitän Fritz Walter begrüßt höchstpersönlich die Neulinge. Er erzählt, wie er vor elf Jahren das erste Mal bei der deutschen Nationalmannschaft ankam. Wie froh er damals war, dass die älteren Spieler ihn sofort unter ihre Fittiche genommen hätten. Und so erklärt auch Fritz den Neulingen gleich die Gepflogenheiten der Nationalmannschaft. Als Nationalspieler repräsentiere man das ganze Land, also müsse man sich auch entsprechend benehmen. Den Anweisungen des DFB-Präsidenten und des Bundestrainers müsse man zu jeder Zeit folgen. Und falls nicht? Dann fährt der Heilige Geist auf die Spieler nieder. Der Heilige Geist ist eine Mannschaftsstrafe: Die Mitspieler dürfen reihum mit der flachen Hand den nackten Po des Sünders schlagen, so fest sie können. Na, das ist ja eine heitere Truppe, denkt sich Rahn.

Sieben Stunden dauert der Flug von Frankfurt nach Istanbul. Es ist die erste Flugreise Rahns. Dort angekommen, staunt der Neuling nicht schlecht: Die Kirchtürme hier sind gar nicht eckig, sondern rund. Statt Fabrikrauch und Kohledampf wabern Zigaretten- und Wasserpfeifenqualm über die Straßen. Der DFB kommt in einem feinen Hotel unter. Die türkischen Gastgeber führen die Mannschaft durch die Stadt. Das deutsche Team besichtigt die Blaue Moschee und schlendert über die Basare der Stadt. Rahn ist hier ganz in seinem Element: Als Mitarbeiter im familiären Kohlehandel weiß er, wie man um die letzte Lira feilscht.

Besonders angetan haben es Helmut die Istanbuler Tauben. Als Sohn eines Taubenzüchters erkennt er sofort, welches Potenzial in den türkischen Vögeln schlummert. Mit bloßen Händen fängt er mehrere Exemplare und sperrt sie in seine Nachtkommode. Sein Plan: Er möchte den schönsten Vogel mit nach Hause nehmen. Seine Teamkameraden klären ihn auf, dass die Einfuhr von Tieren in die Bundesrepublik verboten ist. Max Morlock begeht den größten Fehler, den man bei einem Menschen mit einem seltenen Hobby begehen kann: Er fragt Rahn, was denn so besonders sei an Tauben. In der nächsten Stunde darf er sich einen ausufernden Vortrag anhören. Über die Brieftaubenzüchterei von Rahns Vater, über die Wettkämpfe, die der schon gewonnen hat, und darüber, dass Helmut eines Tages in die Fußstapfen seines alten Herrn treten möchte. «Der Vortrag war einmalig. Ich musste mangels besseren Wissens ständig nur ‹Aha› und ‹So ist das› sagen», so Morlock.[47]

Fußball wird in der Türkei auch noch gespielt. Trainer Herberger macht auf Rahn vor dem Spiel einen etwas grummeligen Eindruck. Im vergangenen Sommer hatte die deutsche Nationalmannschaft schon einmal gegen die Türkei gespielt und 1:2

verloren. Die über 100 000 Zuschauer in Berlin waren darüber wenig begeistert, so hat Rahn es in der Presse gelesen. Herberger möchte seinen Kritikern nicht noch mehr Munition liefern. Er warnt seine Spieler ausdrücklich vor den türkischen Gegenstößen.

Rahn bleibt zunächst im Ungewissen, ob er spielen darf. Erst auf der Sitzung vor dem Spiel erfährt er, dass er in der Startaufstellung steht, genauso wie sein Kollege Termath. Eine Essener Flügelzange in der Nationalmannschaft? Das hätte sich Rahn vor wenigen Wochen nicht träumen lassen.

Das Istanbuler Publikum tobt und tost, als die Mannschaften den Platz betreten. Herberger hat sie vor dem Hexenkessel gewarnt – er hat nicht übertrieben. So eine Stimmung kennt Rahn aus den Stadien im Ruhrgebiet nicht. Auch da schreien und meckern die Zuschauer. In Istanbul klingt es hingegen, als ob Tausende Kehlen durcheinanderbrüllen. Rahn fällt es schwer, sich mit seinem Nebenmann Morlock abzustimmen. Er setzt zu einigen Alleingängen an, doch er hat auch noch die Worte des Bundestrainers im Ohr: Diszipliniert solle Rahn spielen, auch mal abgeben. Er kann den Rat nicht immer beherzigen. Rahn bleibt auch im Nationaldress Rahn.

Trotzdem ist es nicht Rahn, sondern Termath, der mit spektakulären Aktionen für Aufsehen sorgt. Gleich mehrfach zieht er von Linksaußen in die Mitte und probiert sich an einem Fallrückzieher. Doch gelingen will ihm das Kunststück nicht. Torhüter Turgay □eren hat immer eine Hand dazwischen.

Besonders Fritz Walter beeindruckt Rahn. Bei Rot-Weiss Essen zieht August Gottschalk die Fäden, ein feiner Techniker. Doch seine Fertigkeiten sind kein Vergleich zu dem, was Fritz mit dem Ball anstellt. Noch das schwierigste Zuspiel pflückt er aus der Luft. Mit der nächsten Berührung leitet er den Ball sofort weiter. Direkt sucht er die Tiefe. Rahn muss sich erst daran gewöhnen, so oft in die Spitze geschickt zu werden. Oft verpasst er den richtigen Moment, nach vorne zu starten.

Rahns Nebenmann Morlock hat das Timing besser drauf. Gleich zwei Tore knipst er. Das erste verblüfft Rahn besonders: Morlock erhält den Ball an der Seitenauslinie, wagt aber dennoch den Schuss. Tormann Turgay hatte auf eine Flanke spekuliert. Der Ball schlägt neben ihm im Netz ein. Das 2:0 schießt Morlock nach einem feinen Pass von Fritz Walter. Rahn weiß, dass er sich über den Sieg freuen sollte. Es sticht ihn aber schon ein wenig, dass er kein Tor erzielen konnte.

Nach dem Spiel will die deutsche Mannschaft mit den Gastgebern abklatschen. Doch die türkischen Spieler verschwinden bereits nach einem kurzen Moment in der Kabine. Zunächst stehen die Deutschen verdutzt da. Als der Applaus des Publikums aufbrandet, spüren die deutschen Spieler: Das war pure Absicht. Die siegreichen Gäste dürfen das Bad in der Menge genießen. Ganz langsam drehen die deutschen Spieler eine Runde um den Platz. Rahn genießt den Applaus.

Als die Mannschaft ins Hotel zurückkehrt, sieht Rahn Fritz Walter mit einigen Teamkameraden debattieren. Die deutschen Spieler wollen unbedingt ausgehen und das Istanbuler Nachtleben erkunden! Der Chef würde ihnen das aber sicher nicht erlauben. Sepp Herberger sieht feiernde Nationalspieler nicht gerne. Ein Nationalspieler müsse sein Land würdig vertreten und einen gesunden Lebenswandel führen, betont der Bundestrainer bei jeder Gelegenheit. Herberger hat seine Tricks, um die Nationalspieler im Hotel festzunageln, erläutern Rahns Teamkollegen. Er gibt vor, den Spielern im Hotelrestaurant «eine Lage» auszugeben. «Eine Lage», das klingt in Rahns Ohren nicht schlecht. Das aber sei ein Hinterhalt, klären ihn die Teamkameraden auf: Eine Stunde später schon schickt Herberger die Spieler ins Bett.

Das gilt es heute zu verhindern. Die Mannschaft schickt Fritz Walter vor. «Na gut», sagt der Bundestrainer leicht pikiert. «Ich gehe ins Bett. Machen Sie, was Sie für richtig halten.» Die Spieler stürzen sich in das Nachtleben der Metropole. Unterwegs treffen sie Mitglieder des türkischen Verbandes. «Wie gefällt Ihnen

Istanbul?», fragen die Herren. «Gut», antworten die Nationalspieler. «Aber es wäre noch schöner, wenn wir ein paar Bauchtänzerinnen bei der Arbeit bestaunen dürften.» Gesagt, getan: Die türkischen Funktionäre führen die Nationalspieler in ein passendes Etablissement.

Dass der Rückflug am nächsten Tag den Spielern auf den Magen schlägt, liegt nicht nur an der durchzechten Nacht. Über Jugoslawien gerät das Flugzeug in Turbulenzen. Der Pilot steuert sein Schiff von Luftloch zu Luftloch. Einige Mitglieder müssen sich übergeben. Fritz Walter erklärt noch auf dem Rollfeld, dass er nie wieder in ein Flugzeug steigen werde.[48] Für Helmut Rahn gilt das nicht. Ihm hat es gefallen bei der Nationalmannschaft. Die fremden Eindrücke, die Flachsereien mit den Spielern, das große Publikum: Daran könnte er sich gewöhnen. Er beschließt, alles dafür zu tun, Teil der Mannschaft zu bleiben.

«Das nächste Spiel ist das schwerste», pflegt Nationaltrainer Sepp Herberger zu sagen. In Rahns Fall war das nächste Spiel das wichtigste. Kurz vor Weihnachten 1951 trifft die deutsche Elf auf Luxemburg – in Rahns Heimatstadt Essen. Er gibt alles dafür, seine Form zu halten. Er möchte unbedingt in seiner Stadt spielen, vor seinen Freunden, vor seiner Familie.

Herberger denkt an ihn. Er meldet sich nicht nur wegen des kommenden Länderspiels bei Rahn. Er gibt seinem Schützling noch ein paar Dinge mit: Das Abspielen sei im Fußball genauso wichtig wie ein guter Schuss, doziert Herberger. Das müsse Rahn noch üben. Vor allem aber möchte der Bundestrainer Frischling Rahn eine Idee unterbreiten: Er habe in Istanbul bemerkt, was für ein lebensfroher Kerl der Helmut sei. Herberger sucht seit langer Zeit einen passenden Zimmergenossen für Fritz Walter. Der lasse sich immer so leicht herunterziehen. Herberger ärgert besonders, dass sein Lieblingsschüler gerne lange schläft. Ob

Rahn dem Fritz nicht etwas gute Laune einhauchen könne? Er dürfe ihn auch früh wecken. Da ließe sich sicher etwas machen, denkt Rahn. Herbergers Plan zeigt ihm: Der Bundestrainer setzt langfristig auf ihn.

Das Spiel in seiner Heimatstadt Essen wird zu Rahns erstem großen Triumph. Zwar überstrahlt sein Teamkamerad Termath erneut Rahns Leistung. Bereits früh erzielt er den ersten Treffer. Als Termath nach seinem zweiten Treffer zum 3:0 zum Jubeln abdreht, schießt Rahn den Ball noch einmal ins Netz. Er will unbedingt auch ein Tor schießen! Und es gelingt ihm: In der

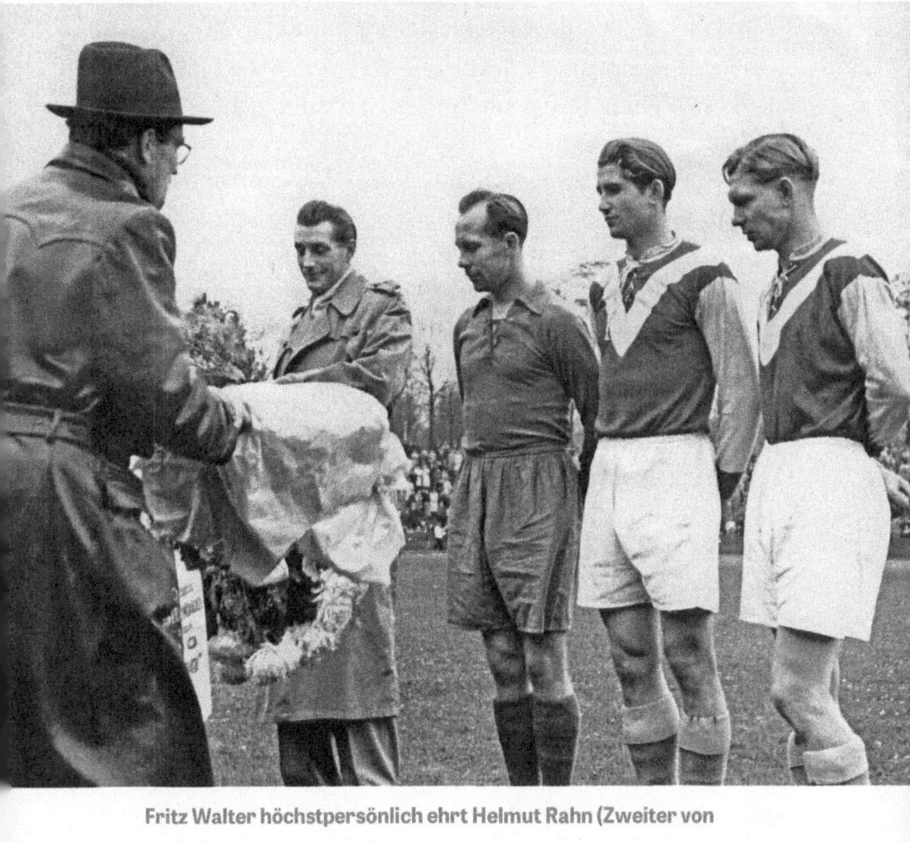

Fritz Walter höchstpersönlich ehrt Helmut Rahn (Zweiter von rechts) in Essen wenige Tage nach dessen erstem Länderspiel.

68. Minute erhält er den Ball im Strafraum. Zwei Luxemburger stürmen auf ihn zu. Doch zum Glück hat er das Schießen mit dem linken Bein geübt. Mit voller Wucht knallt er den Ball mit links ins Tor. Er hat sein Tor erzielt, vor den Augen seiner Eltern, die im Stadion sitzen. Deutschland gewinnt 4:1.

Die Kritiken fallen positiv aus. Das *Sport-Magazin* schreibt, Rahn sei «ein unerhört explosiver Mann. Wie er in jähem Antritt immer wieder loszog, zwei, drei Gegenspieler auf engstem Raum umspielte und die Abwehr einfach knackte, das war großartig.» Das ist Musik in Rahns Ohren. An derselben Stelle steht jedoch auch: «Leider ist der junge Essener Außenstürmer zu sehr Individualist. Er hat noch nicht den rechten Blick für das Abspiel in der richtigen Sekunde.» Was wollen die Journalisten, denkt sich Rahn. Er hat ein Tor erzielt. Darum geht es doch im Fußball.

Es läuft gut für Rahn, nicht nur in der Nationalmannschaft. Mit seinem Verein Rot-Weiss Essen bleibt er an der Spitze der Oberliga West. Melches hat sich eine Prachttruppe eingekauft. Rot-Weiss verliert nur fünf Spiele in der gesamten Saison. Eins davon ist das Heimspiel gegen die Sportvereinigung Erkenschwick. Im Winter ist der Platz schneebedeckt und kaum bespielbar. Doch während die Essener über den Platz schlittern, schießen die Erkenschwicker ein Tor nach dem nächsten. Sie haben ihre Schuhe vor dem Spiel in Petroleum eingetaucht, um Halt zu finden auf dem weißen Rasen. Erkenschwick führt zeitweilig 5:0. Helmut Rahn ist so erzürnt, dass er seine Schuhe auszieht, um auf Socken weiterzuspielen. Der Schiedsrichter verbietet es ihm. Am Ende verliert Essen 4:6. Diese zwei Punkte retten Erkenschwick am Ende der Saison vor dem Abstieg.

Als im Frühjahr das Rückspiel gegen seinen ehemaligen Verein ansteht, melden sich die Katernberger bei RWE-Mäzen Georg Melches. Dass Rahn nicht gegen Katernberg spielen dürfe, das müsse im Rückspiel nicht sein. Die ollen Kamellen muss man doch irgendwann vergessen! In Wahrheit geht es ums Geld:

Nationalspieler Rahn soll die Ticketverkäufe ankurbeln. Über 20 000 Zuschauer sehen zu, wie RWE mit 3:1 gewinnt.

Rot-Weiss Essen gewinnt Spiel um Spiel, Rahn schießt in der Saison 1951/52 20 Tore. Mit seinem Team feiert er die Meisterschaft in der Oberliga West. Damit qualifiziert sich RWE für die Spiele um die Deutsche Meisterschaft. Die wird mittlerweile nicht mehr im K.-o.-Modus ausgetragen. Stattdessen werden in zwei Gruppen à vier Teams zwei Finalisten ermittelt, die das Endspiel um den Titel bestreiten. Der Grund für die Änderung: Mehr Spiele bedeuten mehr Einnahmen für die teilnehmenden Vereine.

RWE geht als Favorit in die Gruppenphase. Doch schon die 2:4-Heimniederlage gegen Tennis Borussia Berlin dämpft die Hoffnungen, das Finale zu erreichen. Es folgt ein 2:3 gegen den VfL Osnabrück. Das Auswärtsspiel beim VfB Stuttgart ist für Rot-Weiss Essen bereits die letzte Chance, in der Gruppe aufzuholen. Das Publikum im wieder einmal heillos überfüllten Neckarstadion peitscht die Gastgeber nach vorne. Die hitzige Stimmung färbt auf den Platz ab. Gleich zwei Essener Spieler müssen das Spielfeld verletzt verlassen, RWE muss das Spiel zu neunt beenden.

Helmut Rahn wehrt sich mit aller Macht gegen die drohende Niederlage. Lampenfieber kennt er nicht. Je größer das Publikum, je feindseliger die Atmosphäre, umso lieber spielt er. Nach dem 1:3-Rückstand erzielt er zwei Tore zum zwischenzeitlichen 3:3. An ihm liegt es nicht, dass RWE am Ende mit 3:5 als Verlierer vom Platz geht. Obwohl Essen die restlichen drei Spiele der Meisterrunde gewinnt, verpassen sie das Finale. Der VfB Stuttgart reckt am Ende der Saison die Meisterschale in die Höhe.

Dass es am Ende nichts mit der Meisterschaft wird, stört Melches viel mehr als Rahn. Essens Rechtsaußen sieht die Sache so: Er fährt ein schönes Auto und hat eine leichte Arbeit. Er darf Fußball spielen für den Verein und als Teil der Nationalmannschaft. Nach Feierabend trinkt er mit seinen Kumpels ein Bier oder geht Kegeln oder Billard spielen. Mittlerweile nennt ihn niemand mehr «Köttel». Für seine Teamkollegen heißt er nur noch «der Boss». Es gibt schlimmere Schicksale als das Leben des Helmut Rahn.

OW:
Der erste Streich

Einhunderttausend Schweizer Franken. So richtig begreifen mag Ottmar Walter die Zahl nicht. Der Unterhändler versichert ihm, dass sein Klient nicht blufft. Er legt einen Koffer auf den Tisch und öffnet ihn. Mehrere Bündel voller Schweizer Geldscheine lächeln Ottmar an. Er müsse nur den Vertrag bei Stade Reims unterschreiben, sagt er. Dann gehöre das Geld ihm. Ottmar überlegt. Es ist so viel Geld, dass er den Betrag gar nicht fassen kann. Einhunderttausend. Ottmar bedankt sich und bittet um Bedenkzeit. Er müsse das Angebot mit seiner Frau abklären.[49]

Seit Ludwig Janda im Herbst 1949 nach Italien gewechselt ist, überqueren die Funktionäre europäischer Vereine immer wieder die deutsche Grenze. Deutsche Fußballer scheinen eine leichte Beute: In ihrem Heimatland dürfen sie nur 320 Mark verdienen. Selbst wenn man die schwarzen Zahlungen im Hintergrund und die Scheinanstellungen im Beruf berücksichtigt: Das sind Pennys im Vergleich zu dem, was Vereine in Spanien, Italien oder Frankreich ihren Spielern zahlen. Janda prahlt in einem Interview, allein seine Prämie für einen Sieg sei höher als das, was er beim TSV 1860 München in einem ganzen Monat verdient habe.

Es ist nicht das erste Angebot aus dem Ausland, das Ottmar Walter erhält. Bislang waren die Angebote jedoch immer über seinen Bruder gekommen. In ganz Europa haben Funktionäre von dessen Ausnahmetalent gehört. Als Fritz nach dem Zweiten Weltkrieg aus dem Kriegslager über Wien in die Heimat gereist war, hätten die Österreicher ihn am liebsten dortbehalten. In den Jahren danach machten sich vor allem französische Klubs auf den Weg nach Kaiserslautern. Hunderttausend Mark hatten sie auch Fritz Walter geboten; einen fünfstelligen Betrag würden sie dazugegeben, wenn Fritz seinen Bruder Ottmar mitbringt. Aber Fritz sagte Nein. Er wollte in Kaiserslautern bleiben.

Für Ottmar ist das erste eigene Angebot eine besondere Ehre. Stade Reims hatte sich ausdrücklich um ihn bemüht. Es war keine Finte, um seinen Bruder nach Frankreich zu locken. In Reims glauben sie, dass Ottmar den Verein auch ohne seinen Bruder weiterbringt. Sie hatten von seinen Leistungen im Länderspiel gegen die Schweiz gelesen. Ottmar denkt ernsthaft über das Angebot nach. Er weiß: Wenn er es annimmt, hat er finanziell ausgesorgt. So viel Geld kann er in Deutschland nie verdienen.

Er weiß aber auch: Wenn er nach Frankreich geht, war es das mit der Länderspielkarriere. Der DFB hat strikte Regeln: Er nominiert nur Spieler, die in Deutschland unter Vertrag stehen. Forderungen, den in England spielenden Torhüter Bert Trautmann zu nominieren, lehnt der Verband ab. Trautmann ist der wohl beste deutsche Torhüter jener Jahre. Während seiner Zeit in britischer Kriegsgefangenschaft war den englischen Klubs sein Talent aufgefallen. Er kehrte nicht in seine Heimat Deutschland zurück, sondern unterschrieb bei Manchester City. Dort mag er zwar mit seinen Leistungen Aufsehen erregen, er sei aber auch ein *Professional*, argumentiert der DFB, und man nominiere nur Spieler, die unter dem deutschen Vertragsspieler-Statut stehen. Wenn der DFB nicht hart durchgreife, würden bald zahlreiche deutsche Spitzenspieler ins Ausland abwandern, so die Befürchtung der Verbandsspitze.

Ottmar denkt intensiv über das Angebot nach. Sehr intensiv. Letztlich lehnt er es ab. Warum sollte er für Geld seine Heimat hinter sich lassen? Wie so viele Landsleute hat Ottmar im Krieg gelitten. Er hat geholfen, seine zerstörte Heimatstadt wieder aufzubauen. Er spricht kein Wort Französisch oder Englisch. Er weiß, dass Geld im Leben nicht alles ist. Es kann schnell wieder weg sein: Sein Vater wäre während der Hyperinflation der Zwanzigerjahre beinahe verarmt. Und wenn der Kalte Krieg plötzlich heiß wird, ist das Geld ohnehin wertlos. Die Heimat erscheint ihm wichtiger als der schnöde Mammon.

Dass nicht nur Ottmar, sondern auch zahlreiche weitere Nationalspieler Angebote wie jenes von Stade Reims ablehnen, dürfte nicht nur an ihrer ausgeprägten Heimatliebe liegen. Der Zweite Weltkrieg ist erst seit wenigen Jahren beendet. Die wenigsten Menschen im europäischen Ausland sind gut auf Deutsche zu sprechen – verständlicherweise. Als Manchester City 1950 Trautmann verpflichtete, gingen Zigtausende Fans der Citizens auf die Straße. Sie wollten keinen Deutschen in ihrem Team. Es wird Jahre und zahlreiche Glanzparaden brauchen, ehe sie den deutschen Torhüter akzeptieren. Der Fall Trautmann schlug auch in der deutschen Sportpresse Wellen.

Bei Ottmar Walter kommen persönliche Gründe hinzu. Die Nationalmannschaft bleibt sein Traum. Er will sie nicht nach nur einem Länderspiel aufgeben. Und dann ist da noch diese Stimme in seinem Kopf. Sie spricht mal in den Worten seines Vaters, mal in den Worten der Sportkritiker. Sie sagt: Ohne Fritz bist du nichts! Er hat zwar wieder und wieder bewiesen, dass das nicht stimmt. Doch er bekommt diese Stimme nicht aus seinem Kopf. Jahre später wird er sagen: «Wenn der Fritz mitgegangen wäre... Ich wäre ihm auch nach Mailand oder Madrid gefolgt.»[50] Doch Fritz geht nicht – und damit bleibt auch Ottmar in Kaiserslautern.

Fritz und Ottmar Walter lehnen die hoch dotierten Angebote aus dem Ausland zwar ab. Verarmen tun sie dennoch nicht. Beim DFB läuten sämtliche Alarmglocken, als Fritz Walter sich im Jahr 1951 mit Vertretern von Atlético Madrid trifft. Startrainer Helenio Herrera, aufgrund seiner harten Methoden nur als «Sklaventreiber» bekannt, will Fritz Walter verpflichten. 500 000 Mark gäbe es für Fritz, für Ottmar kämen noch einmal 150 000 hinzu.

Selbst die heimatverbundenen Walters müssen bei diesem Betrag schlucken.

Fritz berät sich mit Sepp Herberger. Sein väterlicher Freund weiß, dass er Fritz nicht mehr nominieren kann, sollte dieser das Angebot annehmen. Doch er weiß auch, wie einmalig diese Offerte ist – nicht nur aus finanzieller, sondern auch aus sportlicher Sicht. «Hören Sie auf Ihr Herz», sagt Herberger zu seinem Protegé. Ganz ohne Kampf will der Bundestrainer seinen Kapitän aber nicht ziehen lassen. Hinter den Kulissen zieht Herberger Strippen, fordert Gefallen ein, redet auf den DFB und den 1. FC Kaiserslautern ein. Kann man den Walters nicht irgendwie unter die Arme greifen?

Wenige Tage später verkündet Fritz Walter: «Ich bleibe.» Seine Heimat sei wichtiger als das Geld. Ganz uneigennützig ist seine Heimatliebe nicht. Der 1. FC Kaiserslautern gibt Fritz Walter ein Darlehen über 40 000 Mark. Fritz eröffnet mit dem Geld eine Wäscherei. Der Hauptkunde wird die Kammgarnspinnerei. Sie lässt ihre Werkswäsche bei den Walters waschen. Der Hauptgeldgeber des 1. FC Kaiserslautern wird der größte Kunde des Vereinskapitäns. Ottmar wird vertröstet: Auch für ihn habe man einen Geschäftsplan. Er muss sich aber noch etwas gedulden.

Es dürften nicht die einzigen verdeckten Zahlungen an die Walter-Brüder gewesen sein. Der DFB höchstselbst sorgt sich um seine verdienten Nationalspieler. Die deutschen Landesverbände haben nach dem Krieg eine wichtige Geldquelle erschlossen: das Fußball-Toto, einen Vorläufer der heutigen Sportwetten. Die Fans müssen den Ausgang der wichtigsten Partien der Oberligen tippen: Heimsieg, Unentschieden oder Auswärtssieg. Wer alle Partien richtig tippt, hat die Chance, den Jackpot zu knacken.

Das Fußball-Toto entpuppt sich als wahnwitzige Erfolgsgeschichte. Glücksspiel ist zu jener Zeit strengstens verboten. Selbst Lotto gibt es in der Bundesrepublik noch nicht. Wer um Geld spielen will, muss am Fußball-Toto teilnehmen. Dass die prüde Regierung jener Zeit das Toto erlaubt, liegt hauptsächlich daran, dass sie kein Geld für den Wiederaufbau von Sportanlagen übrig hat. So entsteht das Toto als Möglichkeit, Geld in den Sport zu pumpen. Die Einnahmen fließen zu großen Teilen an die Sportverbände.

Über das Fußball-Toto gelangen Millionen an Mark in den Bau von Sportstätten – und nebenbei auch in die Taschen von einigen Fußballspielern. Die Lizenzen zum Betrieb von Toto-Annahmestellen sollen eigentlich vorrangig an Kriegsversehrte vergeben werden. In der Praxis eröffnen vor allem verdiente Fußballer Kioske, in denen die Kunden Toto spielen können. Auch in Walters Wäscherei kann man Totoscheine abgeben.

Ottmar Walter versucht sich auch am Tippen. Doch er hat kein Glück. Sein größter Gewinn liegt im Pfennigbereich. Sein Bruder hat mehr Fortune. Er gewinnt im Toto über tausend Mark – zusätzlich zu den Geldern, die er ohnehin erhält.[51]

Sportlich läuft es für den 1. FC Kaiserslautern in der Saison 1950/51 rund. Mit Richard Schneider haben die Kaiserslauterer einen neuen Trainer. Schneider hatte früher mit Fritz Walter in einer Jugendmannschaft gespielt, musste seine Karriere aber wegen einer Verletzung beenden. Offiziell rückt Fritz in das zweite Glied. Doch seine Stimme hat in der Mannschaft weiterhin hohes Gewicht. Wenn die Spielkommission über die Aufstellung berät, ergreift Fritz als Erstes das Wort. Besonders ärgert ihn, dass der 1. FCK in den wichtigen Spielen zu viele Gegentore kassiert. Deshalb hätten die Pfälzer nach dem Krieg noch keine Meisterschaft gewonnen. Also spielt der Klub fortan aus einer verstärkten Defensive. Gerade einmal 16 Gegentore kassiert der 1. FCK in 26 Ligaspielen.

Als der 1. FC Kaiserslautern 1951 in die Endrunde um die Deutsche Meisterschaft einzieht, macht sich Fritz für ein junges Nachwuchstalent stark. Horst Eckel wäre die ideale Ergänzung für das Spiel gegen Fürth. Er sei ein Dauerläufer, dem kein Weg zu schade ist. Als Stürmer könne er auch in der Defensive aushelfen. Selbst wenn es schiefgeht, habe man noch nichts verloren, schließlich werde die Vorrunde in einem Gruppenspiel-Modus ausgetragen. Eine Niederlage gegen Fürth wäre nicht der Welten Untergang.

Schief geht es nicht. Horst Eckel spielt zwar offiziell auf der Rechtsaußenposition, taucht aber praktisch überall auf dem Feld auf. Bei seinem Debüt gelingen ihm direkt zwei Tore. Das Spiel endet 2:2.[52] Von da an ist Eckel fester Teil der Kaiserslauterer Elf. Sie nennen ihn den Windhund – aufgrund seiner Geschwindigkeit, aber auch seines Aussehens. Er wird Fritz Walter zeit seines Lebens dankbar sein, dass er sich für ihn starkgemacht hat.

Nach dem Fürth-Spiel ersetzt Eckel ausgerechnet Ottmar Walter. Der hatte sich gegen Fürth mal wieder in ein aussichtsloses Kopfballduell geworfen. Ottmar erreichte zwar den Ball mit der Stirn. Doch auf dem Weg zurück auf den Boden rammte ein Verteidiger sein Knie in seinen Rücken. In Zeiten, als Kameras noch nicht jeden Winkel des Spiels einfangen, sind solche Tätlichkeiten keine Seltenheit. Sie bleiben zumeist unbestraft. Ottmar sah schwarz vor Schmerzen. Seine Mitspieler trugen ihn vom Feld. Trainer Schneider begutachtete die Verletzung. Er hat eine Ausbildung als Orthopäde bestritten und kennt die Körper seiner Spieler. «Du kannst nicht weiterspielen.» «Ich muss wieder hinein, ich darf sie nicht allein lassen. Wir verlieren das Spiel!»[53] Unter Schmerzen spielte Ottmar die Partie zu Ende.

Im dritten Gruppenspiel gegen den FC Schalke steht er wieder auf dem Platz. Er wisse, wie man Schalke besiegen kann, sagt er, er habe schließlich mit Kiel damals Szepan und Kuzorra bezwungen. Doch schnell merkt er, dass seine Aufstellung ein Fehler war. Seine Wirbelsäule schmerzt, er kann sich kaum bewegen. Ottmar rückt auf die Rechtsaußen-Position. Horst Eckel geht für ihn in die Mitte. Mit Würgen und Hängen erringt der 1. FCK einen 1:0-Sieg.

In den folgenden Spielen ist an einen Einsatz nicht zu denken. Ottmar sitzt Fingernägel kauend im Publikum. Er sieht zu, wie seine Kameraden Spiel um Spiel gewinnen. 2:0 gegen St. Pauli. 3:1 in Fürth. 3:2 gegen Schalke. Der 1. FC Kaiserslautern steht zum zweiten Mal in seiner Vereinsgeschichte im Finale um die Deutsche Meisterschaft.

Das Endspiel findet statt zwischen Kaiserslauterns Walterelf und Preußen Münster.[54] Die Münsteraner waren bekannt geworden für ihren Hunderttausend-Mark-Sturm. Viele Beobachter prognostizieren ein enges Finale.

Eigentlich soll das Endspiel am 24. Juni steigen. Der DFB verschiebt es kurzfristig, da sich mehrere Kaiserslauterer Spieler eine Woche vor dem Finale auf Länderspielreise befinden. Deutschland trifft auf die Türkei. Ottmar gehört angesichts seiner Verletzung nicht zu ihnen. Seine Mitspieler erzählen ihm nach dem Spiel von der feindseligen Atmosphäre im Berliner Olympiastadion. Die Zuschauer hatten das deutsche Team nach dem 1:2 gnadenlos ausgepfiffen. Die Nationalspieler Fritz Walter, Werner Kohlmeyer und Werner Liebrich können gleich in Berlin bleiben: Das Finale um die Deutsche Meisterschaft findet ebenfalls im Olympiastadion statt.

Ottmar kennt nur ein Ziel: Er will rechtzeitig zum Finale fit werden. Teile seines Rückens sind aufgrund der Verletzung weiterhin gelähmt. Er richtet seinen ganzen Alltag darauf aus, das Finale bestreiten zu können. Gymnastikübungen wechseln sich ab mit Massagen und Ausflügen ins Schwimmbad. Kapitän Fritz und Trainer Richard Schneider halten ihrem Mittelstürmer einen Platz in der Startaufstellung frei. Am Morgen des Spiels prüft ihn Trainer Schneider auf Herz und Nieren. Ottmar kann auflaufen.

Diese Entscheidung ist vor allem für Karl Wanger schmerzhaft. Der Linksaußen hatte alle Spiele der Vorrunde bestritten. Im Finale darf er nicht spielen. Tränen kullern über seine Wangen, als Trainer Schneider den dahinterliegenden Schachzug erklärt: Das Team werde nur mit vier Stürmern auflaufen. Bernhard Fuchs werde als zusätzlicher Vorstopper vor der Abwehr absichern, Horst Eckel für Wanger angreifen. Kaiserslautern spielt somit im Doppelstopper-System. Im Prinzip gleicht die Spielidee dem Schweizer Riegel: Ein zusätzlicher Verteidiger sichert hinter seinen Kollegen ab. Das höchste Augenmerk gelte der Defensive, erläutert Schneider. Der Hunderttausend-Mark-Sturm dürfe nicht zur Entfaltung kommen.

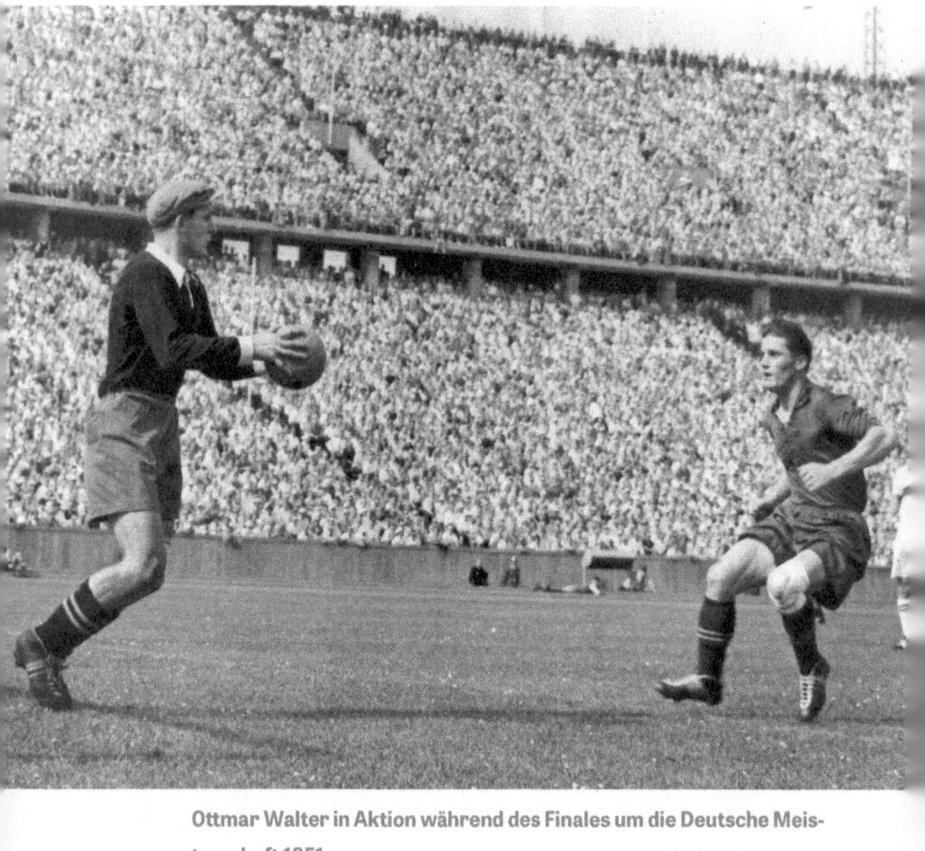

Ottmar Walter in Aktion während des Finales um die Deutsche Meisterschaft 1951.

Der Plan geht in der ersten Halbzeit schief. Münster belagert das Kaiserslauterer Tor. Ottmar Walter muss vom Mittelkreis aus mit ansehen, wie die Münsteraner Chance um Chance erspielen. An den Walters läuft das Spiel vorbei. Ottmar sieht seinen Bruder lamentieren. Spiele in Berlin behagen Fritz nicht. «Berliner Form» nennt er das Phänomen, so als könne die Stadt etwas dafür, dass Fritz mal wieder zu viel nachdenkt und zu wenig handelt. Kurz nach der Halbzeitpause geschieht es: Münsters Rechtsaußen Felix Gerritzen schießt den Ball unhaltbar in den Winkel. 1:0 Münster.

Ottmar will sich der Niederlage nicht fügen. Es ist über zweieinhalb Monate her, seit Ottmar das letzte Mal ein Spiel unverletzt über 90 Minuten bestritten hat. Es kümmert ihn nicht. Er quetscht die letzten Kraftreserven aus seinem Körper. Auch er kennt das Phänomen der «Berliner Form» – nur in ganz anderer Hinsicht als sein Bruder. Die Heimatstadt seiner Mutter beflügelte Ottmar schon im Dress von Holstein Kiel zu Höchstleistungen. Nun avanciert er erneut zum besten Spieler.

Aus halbrechter Position scheitert Ottmar noch am gegnerischen Keeper. Wenige Minuten später erhält er am Strafraum ein Zuspiel seines Bruders. Mit einem Flachschuss überwindet er den Münsteraner Schlussmann. Der Ausgleichstreffer, 15 Minuten nach Wiederanpfiff. In der 74. Minute bekommt Kaiserslautern eine Ecke zugesprochen. Eckbälle sind eine Lauterer Spezialität. Ottmar weiß genau, wie Fritz sie serviert. Die Ecke geht an den ersten Pfosten. Werner Baßler sprintet zum Ball und zieht zwei Gegenspieler auf sich. Mit dem Hinterkopf verlängert er die Flanke. Ottmar hechtet zum Ball und trifft ihn mit dem Kopf. Sein Rücken schmerzt, als er auf dem Boden aufschlägt. Doch der Ball ist im Tor. Kaiserslautern führt 2:1.

In den Schlussminuten starten die Münsteraner Angriff um Angriff. Doch die Lauterer Defensive hält. Abpfiff. Der 1. FC Kaiserslautern ist deutscher Fußballmeister. Die Spieler stürmen zu Ottmar. Mit seinen zwei Toren hat er sein Team zum Titel geschossen. Der Mann des Spiels kann sich kaum auf den Beinen halten. Er kämpft gegen den Brechreiz an, der ihn überkommt. Während der Siegerehrung droht er umzukippen. Ein Münsteraner umklammert ihn und hält ihn auf den Beinen. Das Feld verlässt Ottmar auf den Schultern von zwei ausgelassen feiernden Anhängern. Er droht mehrmals herunterzufallen. Ottmar hat seinen Körper an sein Limit geführt – und weit darüber hinaus.

Noch in der Kabine greift Fritz Walter zum Telefon. Er ruft in der Gaststätte der Eltern an. «Soll ich mal den Hörer ans Fenster halten?», fragt der daheimgebliebene Bruder Ludwig. Tausende Menschen grölen vor Freude. Die Straßen der Stadt quellen über. Es ist ein Vorgeschmack auf die Feste, die in den kommenden Tagen folgen.

Wie viele Menschen den 1.FCK in der Heimat empfangen, ist umstritten. Mal ist von 200 000 Schaulustigen die Rede, mal von 400 000. So oder so: Die Menge übersteigt die Zahl der 60 000 Einwohner Kaiserslauterns um ein Vielfaches. Die Mannschaft wird mit einem Autokorso durch die Stadt kutschiert. Am Straßenrand jubelt die Menge. Manche haben sich als rote Teufel verkleidet. Es findet ein Festakt in der Fruchthalle statt. Der Bürgermeister und der Ministerpräsident von Rheinland-Pfalz gratulieren persönlich.

Ottmar wird ganz besonders begrüßt. Die Lauterer wissen, dass sie ohne seine Endspieltore niemals Meister geworden wären. In diesem Sommer 1951 spürt Ottmar das erste Mal, was es bedeutet, ein Held zu sein.

HR:

Albtraum in Paris

Im Sommer 1952 klingelt es an der Tür der Rahns. Mutter Rahn öffnet. Hier sei ein Mann aus Italien, ruft sie. Der will dich sprechen, Helmut. Nanu, denkt der sich. Ich kenne doch gar niemanden aus Italien. Der Mann stellt sich als Unterhändler von Inter Mailand vor. Helmut Janda habe ihn in Stuttgart spielen sehen und jedem in Italien erzählt, was für ein Prachtkerl der Rahn sei. 150 000 Mark biete Inter für Rahns Dienste, in bar oder auf ein Konto seiner Wahl. Rahn versteht nicht so recht, was hier vor sich geht. Seine Mutter schon gar nicht. Beide bitten um Bedenkzeit.

Am nächsten Tag erzählt er Georg Melches von diesem sonderbaren Besuch. So viel Geld, da könne er doch nicht Nein sagen, meint Rahn. Der Klubpatriarch grummelt und rechnet vor: 150 000 Mark, das sei gar nichts! Wenn da erst mal die Steuern und die Abgaben und dies und das abgezogen werden, komme bei Rahn nicht viel an. Und was wolle er nach zwei Jahren in Italien machen, wenn sie ihn nicht mehr wollen? Dann stehe er vor den Trümmern seiner Existenz! Nein, er solle hier in Essen bleiben, sagt Melches freundlich, aber äußerst bestimmt. Der Verein werde helfen, ihm eine Existenz aufzubauen. Als der Unterhändler wenig später direkt an den Verein herantritt, ist der Mäzen weit weniger nett. Mit bitterbösen Worten jagt er ihn vom Vereinsgelände. Rahn habe Vertrag und sei Nationalspieler. Weder der Verein noch der DFB werden Rahn freigeben. Basta! Rahns Auslandsabenteuer war gestorben, ehe er so recht über das Angebot nachdenken konnte.

Es ist nicht der einzige Rückschlag, den Rahn in der zweiten Jahreshälfte 1952 hinnehmen muss. Den Beginn der neuen Saison verpasst er, weil er im DFB-Pokalspiel gegen Jahn Regensburg eine Rote Karte kassiert. Beim Stand von 5:0 kommt Rahn im Strafraum zu Fall. Er sieht sich durch ein Foul seines Gegenspielers um sein Tor gebracht. Rahn behauptet später, er habe den Gegner nur leicht geschubst. Der Schiedsrichter interpretiert es als Tätlichkeit. Im rauen Nachkriegsfußball stellen nur wenige Schiedsrichter Spieler vom Platz. Doch Rahn ergeht es so. Er wird für die Auftaktpartien der Oberliga West gesperrt.

Eine gute Seite hat seine Sperre. Nach der Entscheidung will er den Kummer herunterspülen. Im Vergnügungslokal «Schloss Horst» trifft er eine Dame wieder, die ihm bereits auf dem Weg zum Chauffeurdienst bei Herrn Melches begegnet war. Gertrud heißt sie, genannt Gerti. «Die hatte mir der Arzt verschrieben. Ohne mich erst hinzusetzen, holte ich sie zum Tanz», wird Rahn später in seiner Autobiografie schreiben. Die beiden werden ein Paar.

Nach dem Ende seiner Sperre kristallisiert sich schnell heraus, dass Rot-Weiss Essen den Erfolg der Vorsaison nicht wiederholen kann. Den Spielern war der Meistertitel im Westen zu Kopf gestiegen. Der Mannschaft fehlt in der Hinrunde der Biss. Nach 13 Spieltagen stehen bereits fünf Niederlagen auf dem Konto. So viele haben sie in der Vorsaison an allen 30 Spieltagen kassiert. Auch Rahn hat es zunehmend schwer, Tore zu schießen. Seine Gegenspieler wollen sich gegen den Nationalstürmer beweisen. Mit harten Bandagen versuchen sie ihn aus dem Spiel zu nehmen. Die blauen Flecken und Schrammen an Rahns Beinen nehmen zu.

Bundestrainer Sepp Herberger setzt unbeirrt weiter auf seinen jungen, unbekümmerten Rechtsaußen. Beim Rückspiel gegen Luxemburg (3:0) und dem Duell mit Irland (3:0) durfte er zwar nicht das DFB-Trikot überstreifen. Er wurde nicht nominiert, weil er sich mit Rot-Weiss Essen auf die Deutsche Meisterschaft vorbereitete. Für das Länderspiel gegen Frankreich im Oktober 1952 beruft Herberger Rahn aber wieder in den Kader.

Deutschlands Auftritt in Paris ist außergewöhnlich. Deutschland und Frankreich sehen sich als Erbfeinde, beide Länder haben zahlreiche Kriege ausgefochten. Der blutigste von allen, der Zweite Weltkrieg, endete gerade einmal vor sieben Jahren. Frankreich hat unter der deutschen Besetzung stark gelitten. So grausam der Zweite Weltkrieg für das französische Volk war: Der Konflikt schuf ein Bewusstsein dafür, dass Kooperation mit Deutschland für den Frieden unausweichlich ist. Schon 1950 wurden erste Pläne umgesetzt, nach denen die französische und die deutsche Kohle- und Stahlindustrie unter gemeinsame Verwaltung kamen. Wer materiell voneinander abhängig sei, werde keinen Krieg führen, so die Hoffnung.

Auf politischer Ebene werden enge Kontakte geknüpft zwischen den einstigen Feinden. Ob diese Bemühungen auch den Test des Alltags bestehen, weiß niemand. So herrscht vor dem ersten Länderspiel zwischen Deutschland und Frankreich große Nervosität bei allen Beteiligten. 200 000 deutsche Fans hinterlegen beim DFB den Wunsch, die Mannschaft nach Paris begleiten zu dürfen. Die deutschen Behörden wollen auf jeden Fall den Eindruck vermeiden, deutsche Fans setzen in Paris zu einer neuerlichen Invasion an. Nur 4000 Deutsche erhalten daher Karten und mit ihnen genaue Instruktionen, wie sie sich zu verhalten haben. So werden sie darauf hingewiesen, dass das Singen der Nationalhymne in Frankreich nicht üblich sei. Auch Nationalfahnen sollen sie besser zu Hause lassen. Auf den Rängen des Pariser Olympiastadions kommt es zu keinerlei Vorfällen.

Helmut Rahn war schon immer gut darin, alles um sich herum auszublenden. Ihm ist es egal, wo oder gegen wen er spielt. Hauptsache, er spielt. Er steht gegen Frankreich in der Startaufstellung. Seine Aufgabe ist jedoch keine leichte. Herberger fürchtet die Spielstärke der Franzosen und die Anfeuerung durch das Publikum. Er beschließt, vom WM-System abzuweichen. Deutschland läuft im Riegelsystem auf: Einer der üblicherweise fünf Angreifer wird durch einen Abwehrspieler ersetzt. Ein anderer Verteidiger kann so als Ausputzer hinter der Abwehr absichern. Kurt Borkenhagen kommt so zu seinem Debüt. Der Spieler von Fortuna Düsseldorf ist bereits 32 Jahre alt. Auch Fritz Walter erhält die Aufgabe, vermehrt in der Defensive zu helfen.

In den Anfangsminuten kann die deutsche Mannschaft noch mithalten. Ottmar Walter tankt sich gegen seine Gegenspieler durch, kann so den frühen Führungstreffer der Franzosen egalisieren. Nach einem langen Pass von Fritz gelangt Ottmar abermals in den Strafraum. Dann fasst er sich jedoch an den Oberschenkel und dreht ab. Ottmar humpelt vom Platz. Muskelzerrung. Sepp Herberger verständigt sich mit den Franzosen. Sie erlauben die Einwechslung von Georg Stollenwerk für den verletzten Ottmar Walter.

Von da an geht alles den Bach runter. Die französischen Verteidiger konzentrieren sich nach Ottmars Auswechslung vollends auf Fritz. Dem gelingt kein ordentlicher Pass mehr. Rahn sieht auf Rechtsaußen mit an, wie Fritz' Kopf tiefer und tiefer sinkt. Herberger hatte Rahn vor Fritz Walters Launenhaftigkeit gewarnt. In Paris sieht er sie zum ersten Mal mit eigenen Augen. Der Kapitän der deutschen Mannschaft hat noch wenige Jahre zuvor als Teil von Soldaten-Mannschaften in Paris gespielt. Er kann die Bedeutung der Partie nicht ausblenden. Ein französischer Journalist wird nach dem Spiel sagen: «Im Stadion von Colombes ist auch Revanchismus in der Luft gelegen. Das ist über den Fußball hinausgegangen und hat [Fritz Walter] überfordert.»[55]

Als der Schiedsrichter zur Halbzeitpause pfeift, hätte Frankreich bereits vier oder fünf Tore schießen müssen. Die Deutschen haben Glück, dass es noch immer 1:1 steht. In der Halbzeitpause bittet Fritz den Nationaltrainer, ihn aus dem Spiel zu nehmen. Das gehe nicht, erklärt Herberger. Rahn beißt sich auf die Zunge. «Der Kerl weiß gar nicht, was er in Wirklichkeit kann!», ärgert er sich.[56]

In der zweiten Halbzeit bessert sich das deutsche Spiel nicht. Rahn versucht sein Möglichstes, sich von der Leistung seiner

Mitspieler nicht herunterziehen zu lassen. Nach einem sehenswerten Solo kommt er zu einer Chance. Doch damit kann er nicht auffangen, was seine Mitspieler vermissen lassen. In einer Situation agiert Stollenwerk derart lahmarschig, dass sein französischer Gegenspieler ihm zehn Meter ab- und dann den Ball wegnimmt. In anderen Situationen treten deutsche Spieler einfach am Ball vorbei. Frankreich spielt die deutsche Mannschaft schwindelig. Mit 1:3 endet das Spiel äußerst gnädig für Herbergers Team. Einzig Torhüter Toni Turek verhindert, dass Frankreichs Stürmer Raymund Kopa nicht mehr Tore schießt.

Herbergers Aufforderung, auf der Busfahrt fröhliche Lieder zu singen, kommen die Spieler nur halbherzig nach. Vor allem Fritz Walter ist vollkommen niedergeschlagen. Rahn erfährt nun, warum Herberger es als besondere Aufgabe erachtet, den feinfühligen Kapitän aufzumuntern. Noch auf dem Hotelzimmer schwört der niedergeschlagene Spielführer, er werde fortan nicht mehr für die Nationalmannschaft spielen. Seine Kameraden seien besser ohne ihn dran. Rahn redet Fritz zu «wie einem kranken Gaul»[57]. Fritz dürfe sich nicht von den Meinungen anderer herunterziehen lassen. Schon gar nicht von den Artikeln der Presse! Wie oft hatten sie schon geschrieben, der Rahn könne nichts. Zu eigensinnig, zu verspielt, nicht mannschaftsdienlich. Ihm sei das doch auch egal!

Fritz nicht. Als er in den kommenden Tagen die Zeitungen aufschlägt, prasselt die Kritik auf ihn ein. «Bricht Herberger endlich mit seiner Liebe zu den Walters?», fragt ein Blatt suggestiv.[58] Ein anderer Kritiker schreibt: «Das Spiel der deutschen Mannschaft war erschreckend primitiv. Ein Fremder musste annehmen, unsere Spieler hätten den Fußball eben erst erlernt und ihr Unterricht sei noch nicht über den Lehrstoff der unteren Schulklassen hinaus gediehen.»[59] Am meisten trifft Fritz, dass eine große deutsche Boulevardzeitung ihn nur als «Wäschereibetreiber» bezeichnet. Wäschereibetreiber! Er war doch Kapitän der deutschen Nationalmannschaft.

Sepp Herberger muss all sein Geschick aufwenden, um Fritz Walter den Rücktritt auszureden. Er bedient sich der Hilfe seiner Frau. Italia redet so lange auf Fritz ein, bis dieser die Nominierung für das nächste Länderspiel annimmt. Deutschland trifft in Augsburg auf die Schweiz. Vor dem Spiel schickt Italia ihrem Mann einen Brief, in dem sie ihre bedingungslose Liebe zu ihm formuliert. Deutschland gewinnt 5:1. Fritz und Herberger sind rehabilitiert. Die Aufstellung wird als «Augsburger Elf» in den kommenden zwölf Monaten immer wieder als Maßstab für das Nationalteam genommen.

Helmut Rahn steht nicht in der Startelf. Er muss Berni Klodt weichen. Den Schalker kennt er bereits aus der Oberliga West. Einige Journalisten hatten gefordert, dass Rahn durch Klodt ersetzt werden soll. Klodt sei der bessere Mannschaftsspieler, setze seine Nebenmänner ein, verzettele sich nicht ständig in Dribblings. Was wollen die Kritiker, denkt sich Rahn. Er schießt Tore, der Klodt nicht.

Beim folgenden Länderspiel gegen Jugoslawien kann Rahn den Bundestrainer überzeugen, ihn erneut aufzustellen. Er erinnert den Bundestrainer daran, dass er dem jugoslawischen Torhüter Vladimir Beara schon einmal drei Dinger eingeschenkt habe: im Freundschaftsspiel gegen Hajduk Split, bei dem Herberger erstmals Rahn hat spielen sehen. Rahn verspricht, diesmal sogar per Kopf zu treffen. Das Versprechen kann er nicht halten. Doch Herberger soll Rahns Aufstellung nicht bereuen. Rahn steuert zum 3:2-Sieg einen Treffer bei. Auch sonst überzeugt er mit seinen explosiven Dribblings. Herberger hat auf der Rechtsaußen-Position zwei Optionen: Er kann den egoistischen, aber im positiven Sinne unberechenbaren Rahn aufstellen. Oder den mannschaftsdienlichen Klodt. Diese Auswahl wird dem Bundestrainer noch manche schlaflose Nacht bescheren.

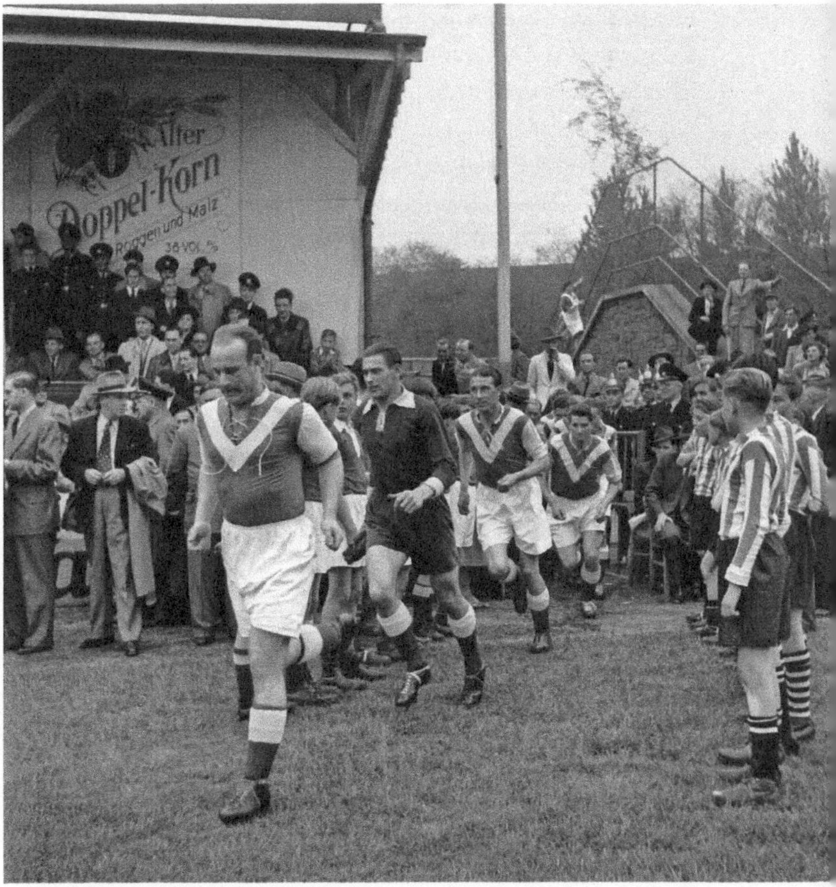

Die Spieler von Rot-Weiss Essen betreten das Feld vor einem Spiel an der heimischen Hafenstraße.

Rahns größten Erfolg in dieser Spielzeit sieht Herberger nicht. In der Oberliga West verläuft die Spielzeit für Rot-Weiss Essen eher schleppend. Am Ende verpassen sie als Tabellendritter die Endrunde um die Deutsche Meisterschaft. Dafür trumpfen sie im DFB-Pokal auf. Der Pokalwettbewerb wird in diesem Jahr erstmals nach dem Zweiten Weltkrieg wieder ausgetragen. Nach

Siegen über Regensburg, den VfL Osnabrück, den Hamburger SV sowie Waldhof Mannheim steht Rot-Weiss Essen im Finale. In Düsseldorf treffen sie auf einen Bekannten aus der Oberliga West: Alemannia Aachen.

Helmut Rahn zeigt sich von der Kulisse und der Wichtigkeit des Spiels mal wieder unbeeindruckt. Er spielt so, wie er immer spielt. Sobald er den Ball auf Rechtsaußen erhält, setzt er zum Dribbling an und sucht den schnellsten Weg zum Tor. Bei einem seiner Solos narrt er gleich mehrere Gegenspieler und kommt aus achtzehn Metern zum Schuss. 2:0. Am Ende gewinnt RWE das Spiel 2:1. «Rahns Rasanz und Herkenraths Paraden sicherten Essens Sieg», schreibt das *Sport-Magazin.*

Niemand weiß so recht, was der Titel Pokalsieger nach dem Krieg eigentlich wert ist. Zwei Tage später beginnt die Endrunde um die Deutsche Meisterschaft. Das Team der *Wochenschau*, ein Nachrichtenformat, das vor Kinofilmen läuft und so Millionen Deutsche erreicht, hat seine Kamerateams zu den Meisterschaftsspielen geschickt. Bilder des DFB-Pokals sind nirgends zu sehen. Die Sendung *Welt im Bild* zeigt lieber einen Bericht über das am selben Tag angesetzte Pokalfinale in England. Selbst die DFB-Spitze weilt lieber im Londoner Wembley Stadium, anstatt im Düsseldorfer Rheinstadion dem Finale um den eigenen Pokal beizuwohnen. Die Verbandsspitze schert sich nicht um ihren eigenen Wettbewerb.

Die Essener Bevölkerung hat offensichtlich das Memo nicht erhalten, nach dem der DFB-Pokal nur ein minderer Wettbewerb sei. Sie feiern die Ankunft ihrer Mannschaft in Massen. Tausende drängen sich auf den Straßen, um den frisch gekürten Pokalsieger hochleben zu lassen. Helmut Rahn lässt sich von der Menge feiern.

Vierzehn Tage später wartet ein ganz besonderes Spiel auf Rot-Weiss Essen. Der Ausflug des DFB hatte eine gute Seite: Die DFB-Führung konnte den englischen FA-Cup-Sieger Blackpool überreden, zu einem Gastspiel gegen den deutschen Pokalsieger anzutreten. Im belgischen Gent treffen beide Teams aufeinander. Der «Pokalsieger der Pokalsieger» soll ausgespielt werden. Auf Essener Seite steht auf der Rechtsaußen-Position der aufstrebende Helmut Rahn. Für Blackpool läuft Sir Stanley Matthews auf, der 37 Jahre alte Veteran der Mannschaft.[60] Er gilt als Prototyp des modernen Rechtsaußen. Mit seinen Tricks und Läufen zum Tor hat er die Blaupause geschaffen, die Rahn so eifrig nachahmt. Man hatte sogar einen Trick nach Matthews benannt. Beim Matthews-Trick täuscht der Angreifer rechts an und geht links vorbei. Selbstredend beherrscht auch Rahn den Trick.

Rot-Weiss Essen wehrt sich nach Kräften gegen den haushohen Favoriten aus dem Mutterland des Fußballs. Am Ende nützt es nichts. Blackpool gewinnt 2:1. Matthews behält an diesem Tag die Krone als bester Rechtsaußen des Fußballs. Doch Helmut Rahn ist gewillt, ihm diesen Titel eines Tages abzuluchsen.

OW:
Der zweite Streich

Auf die Feier folgt der Kater. Ottmar Walter hat die Meisterschaft im Sommer 1951 noch kaum verarbeitet, als sich sein Knie meldet. Die Fäden, die Professor Schulz eingezogen hatte, haben das Knie drei Jahre lang stabilisiert. Doch die Rückenverletzung, die Ottmar sich in den Endspielen um die Meisterschaft zugezogen hatte, hat das fragile Gleichgewicht seines Körpers gestört. Ottmar muss wieder unters Messer. An Fußball ist in der folgenden Saison kaum zu denken. Ottmar verpasst die meisten Partien der Spielzeit 1951/52. Auch Fritz Walter bleibt in dieser Spielzeit nicht von Verletzungen verschont. Der 1. FC Kaiserslautern kann das Fehlen beider Walter-Brüder nicht auffangen.

Ausgerechnet in dieser Spielzeit beschließt der Saarländische Verband, seine Teams für die Oberliga Südwest zuzulassen. Frankreich hatte das Saarland nach dem Zweiten Weltkrieg unter eine eigenständige Verwaltung gestellt. So bekam das Saarland einen eigenen Fußballverband sowie eine saarländische Liga. Selbst in der Fifa war das Saarland eigenständiges Mitglied. Die saarländischen Klubs protestierten jedoch dagegen, in einer eigenen Liga antreten zu müssen. Der Wettbewerb sei zu klein, auch finanziell lohnen sich Spiele zwischen den kleinen Vereinen kaum. So wechselt der 1. FC Saarbrücken zur Saison 1951/52 in die Oberliga Südwest – und wird prompt Meister.

Den 1. FC Kaiserslautern bringt das in Schwierigkeiten. Der Verein hat nach dem Krieg jedes Jahr die Südwest-Meisterschaft gewonnen und sich damit für die Endrunde um die Deutsche Meisterschaft qualifiziert. Die Titelkämpfe elektrisieren die Stadt. Während zu den Heimspielen am Betzenberg im Schnitt keine 5000 Zuschauer kommen,[61] werden die Meisterschaftsspiele des 1. FCK extra in Ludwigshafen ausgetragen. Dort passen deutlich mehr Zuschauer in das Stadion als am Betzenberg. Der Verein lebt von den Einnahmen, die die Endrunden-Spiele in Ludwigshafen generieren. In dieser Saison verpasst der 1. FCK als Dritter der Oberliga Südwest die Endrunde – und damit fehlen dem Verein Tausende Mark.

Um die laufenden Kosten für den nicht ganz günstigen Kader zu decken, muss der Verein Geld beschaffen. Während Saarbrücken das Meisterschaftsfinale gegen den VfB Stuttgart verliert, tourt Kaiserslautern durch die gesamte Bundesrepublik. Freundschaftsspiele sollen Geld in die leeren Kassen spülen. Am Samstag treten sie in Bielefeld an, am Sonntag in Göttingen, am Mittwoch in Kiel und am Donnerstag in Minden. Weitere Zwischenhalte sind Bremen und Bad Zwischenahn. Am Ende bestreitet der 1. FCK acht Spiele in fünfzehn Tagen. Das lässt sich der Verein gut bezahlen. Die Spieler erhalten als Belohnung einen einwöchigen Urlaub auf Borkum.[62]

Ottmar genießt die See. Seine Erfahrungen bei der Marine haben ihm den Strand und das Meer nicht verleidet, im Gegenteil: Hier im hohen Norden fühlt er sich pudelwohl. Er hofft, dass auf das Seuchenjahr nicht noch eine Saison voller Verletzungen folgt.

Ottmars Wünsche werden erhört – jedoch nur so halb. Von einer größeren Verletzung bleibt er in der Saison 1952/53 tatsächlich verschont. Allerdings werfen ihn kleinere Blessuren immer wieder aus der Bahn. Das schadet zwar nicht seinen Ambitionen im Verein und in der Nationalmannschaft. Aber dafür wird ihm nach dieser Spielzeit der Ruf nachhängen, ständig verletzt zu sein.

Die Malaise beginnt in Paris. Ottmar geht hoch motiviert in das Länderspiel gegen Frankreich. Immer wenn sein Bruder vor Spielen verzagt, versucht Ottmar, mit doppelter Kraft die Schwäche seines Bruders auszugleichen. So auch im Pariser Olympiastadion. Ottmar gelingt der Treffer zum 1:1. Doch wenige Minuten später fängt sein Oberschenkel an zu schmerzen. Sein Bruder Fritz hatte ihn mit einem feinen Pass hinter die Abwehr geschickt. Spötter behaupten nach dem Spiel, es sei Fritz' einzig guter Pass gewesen. Ottmar muss Deutschlands Niederlage verletzt von der Seitenlinie ansehen.

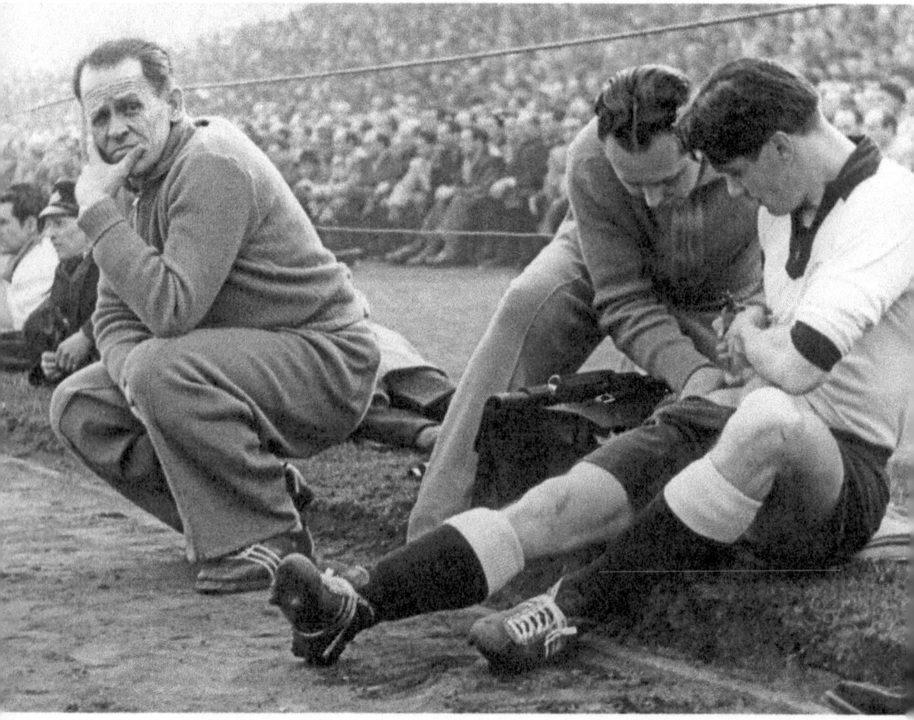

Ottmar Walter wird während eines Länderspiels gegen Österreich behandelt.

Es ist nicht das einzige Länderspiel, das Ottmar nicht bis zum Ende durchsteht. Zwischen Weihnachten und Silvester 1952 reist der DFB-Tross nach Spanien. In Madrid trifft die deutsche Elf auf die spanische Nationalmannschaft. Das Spiel beginnt verheißungsvoll: Bereits nach wenigen Minuten setzt Horst Eckel zu einem Solo an, der Ball wird abgefälscht und landet vor Ottmars Füßen. 1:0. Es ist sein insgesamt fünfter Treffer im Dress der Nationalmannschaft.

Wenige Minuten später steigt Ottmar zu einem Kopfballduell hoch. Er rasselt mit einem spanischen Verteidiger zusammen, beide verlassen blutüberströmt das Feld. Sein Gegenspieler lässt sich sofort auswechseln. Ottmar versucht weiterzuspielen, doch das Blut strömt über sein Gesicht. Karl-Heinz Metzner kommt für ihn ins Spiel. Es endet 2:2.

Aller schlechten Dinge sind drei. Vor dem folgenden Länderspiel gegen Österreich werden erste Stimmen laut, die sich gegen Ottmar aussprechen. Zweimal hatte er sich bereits auswechseln lassen müssen. Das mag in Freundschaftsspielen funktionieren. Bei einer Weltmeisterschaft müsste Deutschland so aber in Unterzahl weiterspielen. Soll Herberger wirklich auf einen derart anfälligen Spieler wie Ottmar Walter setzen? Herberger hat noch nie auf Kritiker gehört. Er stellt Ottmar Walter auf, obwohl dieser sich in der Woche zuvor eine Fleischwunde zugezogen hatte.

Nach zehn Minuten wagt sich Ottmar wieder einmal in eines seiner berühmt-berüchtigten Kopfballduelle. Der österreichische Verteidiger lässt ihn auflaufen. Ottmar knallt mit der Hüfte auf dessen Knie. Sofort spürt er höllische Schmerzen. Nach dem Spiel wird er sagen: «Ich hatte das Gefühl, als sei meine Wirbelsäule gebrochen.»[63] Aber Ottmar will auf keinen Fall ein drittes Mal ausgewechselt werden. Er sorgt sich um seinen Ruf, um die Kritiken – und um seine Rolle in der Nationalmannschaft. Ewig wird Herberger dieses Spiel nicht mitmachen. Er beißt die Zähne zusammen und spielt weiter.

Immer wieder ruft Fritz ihm zu, er solle das Feld verlassen, wenn es nicht mehr geht. So langsam fängt auch das Publikum an zu murren. Ottmar erreicht keine Zuspiele mehr, kann sich nicht mehr in Zweikämpfe werfen und steht die meiste Zeit nur herum. Das leise Murren potenziert sich zu lautstarken Pfiffen. Als Herberger Ottmar kurz vor der Pause vom Feld nimmt, bedecken ihn die Zuschauer mit Beleidigungen. Es hilft nicht, dass der übertragende Radiokommentator unentwegt Späße auf seine Kosten macht. «Verletzungsanfällig wie eine alte Frau» sei Ottmar, witzelt er.[64] Fortan hat Ottmar seinen Ruf weg.

Immerhin läuft es für Ottmar im Verein rund. Der 1. FC Kaiserslautern hat sich von seinem Tief der Vorsaison erholt. Zum Jahreswechsel befindet sich der 1. FCK noch in einem Dreikampf um den Titel. Doch in den kommenden Wochen reihen die Lauterer Sieg auf Sieg. TuS Neuendorf und der 1. FC Saarbrücken müssen sich geschlagen geben. Nach einem Jahr Abwesenheit nimmt der 1. FCK wieder an den Endspielen um die Deutsche Meisterschaft teil.

Zehntausende Zuschauer drängen in das Ludwigshafener Stadion, um die Endrundenspiele des 1. FCK zu verfolgen. Die Gruppenphase entpuppt sich als leichtes Spiel für die Roten Teufel: Die ersten drei Spiele gewinnt Kaiserslautern mit einem Tor Vorsprung, ehe sie am vierten Spieltag Eintracht Frankfurt mit 5:1 deklassieren. Ein 2:2 gegen den 1. FC Köln genügt, um bereits einen Spieltag vor Schluss das Finalticket zu buchen.

Im letzten Gruppenspiel bei Holstein Kiel geht es für beide Teams einzig um die Ehre. Ottmar würde gerne an seiner alten Wirkungsstätte auflaufen. Allerdings macht sich sein Körper mal wieder bemerkbar. Diesmal schmerzt nicht das notorisch lädierte rechte Knie, sondern sein linkes bereitet ihm Sorgen. Trainer Schneider will kein Risiko eingehen. Ottmar muss in Kiel passen. Er wird gebraucht im Endspiel.

Hinter Ottmar liegen zwei Seuchenjahre, als er in das Flugzeug nach Berlin einsteigt. Er möchte auf keinen Fall das Finale um die Deutsche Meisterschaft verpassen. Der Flieger braucht aufreizend lange, um von Frankfurt nach Berlin zu gelangen. Irgendwann fragt einer der Spieler, wieso die Maschine denn nicht lande. Sie erhalten keine Landegenehmigung, sagt der Pilot. Im Osten der Stadt tobe ein Aufstand.

In Berlin angekommen, warten bereits die Offiziellen des Deutschen Fußball-Bundes. Die Arbeiter der DDR erheben sich gegen die Regierung, sagen sie. Sowjetische Panzer rollen durch den Ostteil der Stadt, um die Proteste niederzuschlagen. Der VfB Stuttgart möchte angesichts des Ausnahmezustands nicht nach Berlin reisen. Fritz Walter und die Kaiserslauterer wollen hingegen am Ort ihrer ersten Meisterschaft auch den zweiten Triumph feiern. Selbst der Berliner Bürgermeister schaltet sich ein. Der VfB lenkt ein, das Spiel findet wie geplant statt. Das Olympiastadion ist gut gefüllt, allerdings nicht voll. Die Führung der DDR hat Ostberliner Zuschauern die Ausreise verweigert. Rund 15 000 Plätze bleiben demonstrativ leer. Vor dem Spiel gibt es eine Schweigeminute für die Opfer des Aufstandes.

Wie vor dem Finale vor zwei Jahren muss Ottmar bis zum Morgen bangen, ob er mitspielen kann. Auch diesmal geht es gut. Fritz hält vor dem Spiel die Ansprache an seine Mitspieler. Niemand wagt es, auch nur einen Ton von sich zu geben. Sie alle folgen ihrem Kapitän bedingungslos. Er beginnt und endet seine Rede mit den Worten: «Wir werden Deutscher Fußballmeister!»[65]

Für Ottmar könnte das Spiel kaum besser beginnen. Nach nicht einmal einer Minute stürmt er mit dem Ball in Richtung Strafraum. Der Stuttgarter Verteidiger Erich Retter bringt ihn zu Fall. Der Schiedsrichter zeigt auf den Elfmeterpunkt. Es folgen Proteste der Stuttgarter: Das Foul sei nie und nimmer im Strafraum passiert, rufen sie. Die Bilder der *Wochenschau* beweisen später, dass sie recht haben. Ottmar mischt sich nicht ein. Er bringt den Ball zu seinem Bruder Fritz und sagt: «Schieß genau ins Eck wie bei Karl!»[66]

Ottmar ahnt nicht, dass Stuttgarts Torhüter Karl Bögelein diese kryptische Äußerung versteht. Bögelein hatte als Nationaltorhüter bei der DFB-Elf aufgeschnappt, wie Fritz Walter seine Elfmeter schießt: Normalerweise wählt er immer die rechte Ecke.

Bei einem Spiel gegen TuS Neuendorf variierte Fritz jedoch seine Technik, da der gegnerische Torhüter Karl Adam seine Ecke kannte. Er schoss nach links. Bögelein versteht, was Ottmar seinem Bruder sagen will: Schieß in die linke und nicht in deine rechte Ecke! Fritz hört auf Ottmar, Bögelein ebenfalls. Der VfB-Keeper entschärft den Schuss.

Wenige Minuten nach dem verschossenen Elfmeter vergibt Fritz eine weitere Großchance. Ottmar sieht, wie sein Bruder die Schultern hängen lässt. «Das darf nicht wahr sein», denkt sich Ottmar. Er selbst hat sich in den vergangenen Monaten so geschunden, nur damit sein Bruder wieder einmal seiner «Berliner Form» frönt. Als der Ball ins Aus geht, läuft Ottmar zu seinem Bruder. Er packt Fritz am Kragen, schüttelt ihn durch und bedeckt ihn mit Pfälzer Schimpfworten. Zum Abschluss seines Vortrags droht er: Wenn Fritz heute versagt, fährt der «Heilige Geist» auf ihn nieder.

Fritz fürchtet sich vor den Schlägen auf den nackten Hintern. Vor allem aber schockiert ihn der Ausbruch seines Bruders. In 29 Jahren hat der kleine den großen Bruder noch nie derart zur Sau gemacht. Ottmar hatte Fritz stets angehimmelt. Aber nicht heute. Heute steht der Sieg im Vordergrund. Ottmar will ihn unbedingt. Und Fritz jetzt auch.

Nach Ottmars Ausbruch gelingen Fritz Walter Dinge, die selbst auf der nach oben offenen Fritz-Walter-Skala kaum zu übertreffen sind. Das erste Tor erzielt er per Kopf. Vor dem 2:0 schlängelt sich Fritz mit einem Trick durch zwei Gegenspieler hindurch. Der Ball klebt ihm am Fuß, als er auch noch die nächsten zwei Gegenspieler aussteigen lässt. Seine Flanke nickt Karl Wanger ins Tor. Kaiserslautern siegt mit 4:1 und feiert den zweiten Deutschen Meistertitel.

Zu Hause in Kaiserslautern erwarten die Mannschaft abermals hunderttausend Menschen. Wie bei der ersten Meisterschaft ist die ganze Region auf den Beinen. «Sie können ruhig darüber plaudern, die Stadt heißt nunmehr Walterslautern» steht auf

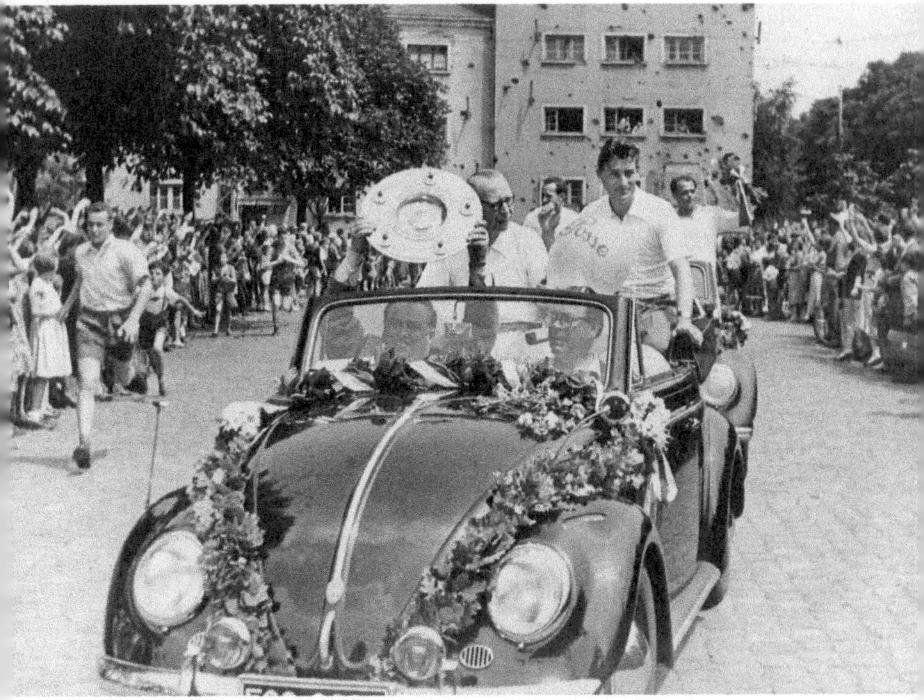

Der 1. FC Kaiserslautern wird auch nach seiner zweiten Deutschen Meisterschaft begeistert empfangen.

einem großen Banner, das den Eingang zur Innenstadt ziert. Bis tief in die Nachtstunden wird gefeiert. Als Sonderprämie erhält jeder Spieler eintausend Mark.

Mit diesem Finale hat Ottmar die Kritiker überzeugt, die ihn noch vor wenigen Monaten aus der Nationalelf drängen wollten. Der *Kicker* fragt seine Leser nach der Saison, wer der beste Fußballspieler im Land sei. Fritz Walter landet mit 22 748 Stimmen auf dem ersten Rang. Ottmar folgt auf dem zweiten. 10 934 Menschen bewerten seine Leistung höher als die seines gefeierten Bruders. Das erfüllt Ottmar mit besonderem Stolz.

Auf ihn wartet bereits die nächste Aufgabe. Im Sommer 1954 findet die nächste Fußballweltmeisterschaft statt. 1950 durfte noch kein deutscher Verband an der Weltmeisterschaft teilnehmen. Die deutschen Anhänger mussten aus der Ferne mitansehen, wie Uruguay den Titel gewann. Anfang der Fünfzigerjahre sind gleich drei Staaten auf deutschem Gebiet Mitglied der Fifa: die BRD, die DDR und das Saarland. Sie sind allesamt berechtigt, sich für die Qualifikation zur Weltmeisterschaft anzumelden. Der Sportausschuss der DDR verzichtet auf eine Teilnahme. Nicht aber der DFB. Er meldet die BRD zur Qualifikation an. Auch das Saarland möchte das Ticket für die Schweiz lösen. Insgesamt 38 Nationen nehmen an der Vorausscheidung teil, davon stammen 25 aus Europa. 16 Teams sollen am Ende an dem Turnier teilnehmen, der Großteil der Plätze ist für den europäischen Kontinent reserviert.

Die Fifa packt Deutschland in die Qualifikationsgruppe 1. Die Gegner heißen Saarland und Norwegen. Es ist auf dem Papier eine leichte Gruppe. Die Hin- und Rückspiele der Vorausscheidung sollen parallel zur Saison 1953/54 stattfinden. Es ist die einmalige Chance für Ottmar Walter, an einem großen Turnier teilzunehmen. Eine Chance, auf die er lange gewartet hat.

AH:
Der Überlebende

Der 22. November 1953 ist ein besonderer Tag für Asbjørn Halvorsen. In Hamburg findet das WM-Qualifikationsspiel zwischen der Bundesrepublik Deutschland und Norwegen statt. Es ist auf den ersten Blick ein unspektakuläres Spiel. Die Bundesrepublik geht als Favorit in das Duell. Die Deutschen hoffen, einen weiteren Schritt Richtung Weltmeisterschaft zu vollziehen. Die Norweger brauchen unbedingt einen Sieg, um irgendwie die Chance auf die Teilnahme zu wahren. So weit, so langweilig.

Für Halvorsen aber bedeutet die Partie weit mehr. Der Generalsekretär des norwegischen Verbands kehrt in seine zweite Heimat zurück. In Deutschland hat er einige der schönsten Jahre seines Lebens verbracht – und er hat hier die größten Schrecken erlitten, die sich ein Mensch nur vorstellen kann. Sein Leben scheint lediglich eine Randnotiz zu sein auf dem deutschen Weg zur Fußballweltmeisterschaft 1954. Es ist jedoch ein Kapitel, ohne das man Deutschlands Rückkehr auf die Fußballbühne nicht beschreiben sollte.

Asbjørn Halvorsen kommt am 3. Dezember 1898 in der norwegischen Stadt Sarpsborg zur Welt. Die Geschichte seiner Kindheit ähnelt der zahlreicher Jungen. Der kleine Asbjørn – oder «Assi», wie er gerufen wird – tritt gegen alles, was er finden kann: Dosen, Steine, kleine Bälle. Sein Talent sticht derart heraus, dass er bereits mit 15 Jahren für die Herrenmannschaft seines Heimatklubs Sarpsborg FK debütiert. Der als Mittelläufer eingesetzte Halvorsen brilliert mit seiner schnellen Auffassungsgabe und seinen weiten Pässen. Im vorherrschenden 2–3–5-System jener Zeit gibt der Mittelläufer den zentralen Part der Dreierreihe im Mittelfeld. Er soll den Ball verteilen und die Defensive zusammenzuhalten. Es ist eine anspruchsvolle Aufgabe, die das junge Talent mit Bravour meistert. Bereits mit 17 Jahren führt er seine Mannschaft als Kapitän aufs Feld. Mit 18 feiert er seine erste Meisterschaft. Wenig später debütiert er in der norwegischen Nationalmannschaft. Er zieht die Fäden, als Norwegen 1918 den ersten Länderspielsieg seiner Geschichte feiert, ein 3:1 über Dänemark. Er steht auch in der Olympia-Auswahl, die 1920 sensationell Großbritannien besiegt.

Vom Fußball allein kann man Anfang der Zwanzigerjahre jedoch allenfalls in England leben. Für Halvorsen hat der berufliche Werdegang Priorität. 1922 verschlägt es den 22-Jährigen nach Hamburg. Als Handelskaufmann findet er in der Hafenstadt ein Auskommen. Fortan schnürt er in seiner Freizeit die Fußballstiefel für den Hamburger SV. Schnell mausert er sich zum Dreh- und Angelpunkt des Hamburger Spiels. Gleich in seiner ersten Saison qualifiziert sich der HSV für das Endspiel um die Deutsche Meisterschaft.

Das Finale der Saison 1921/22 geht in die Geschichte des deutschen Fußballs ein. Der Hamburger SV trifft auf den 1. FC Nürnberg. Nach 90 Minuten steht es zwischen beiden Mannschaften 2:2. Das Spiel geht in die Verlängerung. Es soll so lange gespielt werden, bis ein Sieger feststeht. Die Zuschauer werden zusehends nervös: Es wird immer dunkler und dunkler, doch keine Mannschaft trifft das Tor. Schiedsrichter Peco Bauwens liegt zeitweise mit Krämpfen geplagt am Boden. Nach 189 Minuten pfeift er die Partie ab. Ein Wiederholungsspiel wird angesetzt, doch auch das kann nicht beendet werden. Abermals steht es nach 90 Minuten Unentschieden. Diesmal bricht Bauwens die Partie deutlich früher ab: Nach der ersten Halbzeit der Verlängerung kann der 1. FC Nürnberg aufgrund zweier Platzverweise und Verletzungen nur noch sieben Spieler aufbieten. Der DFB erklärt den Hamburger SV zum Meister. Doch die Norddeutschen verzichten. Auf diese Art wollen sie den Titel nicht gewinnen.

Im Jahr 1923 gewinnt Halvorsen mit dem HSV dann aber wirklich den Titel, diesmal ganz ohne Wiederholungsspiel und grünen Tisch. 1928 gelingt erneut der große Triumph. Insgesamt elf Jahre bleibt Halvorsen in der Hansestadt. Zusammen mit Stürmer Otto «Tull» Harder bildet der Mittelläufer das Rückgrat der erfolgreichen HSV-Elf. Halvorsen lenkt das Spiel, Harder schießt die Tore. Auch abseits des Platzes versteht sich das Duo. Nach dem skandalösen Finale von 1922 schenkt die Mannschaft Harder ein Zigarettenetui mit der Gravur: «Zur Erinnerung an die vom HSV errungene Deutsche Meisterschaft 1922». Halvorsen fügt handschriftlich hinzu: «Und das von Rechtswegen! Dein Assi.»

1933 verlässt Halvorsen seine Wahlheimat. Wenige Monate zuvor haben die Nationalsozialisten die Macht übernommen. Dass die neuen Machthaber Halvorsen nicht ganz geheuer sind, beweist ein Foto seines Abschiedsspiels: Sämtliche HSV-Spieler haben den Arm zum Hitlergruß erhoben. Einzig Halvorsens Arm bleibt unten. Dessen Rückkehr nach Norwegen hängt aber nicht explizit mit dem Aufstieg der NSDAP zusammen. Die Fußballerkarriere des mittlerweile 34-Jährigen neigt sich ihrem Ende entgegen. Er sieht seine berufliche wie private Zukunft in seinem Heimatland.

In Norwegen arbeitet er zunächst bei einer Krankenkasse. Der Fußball lässt ihn aber nicht los. Er unterstützt ehrenamtlich den norwegischen Fußballverband, ehe er 1935 das Amt des Nationaltrainers übernimmt. Halvorsen hat in Hamburg deutsche Trainingsmethoden schätzen gelernt. Mit hartem Drill bereitet er die norwegische Elf auf die Olympischen Spiele 1936 vor. Er übernimmt auch das mittlerweile in Deutschland gängige WM-System. Das sieht zwar keinen Mittelläufer mehr vor, für den Spieler Halvorsen wäre in dieser Aufstellung also kein Platz. Er ist jedoch kein Fußballromantiker. Er wählt die Taktik, die den meisten Erfolg verspricht. Das bedeutet für Außenseiter Norwegen, den Gegner über den Kampf niederzuringen.

Die Olympischen Spiele 1936 finden in Berlin statt. Für die Nationalsozialisten sind sie von zentraler Bedeutung. Nach außen wollen sie sich als guter Gastgeber präsentieren, nach innen sollen die Spiele das Volk begeistern und die nationalsozialistische Herrschaft sichern. Adolf Hitler höchstpersönlich wacht über die Ausführung der Spiele. Er passt penibel ab, welche sportlichen Wettbewerbe er besucht. Der Führer möchte sich im Glanz sportlicher Erfolge sonnen. Sein Propagandaminister Joseph Goebbels überredet ihn, sich auch das Fußballspiel zwischen Deutschland und Norwegen anzuschauen. Das werde ganz sicher mit einem deutschen Triumph enden, sagt er. Hitler ist wenig begeistert, als er mitansehen muss, wie die deutsche Mannschaft 0:2 verliert. Was für eine Zeitverschwendung! Angeblich ist es das erste und einzige Fußballspiel, das Hitler sich je angesehen hat.

Für Halvorsen ist das Ergebnis die größte Leistung seiner Laufbahn. Niemand hat zu träumen gewagt, dass Fußballzwerg Norwegen das große Deutsche Reich bezwingt. Dank Halvorsens eiserner Trainingsarbeit ist es gelungen. Für Sepp Herberger ist es die größtmögliche Niederlage. Er ist zu dieser Zeit Assistenztrainer der deutschen Nationalmannschaft. Beim Spiel selbst ist er nicht zugegen; er soll bereits den nächsten Gegner ausspionieren. Er kaut gerade genüsslich ein Stück Eisbein, als er von der deutschen Schlappe erfährt. Der Schock sitzt so tief, dass er nach diesem Tag nie wieder ein Eisbein anrühren wird. Herberger lernt: Selbst eine unterlegene Mannschaft kann als Sieger hervorgehen. Sie braucht nur einen guten Trainer.

Im Halbfinale hat Norwegen weniger Glück. Sie verlieren gegen den späteren Olympiasieger Italien knapp mit 1:2. Am Ende gewinnt die norwegische Nationalmannschaft die Bronzemedaille. Halvorsen bleibt noch einige Jahre Nationaltrainer. An den großen Erfolg von 1936 kann er nicht anknüpfen, doch seine Stellung im norwegischen Fußball bleibt herausragend. Er gilt als Vater des größten Erfolgs.

Im April 1940 erreicht der Zweite Weltkrieg Norwegen. Die Nationalsozialisten fürchten, dass die Alliierten über Skandinavien die Kontrolle über die Nord- und Ostsee übernehmen. Um das zu verhindern, überfällt die Wehrmacht Norwegen. Binnen weniger Wochen nehmen die deutschen Truppen das Land ein. Die Königsfamilie flieht nach London. Nach und nach höhlen die Besatzer die norwegischen Institutionen aus. Die Demokratie wird ersetzt durch das Führerprinzip.

Davon betroffen ist auch der Sport. Die Nazis möchten ihn für Propagandazwecke einspannen. Schon früh suchen die Besatzer den Kontakt zu Halvorsen. Er spricht nicht nur fließend Deutsch, sondern ist als Generalsekretär des Fußballverbands auch eine einflussreiche Figur im norwegischen Verbandswesen. Halvorsen hofft zunächst, die Nationalsozialisten in seinem Sinne beeinflussen zu können. Das erweist sich schnell als Trugschluss. Halvorsen geht auf Distanz zu den Invasoren. Als die Deutschen die Sportverbände nach dem Führerprinzip neu organisieren, wirkt Halvorsen bei einem Protestbrief mit: «Wir müssen entschiedenen Protest gegen das geplante neue System einlegen. Wir sind der Meinung, dass diese Entscheidung weder im norwegischen noch im internationalen Recht verankert ist, und jede Umstrukturierung unseres Verbandes wird unter unserem entschiedensten Protest stattfinden.»

Das sind keine leeren Worte. Als im Oktober 1940 das Pokalendspiel stattfindet, wollen die Nationalsozialisten das Spiel propagandistisch ausschlachten. Josef Terboven, von den Nationalsozialisten als Reichskommissar nach Norwegen beordert, will das Finale in der königlichen Ehrenloge verfolgen. Royalist Halvorsen schäumt. Die Ehrenloge ist der norwegischen Königsfamilie vorbehalten, selbst wenn sich diese im Exil befindet. Er droht mit der Absage des Spiels, sollte Terboven nicht einlenken. Der Norweger setzt sich durch.

Es ist der Beginn einer Bewegung. In den folgenden Jahren boykottieren norwegische Sportler und die Sportfunktionäre die neuen Machthaber, so gut es geht. Meisterschaftsspiele werden abgesagt, Ski-Wettbewerbe finden nicht statt, Sportler verweigern das Training. Wer kollaboriert, wird sabotiert. Vor einem Eislauf-Wettbewerb streuen Unbekannte nachts Sand auf das Eis. Der Wettbewerb muss ausfallen. Halvorsen ist ein Kopf der Bewegung. Unter anderem versteckt er Unterlagen aus dem Archiv des Fußballverbands, ehe die neuen Machthaber sie in die Finger bekommen.

Dieser Protest ist mutig – und gefährlich. Die deutschen Besatzer dulden keinen Widerstand. Halvorsen hofft, angesichts seiner Prominenz verschont zu werden. Sein Name ist bekannt in Deutschland. Doch er irrt. Allerdings wird ihm nicht seine herausragende Stellung im Sportboykott zum Verhängnis – er ist zudem an der Verbreitung einer Zeitung beteiligt, die Beiträge der BBC druckt. Illegal, selbstredend.

Im August 1942 wird Halvorsen verhaftet. Die Geheime Staatspolizei verlangt von ihm die Namen seiner Mitstreiter. Sie foltern ihn mit Peitschen, Knüppeln und Ketten. Halvorsen blutet am ganzen Körper. Tagelang geht das so. Doch er schweigt. Als die Deutschen einsehen, dass Halvorsen unter keinen Umständen spricht, wird er weggesperrt. Fast ein ganzes Jahr verbringt er im Haftlager Grini nahe Oslo. Es gibt keine offizielle Anklage, keinen Prozess. Er wird einfach sich selbst überlassen. Vor wenigen Jahren haben die Deutschen noch seinen Sportsgeist bewundert. Nun lassen sie ihn in einer Zelle verrotten.

Jedes diktatorische System lebt von Angst und Kontrolle. Freunden wie Feinden geben die Machthaber das Gefühl, jeden Bereich des Lebens zu beherrschen. Der am 7. Dezember 1941 verabschiedete Führererlass will genau dies etablieren: die totale

Kontrolle über das Schicksal inhaftierter Widerständler. Offiziell heißt der Erlass «Richtlinien für die Verfolgung von Straftaten gegen das Reich oder die Besatzungsmacht in den besetzten Gebieten». Nach dem Krieg wird er bekannt als «Nacht-und-Nebel-Erlass». Er sieht vor, am Widerstand beteiligte Personen ohne Prozess in Konzentrationslager zu deportieren. Die Angehörigen sollen im Unklaren darüber bleiben, was mit ihren Liebsten geschehen ist. Niemand soll etwas über ihr Schicksal erfahren.

Asbjørn Halvorsen wird im Juli 1943 abtransportiert. Seine Reise durch das Deutsche Reich endet im Konzentrationslager Natzweiler, es liegt im Elsass westlich des Rheins. An diesem Ort ziehen die Nationalsozialisten skandinavische, polnische und französische Gefangene zur Zwangsarbeit zusammen. Halvorsen erhält die Häftlingsnummer 4796. Lagerkommandant Josef Kramer stellt beim Zählappell unmissverständlich klar: Es gibt nur einen Weg aus diesem Lager. Der führt durch den Kamin des Krematoriums.

Halvorsen wird eingeteilt zur Arbeit im Steinbruch, die Häftlinge sollen roten Granit aus den Felsen schlagen. Die Nazis träumen davon, aus diesen Steinen eines Tages die neue Hauptstadt des Reichs zu errichten. Ein Fiebertraum. Die SS-Wachen treiben die Männer mit Gewalt an, immer weiter und immer härter zu arbeiten. Als Toilette teilen sich die Gefangenen einen Eimer. Als Ration gibt es einen halben Liter Kaffee, Suppe, ein paar Gramm Margarine und eine Handvoll Kartoffeln. In den Laboren des Lagers quälen die Ärzte die Gefangenen mit Senfgas oder injizieren ihnen Typhuserreger – «medizinische Versuche am Menschen», nennen sie es. Es ist, wie der Kommandant gesagt hat: Der einzige Ausweg aus dem Lager ist der Tod, sei es aus Überarbeitung, Krankheit oder durch Erschießung. Über die Hälfte der Gefangenen stirbt nach nicht einmal einem halben Jahr.

Zehn Jahre zuvor haben die Deutschen Halvorsen noch zugejubelt. Er war eine lokale Größe in Hamburg, hatte Gönner und Bewunderer, wurde hofiert und bewundert. Dass er einst einer der bekanntesten Fußballer des Landes war, gereicht ihm im KZ jedoch kaum zum Vorteil. Ein Kapo – ein von der SS privilegierter Häftling, der als Aufseher zusätzliche Rationen erhält – erkennt ihn. Er stammt aus Hamburg und hat nur wenige Blocks von Halvorsen entfernt gelebt. Er steckt ihm ab und zu etwas zu. Doch Brotkrümel retten Halvorsen nicht vor der Abmagerung. Er verliert Kilogramm um Kilogramm, von Tag zu Tag wird er schwächer. Aber er überlebt. Irgendwie.

Halvorsen muss mitansehen, wie jeden Tag Mithäftlinge zusammenbrechen. Kaum jemand hält die unmenschliche Arbeit durch. Dennoch: Kommen neue Gefangene an, fragt Halvorsen sie über Neuigkeiten zum Kriegsgeschehen aus. Für die norwegischen Gefangenen organisiert er Diskussionsabende. Gemeinsam planen sie die Zukunft nach dem Krieg, am Reißbrett entwerfen sie politische und sportliche Institutionen. Wie diese Zukunft aussieht, ob es solch eine Zukunft überhaupt geben wird – niemand weiß es. Dass Halvorsen überhaupt an ein Morgen denken mag, verrät viel über seinen Charakter. Selbst im Fegefeuer des menschlichen Seins versucht er, positiv zu denken.

Dass Halvorsen im Januar 1944 an eine andere Arbeitsstelle versetzt wird, ist nur auf den ersten Blick eine Erleichterung. Er arbeitet fortan in der Baracke, in der sich die Duschräume für die neu ankommenden Gefangenen befinden. Perfide, wie die SS-Lagerführer sind, haben sie diese direkt neben der Leichenverbrennung errichten lassen. Die Arbeit laugt Halvorsen nicht derart aus wie die Tortur im Steinbruch, doch die feuchte Luft gemischt mit dem Rauch der Schornsteine schlägt auf seine Atemwege und Gelenke. Im März wird er mit Fieber und Rheumatismus in die Krankenstation eingeliefert. Drei Monate verbleibt er dort.

Als die Alliierten näher rücken, wird das KZ Natzweiler geräumt. Die SS-Wärter treiben die Gefangenen in andere Lager. Solche Räumungen gehen als «Todesmärsche» in die Geschichte ein: Wer nicht spurt, wird einfach erschossen. Halvorsen überlebt.

Er landet zunächst in Neckarelz, ehe er nach Vaihingen überstellt wird. Die Nationalsozialisten bezeichnen das Lager dort offiziell als «Kranken- und Erholungslager». Die Bezeichnung ist – wie so vieles im Nazi-Reich – purer Zynismus. Die Gefangenen werden zum Sterben nach Vaihingen geschickt. Eine ärztliche Versorgung gibt es kaum, die hygienischen Zustände sind untragbar. Im Februar 1945 bricht der Flecktyphus aus. Wahrscheinlich hat die SS mit ihren Menschenversuchen die Krankheit erst in das Konzentrationslager gebracht. Die Gefangenen sterben wie die Fliegen, im wortwörtlichen Sinne. Nicht einmal die Hälfte überlebt.

Halvorsen erkrankt Ende März. Zu dieser Zeit bemüht sich das schwedische Rote Kreuz bereits, skandinavische Gefangene aus den Konzentrationslagern zu retten. Einzelne nationalsozialistische Funktionäre erlauben es; insgeheim hoffen sie, nach dem Verlust des Krieges Privilegien zu erhalten. Im April reisen die weißen Busse der Schweden durch das untergehende Reich. Als sie das versteckte Lager Vaihingen finden, wiegt Halvorsen nur noch 48 Kilogramm. Er ist derart vom Flecktyphus gezeichnet, dass er eigentlich nicht transportfähig ist. Die Ärzte nehmen ihn trotzdem mit. Es ist seine einzige Chance zu überleben.

Halvorsens Zeit im Deutschen Reich endet dort, wo sie 1922 begonnen hatte. Im Konzentrationslager Neuengamme, am östlichen Rand Hamburgs, sammelt das Rote Kreuz die skandinavischen Gefangenen. Wäre Halvorsen einige Wochen eher hier gelandet, hätte er seinen früheren Teamkameraden und Freund Otto «Tull» Harder treffen können. Der SS-Untersturmführer arbeitete als Wache im KZ Neuengamme, ehe er wenige Monate vor Kriegsende zum Kommandanten des KZ Hannover-Ahlem befördert wurde. Zwei Stars einer Mannschaft, zwei gänzlich unterschiedliche Schicksale.

Am 12. April 1945 verlässt Halvorsen Deutschland. Er landet im Seuchenhospital im schwedischen Helsingborg. Einen Monat dauert es, ehe er wieder halbwegs aufrecht gehen kann. Die Ärzte möchten ihn weiter beobachten. Doch Halvorsen will nicht mehr bleiben. Er entlässt sich selbst. Im Mai 1945 kehrt Halvorsen zurück in sein Heimatland. Er hat die Jahre im Konzentrationslager überstanden. 503 Norweger waren mit Halvorsen im KZ Natzweiler inhaftiert gewesen. Er ist einer von 266 Überlebenden.

In Norwegen spricht Halvorsen zunächst offen über seine Geschichte. Die Norweger strengen Gerichtsverfahren an, um Täter und Kollaborateure für ihre Taten zur Verantwortung zu ziehen. Einer dieser Prozesse wird gegen Halvorsens Ex-Frau geführt. Ihr wird vorgeworfen, ihn und andere Mitglieder des Widerstands denunziert zu haben. Zwar wird sie freigesprochen, doch Halvorsen wird sich nie mit ihr versöhnen. Er beginnt, zusehends über das zu schweigen, was ihm in Deutschland widerfahren ist.

Stattdessen wirft er sich in sein Lebenswerk: den norwegischen Fußballverband. Er wird nach seiner Rückkehr prompt zum Generalsekretär gewählt. Bereits im Sommer 1945 findet der «Befreiungspokal» statt. Für Juli 1946 vereinbart Halvorsen das erste Länderspiel Norwegens gegen Luxemburg. Den luxemburgischen Funktionär Leon Thurm hatte er im Konzentrationslager kennengelernt. Das Spiel wird für Halvorsen ein «Freudenfest in der wiedergefundenen Freiheit». Als Funktionär vernetzt er den norwegischen Fußball in ganz Europa.

Doch dann sind da noch die Deutschen. Der Krieg ist erst seit wenigen Jahren vorbei, da drängen sie zurück auf die internationale Bühne. Halvorsen muss sich aktiv mit ihnen auseinandersetzen. Die norwegische Hauptstadt Oslo ist Austragungsort der Olympischen Winterspiele 1952. Das IOC hat im Jahr 1951 beschlossen, die Deutschen wieder in die olympische Familie aufzunehmen. Eine Teilnahme in Oslo hängt jedoch an der Zustimmung der Gastgeber. Halvorsen sitzt im Nationalen Olympischen Komitee. Dort tobt eine intensive Debatte, ob eine Einladung der

Deutschen wirklich angemessen sei. Norwegen hat, wie so viele Länder Europas, stark unter der deutschen Herrschaft gelitten. Halvorsens eigene Lebensgeschichte ist ein Zeugnis dafür.

Halvorsen hat sein Leben dem Sport gewidmet. Er sieht dessen verbindende Kraft nicht als bloße Floskel. Für die Werte, die er vertritt, hat er einen hohen Preis bezahlt. Seine Mitstreiter im Olympischen Komitee wissen das. Umso mehr Gewicht hat seine Stimme. Schließlich stellt Halvorsen höchstpersönlich den Antrag, die Deutschen einzuladen. Er fordert, die Vergangenheit ruhen zu lassen. Die Jugend dürfe für die Fehler der Alten nicht bestraft werden. Sein Antrag wird mit zwölf zu neun Stimmen angenommen.

Was Halvorsen antreibt, weiß nur er selbst. Vergibt er den Deutschen? Vergebung ist ein großes, religiöses Konzept, das in der irdischen Welt nur selten Platz findet. Am ehesten, so argumentiert Halvorsen-Biograf Jürgen Kowalewski, trifft der Begriff des Vergessens zu: «Es scheint, dass Asbjørn Halvorsen – ebenso wie viele andere ehemalige Gefangene – mit aller Konsequenz versucht hat, seine Erinnerung an die Schrecken des KZs zu löschen, also zu vergessen in dieser gewohnten Bedeutung des Wortes. Um überhaupt weiterleben zu können, musste er den Schatten des Grauens des KZs, der fortwährenden inneren Gegenwart von Gewalt und Tod, von äußerster Erniedrigung und Entwürdigung entkommen.»[67]

Es ist eine Ironie des Schicksals, dass Norwegen in der WM-Qualifikation ausgerechnet auf Deutschland trifft. Zufall ist es nicht. Die Fifa lost die Qualifikationsgruppen nicht aus, sondern bestimmt sie. Die Nachwehen des Zweiten Weltkriegs, der Kalte Krieg, der Nahostkonflikt, geografische Zwänge: All dies muss der Weltverband bedenken. Er bestückt die Qualifikationsgruppen in erster Linie nach regionalen Gesichtspunkten. Die vier britischen Fußballverbände bilden eine Gruppe, die Staaten des Ostblocks treffen auf die Staaten des Ostblocks, Belgien bekommt es mit Schweden und Finnland zu tun. Norwegen fällt die

Aufgabe zu, die deutschen Staaten zu empfangen: Das ist nicht nur die Bundesrepublik, sondern auch das Saarland.

Halvorsen hat zu dieser Zeit längst den Kontakt zum Deutschen Fußball-Bund gesucht. Mit Dr. Georg Xandry, dem deutschen Abgesandten bei der Fifa, verbindet ihn eine alte Freundschaft. DFB-Präsident Bauwens kennt er als Schiedsrichter aus dem Finale um die Meisterschaft 1922 – auch wenn er dessen Leistung äußerst kritisch gesehen hat. Sepp Herberger wiederum kämpfte als Spieler zur selben Zeit wie Halvorsen um die Deutsche Meisterschaft.[68] Im Gegensatz zu Halvorsen konnte der spätere Reichs- und Bundestrainer den Titel allerdings nie erringen.

All diese Männer haben im Dritten Reich unter einem menschenunwürdigen Regime Karriere gemacht. Ein Regime, das Halvorsen und Millionen anderen Menschen unfassbares Leid zugefügt hat. Alle drei kennen die Geschichte Halvorsens.[69] Besonders Herberger wirkt beschämt, als er das erste Mal auf den Norweger trifft. Doch der reicht ihm die Hand. Er sagt allen dasselbe: dass die Vergangenheit ruht. Was zählt, ist die völkerverbindende Kraft des Sports. «Ich kenne keine Feindschaft gegen Deutschland», sagt er zu dieser Zeit einem Reporter des *Hamburger Abendblatts*.[70] Hätten Männer wie Halvorsen nicht diese Einstellung verfolgt – der deutsche Fußball hätte nicht auf die internationale Bühne zurückkehren können.

Das Hinspiel zwischen Deutschland und Norwegen wird zum großen Triumph für die Skandinavier. Die Partie findet im August statt, die deutschen Spieler kommen gerade aus der Sommerpause. In Norwegen hingegen folgt die Saison dem Kalenderjahr, die Spieler befinden sich also mitten in der Saison und sind in bester Kondition. Die fehlende Praxis ist der deutschen Elf anzumerken, zur Halbzeit steht es 1:1. Nach der Pause folgt ein Sturmlauf der deutschen Elf. Doch Torhüter Asbjørn Hansen hält jeden Ball, der auf das norwegische Tor fliegt. Er hält das Remis fest. Das kleine Norwegen hat mal wieder die großen Deutschen geärgert.

Nach dem Spiel ist Halvorsen für die deutschen Journalisten ein gefragter Gesprächspartner.

Das Rückspiel soll im November stattfinden. Der DFB fühlt vorsichtig bei Halvorsen vor, ob er mit Hamburg als Spielort einverstanden wäre. Es wäre logistisch der einfachste Weg für alle Parteien. Halvorsen stimmt zu. Er freut sich sogar über die Rückkehr an seine alte Wirkungsstätte. In Hamburg trifft Halvorsen auf frühere Weggefährten, auf Reporter, auf Anhänger und Mitspieler. Nur auf SS-Mann «Tull» Harder trifft er nicht. Das wäre zu viel des Guten. Die deutschen Zeitungen schreiben Berichte über Halvorsen, es sind Loblieder auf seinen Sportsgeist und die glorreichen Zeiten des Hamburger SV. Das Wort Konzentrationslager kommt in den Texten nicht vor. DFB-Präsident Peco Bauwens hält eine feierliche Rede. Er sagt, die Spieler hätten «das Eis zwischen den beiden Ländern wohl endgültig gebrochen».[71]

In Hamburg kann die norwegische Elf nicht an die Form des Hinspiels anknüpfen. Ihr bester Verteidiger Harry Karlsen verletzt sich früh.[72] Halvorsen sieht sein Land mit 1:5 verlieren. Eine Qualifikation Norwegens für die Weltmeisterschaft ist damit unmöglich. Sie wäre ohnehin einer Sensation gleichgekommen. Halvorsen wird trotzdem in die Schweiz reisen, als Funktionär und Fußballliebhaber.

Die psychischen Schrecken der Konzentrationslager hat Halvorsen erfolgreich verdrängt. Die körperlichen lassen sich nicht so leicht beiseitewischen. Er hat mit Rheumatismus zu kämpfen, Lunge und Herz arbeiten nur noch mit halber Kraft. Im Januar 1955 versagt sein Körper während einer Dienstreise für den norwegischen Verband. Halvorsen stirbt mit gerade einmal 56 Jahren.

HR:
Ein Abenteuer auf fremdem Kontinent

Sepp Herberger ist kein Coach, der seine Spieler häufig lobt. Der Badenser lebt nach der schwäbischen Maxime: «Nicht geschimpft ist genug gelobt!» Die Worte, die Helmut Rahn nach dem Spiel gegen Norwegen per Post erreichen, sind allerdings selbst für den stets kritischen Herberger auffallend negativ. «Oslo war ein schwarzer Tag für Sie», schreibt der Bundestrainer an seinen Schützling. «Daran sind Sie allein schuld. Immer wieder haben Sie sich mit Ihrem eigensinnigen Trotz festgerannt.»

Der Bundestrainer steht mit seiner Kritik nicht allein. Der *Kicker* attestiert Rahn, beim 1:1 in Oslo noch eigensinniger gespielt zu haben, als er es ohnehin gern tut. Immer wieder stürzte sich Deutschlands Rechtsaußen in aussichtslose Duelle gegen zwei oder drei Norweger. So gut wie nie kam er an ihnen vorbei. Seine Schüsse aus zwanzig Metern fing Torhüter Asbjørn Hansen ohne Mühe. Wie lange wolle sich der Bundestrainer diesen Rahn noch antun?

Das fragt sich wohl auch der Bundestrainer. «Es ist wirklich jammerschade, Helmut. Sie sind ein so großes Talent», schreibt Herberger. Es liest sich wie ein Abgesang auf seinen Schützling. In Wahrheit ist es klassische Psychologie nach Herberger: Erst die Peitsche schwingen und dann den Stolz des Spielers kitzeln. Rahn könne einer der ganz Großen werden, schließt Herberger – wenn er denn auf den Bundestrainer hört.

Rahn reagiert auf Herbergers Worte wie beabsichtigt. In den kommenden Wochen trainiert er noch härter, um an Kondition und Form zu gewinnen. Er übt das Zusammenspiel mit seinen Teamkollegen – zumindest bis zu einem gewissen Grad. Rahn bleibt Rahn. Kein Trainer der Welt kann ihm seinen angeborenen Drang zum Tor abgewöhnen. Aber vielleicht ist es doch nicht ganz verkehrt, ab und an eine Flanke zu schlagen, denkt er sich.

Rahn ist selbst überrascht, als wenige Wochen nach dem Norwegen-Spiel ein Brief des DFB ins Haus flattert. Das zweite Qualifikationsspiel zur Weltmeisterschaft steht an. Deutschland trifft in Saarbrücken auf das Saarland. Rahn ist nominiert, Herbergers harten Worten zum Trotz.

Die Begegnung Bundesrepublik gegen Saarland ist ein politisch heikles Spiel. Das Saarland gehört seit Ende des Zweiten Weltkriegs offiziell nicht mehr zu Deutschland. Dennoch sind die Bande zwischen beiden Ländern eng. Die saarländischen Klubs kicken in der deutschen Oberliga Südwest. Der 1. FC Saarbrücken war 1952 deutscher Vizemeister geworden. Als solcher vertrat er gar den deutschen Fußball beim Copa Rio, einer in Brasilien ausgetragenen inoffiziellen Klub-Weltmeisterschaft. In Brasilien verstand man nicht ganz, warum die Saarbrückener in blau-weißen Trikots aufliefen und nicht in den klassisch-deutschen Farben Schwarz und Weiß.

Das Gros der saarländischen Nationalmannschaft wird entsprechend vom 1. FC Saarbrücken gestellt. Nicht nur deshalb warnt Herberger unentwegt vor der Stärke der Saarländer: Sie seien eingespielt wie eine Klubmannschaft. Ihr Trainer, Helmut Schön, müsse seine Elf kaum mehr trainieren. In der Oberliga Südwest hält der 1. FC Saarbrücken mit dem 1. FC Kaiserslautern mit – und der stellt bekanntlich das Gros von Herbergers Elf.

Ausgerechnet in diesem Spiel fehlt die Kaiserslauterer Achse. Fritz Walter, Ottmar Walter, Werner Kohlmeyer: allesamt verletzt. Gegen das Saarland wird kein einziger Kaiserslauterer Spieler in der Startelf stehen.[73] Die Verletztenmisere dürfte ein Grund gewesen sein, dass Herberger den kritisierten Rahn nicht fallen lässt. Im Vergleich zum Norwegen-Spiel muss der Bundestrainer seine Elf ohnehin auf fünf Positionen verändern. Da will er nicht auch noch den rechten Flügel mit Rahn und Max Morlock sprengen. Außerdem hat Herbergers Brief ja genau die Reaktion hervorgerufen, die er sich erhofft hatte: Rahn reist in glänzender Verfassung zur Nationalelf.

Rahn mag auf das schwache Norwegen-Spiel eine Reaktion gezeigt haben. Für die gesamte deutsche Elf gilt das nur bedingt. Auch das Spiel gegen den kleinen Nachbarn versetzt das Publikum nicht gerade in Ekstase. Die Zuschauer im Stuttgarter Neckarstadion werden trotz früher Führung zunehmend ungeduldig. Vorne gelingt dem neu zusammengewürfelten Sturm nicht viel, während hinten Torhüter Toni Turek einige Male die schwächelnde Abwehr retten muss. Erst in der zweiten Halbzeit schraubt die deutsche Mannschaft das Ergebnis auf 3:0 hoch. Morlock avanciert mit zwei Treffern zum Mann des Spiels, das dritte Tor steuert Horst Schade bei. Das Ergebnis ist schmeichelhaft. Die deutsche Mannschaft bereite «mehr Sorgen als Freude», schreibt der *Kicker*.

Wenige Tage nach dem Spiel erreicht Rahn ein Brief des Bundestrainers. «Lieber Helmut Rahn! Es ist mir ein aufrichtiges Bedürfnis, Ihnen zu sagen, wie sehr ich mich über den Fortschritt hinsichtlich Ihres mannschaftsdienlichen Spieles, über Ihre gute Kondition, die Sie nach Stuttgart mitbrachten, und über Ihren Einsatz während der ganzen Dauer des Spiels gefreut habe.» Herberger richtet bereits ein Auge auf das kommende Spiel. «Gegen Norwegen gilt es für unsere Mannschaft und für Sie im Besonderen etwas gutzumachen. Stellen Sie sich also darauf ein, dass Sie am Länderspieltag in bester Kondition sind und so spielen, dass Sie zusammen mit Max das großartige Flügelpaar werden, zu dem ihr beide befähigt seid.»

Die Wiedergutmachung soll gelingen. Gegen Norwegen gerät die deutsche Elf zwar mit 0:1 in Rückstand. Sie kann das Spiel jedoch drehen. Max Morlock schießt erneut zwei Tore, auch die Walter-Brüder tragen sich in die Torschützenliste ein. Rahn gelingt der krönende Abschluss zum 5:1. Nach dem Spiel monieren die Sportzeitungen zwar erneut Rahns eigensinniges Spiel. Doch die Kritik lässt er nicht an sich heran. Für Rahn läuft es gut, nicht nur in sportlicher Hinsicht: Privat steht die Hochzeit mit Gerti an. Rahns Tage als Junggeselle sind gezählt.

Ein knappes halbes Jahr später sieht Rahns Welt gänzlich anders aus. Die Form, die er im Herbst erlangt hatte, hat er nicht konservieren können. Herberger nominiert ihn trotzdem für das finale Qualifikationsspiel gegen das Saarland im März 1954. Es wird Rahns zehntes Länderspiel. Nach dem Spiel fürchtet er, dass es sein letztes war.

Das Rückspiel gegen das Saarland steigt unter strengen Sicherheitsvorkehrungen. Die saarländischen Behörden fürchten, dass es beim Spiel gegen die Bundesrepublik zu pro-deutschen Kundgebungen kommt. Sieben Hundertschaften sind im Einsatz, hinzu kommen zweihundert zusätzliche Polizisten, die das Umfeld des Saarbrücker Stadions sichern. Wie angespannt die Verantwortlichen auf das Spiel blicken, zeigt eine Episode rund um das Programmheft zum Spiel. Dort begrüßen die saarländischen Gastgeber ihre «Gäste aus dem Reich». Das «Reich» war vor knapp neun Jahren untergegangen. Die Behörden ziehen das Heft ein, alle Exemplare werden zerstört.

Für die deutsche Nationalmannschaft ist die Ausgangslage simpel. Ein Unentschieden genügt, um sich für die Weltmeisterschaft in der Schweiz zu qualifizieren. Selbst bei einer Niederlage wäre nichts verloren. In diesem Falle käme es zu einem Entscheidungsspiel zwischen der BRD und dem Saarland auf neutralem Boden, wahrscheinlich in Frankreich. Helmut Rahn scherzt, man könne das Spiel ja absichtlich verlieren. Was gäbe es schließlich Schöneres als Paris im Frühling? Fritz Walter bleibt das Lachen im Halse stecken. Er hat seine letzte Reise nach Paris noch nicht verdaut.

Gegen das Saarland läuft es für den deutschen Kapitän kaum

besser. Bereits kurz nach dem Anpfiff verletzt er sich. Nach einer Viertelstunde betritt Fritz zwar wieder das Feld, doch wenige Minuten später winkt er ab. Bundestrainer Herberger wechselt dessen Bruder Ottmar ein. Ohne den genialen Spielgestalter läuft bei Deutschland nicht viel zusammen. Erneut muss Max Morlock die deutsche Ehre retten. Seine zwei Treffer bringen Deutschland auf die Siegerstraße. Am Ende gewinnt die deutsche Elf 3:1.

Spiel gewonnen, für die Weltmeisterschaft qualifiziert, das politisch heikle Spiel ohne Zwischenfälle über die Bühne gebracht: Eigentlich müsste bei der DFB-Delegation Freude herrschen. Doch Jubel will nicht aufkommen. Auch wenn das Torverhältnis von 12:3 eine deutliche Sprache spricht, wissen Herberger und seine Spieler: Sie haben sich in einer leichten Gruppe nicht gerade mit Ruhm bekleckert. Reporter Gerd Krämer schreibt: «Ein ganzes Jahr lang hat jetzt die Nationalmannschaft zwar nie verloren, aber gegen mittelmäßige Gegner stets enttäuscht.»[74] Der *Kicker* meint, die Mannschaft wäre «unter der seelischen Last des Favoriten» fast zerbrochen. «Die jüngsten Ergebnisse geben ein falsches Bild unserer Spielstärke ab.»

Rahns Stimmung ist noch gedrückter als die seiner Teamgenossen. Dass er eine Ehrennadel für sein zehntes Länderspiel erhält, kann er nicht so recht genießen. Er hat gegen das Saarland wieder viele eigensinnige Aktionen gezeigt, ohne dabei Torgefahr auszustrahlen. Er kann sich ausmalen, welche Vorwürfe er sich in den kommenden Tagen wird anhören müssen. Zum bitteren Abschluss des Tages fährt der «Heilige Geist» über ihn. Zur Feier seines zehnten Länderspiels dreschen Rahns Mitspieler auf dessen nackten Hintern ein.

Die Zimmergenossen Walter und Rahn tauschen nach dem Spiel die Rollen. Diesmal muss der pessimistische Fritz den sonst so fröhlichen Helmut aufheitern. Deutschlands Kapitän lädt seinen Mitbewohner spontan nach Kaiserslautern ein. Anstatt in seine Heimatstadt Essen zurückzukehren, verbringt Rahn die kommenden Tage bei Fritz und Italia in der Pfalz. Gemeinsam feiern sie bis zum Morgengrauen und gönnen sich den ein oder anderen Tropfen des pfälzischen Sekts, den die Hausherren so lieben. «Schluss mit dem Lotterleben!», verkündet der Kapitän nach der Zechtour.[75] Ab jetzt gelte es, fit zu werden für die Weltmeisterschaft. Für Rahn ist das Musik in seinen Ohren: Wenn der Kapitän ihn noch nicht abgeschrieben hat, dann vielleicht auch der Bundestrainer nicht.

Sepp Herberger baut weiter auf Rahn. Die vergangenen Monate hatte er versucht, seinem Rechtsaußen den Eigensinn auszutreiben. Das war ihm im Herbst zumindest kurz gelungen. Mit der Zeit hat der Bundestrainer aber auch erkannt, dass Rahn der Nationalmannschaft eine Qualität hinzufügt, die ohne ihn fehlt: Seine Geistesblitze und seine Tempodribblings machen das deutsche Angriffsspiel unberechenbar. An schlechten Tagen – wie in Oslo – führt dies dazu, dass Deutschland praktisch mit einem Mann weniger spielt. An guten Tagen kann ein Spieler wie Rahn eine Partie entscheiden. Zudem zieht er mit seinen Aktionen stets Gegenspieler auf sich. So findet sein Nebenmann Max Morlock mehr Freiräume. Nicht zufällig avancierte der rechte Halbstürmer mit sechs Treffern zum besten Torjäger der Qualifikation. Zudem hat sich Rahn als passender Zimmergenosse für den sensiblen Fritz Walter präsentiert. Mit Berni Klodt steht auf Rechtsaußen zwar ein potenter Ersatzmann bereit. Doch die Option Rahn möchte sich Herberger für seinen WM-Kader auf alle Fälle bewahren.

Umso empörter reagiert der Bundestrainer, als er von den Plänen von Rot-Weiss Essens Boss Georg Melches hört. RWE kämpft bis zum letzten Spieltag um die Meisterschaft in der Oberliga West. Der DFB hatte auf Drängen von Herberger die Endspiele um den Titel verkürzt, nur sechs Teams dürfen an den Ausscheidungsspielen teilnehmen statt – wie in den Jahren zuvor – acht.

Es qualifiziert sich also nur der Meister und nicht der Vizemeister der Oberliga West für die Titelkämpfe. RWE benötigt für die Qualifikation am letzten Spieltag einen Sieg gegen den Rivalen aus Schalke, gleichzeitig darf der 1. FC Köln nicht gewinnen. Der Sieg gegen Schalke gelingt. Aber auch die Kölner gewinnen ihr Spiel. RWE muss sich mit dem Vizetitel begnügen – und verpasst damit die Endrunde um die Deutsche Meisterschaft.

Der Kader, den Melches zusammengestellt hat, kostet Geld. Viel Geld. Melches hatte mit den Einnahmen aus den Meisterschaftsspielen kalkuliert. Das fehlende Geld soll nun über eine Privatspielreise beschafft werden. Melches schwebt Großes vor: Anstatt in der Region bei Provinzvereinen kleine Scheine zu kassieren, sollen seine Essener auf große Auslandstournee gehen. Seine Vision: eine Reise über den gesamten amerikanischen Kontinent, von Argentinien über Bolivien bis in die Vereinigten Staaten. Der Vereinsboss lässt seine Kontakte spielen. Die Reise soll von Ende April bis in den Juni hinein stattfinden.

Herberger schäumt, als er von den Plänen erfährt: Die Reise kollidiert mit seiner WM-Vorbereitung! Er hatte geplant, neben Rahn auch Linksaußen Berni Termath und Torhüter Fritz Herkenrath in die Schweiz mitzunehmen. Doch nun kann er allenfalls mutmaßen, in welcher Form seine Schützlinge zurückkehren werden. «Eine solche Mammutreise mit all ihren Anstrengungen, ihrer vier- bis fünfwöchigen Abwesenheit von Heimat und Familie zerstört die Spannkraft der für die Schweiz vorgesehenen Spieler und macht sie untauglich für die Anforderungen, die von ihnen verlangt werden müssen», notiert er.[76]

Alles Bitten, Flehen und Drohen hilft nicht: Der DFB kann die Amerikareise von Rot-Weiss Essen nicht verhindern. Der Verein pocht auf die laufenden Verträge seiner Nationalspieler. Ohne sie würde Rot-Weiss Essen in Amerika nur einen Bruchteil an Einnahmen generieren. Zumindest sichert RWE zu, die Nationalspieler vorzeitig nach Hause zu schicken, sollte der DFB sie für die WM berufen.

Für Helmut Rahn kommt die Reise noch aus einem anderen Grund zu einem ungünstigen Zeitpunkt: Wenige Wochen vor dem Abflug wird er zum ersten Mal Vater. Während sich seine Frau mit einem Säugling herumschlägt, fliegt Rahn nun um die halbe Welt. Die Essener Reisegesellschaft besteht aus 25 Mann. Die eine Hälfte reist von Frankfurt aus über Paris nach Lissabon, die andere Hälfte kommt über Zürich nach Portugal. Von dort fliegt die Reisegruppe gemeinsam über Dakar, Recife, Rio de Janeiro und São Paulo nach Buenos Aires. Die Essener Reisegesellschaft ist über 36 Stunden unterwegs, als sie endlich Argentinien erreicht. Man mag sich nicht ausmalen, wie viele Partien Skat die Spieler in ihrer Langeweile gekloppt haben.

Nach der Ankunft bleibt keine Zeit, die vollen Straßen der argentinischen Hauptstadt zu bewundern. Klub-Boss Melches hat bereits vor dem Abflug den ersten Gegner festgezurrt. Gerade einmal 24 Stunden nach der Landung in Buenos Aires kommt es zum Duell mit Independiente. Das Team aus einem Vorort der Hauptstadt stellt mehrere argentinische Nationalspieler. Argentiniens Verband hatte sich zwar nicht zur Qualifikation für die Weltmeisterschaft 1954 gemeldet. Ein Jahr später wird Argentinien jedoch das Campeonato Sudamericano, die Südamerika-Meisterschaft, gewinnen.

Umso überraschter zeigen sich die 30 000 Zuschauer, als am Ende nicht Independiente als Sieger vom Platz geht – sondern Rot-Weiss Essen. Mit 3:1 besiegen die Deutschen das argentinische Spitzenteam. Rahn lernt in diesem Spiel die südamerikanischen Gepflogenheiten kennen. Nach einem Kopfballduell geht ein argentinischer Verteidiger zu Boden. Der Ball landet vor Rahns Füßen. Er ignoriert den verletzten Verteidiger und ballert die Kugel ins Netz. Es ist das Führungstor für Essen. Als Rahn noch dem Ball hinterherschaut, spürt er bereits den Schuh eines argentinischen Spielers in seinem Hintern. Die gesamte argentinische Elf stürzt sich auf den Torschützen. Die Zuschauer klettern auf die Zäune und machen sich auf, den Platz zu stürmen.

Sie bedecken Rahn mit allerhand spanischen Flüchen. Rahn muss über den gesamten Platz sausen, um seinen Verfolgern zu entwischen. Es dauert etwas, ehe er versteht, was passiert war: weiterspielen trotz eines verletzten Spielers! Was für ein Verhalten! Und dann noch ein Tor schießen! Rahn wird sich nach der Partie damit herausreden, dass er diese internationale Gepflogenheit nicht kannte. Allerdings gehört es auch auf deutschem Rasen zum guten Ton, bei einer ernsten Verletzung eines Gegners nicht weiterzuspielen. Ein Tor lässt sich Rahn aber nie entgehen – selbst wenn er sich dadurch mit einem ganzen Stadion anlegt.[77]

Nicht alle im Publikum sind wütend auf Rahn. Nach dem Spiel kommen Vertreter des Racing Club aus Buenos Aires auf ihn und RWE-Kapitän Penny Islacker zu. Sie laden die beiden ein. Rahn befindet sich noch keine 48 Stunden in Südamerika, als die Vertreter des Klubs ihn und Islacker durch ihr Vereinsheim führen. Beide sind verblüfft über die Ausstattung von Racing: Neben piekfeinen Plätzen besitzt das Klubheim einen Hörsaal für Teamsitzungen, ein Schwimmbecken und sogar eine Kegelbahn. Stolz verweisen die Klubchefs darauf, dass sogar die vor wenigen Jahren verstorbene Evita Perón Mitglied des Vereins gewesen sei.

Racing Club unterbreitet den beiden Essenern ein Angebot: 150 000 DM für jeden, dazu werde in Buenos Aires ein Geschäft für sie eingerichtet. Rahn und Islacker sagen, sie müssten das Angebot erst mit ihrer Familie besprechen. Bei RWE heißt der Familienvorstand Melches, und der lässt keinen Raum für Umzugspläne. Wenige Tage später verkündet er öffentlich: «Rahn steht bei Rot-Weiss bis 1959 unter Vertrag, und selbst, wenn wir ihn freigäben, so würde der Deutsche Fußball-Bund bei ihm als Nationalspieler sicherlich sein Veto einlegen.»[78] Rahn selbst hadert nicht mit der Entscheidung. «Ich käme lieber auf Socken nach Hause, als in Südamerika zu leben», wird er sagen, als er endlich wieder zu Hause ist.[79]

Essens Sieg öffnet dem Verein viele Türen. Zahlreiche Klubs wollen gegen den europäischen Verein spielen, der Independiente besiegt hat. Für RWE beginnt eine wahre Tour de Force: In Argentinien verlieren sie mit 1:2 gegen San Lorenzo, ehe die Reisegruppe nach Uruguay fliegt. In Montevideo besiegt RWE das Spitzenteam Peñarol mit 3:0. Das ruft den uruguayischen Verband auf den Plan: Der amtierende Weltmeister möchte in Vorbereitung auf die WM gegen RWE spielen. Erst mal muss RWE aber zurück nach Argentinien, die Revanche gegen Independiente steht an. Die ausgelaugte Essener Elf verliert mit 2:4.

Die Übermüdung liegt nicht nur an den zahlreichen Spielen. Die Gäste aus Deutschland werden allerorten mit großem Tamtam empfangen. Nach dem Ende des Zweiten Weltkriegs waren Tausende Deutsche nach Südamerika ausgewandert. So manch ehemaliger Nationalsozialist versteckt sich in Südamerika, um sich den alliierten Kriegsgerichten zu entziehen. Dass in Südamerika allerhand Kriegsverbrecher hausen, hindert RWE nicht daran, durch Kegelklubs, Rudervereine und deutsche Trachtenverbände zu tingeln, um Werbung in eigener Sache zu machen.[80]

Selbst die hohe Politik nimmt Notiz von der deutschen Reisegesellschaft. Der argentinische Staatschef Juan Perón gewährt Rot-Weiss Essen eine Audienz. Melches übergibt dem argentinischen Präsidenten eine Grubenlampe. Da sich das Treffen zieht, verpasst RWE den Flug nach Uruguay. Der Präsident höchstpersönlich stellt eine Maschine zur Verfügung, damit die deutsche Mannschaft rechtzeitig Montevideo erreicht.

Nach der Landung in Uruguay probt die Mannschaft den Aufstand. Melches will unbedingt das Spiel gegen die uruguayische Nationalmannschaft bestreiten. Die Spieler protestieren: Es wäre das fünfte Spiel in vierzehn Tagen – und das gegen einen Gegner, der sich in der Vorbereitung auf die Weltmeisterschaft befindet. Keiner der Spieler möchte sich von einem überlegenen Gegner vorführen lassen. Melches kann die Gemüter nur beruhigen, indem er den Spielern Geld verspricht. Jeder Spieler soll 200 Dollar – umgerechnet 800 Mark – erhalten. Das ist mehr Geld, als der durchschnittliche deutsche Arbeitnehmer in zwei Monaten

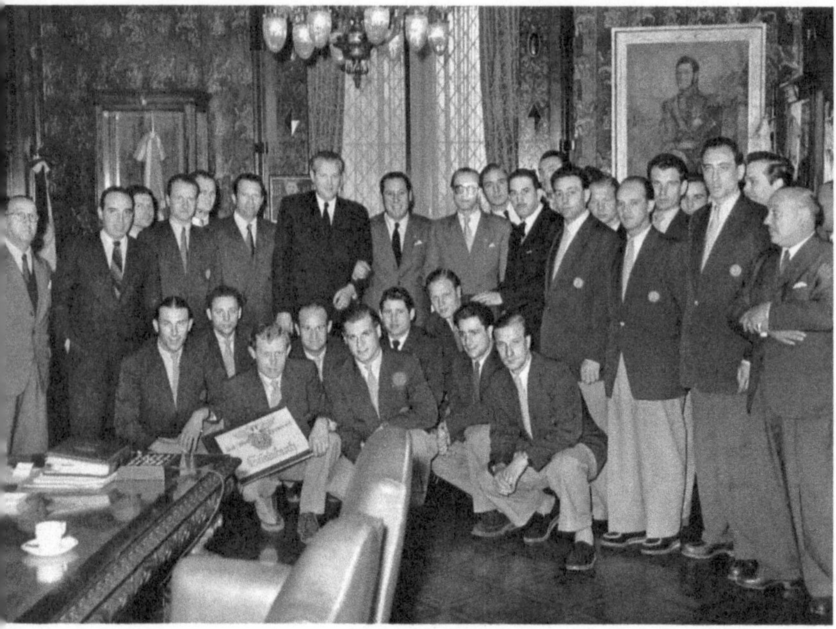

Große Ehre für Rot-Weiss Essen: Auf ihrer Südamerikareise werden sie vom argentinischen Präsidenten Juan Perón empfangen.

verdient. Die Mannschaft tritt an. Vor 90 000 Zuschauern geht RWE – wie von den Spielern befürchtet – krachend mit 1:5 unter. Rahn erlebt mit eigenen Augen das atemberaubende Tempo und das hohe technische Niveau des amtierenden Weltmeisters. Er beobachtet zudem, wie sich die Spieler vor dem Spiel Spritzen verabreichen lassen. Was sich in den Spritzen befindet, weiß er nicht.[81]

Die abenteuerliche Reise der Essener endet nicht in Uruguay. Mit einem Zug reist die Gruppe nach Chile, 38 Stunden dauert die Fahrt. Von dort aus fliegen sie über Antofagasta und Arica in das bolivianische La Paz. In der 3500 Meter über dem Meeresspiegel liegenden Stadt bestreitet RWE ein Freundschaftsspiel. Alle paar Minuten rennen die Spieler zur bereitstehenden Sauerstoffflasche, während das gegnerische Team ausführlich Gebrauch von der örtlichen Regelung macht, dass Spieler laufend ein- und ausgewechselt werden dürfen. So etwas habe er nicht nötig, denkt sich Rahn. Doch als er von der Mittellinie an allen Gegenspielern vorbei zu einem tollen Solo ansetzt, bekommt er frei stehend vor dem Tor keinen Schuss mehr hin. Ihm geht im wahrsten Sinne des Wortes die Luft aus. Danach lässt auch er sich kurz auswechseln.

Rahn erlebt in Südamerika allerhand Abenteuerlichkeiten. In Santiago möchte er am Flughafen ein Ei bestellen. Rahn spricht jedoch kein Wort Spanisch, der Kellner versteht wiederum kein Deutsch. Rahn versucht sich als Pantomime. Wild gackernd und mit den Armen wedelnd stolziert er durch das Restaurant. Wenige Minuten später erhält er seine Bestellung: ein ganzes gegrilltes Hähnchen. Am Titicacasee lässt sich Rahn von einem Einheimischen Pfeil und Bogen geben. Im Poncho bekleidet unterhält er die Reisegemeinschaft mit seiner Interpretation eines amerikanischen Ureinwohners. Beim Versuch, einen Fisch mit einem Pfeil zu angeln, fällt er ins Wasser.

Erlebnisse wie diese lassen bei Rahn sentimentale Gefühle aufkommen, als sich der DFB in La Paz meldet. Rahn solle sofort seine Koffer packen, er ist für die Weltmeisterschaft in der Schweiz nominiert. Er ist der einzige Essener Spieler, den Herberger nach Hause ruft.[82] Mit einem weinenden und einem lachenden Auge verabschiedet er sich von seinen Mitspielern. Diese werden noch vier weitere Wochen durch Mittel- und Nordamerika touren.

Rahn reist jedoch nicht ab, ohne von Melches die versprochenen 200 Dollar zu fordern. Der Klubpatriarch hatte sich bisher um die Zahlung der Prämie für das Uruguay-Spiel herumgewunden. Rahn droht, Melches müsse im Zweifel dem DFB erklären, warum er nicht zur Nationalmannschaft käme. Schließlich drückt Melches dem WM-Fahrer die 200 Dollar in die Hand. Am Ende wird Rahn der einzige Spieler sein, der das versprochene Geld erhält.

Rahns letzter Reiseabschnitt führt ihn über Lima, Panama-Stadt, Miami, London und Brüssel nach Frankfurt. Dort wartet schon ein Mitarbeiter des DFB. Rahn soll sofort nach München mitkommen. Hier findet das Trainingslager der Nationalmannschaft statt. Die Vorbereitung zur Weltmeisterschaft beginnt.

OW:

Die Schmach von Hamburg

Ottmar Walter steht im Blitzlichtgewitter der Kameras. Zig Fotografen und ein Filmteam der *Neuen Deutschen Wochenschau* sind an diesem spätherbstlichen Nachmittag nach Kaiserslautern gereist, um Schnappschüsse von ihm zu erhaschen. Sie fotografieren Ottmar jedoch nicht im Trikot des 1. FC Kaiserslautern, sondern im feinen Zwirn. Der Anlass: Ottmar eröffnet seine eigene Tankstelle. Bundestrainer Sepp Herberger und sein Bruder Fritz sind gekommen, um der Feier beizuwohnen. Die Reporter

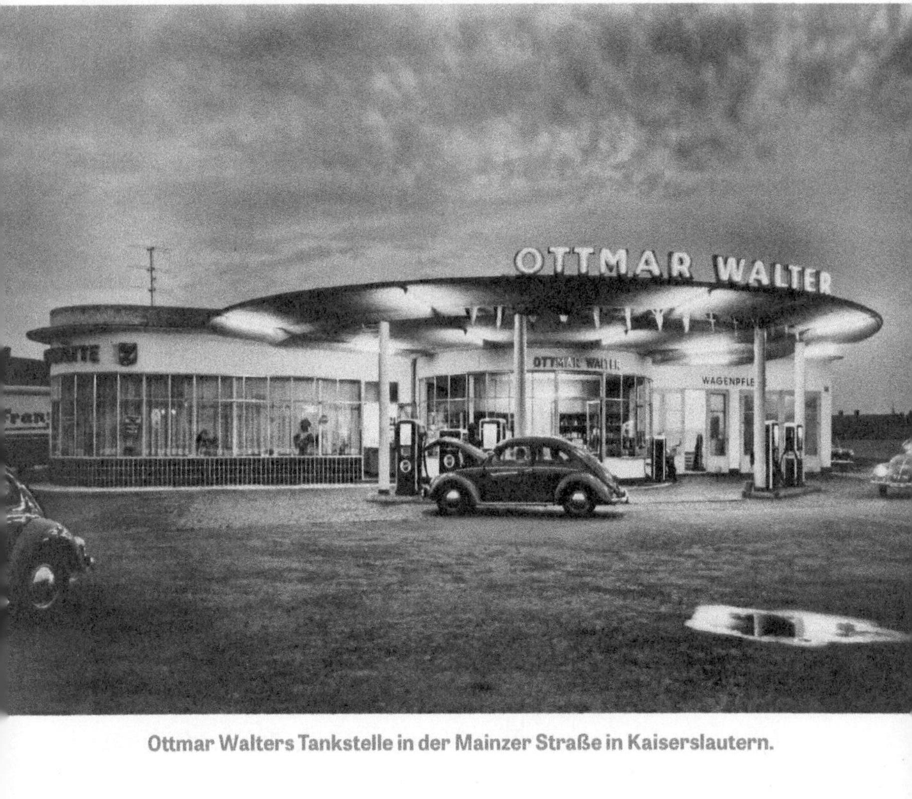

Ottmar Walters Tankstelle in der Mainzer Straße in Kaiserslautern.

filmen, wie Ottmars Sohn mit einem Tretauto als erster Kunde an der Zapfsäule vorfährt. «Der geschäftliche Erfolg verspricht genauso groß zu werden wie auf dem Fußballplatz, denn schon erscheinen Deutschlands Fußballfans in Scharen. Endlich haben sie Gelegenheit, bei ihrem Meister zu tanken», heißt es im Bericht der *Neuen Deutschen Wochenschau*. Er wird in jedem Kino Deutschlands laufen.

Der 1. FC Kaiserslautern hat sein Versprechen gehalten. Der Verein hat seinem Stürmer einen Pachtvertrag für eine Tankstelle vermittelt. Es ist das passende Geschäft für den gelernten Automechaniker. Das Grundstück liegt an der Mainzer Straße, auf halbem Wege zwischen Kaiserslauterns Innenstadt und der Autobahn. «Für den Tankvorgang stehen insgesamt fünf elektrische Zapfautomaten zur Verfügung», heißt es in einem Prospekt. Außerdem könne man in der modernen Tankstelle sein Auto waschen, einen Ölwechsel vornehmen und sogar einen Kaffee trinken. Über dem pilzförmigen Betondach prangt in großen Buchstaben «Ottmar Walter». Bei Nacht leuchtet der Schriftzug. Für Ottmars berufliche Zukunft ist fürs Erste gesorgt.

«Ich hoffe, dass im neuen Geschäft alles flott und gut angelaufen ist», schreibt Bundestrainer Herberger wenige Wochen später an Ottmar. «Wenn sich dann alles zu Ihrer Zufriedenheit eingespielt hat, denken Sie daran, dass es gilt, zum Sommer in Höchstform zu sein. Sie wissen Bescheid!»[83]

Ottmar weiß Bescheid. Er richtet alles darauf ab, zur Weltmeisterschaft 1954 in bester Verfassung zu sein. Zwar wird er auch in der Saison 1953/1954 von kleinen Blessuren zurückgeworfen. Doch keine davon entpuppt sich als größere Verletzung. Beim Rückspiel gegen Norwegen feiert Ottmar sein zehntes Länderspiel. Mit Stolz nimmt er die Ehrennadel von DFB-Präsident Bauwens entgegen.

Nach der geglückten WM-Qualifikation strebt Ottmar mit seinem Klub die Titelverteidigung an. Die Qualifikation für die Endspiele um die Meisterschaft fällt nicht leicht. Der 1. FC Kaiserslautern muss in der Oberliga Südwest bis zum finalen Spieltag zittern. Das liegt weniger an einer Lauterer Schwäche als vielmehr an der neu gewonnenen Stärke des FK Pirmasens. Bis zum finalen Spieltag kämpfen beide Teams um den Südwest-Titel. Am letzten Spieltag kommt es zum direkten Duell. Der FCK stellt zusätzliche Tribünen auf, damit 30 000 Zuschauer auf dem Betzenberg Platz finden. Bereits nach vier Minuten köpft Ottmar eine Flanke seines Bruders ins Tor. Der FCK düpiert den Rivalen mit 4:0 und sichert sich so die regionale Meisterschaft.

Für die Lauterer Nationalspieler steht indes nicht die Vorbereitung auf die deutschen Titelkämpfe im Vordergrund. Sie richten ihren Rhythmus ganz auf die Weltmeisterschaft aus. Fritz Walter gibt den Takt vor. Anstatt nur zwei- bis dreimal die Woche zu trainieren, joggt der Kapitän jeden Tag durch den Wald. Er stellt auch seine Ernährung um: Suppen, fettige Soßen und Schweinefleisch streicht er vom Speiseplan. Stattdessen gibt es Obstsalat, Säfte und Tee. Ottmar folgt wie stets dem Vorbild seines großen Bruders.

Ihr Teamkollege Horst Eckel bekommt in diesen Wochen eine besondere Aufgabe zugeteilt. Bereits im Vorjahr hatte ihn FCK-Trainer Richard Schneider überrascht: Eckel solle fortan nicht mehr im Sturm auflaufen – sondern in der Läuferreihe vor der Abwehr. Eckel zeigte sich wenig begeistert vom Vorstoß seines Trainers. Er hatte die meisten aller Lauterer Tore geschossen – wieso beorderte ihn der Trainer zurück in die Läuferreihe? Doch Eckel – ganz Kind seiner autoritären Zeit – wagt nicht, seinem Trainer zu widersprechen. Es dauerte einige Monate, ehe er die Beweggründe hinter dem Positionswechsel versteht: Herberger und Fritz Walter hatten den Plan ausgeheckt, um Eckel eine Rolle in der Nationalmannschaft zu verschaffen. Der Bundestrainer hat im Sturm die Qual der Wahl, sucht allerdings händeringend nach einem Läufer. Eckel müht sich während der Saison 1953/54, die neue Position zu erlernen.

Wie weit in diesen Tagen die Deutsche Meisterschaft in den Hintergrund rückt, unterstreicht die Tatsache, dass sich Lauterns

Nationalspieler nicht mit ihrer Mannschaft auf die Gruppenphase vorbereiten. Stattdessen reisen Fritz, Ottmar, Horst Eckel, Werner Kohlmeyer und Werner Liebrich zu einem Länderspiel.[84] Knapp zwei Monate vor dem Beginn der Weltmeisterschaft steht in Basel die feierliche Eröffnung des St.-Jakob-Parks an. Der deutsche Angriff zeigt sich im Länderspiel gegen die Schweiz in bester Verfassung. Ottmar gelingt als Mittelstürmer zwar kein eigener Treffer, doch er ist an den Kombinationen beteiligt, dank denen Deutschland zur Pause 4:0 führt. Linksaußen Hans Schäfer gelingen gleich zwei Tore.

Während sich der deutsche Sturm in WM-Form präsentiert, gilt das für die Abwehr nur bedingt. Als die Schweiz nach der Pause vom Riegelsystem auf eine offensive Spielweise umstellt, kassiert Deutschland drei Gegentore. Das Spiel endet 5:3. Auf Herbergers Stimmung drückt besonders die Verletzung von Verteidiger Erich Retter. Der Stuttgarter hat sich eine Meniskusverletzung zugezogen. Ausfallzeit: mindestens drei Monate. Damit verpasst Retter die Weltmeisterschaft. Herberger hatte eigentlich auf ihn gebaut, in allen Qualifikationsspielen stand er in der Startformation.

Herberger kommt es angesichts dieser Hiobsbotschaft nicht ungelegen, dass er in den kommenden Tagen abschalten darf. Der Bundestrainer hat seine verfügbaren Nationalspieler eingeladen, im Schwarzwald ein paar ruhige Tage zu verbringen. Die Reise hat er von langer Hand geplant. Er will seine Spieler vor der WM beisammen und bei Laune halten. Das Fußballspielen verbietet der Bundestrainer ausdrücklich. Erholung und Entspannung stehen im Obertal bei Baiersbronn auf dem Programm. Die Nationalmannschaft logiert im «Hotel zur Post». Herberger hat die Unterkunft selbst ausgewählt. Ein anderes Hotel im Ort hatte Herberger abgelehnt: Die Zimmermädchen waren zu schön. Seine Schützlinge sollen schließlich nicht abgelenkt werden.

Fünf Tage verbringen die Nationalspieler gemeinsam im Schwarzwald. Sie vertreiben sich die Zeit mit ausgedehnten Spaziergängen und Minigolf-Turnieren. Herberger stiftet Preise für den besten Minigolfer. Fritz Walter entpuppt sich auch hier als Klassenbester: Hatte er am ersten Tag noch fast 50 Schläge gebraucht, schließt er die Bahn am letzten Tag mit 32 Schlägen ab.

Ganz ohne Hintergedanken war Herberger nicht in den Schwarzwald gereist. Er will die Kondition seiner Nationalspieler prüfen. Bei einer Hügelbesteigung gibt er vor, mit der Kraft am Ende zu sein. Hocherfreut notiert er später, dass die meisten Spieler anschließend auf das Tempo drückten, um den Bundestrainer abzuhängen. Die Nationalspieler haben offensichtlich Herbergers Ratschläge befolgt und sind rechtzeitig zur WM fit.

Bei einem anderen Spaziergang wird Herberger ins Hotel zurückgerufen. Als er dort ankommt, haben sich die Nationalspieler hinter einem Erdhügel versteckt. Mit großem Hurra springen sie heraus, um ihren Trainer zu erschrecken. Herberger hat sein Ziel erreicht: Die Spieler arbeiten zusammen. Heute würde man solch einen Ausflug als «Teambuilding-Maßnahme» bezeichnen. Locker und entspannt kehren die Nationalspieler nach Hause zurück.

Entspannung und Leistungssport passen nur bedingt zueinander. Dem 1. FC Kaiserslautern gelingt im Anschluss an die Abwesenheit seiner Stammspieler zwar die Qualifikation für das Endspiel um die Deutsche Meisterschaft. In der verkürzten Gruppenphase weiß der amtierende Meister aber nicht zu überzeugen. Bei den Siegen gegen Eintracht Frankfurt (1:0) und den 1. FC Köln (4:3) ist eine Menge Glück im Spiel.

Bereits während der Gruppenphase gibt Herberger sein vorläufiges Aufgebot für die Weltmeisterschaft bekannt. Die Fifa hat die Frist hierfür auf Anfang Mai gesetzt. Im 40 Mann starken, vorläufigen Aufgebot stehen fünf Lauterer Spieler; neben Ottmar und Fritz Walter, Eckel und Kohlmeyer schafft Werner Liebrich den Sprung auf die Liste. Vom Finalgegner Hannover 96 ist kein einziger Spieler berufen worden. Nicht nur deshalb geht der FCK als großer Favorit in das Endspiel in Hamburg. Eine deutsche Sportzeitung befragt zwei Dutzend Experten, wer deutscher Meister wird. Alle antworten: der 1. FC Kaiserslautern.

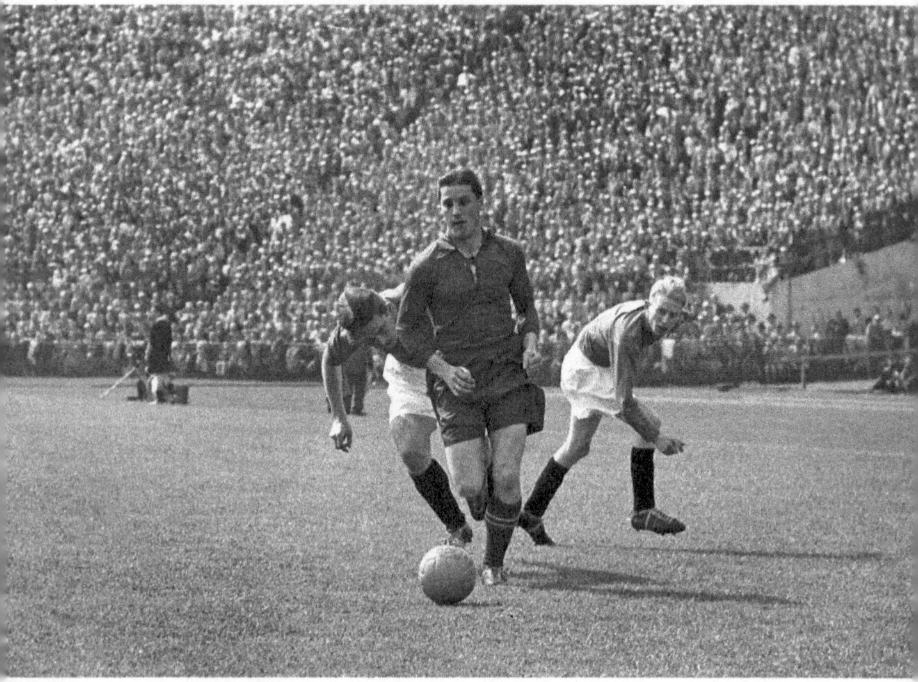

Ottmar Walter setzt sich durch. Einer der wenigen Lichtblicke während der Lauterer Final-Niederlage um die Deutsche Meisterschaft 1954.

In der ersten Halbzeit wird der FCK seiner Favoritenrolle gerecht. Fritz Walter geht zwar angeschlagen in das Spiel.[85] Die übrigen Lauterer machen seine schwache Leistung aber zunächst wieder wett. Bereits nach einer Viertelstunde erzielt Horst Eckel den Führungstreffer. Ottmar Walter vergibt anschließend die Chance, das Ergebnis hochzuschrauben. Der FCK kontrolliert das Spiel und lässt in der ersten Halbzeit nicht viel zu – bis zur Nachspielzeit. Hannovers Hannes Tkotz erzielt direkt vor dem Pausenpfiff den Ausgleichstreffer.

In der Kabine der Lauterer ist es totenstill. Sie wissen, dass sie aus dieser Halbzeit mit einer klaren Führung hätten herausgehen müssen. Fritz Walter lässt den Kopf hängen. Seine Mitspieler tun es ihrem Kapitän gleich, als Werner Kohlmeyer wenige Minuten nach Wiederanpfiff ein Eigentor unterläuft. Eine Verletzung von Eckel nimmt den Lauterern den letzten Glauben, dass sie dieses Spiel noch drehen können. Eckel humpelt fortan auf Linksaußen herum. Über genau diese Seite fallen die nächsten Tore der Hannoveraner. In der Schlussviertelstunde bricht der amtierende Meister komplett ein. Hannover 96 gewinnt das Finale sensationell mit 5:1.

Das Hamburger Publikum reagiert hämisch. In der Schlussphase skandiert es erst leise, dann immer lauter: «Herberger! Herberger!» Der im Publikum sitzende Bundestrainer erhebt sich. Er lässt die Sprechchöre über sich ergehen. Herberger ist im Norden der Republik nicht besonders beliebt, um es vorsichtig zu formulieren. Den Vorwurf, Spieler aus dem Süden und besonders aus der Pfalz zu bevorzugen, muss sich Herberger seit Langem anhören. Für manch einen norddeutschen Zuschauer ist es eine Genugtuung, dass Außenseiter Hannover 96 Herbergers Lieblinge vorführt. Nach der WM wird der *Spiegel* über die Stimmung im Hamburger Volksparkstadion schreiben: «Herberger ist in ein paar überalterte, von Hannover abgestrafte Trottel aus Kaiserslautern verliebt – vermutlich ihres katholischen Glaubens wegen.»[86]

Herberger hat sich nie um seine Kritiker geschert. Er hegt nicht den Wunsch, seinen Kader noch zu ändern. Er dürfte es ohnehin nicht. Die Regeln der Fifa sind in diesem Punkt strikt. Entsprechend kennt Herberger nach dem Sieg nur ein Gebot: Er muss seine Lauterer WM-Fahrer wieder aufrichten. Besonders Fritz Walter darf nicht in ein Loch fallen. Bereits auf dem Bankett nach dem Spiel verbringt Herberger viel Zeit am Kaiserslauterer Tisch. Nicht jeder beim DFB sieht das gern.

Am folgenden Montag trifft sich der DFB-Tross in Grünwald nahe München. Das Trainingslager für die Weltmeisterschaft steht an. Die Lauterer Spieler erhalten einen zusätzlichen Tag frei. Das bietet Herberger die Möglichkeit, seinen übrigen Schützlingen eine wichtige Regel einzuimpfen: Ihr verliert kein Wort über das Finale! Herberger duldet weder Mitleidsbekundungen noch Späße. Was es zu klären gäbe, kläre er selbst.

Kaiserslauterns Nationalspieler kehren zunächst in ihre Heimatstadt zurück. Die Vereinsleitung überlegt, den geplanten Triumphzug durch die Stadt abzublasen. Fritz Walter wischt die Bedenken vom Tisch. Tatsächlich versammeln sich in Kaiserslautern Zigtausende, um den Vizemeister zu feiern. Fritz Walter adressiert die Feiergemeinschaft: «Wir sind in der zweiten Halbzeit einem besseren Gegner in Ehren unterlegen. Und nun sind wir zurück in Kaiserslautern und wissen, wo unsere wahren Freunde sind!»[87] Die *Rheinpfalz* wird schreiben, nie habe Fritz Walter eine bessere Rede gehalten. Ottmar und seine Mannschaftskameraden ziehen Kraft daraus, dass ihre Anhänger auch nach der Niederlage hinter ihnen stehen.

Feuchtfröhlich wird die Feier indes nicht. Fritz weiß zu verhindern, dass die Nationalspieler allzu tief ins Glas schauen. Sie müssen am kommenden Tag schon wieder abreisen, das Trainingslager in München wartet. Ottmar Walter fehlt jedoch zunächst, er muss sich um Angelegenheiten in seiner Tankstelle kümmern. Mit etwas Verzögerung reist er nach. Nun steht auch sein Leben ganz im Zeichen der Fußballweltmeisterschaft.

Im DFB-Trainingslager gibt es ein großes Hallo. Aus seinem 40er-Kader hat Herberger 28 Spieler ausgewählt, um sie in München auf Herz und Nieren zu prüfen. Bis zum WM-Start muss er den Kader noch auf 22 Mann kürzen. Spieler aus der ganzen Bundesrepublik sind gekommen, um sich für die WM zu empfehlen. Die Verteidiger Fritz Laband und Jupp Posipal stammen aus Hamburg. Das Rheinland stellt mit Fortuna Düsseldorfs Toni Turek den Torhüter sowie mit dem Kölner Hans Schäfer den Linksaußen der Stammformation. Der Nürnberger Max Morlock und der Fürther Karl Mai lassen ihre fränkische Rivalität ruhen. Schalkes Rechtsaußen Bernhard «Berni» Klodt und Dortmunds Torhüter Heinrich Kwiatkowski repräsentieren das Ruhrgebiet. Sogar Westberlin – aufgrund der deutschen Teilung nur ein Randgebiet des deutschen Fußballs – ist durch Tennis Borussias Spieler Rudolf Deinert vertreten.

Keine Mannschaft stellt indes so viele Spieler wie der 1. FC Kaiserslautern. Fritz Walter, Ottmar Walter, Horst Eckel, Werner Kohlmeyer und Werner Liebrich kennen Herberger seit Jahren. Der 1. FC Köln und die Spielvereinigung Fürth kommen immerhin auf drei WM-Kandidaten. Für Ottmar Walter hat besonders das Fehlen eines Spielers Signalwirkung: Herberger verzichtet darauf, seinen Konkurrenten Horst Schade in die Schweiz mitzunehmen. Für die Mittelstürmer-Position hat Herberger neben Ottmar einzig Ulrich Biesinger nominiert, einen 20-jährigen Jungspund des eher unbekannten Klubs BC Augsburg. Damit legt sich der Bundestrainer frühzeitig auf Ottmar Walter als Stammstürmer fest.

Die weiteste Anreise hat Helmut Rahn. Die Mitspieler hängen an dessen Lippen, als er von der Südamerika-Reise seiner Essener berichtet. Vor allem die Geschichten über die uruguayische Nationalmannschaft fesseln Rahns Mitspieler. Kaum einer der Spieler hat je gegen eine südamerikanische Mannschaft gespielt, geschweige denn gegen einen amtierenden Weltmeister. Für Gesprächsstoff sorgt Rahns Beobachtung, dass sich die uruguayischen Spieler Spritzen verabreichen ließen. Ob sie das auch bei der Weltmeisterschaft tun werden? Ob auch die deutsche Mannschaft nachhelfen sollte? Was war überhaupt in den Spritzen? Teamarzt Franz Loogen und Bundestrainer Sepp Herberger vernehmen Rahns Bericht mit hochgezogenen Augenbrauen.

So manch ein angeregtes Gespräch verstummt, sobald die Kaiserslauterer dazustoßen. Herbergers Spieler haben dessen Credo verinnerlicht: Nur kein Wort über das Endspiel! Die Lauterer schleichen in der Sportschule herum, «als seien sie beim Taschendiebstahl erwischt worden», wird Hans Schäfer später in seiner Autobiografie schreiben.[88] Es hilft nicht, dass die Pfälzer bei den freizeitlichen Kinobesuchen an die Schmach von Hamburg erinnert werden: Vor jedem der Filme läuft die *Neue Deutsche Wochenschau* mit den Bildern der Lauterer Demütigung. «Wir haben gegen Hannover nicht 1:5 verloren, sondern 3:15», witzelt Fritz Walter.[89]

Mit der Zeit schütteln die Lauterer die Schmach jedoch ab. Herberger sorgt mit seinem strengen Trainingsregime dafür, dass die Spieler zu ausgelaugt sind, um über das Endspiel zu grübeln. Die Trainingstage beginnen mit einer ausgedehnten Konditionseinheit. Die Spieler laufen sich zunächst warm, ehe sie Intervallläufe exerzieren. Auf der Aschenbahn des Leichtathletikstadions sprinten sie die Geraden entlang, in den Kurven dürfen sie traben. Eine Stunde lang geht das so. So manch ein Nationalspieler muss sich übergeben. Besonders Max Morlock nimmt der Bundestrainer hart ran. «Du musst zehn Pfund runter trainieren, sonst erreichst du Fritz Walters Eckbälle nicht mit der Stirn, sondern nur mit dem Scheitel», befiehlt der Bundestrainer.[90]

Am Nachmittag trainiert die Mannschaft mit dem Ball. Herberger übt mit seinen Spielern das Passspiel und die Deckung. Zwischendurch gibt es zur Entspannung Fußballtennis oder eine Runde Korbball, eine abgespeckte Variante des Basketballs. Außerdem stehen Standards auf dem Programm. Fritz Walter erklärt seinen Mitspielern, wie sie beim 1. FC Kaiserslautern Ecken schießen: Die erste Ecke kommt immer kurz. Wenn der Gegner dann bei der zweiten Ecke wieder mit einer kurzen Variante rechnet, wird die Ecke lang geschlagen. Und immer so weiter.

So habe Lautern schon so manchen Gegner verwirrt. Auch die deutsche Nationalmannschaft wird nach diesem Gusto agieren, beschließen Kapitän und Trainer.

Für besondere Heiterkeit sorgen die Torschussübungen, bei denen die Feldspieler abwechselnd ins Tor müssen. Auch dahinter verbirgt sich ein tieferer Sinn: Auswechslungen sind während der Spiele in der Schweiz nicht erlaubt. Sollte sich der Torhüter während einer Partie verletzen, muss ein Feldspieler zwischen die Pfosten. Ottmar Walter tut sich als talentierter Ballfänger hervor. Herberger benennt ihn als potenziellen Ersatztorhüter. Nur falls Deutschland in den Schlussminuten einen Rückstand aufholen muss, soll Werner Kohlmeyer das Tor hüten.

Zwischen den Trainingseinheiten gibt es Theoriesitzungen an der Taktiktafel. Sepp Herberger doziert über die Fußballtaktik im Allgemeinen und die der deutschen Gegner im Speziellen. Die Deutschen sind mit Ungarn, der Türkei und Südkorea in eine Gruppe gelost worden. Herberger erklärt seinen Spielern die vertrackte Ausgangslage. Die Fifa hat sich für dieses Turnier ein gemischtes Format überlegt: Zunächst kämpfen die 16 Teilnehmer in vier Gruppen um den Einzug ins Viertelfinale. Ab dort geht das Turnier im K.-o.-Format weiter. Es ist ein neuartiges Format, das die Gastgeber aus der Schweiz ins Schwitzen bringt. Das Organisationskomitee fürchtet, dass die Stadien bei zu vielen Spielen leer bleiben. So ringt sie der Fifa den Kompromiss ab, die Gruppenphase in einer abgespeckten Form auszutragen. Pro Gruppe gibt es zwei gesetzte und zwei ungesetzte Teams. Die gesetzten Teams treffen nur auf die zwei ungesetzten Gegner. So hat jedes Team zwei Vorrundenspiele. Es ist ein kompliziertes System, das mehr Rücksicht nimmt auf die finanziellen Sorgen der Gastgeber als auf einen sportlich fairen Wettbewerb.

In der deutschen Gruppe war von Anfang an unstrittig, dass die Ungarn als amtierender Olympiasieger als gesetzt gelten. Südkorea wiederum nimmt als einziges asiatisches Team und als absoluter Außenseiter an der WM teil.[91] Es gilt als ungesetzt.

Um die Frage, wer das zweite gesetzte bzw. ungesetzte Team der Gruppe stellt, war im Frühjahr ein heftiger Streit entbrannt. Zunächst hatte die Fifa bestimmt, dass Deutschland als ungesetzt gewertet wurde und die spanische Nationalmannschaft als gesetzt. Das war angesichts der Spielstärke beider Nationen ein nachvollziehbarer Schritt. Jedoch hatten sich die Spanier zum Zeitpunkt der Auslosung noch gar nicht für die WM qualifiziert. Sie hatten in der Qualifikation zwar ihr Hinspiel gegen die Türkei gewonnen, mussten jedoch noch zum Rückspiel antreten. Was von der Fifa als Formsache gedacht war, entpuppte sich als spanischer Albtraum: Sie verloren das Rückspiel, und auch das Entscheidungsspiel drei Tage später endete unentschieden.[92] Ein Los musste über den WM-Teilnehmer entscheiden. Zum Entsetzen aller zog der Fifa-Offizielle das türkische Los aus dem Hut. Plötzlich waren die Außenseiter aus der Türkei qualifiziert – und das auch noch als gesetztes Team innerhalb der deutschen Gruppe.

Die deutsche Öffentlichkeit zeigte sich empört. Wie hatte man so etwas festlegen können, bevor die Qualifikation beendet war? Sollte nicht nachträglich die DFB-Elf gesetzt werden? Schließlich hatte Herbergers Elf im Herbst 1951 die Türkei besiegt! Doch die Fifa, stur wie eh und je, ließ sich nicht beirren. Die Türkei blieb gesetzt und traf auf Deutschland und Südkorea. Deutschland wiederum musste gegen Ungarn antreten.

Ungarn war das schwerstmögliche Los, das die deutsche Mannschaft hatte ziehen können. Die Ungarn galten als Nonplusultra des Weltfußballs. Seit die deutsche Nationalmannschaft im November 1950 den Spielbetrieb wieder aufgenommen hatte, absolvierte die ungarische Elf 26 Spiele: 21 gewann sie, viermal spielte sie unentschieden, nur ein einziges Mal verlor sie.[93] Für die Weltmeisterschaft qualifizierte sich die Elf um Stürmer Ferenc Puskás sogar gleich kampflos: Die polnische Mannschaft weigerte sich anzutreten. Das Team hätte eh keine Chance, erläuterte der Verband. Die Schmach könne man der Nation ersparen.

Nicht nur Ungarns Ergebnisse, vor allem die Art des Fußballs versetzen die Beobachter in Entzücken. Die Spieler gehören offiziell dem Militär an, trainieren aber praktisch wie Profifußballer. Die besten Spieler wurden vom Verband in Armeevereinen zusammengezogen, sodass sie auch außerhalb von Länderspielen zusammenspielen können. Die Mannschaft hatte in den vergangenen Jahren das Kombinationsspiel perfektioniert. Ohne den Ball anzunehmen, lassen die Ungarn die Kugel in den eigenen Reihen laufen. Kein Gegner konnte ihre Kombinationen stoppen, nur wenige gelangten überhaupt in Zweikämpfe. Das technische Niveau der Ungarn liegt zwei Stufen über jeder anderen Nationalmannschaft.

Für besonderes Aufsehen sorgte die ungarische Nationalmannschaft im November 1953. Ungarn traf im altehrwürdigen Wembley Stadium auf England. Noch nie hatte eine Mannschaft vom europäischen Festland in London gewinnen können. Doch die Ungarn besiegten die Engländer nicht nur, sie demütigten sie: Bereits nach einer halben Stunde führten sie mit 4:1. Hätten sie danach nicht zwei Gänge zurückgeschaltet, hätten sie das Spiel womöglich zweistellig gewonnen. Schließlich endete die Partie 6:3. Am selben Tag, an dem das Finale um die Deutsche Meisterschaft stattfand, kam es zum Rückspiel in Budapest: Ungarn gewann 7:1.

Sepp Herberger saß beim Spiel in Wembley selbst im Stadion. Zusammen mit Nationalverteidiger Jupp Posipal hatte er die Reise nach London angetreten. Noch vor Ort redete Herberger so lange auf die Vertreter des Fernsehens ein, bis ihm diese eine Filmkopie der Spielaufnahmen anfertigten. Diesen Film hat Herberger mit nach München gebracht. Wieder und wieder schauen die Deutschen Ungarns Demontage der englischen Elf.

Herberger erklärt seinen Spielern, wie Ungarn die Engländer ausmanövrierte: Die Angreifer wechseln immer wieder die Positionen, um ihre Gegenspieler abzuschütteln. Diesen «Wirbel» fordert er auch von seinen Stürmern. Vor allem Stürmer Nándor

Hidegkuti bekam Englands Abwehr nicht in den Griff. Ungarns Nummer neun ließ sich immer wieder aus dem Sturmzentrum fallen und zog aus der Tiefe die Fäden. Auf dessen Rolle als «falsche Neun», so Herberger, dürfe die deutsche Elf nicht hereinfallen!

Herberger, Kritiker durch und durch, weist seine Mannschaft auch auf die Lücken der ungarischen Abwehr hin. Mittelfeldspieler József Bozsik mag geniale Pässe spielen, arbeitet aber nicht immer konsequent nach hinten, doziert er. Drei Gegentore haben die Ungarn trotz ihrer Dominanz kassiert. Das sei doch eine Chance für den deutschen Sturm, analysiert der Bundestrainer.

Herberger ist jedoch auch Realist durch und durch. Sein großes Ziel lautet, die Gruppenphase zu überstehen. Das allein wäre ein Triumph für die ungesetzten Deutschen. Doch der Bundestrainer weiß: Sein Team wird kaum eine Chance haben gegen Ungarn. Oberste Priorität genießt also das Auftaktspiel gegen die Türken. Gewinnt Deutschland dieses Spiel, bestünde auch bei einer Niederlage gegen Ungarn die Chance auf das Viertelfinale. Sollte die Türkei Südkorea besiegen – wovon auszugehen ist –, hätten Deutschland und die Türkei gleich viele Punkte auf dem Konto. In diesem Fall käme es zu einem Entscheidungsspiel. Das Torverhältnis wird bei der WM nicht als Entscheidungskriterium herangezogen.

Bereits als der wahrscheinliche deutsche Gegner noch Spanien hieß, hatte sich Herberger einen Plan zurechtgelegt. In München weiht er nicht nur befreundete Journalisten ein, sondern auch die Schlüsselspieler seiner Mannschaft. Ottmar Walter erfährt: Sollte Deutschland gegen die Türkei gewinnen, wird er gegen Ungarn nicht in der Startelf stehen. Ottmar hätte gerne gegen die vermeintlich beste Elf der Welt gespielt. Aber er versteht Herbergers Kalkül: Die Stammelf soll fit sein für ein mögliches Entscheidungsspiel gegen die Türkei.

Die vielen Theoriesitzungen und die harte Trainingsarbeit laugen die Spieler aus. Ihre Vereine arbeiten zwar auch semiprofessionell. Das beinhaltet jedoch nur zwei bis drei Trainingseinheiten pro Woche. Erstmals in ihrem Leben trainieren viele der Nationalspieler nun wie Vollprofis. Zwei Trainingseinheiten pro Tag sollen die Spieler fit machen für die Weltmeisterschaft. Keiner der Spieler befand sich jemals in so guter Verfassung wie nach den knapp zwei Wochen WM-Vorbereitung. Morlock schafft es tatsächlich, die von Herberger geforderten zehn Pfund herunterzuschwitzen.

Zur Vorbereitung gehört auch ein striktes Trinkverbot. Das beinhaltet nicht nur Alkohol: Die Spieler sollen generell möglichst wenig Flüssigkeit zu sich nehmen. «Je trockener der Körper, desto leistungsfähiger ist er», fasst Kapitän Walter die vorherrschende Meinung der Zeit zusammen.[94] «Zu viel Flüssigkeit belastet den Kreislauf, zu viel trinken macht immer durstiger, und immer wieder dem trügerischen Durstgefühl nachgeben untergräbt die Widerstandskraft.»[95] Zum Essen sind nur Apfelschorle, Säfte und Erdbeermilch erlaubt. Nicht alle Spieler befolgen das Trinkverbot: Einige schleichen sich in die Küche, um die Hilfskräfte um Wasser anzubetteln. Alkohol ist während des gesamten Lehrgangs strikt verboten. Mit einer Ausnahme: Bei einem bayerischen Abend servieren die Gastgeber dem DFB-Tross Schweinsbraten mit Knödel. «Dazu wären Limo und Sprudel Todsünden», meint Fritz Walter.[96] Jeder Spieler darf exakt ein Bier trinken.

Die Mannschaft soll in den Tagen in München zusammenwachsen. Neben Kinobesuchen steht vor allem das Kegeln auf dem Programm. Die Sportschule verfügt über eine eigene Kegelbahn. Herberger ruft ein Turnier aus. Das beste Zimmer erhält einen Preis. Wie schon auf dem Minigolfplatz darf sich Fritz Walter auch auf der Kegelbahn als Sieger feiern. Diesmal liegt es allerdings weniger am eigenen Können, sondern vielmehr an den Kegelkünsten seines Zimmergenossen. Rahn hat reichlich geübt mit seiner Kegeltruppe «Einer steht immer». Er wirft einen Kranz nach dem nächsten.

Viel Arbeit haben in diesen Tagen Masseur Erich Deuser und

Teamarzt Dr. Franz Loogen. Für Fritz Walters Wehwehchen, das ihn im Finale um die Deutsche Meisterschaft gehemmt hat, hält der Doktor die passende Salbe bereit. Mehr Sorgen bereitet die Abwehr. Die Verteidiger Jupp Posipal und Gunter Baumann sind angeschlagen zur Mannschaft gereist. Horst Eckel macht zudem seine Verletzung aus dem Finale zu schaffen. Herberger muss bei allen dreien überlegen, ob eine Nominierung für die Weltmeisterschaft Sinn ergibt. Er entscheidet sich für Posipal und Eckel, streicht Baumann jedoch aus dem Kader.[97] So reist mit Verteidiger Werner Liebrich auch Lauterns fünfter Spieler mit in die Schweiz. Jupp Röhrig, Herbert Schäfer, Richard Gottinger und Rudolf Deinert werden aus sportlichen Gründen aussortiert. Beim Sodinger Gerhard Harpers wiederum greift Herberger hart durch: Er suspendiert den lebensfrohen Harpers, weil dieser Herbergers Ansprüchen an einen gesunden Lebenswandel nicht genügt.[98]

Nach knapp zwei Wochen Trainingslager erhalten die Spieler ein paar Tage frei. Ottmar kehrt nach Kaiserslautern zurück und kümmert sich um die anfallenden Angelegenheiten seiner Tankstelle. Seinem Bruder Fritz gefällt es im Schwarzwald derart gut, dass er noch ein paar Tage in Baiersbronn verbringt. Viel Zeit bleibt beiden nicht: Wenige Tage später werden sie in der Sportschule Schöneck erwartet. Vor den Toren Karlsruhes trifft sich die deutsche WM-Delegation, um zur Weltmeisterschaft in der Schweiz aufzubrechen. Neben den 22 Spielern und Trainer Herberger reisen Masseur Deuser und Mannschaftsarzt Loogen mit dem DFB-Tross. Vier Mitglieder des DFB komplettieren die 29 Mann starke Reisegruppe. Präsident Dr. Peco Bauwens lässt sich entschuldigen. Er wird nachreisen.

Vor der Abfahrt erfolgt die Einkleidung des DFB-Trosses. Alle Reisenden erhalten eine graue Hose, ein grünes DFB-Sakko sowie Hemden, Krawatten und Schuhe. Nicht allen passen die Klamotten, dem klein gewachsenen Bundestrainer etwa sind sie deutlich zu groß. Freude bereitet den Spielern vor allem der Kopfschmuck: Jeder Spieler bekommt einen Hut spendiert, das trendige Mode-Accessoire der Nachkriegsjahre. Sie werden für Späße zweckentfremdet. Sobald ein Fremder vorbeikommt, setzen die Spieler in feierlicher Geste ihren Hut ab. Nach allen Seiten wird fröhlich gegrüßt.

Am 11. Juni 1954 um 11.38 Uhr ist es so weit: Der DFB-Tross startet mit dem Zug in die Schweiz. An der Grenze betreten Schweizer Grenzbeamte den Zug, um die Ausweise aller Passagiere zu kontrollieren. Einer der Beamten fragt Ottmar Walter, warum die deutsche Nationalmannschaft überhaupt in die Schweiz reise. Das sei doch herausgeschmissenes Geld, befindet er. Gewinnen werde sie sowieso nicht.

TEIL 2

Der Geist von Spiez

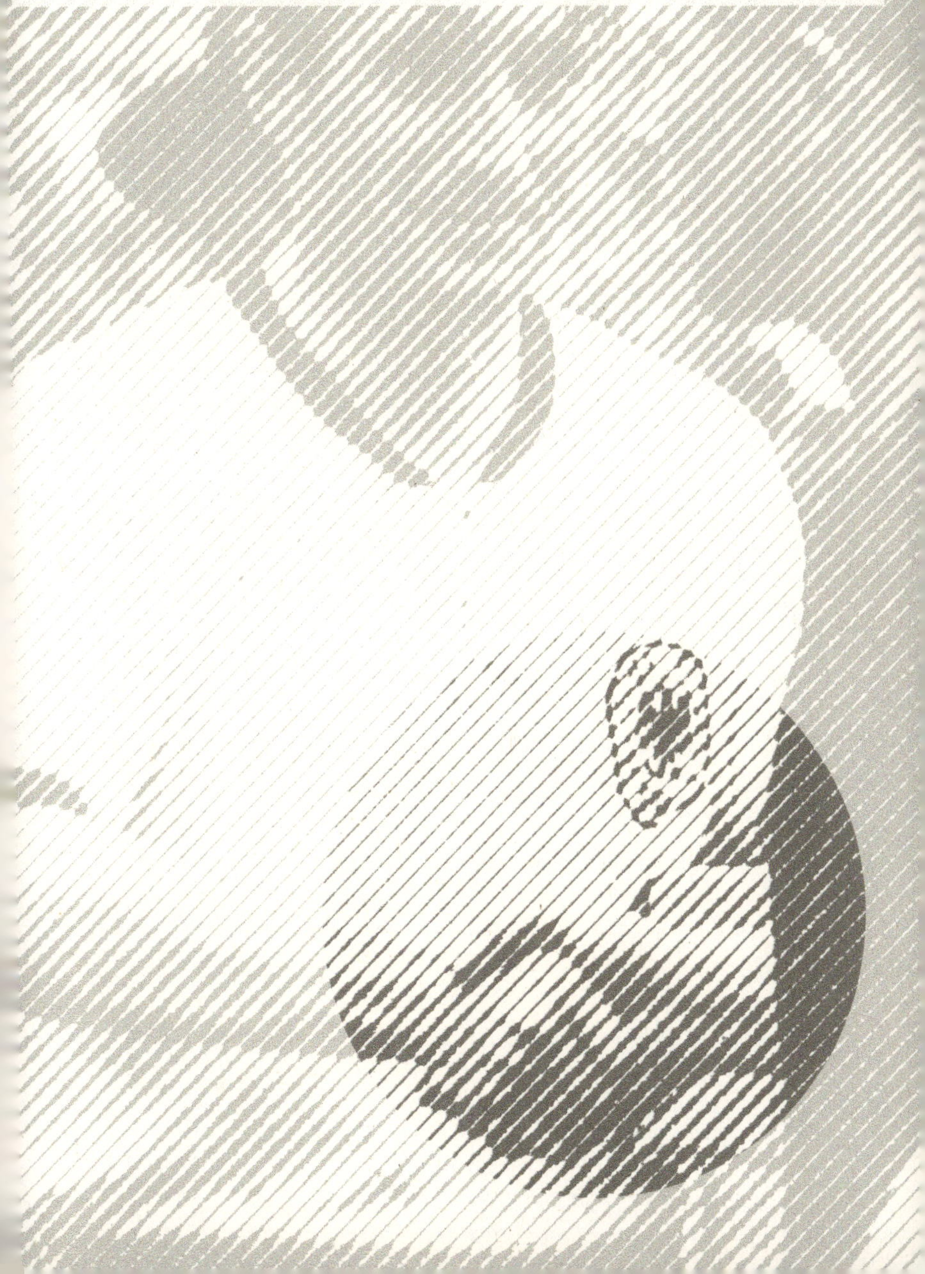

OW:
Die Schönheit des Thunersees

«Nach dem Spiel ist vor dem Spiel.» So lautet eine der vielen Weisheiten des Sepp Herberger. Hinter dem simplen Spruch versteckt sich die Lebensphilosophie des Bundestrainers: Es wartet immer eine neue Aufgabe. Manchmal beginnt das übernächste Spiel sogar vor dem nächsten.

Schon bevor die deutsche Nationalmannschaft zur Qualifikation für die Weltmeisterschaft antritt, sucht der Bundestrainer den Kontakt zu Albert Sing. Während des Zweiten Weltkriegs hatte Sing neun Spiele für Herbergers Nationalelf bestritten. Der Reichstrainer hatte sich für ihn eingesetzt, als ein Vorgesetzter der Wehrmacht ihm mit einer Degradierung drohte. Trainer und Spieler blieben auch in Kontakt, als Sing kurz nach dem Krieg in die Schweiz übersiedelte. Nun trainiert er dort die Young Boys in Bern.

Bereits vor dem Beginn der Qualifikation erreicht Sing ein Brief Herbergers. Für den Fall der Qualifikation sucht der DFB eine Unterkunft in der Schweiz. Die Anforderungen lauten: «Erstens: ein kleines Hotel in ruhiger Lage. 25 bis 30 Betten entsprächen der Kopfzahl unserer Expedition. Gute, bürgerliche Küche. Zweitens: Bei der Wahl des Ortes ist es uns dazu zu tun, dass wir zentral liegen, um schnell, bequem und in kürzester Zeit an die Spielorte zu kommen. Drittens: Der dritte unserer Wünsche zielt auf gute Trainingsmöglichkeiten. Guter Platz, möglichst Halle und beides nach Möglichkeit in der Nähe unseres Hotels.» Von Sing erhofft sich der Bundestrainer, einen Geheimtipp zu erhaschen.

Herberger hatte geglaubt, Sing würde ihm eine Liste zukommen lassen. Die vorgeschlagenen Hotels wollte er anschließend bei einer Reise in die Alpenrepublik selbst begutachten. Sing antwortet jedoch, es gäbe nur eine Option: das Hotel Belvédère in Spiez. Es liegt unmittelbar am Thunersee, also zentral in der Schweiz. In Thun gäbe es diverse Trainingsmöglichkeiten. Diese seien von Spiez aus in wenigen Minuten mit dem Bus erreichbar. Außerdem, so Sing, sei der Ort wunderschön. In Worten ließe sich das kaum beschreiben. Herberger ist etwas genervt von den Lobhudeleien seines Freundes.

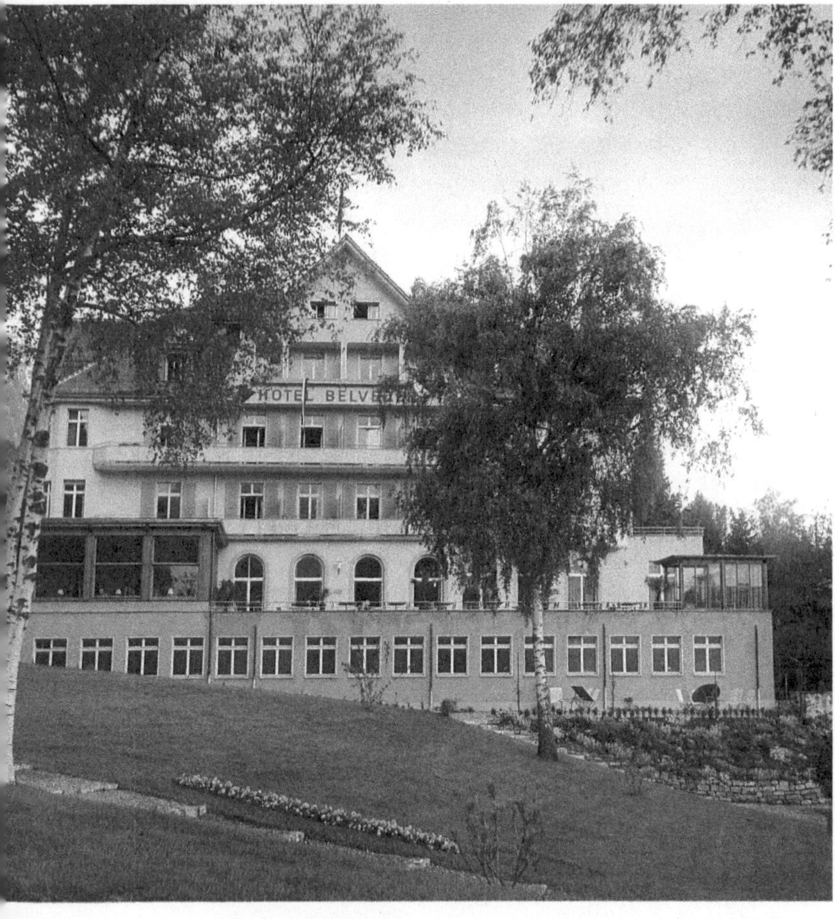

Das Hotel Belvédère im schweizerischen Spiez in den Fünfzigerjahren.

Es gibt Menschen, die behaupten, zu Hause sei es am schönsten. Diese Menschen waren noch nie in Spiez. Die Kleinstadt wird auf der einen Seite umrahmt von Bergen. Auf der anderen Seite schimmert das kristallklare Wasser des Thunersees. Als Sepp Herberger das Hotel Belvédère besucht, ist es auch um ihn geschehen. Dieses und kein anderes Hotel akzeptiert der Bundestrainer.

Die Leitung des Belvédère erwidert die Liebe jedoch nicht. Im Gegenteil. Das Hotel gehört dem Schweizer Metzgereiverband und steht nicht auf der offiziellen Liste der Unterkünfte, die das Schweizer WM-Organisationskomitee empfiehlt. Jean Urben, der Direktor des Hotels, sieht in den Deutschen nicht etwa ein gutes Geschäft, sondern fürchtet um den Ruf seines Hauses. Die meisten Stammgäste kommen aus den Niederlanden. Sie wären wenig begeistert, das Hotel mit den ehemaligen Besatzern aus dem Deutschen Reich teilen zu müssen. Zudem rechnet Urben mit einer Armada an Reportern und Schaulustigen. Und das alles, damit die Deutschen nach einem Vorrundenaus binnen zehn Tagen wieder abreisen? Nein danke!

Sing muss all seine Überzeugungskunst in die Waagschale werfen, um Herbergers Wunsch zu erfüllen. In rosigen Worten malt er aus, dass dies auch eine Chance für das Hotel sei. Man denke nur an all die deutschen Touristen, die das Hotel in der Sportpresse sähen. Zudem werde sich der DFB darum kümmern, Schaulustige und Journalisten während des Turniers fernzuhalten.[1] Letztlich knickt Urben ein. Er verspricht den Deutschen das dritte Obergeschoss seines Hauses.[2] Noch bevor der deutschen Mannschaft die Qualifikation gelingt, hat der DFB sein Quartier für die Weltmeisterschaft 1954.

Am Ankunftstag können Ottmar Walter und seine Kameraden die Schönheit des Thunersees gar nicht wahrnehmen. Der Zug bringt den DFB-Tross am 11. Juni 1954 nach Basel. Dort wartet bereits das Schweizer Empfangskomitee. Der Empfang bei Kaffee und Kuchen zieht sich. Die Sonne geht bereits unter, als Sepp Herberger den Fahrer des Mannschaftsbusses zu einem Zwischenstopp nötigt. Das Wankdorfstadion zu Bern soll begutachtet werden, hier soll das erste deutsche Gruppenspiel gegen die Türkei stattfinden. Das Stadion war erst wenige Tage vor WM-Beginn eröffnet worden. Ottmar und seine Teamkameraden staunen über den großen Turm, auf dem die Spieluhr prangt.

Der DFB-Tross erreicht Spiez erst in der Nacht. Zu spät, um die geplante Begrüßungsfeier der Gastgeber zu genießen. Herberger schickt seine Spieler gleich auf ihre Zimmer. Der Bundestrainer selbst hat die Zimmerverteilung in stundenlanger Kleinstarbeit ausgebrütet. Ottmar Walter teilt Zimmer 306 mit seinem alten Freund Werner Liebrich. Mit dessen Bruder hatte er sich einst zur Marine gemeldet. Sein Bruder Fritz schläft in Zimmer 303 erwartungsgemäß neben Helmut Rahn.[3] Nummer 313 ist für den Bundestrainer reserviert. Er genießt als einziger Expeditionsteilnehmer den Luxus eines Einzelzimmers.

Als die Spieler am folgenden Morgen aufwachen, staunen sie über den Ausblick. Die eine Hälfte der Gesellschaft, darunter Ottmar Walter, sieht beim Blick vom Balkon den Nießen. Der Spiezer Hausberg ragt wie eine Pyramide über die Stadt. Der andere Teil der Gesellschaft, darunter Fritz Walter und Helmut Rahn, blickt direkt auf den Thunersee. Das Hotel Belvédère liegt leicht erhöht über dem See. Der Fußweg zum Ufer beträgt gerade einmal zwei Minuten.[4]

Die Spieler machen sich sofort auf, das Ufer zu erkunden. Im blauen Wasser spiegeln sich die umliegenden Gipfel der Alpen. Die Temperatur des Sees erreicht selbst an heißen Sommertagen selten mehr als 22 Grad Celsius. Grund genug für Herberger, seinen Spielern das Schwimmen im See zu verbieten. Sie sollen sich schließlich nicht erkälten. Stattdessen lässt Herberger Ruder- und Tretboote ankarren. Sofort stürzen sich die Spieler auf die Boote, um über den See zu schippern. Fortan werden jeden Morgen sieben bis acht Tretboote mit deutschen Spielern auf dem See zu finden sein. Manche, wie Ottmar Walter, erfreuen sich an der frischen Bergluft und dem klaren Wasser im See. Andere sehen in den frühmorgendlichen Ausflügen die Chance, heimlich zu rauchen. Der Bundestrainer hat das Rauchen nicht offiziell verboten. Gerne sehen tut er es trotzdem nicht.

Nach dem Frühstück fordert Herberger seine Spieler zum Spaziergang auf. Ein Uferweg führt direkt am See entlang. Der Rückweg führt die Spieler durch einen Waldweg. Sie wissen, was das bedeutet: Herberger wird seine Spieler in den kommenden Tagen diese Strecke entlangscheuchen zum Konditionstraining.

Waldläufe sind nicht das einzige Trainingsprogramm. Jeden Morgen um zehn Uhr fährt der deutsche Mannschaftsbus ab in Richtung Thun. Im Stadion des örtlichen Fußballklubs darf die Mannschaft trainieren. Den Trainingsplatz muss sich die deutsche Nationalmannschaft mit Uruguay teilen. Die Uruguayer haben ihr Quartier in Hilterfingen aufgeschlagen. Die Stadt liegt auf der anderen Seite des Thunersees. Als die Nationalspieler beider Länder aufeinandertreffen, stürmen die uruguayischen Spieler direkt auf Helmut Rahn zu. Sie haben das Spiel gegen Rot-Weiss Essen nicht vergessen. Die restlichen Spieler um Ottmar schauen verdutzt und amüsiert zu, wie Helmut sich mit Händen und Füßen mit den Südamerikanern zu unterhalten versucht.

Die Nationaltrainer machen aus, dass die Uruguayer zuerst ihre Trainingseinheit absolvieren. Die Deutschen staunen über die Ballbehandlung des amtierenden Weltmeisters. Fritz Walter hat es vor allem Juan Schiaffino angetan. Der uruguayische Spielmacher entlockt dem deutschen Kapitän Bewunderung. «Ich wünschte mir nur, zehn Jahre jünger zu sein und mit ihm in einer Mannschaft spielen zu können!», sagt er. [5] So wie ihm geht es vielen der Schaulustigen. Die meisten Schweizer Zuschauer verlassen das Trainingsgelände zusammen mit der uruguayischen Mannschaft. Sie hatten sich für die exotischen Tricks der Südamerikaner interessiert. Das deutsche Training wollen sie nicht verfolgen. Warum auch? Die Deutschen gehen als Außenseiter in das Turnier, und exotisch sind sie für ihre Schweizer Nachbarn schon einmal gar nicht. Sepp Herberger ist das ganz recht. Er kann in Ruhe mit seiner Mannschaft an seinen taktischen Vorstellungen arbeiten. Zunächst bolzen die Spieler Kondition, ehe Abwehr und Angriff in Spielformen gegeneinander antreten.

An einem anderen Trainingstag bestreitet die uruguayische Nationalmannschaft ein Freundschaftsspiel. Sie trifft auf eine lokale Thuner Auswahl. Herberger schüttelt nur den Kopf. «In solchen Begegnungen tritt doch immer deutlich die Überlegenheit einer Mannschaft zutage. Und das ist für die Weltmeisterschaft, bei der man nur mit gefährlichen Gegnern zu rechnen hat, nicht genau das Richtige», findet er.[6] Ein wirklicher Test ist es für die Uruguayer wahrlich nicht. Sie gewinnen die Partie 16:0.

Unter den Zuschauern befindet sich nicht nur die deutsche, sondern auch die ungarische Mannschaft. Ihr Quartier liegt im 60 Kilometer entfernten Solothurn. Sie sind extra angereist, um den südamerikanischen Weltmeister mit eigenen Augen zu bestaunen. Die ungarischen Nationalspieler belagern nicht Rahn, sondern Jupp Posipal. Der deutsche Verteidiger war in Lugoj in Rumänien aufgewachsen, ehe er kurz vor dem Ende des Zweiten Weltkriegs nach Deutschland übersiedelte. Da das Gebiet um Lugoj aber erst kurz vor seiner Geburt von Ungarn an Rumänien gefallen war und dort nach wie vor viele Ungarn lebten, spricht der Wahlhamburger fließend ungarisch. Posipal fragt die Ungarn, ob sie den Deutschen im zweiten Spiel nicht vielleicht einen Punkt schenken könnten. «Wir kennen euch», antwortet Stürmer Sándor Kocsis. «Wenn das klappt, wollt ihr nachher alle Punkte von uns haben!»[7]

Wenige Tage, nachdem der deutsche Tross in Spiez angekommen war, stößt Adi Dassler zum Team. Ottmar kennt den Schuhmacher seit vielen Jahren. Der Gründer und Chef der Firma Adidas ist ständiger Begleiter der deutschen Nationalmannschaft. Er kümmert sich um die Ausrüstung der Spieler, vornehmlich um ihre Schuhe. Herberger und Dassler arbeiten bereits seit den Dreißigerjahren zusammen, als Adi noch mit seinem Bruder Rudolf Schuhe nähte. Nach dem Krieg zerstritten sich die Brüder. Warum das Band zwischen ihnen riss, weiß niemand. Herberger hielt Adi und damit Adidas die Treue, während Rudolf seine eigene Firma Puma gründete.[8]

Adi Dassler versorgt die Nationalspieler mit den neuesten Schuhen seiner Firma. Passend zur WM hat Adidas einen Fußballschuh entwickelt, der im Vergleich zu den bekannten Lederstiefeln wesentlich weniger wiegt. Lange hatten er und seine Schuhmacher experimentiert, ehe sie in Känguruleder das passende Material fanden. Die deutsche Junioren-Mannschaft hat den Schuh auf Herz und Nieren geprüft.[9] Auch ausgewählte Nationalspieler durften ihn bereits testen. Max Morlock ist nicht überzeugt. Der Schuh sei mit seinen 350 Gramm viel zu leicht. Ein Tritt eines Gegenspielers und schon sei der Fuß gebrochen, befürchtet er. Doch Fritz Walter vertritt eine gänzlich andere Meinung. Der Kapitän setzt durch, dass die Spieler bei der WM die neuen Schuhe tragen.

Ein besonderer Clou sind die Stollen unter dem Schuh. Sie sind nicht direkt am Schuh befestigt, sondern lassen sich über ein Gewinde an- und wieder abschrauben. So kann man, je nach Platz und Wetter, mit kürzeren oder längeren Stollen auflaufen. Ottmar hatte diese Art von Konstruktion bereits im Finale um die Deutsche Meisterschaft bestaunen können. Dort trugen die Hannoveraner Schuhe mit Schraubstollen. Konkurrent Puma hatte sie hergestellt – und im Anschluss an Hannovers 5:1-Sieg großflächig beworben.[10] Bei der WM tragen die deutschen Spieler hingegen Adidas-Schuhe. Zumindest die meisten: Einige Nationalspieler wollen auch in der Schweiz nicht auf ihre liebsten Schuhe verzichten. Sie befestigen mit weißem Klebeband drei Streifen auf den Konkurrenzprodukten – das typische Markenzeichen von Adidas.

In Spiez verläuft das Leben der Nationalspieler in geregelten Bahnen. Herberger hat strenge Regeln formuliert. Den Essensplan bestimmt der Bundestrainer selbst. Es gibt viel Salat und Hähnchen, keine Suppen und wenig Fett. Die Spieler sollen möglichst wenig Flüssigkeit zu sich nehmen. Alkohol ist strengstens verboten. Ab 22 Uhr herrscht Schlafenszeit. Wer die Nachtruhe stört, ruft Herberger höchstpersönlich auf den Plan. Das bekommt sogar DFB-Präsident Dr. Peco Bauwens zu spüren. Er gönnt sich nach seiner Ankunft in Spiez mit Würdenträgern des Schweizer Verbands einen Drink, als Herberger plötzlich in der Hotelbar steht. Der Bundestrainer wirft die Gruppe aus dem Hotel. Sie flüchten in ein anderes Lokal.

Für Ottmar Walter stellen diese Regeln keine Umstellung dar. Er hatte sie in Vorbereitung auf die Weltmeisterschaft ohnehin befolgt. Ab und an liegt er mit seinem Zimmergenossen Werner Liebrich noch wach und spielt Karten. Zumeist aber hält er sich an Herbergers Ansagen. Er ist nicht zum Entspannen in die Schweiz gekommen.

Die Anspannung steigt mit jedem Tag. Am 16. Juni 1954, fünf Tage nach der Ankunft in Spiez, wird die Weltmeisterschaft eröffnet. Fritz Walter erkundigt sich in Zimmer 306, ob Ottmar und Werner Liebrich das Eröffnungsspiel sehen möchten. Eine Reise nach Lausanne, nur einen Tag vor dem Spiel gegen die Türkei?, wundern sich die beiden. Nein, nein, sagt Fritz Walter. Er habe einen Laden gesehen, in dessen Schaufenstern TV-Apparate stehen. Das Schweizer Fernsehen überträgt das Eröffnungsspiel zwischen Frankreich und Jugoslawien. Werner Liebrich begleitet

Fritz, um das Spiel vor dem Laden zu verfolgen. Ottmar bleibt im Hotel. Er interessiert sich zwar für die neumodischen TV-Apparate. Aber warum soll man sich ein Fußballspiel auf einem Bildschirm anschauen?

Ottmars Zimmergenosse Liebrich ahnt, dass er gegen die Türkei nicht in der Startaufstellung stehen wird. Ottmar hingegen weiß, dass er spielen wird. Herberger setzt auf ihn als Angreifer. Auf Spaziergängen am Thunersee bläut er Ottmar noch einmal seine Aufgabe ein. Toreschießen sei nur *eine* Aufgabe eines Stürmers. Er müsse vor allem mitspielen, auf die Flügel ausweichen, Räume für seine Mitspieler öffnen. Nur so lasse sich Herbergers Wirbel umsetzen.

In der Sitzung vor dem Spiel unterstreicht der Bundestrainer noch einmal die Wichtigkeit des Offensivspiels. Den Türken genüge als gesetzter Mannschaft ein Unentschieden. Sie werden aus einer massierten Defensive heraus auf Konter setzen. Im Anschluss an diese taktische Warnung liest Herberger die Mannschaftsaufstellung vor. Im Tor Toni Turek. In der Abwehr Fritz Laband, Jupp Posipal und Werner Kohlmeyer. In der Läuferreihe Karl Mai und Horst Eckel. Im Sturm von links nach rechts Hans Schäfer, Fritz Walter, Ottmar Walter, Max Morlock und Berni Klodt.

Nach der Mannschaftssitzung dürfen die Spieler noch einmal entspannen. Auf ein kurzes Mittagsschläfchen folgt eine Mahlzeit. Das Hotel Belvédère serviert Poulet, ein Hähnchengericht. Masseur Deuser bittet die Startelf im Anschluss zur Massage. Ottmar lässt seine Knie mit einer Unterwasser-Massagedüse behandeln. Anschließend startet der deutsche Mannschaftsbus nach Bern.

Knapp 25000 Zuschauer pilgern in das Wankdorfstadion. Das Stadion ist damit zwar nicht einmal zur Hälfte gefüllt, doch zu keinem der vier parallel laufenden Spiele verirren sich mehr Zuschauer.[11] Die deutschen Anhänger sind in Scharen über die Grenze gereist, um ihre Mannschaft zu unterstützen. Sie wissen: Diese Partie entscheidet bereits darüber, ob die deutsche Mannschaft überhaupt eine Chance auf das Weiterkommen besitzt.

In den Kabinen herrscht rege Betriebsamkeit. Beide Teams haben beim portugiesischen Schiedsrichter José da Costa angemeldet, in weißen Trikots spielen zu wollen. Das Los muss entscheiden. Wenige Minuten später erscheint in der deutschen Kabine ein freudestrahlender DFB-Präsident. «1:0 für uns!», verkündet Dr. Peco Bauwens. «Alles andere liegt jetzt an euch.»[12]

Herbergers Einschätzung, die Türken würden auf Verteidigung setzen, entpuppt sich schon nach wenigen Sekunden als Trugschluss. Die Türken lassen sich nicht auf eine taktisch geprägte Partie ein. Sie spielen von der ersten Minute an mit fünf Stürmern nach vorne. Die deutsche Abwehrreihe zeigt sich von so viel Angriffslust überrumpelt. Es sind nicht einmal drei Minuten gespielt, als Suat Mamat den Ball an der rechten Außenlinie erhält. Eckel grätscht ins Leere, auch Laband lässt sich von dem flinken Stürmer austanzen. Sein Schuss flutscht durch die Arme von Torhüter Turek. 0:1.

Max Morlock feuert seine Mitspieler an. Jetzt erst recht! Ottmar Walter schaut hinüber zu seinem Bruder Fritz. Der dreht nur ab und läuft Richtung Mittellinie. Der sonst so sensible Kapitän lässt sich vom frühen Gegentreffer nicht beeindrucken. Überhaupt scheint sein Bruder in diesen Tagen verändert: weniger leidend, fröhlicher, nicht so leicht einzuschüchtern. Es wirkt, als habe Fritz jahrelang auf die Chance gewartet, sich bei einer Weltmeisterschaft zu präsentieren. Diese Chance will er nicht ungenutzt verstreichen lassen.

Die Deutschen übernehmen die Kontrolle über die Partie. Fortan sind es die Türken, die hinterherlaufen. Ottmar Walter weicht auf die Flügel aus; häufig ist er auf der linken Seite zu finden. Sein Bruder füttert ihn mit Bällen, Ottmar leitet die Zuspiele in den Strafraum weiter. Bereits nach 14 Minuten gelingt der deutschen Mannschaft der Ausgleich. Fritz Walter sieht den freien Morlock, der wiederum bedient den in die Mitte gerückten Linksaußen Hans Schäfer.

Erst nach dem Ausgleich entsteht das Spiel, das Herberger seinen Mannen vor Anpfiff prophezeit hatte. Die Türken versteifen sich auf die Verteidigung. Sie bolzen die Bälle lang nach vorne, um sich Luft zu verschaffen. Erhalten sie einen Freistoß, legen sie sich den Ball in aller Seelenruhe zurecht. Sie spielen auf Zeit. Die deutschen Angriffe werden zusehends intensiver. Kurz vor der Pause schießt Ottmar ein Tor. Doch schon bei der Schussabgabe weiß er, was ihm blüht. Der Schiedsrichter entscheidet auf Abseits. Mit einem 1:1 geht es in die Halbzeitpause.

Masseur Deuser empfängt die Spieler in der Kabine. Sie erhalten ein Glas Tee sowie eine Zitronenscheibe, auf die sie beißen sollen. Vitamin C bewirke schließlich Wunder! Wasser erhalten die Spieler nur zum Gurgeln. Zu viel Trinken schadet bekanntlich der Willenskraft. Deuser behandelt die Muskeln der Spieler mit Salben und Tinkturen. Herberger spricht seinen Spielern Mut zu. Der Wirbel in der Offensive funktioniere bereits gut. Die Defensive müsse sich noch stärker konzentrieren. Die Türken werden wieder versuchen, früh ein Tor zu erzielen.

Auch diese Vorhersage von Herberger trifft nicht ein. Die zweite Halbzeit beginnt so, wie die erste aufgehört hatte: mit einem Sturmlauf der deutschen Mannschaft. Besonders gegen Ottmar finden die Türken kein Gegenmittel. Er taucht mal hier und mal da auf, aber nie dort, wo die türkischen Verteidiger den Mittelstürmer erwarten. In der 52. Minute erhält Ottmar den Ball kurz hinter der Mittellinie. Rechtsaußen Klodt startet bereits in die Tiefe. Ottmar spielt ihm den Ball in Manier seines Bruders perfekt in die Füße. Klodt legt den Ball an Torhüter Turgay Şeren vorbei in den Kasten.

Angesichts des Rückstands löst sich die türkische Hintermannschaft zunehmend auf. Dem Wirbel der deutschen Angriffsreihe hat sie nichts entgegenzusetzen. Das 3:1 zeigt exemplarisch, wie flexibel die deutsche Angriffsreihe auftritt: Der halbrechte Angreifer Max Morlock erhält den Ball auf dem linken Flügel. Torhüter Şeren verpasst die Flanke genauso wie Linksaußen Schäfer, der sich in die Mittelstürmer-Position geschlichen hatte. Doch vom rechten Flügel aus düst Ottmar in den Fünfmeterraum. Er köpft die Kugel ins leere Tor. Kurz vor Schluss revanchiert sich der Torschütze beim Flankengeber: Ottmar legt den vierten Treffer durch Morlock auf. Der Mittelstürmer war damit an allen drei deutschen Treffern in der zweiten Halbzeit direkt beteiligt.

In der Kabine feiern die deutschen Spieler den Sieg. Berni Klodt verkündet, dass er beim Gewinn der Weltmeisterschaft mit vollen Kleidern in den Thunersee springen werde. Ein recht sportlicher Einsatz: Schließlich kann er nicht schwimmen. Als sein Rettungsengel wird Ersatztorhüter Heinrich Kwiatkowski auserkoren, ebenfalls bekennender Nichtschwimmer. Im Mannschaftsbus singen die Spieler Herbergers Lieblingslied: «Hoch auf dem gelben Wagen sitz' ich beim Schwager vorn. Vorwärts die Rosse jagen, lustig schmettert das Horn!» Der Bundestrainer revanchiert sich, indem er den Spielern zur Feier des Tages ein Bier spendiert.

Ottmar Walter kann stolz sein auf sich. Er hat im ersten WM-Spiel genau die Leistung gezeigt, die Herberger von ihm erwartet hatte. Vor dem Turnier hat die Presse die Nichtnominierung des Fürthers Horst Schade noch kritisch kommentiert. Nun wird sie Ottmar und seine Leistung in höchsten Tönen loben. Zugleich weiß Ottmar, dass dieser Sieg nur der Beginn der Weltmeisterschaft war.

HR:

Die Verlegenheitself

Helmut Rahn mag auf dem Feld nicht der mannschaftsdienlichste Spieler sein. Abseits des Rasens ist er bei seinen Mitspielern jedoch recht beliebt. Rahn hebt die Stimmung in jedem Raum, sei es bei Rot-Weiss Essen oder bei der Nationalmannschaft. Er liebt es, Teil einer Gemeinschaft zu sein und mit seinen Kollegen zu flachsen.

Das ist in der Schweiz nicht anders. In den ersten Tagen in Spiez ist Helmut Rahn die Stimmungskanone seiner Mannschaft. Frühaufsteher Rahn weckt jeden Morgen Langschläfer Fritz Walter, indem er die Wasserhähne im Bad aufdreht. Wenn das nicht genügt, stiehlt Rahn den elektrischen Rasierer seines Zimmerkameraden. Er platziert ihn neben Fritz' Kopf und schaltet ihn auf höchster Stufe ein. Aufwachen! Während Fritz Walter unter Flüchen die Augen öffnet, steht Rahn bereits auf dem Balkon. In seiner Paraderolle als Essener Marktfrau will er seine Ware an den Mann bringen. «Prima schnittfeste Tomaten! Beste Ware, nur heute, nur hier!», brüllt er in Richtung des Thunersees. «Kauft die prima Oma-Lutsch-Birnen!» Die gesamte Mannschaft versammelt sich auf den Balkonen und lacht sich kaputt.

Fritz Walter findet zunächst keinen Gefallen an der Rahn'schen Morgenunterhaltung. Der notorische Langschläfer beschwert sich bei Herberger. Der hört sich die Beschwerde seines Mannschaftsführers in aller Seelenruhe an. Anschließend befragt er Rahn, ob die Vorwürfe stimmen. Rahn bejaht. «Gut, machen Sie weiter so», erklärt Herberger. «Der Fritz braucht das.»[13] Was Fritz Walter nicht weiß: Rahn arbeitet im Auftrag des Trainers. Der stört sich schon lange an der Schläfrigkeit seines Kapitäns.

Fritz kann seinem Zimmerkollegen nicht lange böse sein. Als Rahn wenig später einen Ringkampf mit Werner Liebrich ausfechtet, steht auch Fritz am Rand und feuert Rahn energisch an. Die Mannschaft kugelt sich vor Lachen, als Rahn seinen Kontrahenten auf den Bauch dreht und ihm mit voller Kraft in den Hintern beißt. «Der ‹Kleine› schreit wie am Spieß, und wir brüllen vor Vergnügen», wird Fritz Walter später über den «Ringkampf» schreiben.[14]

Helmut Rahn unterhält nicht nur seine Mannschaftskollegen. Die Befürchtungen der Schweizer Hotelverantwortlichen werden

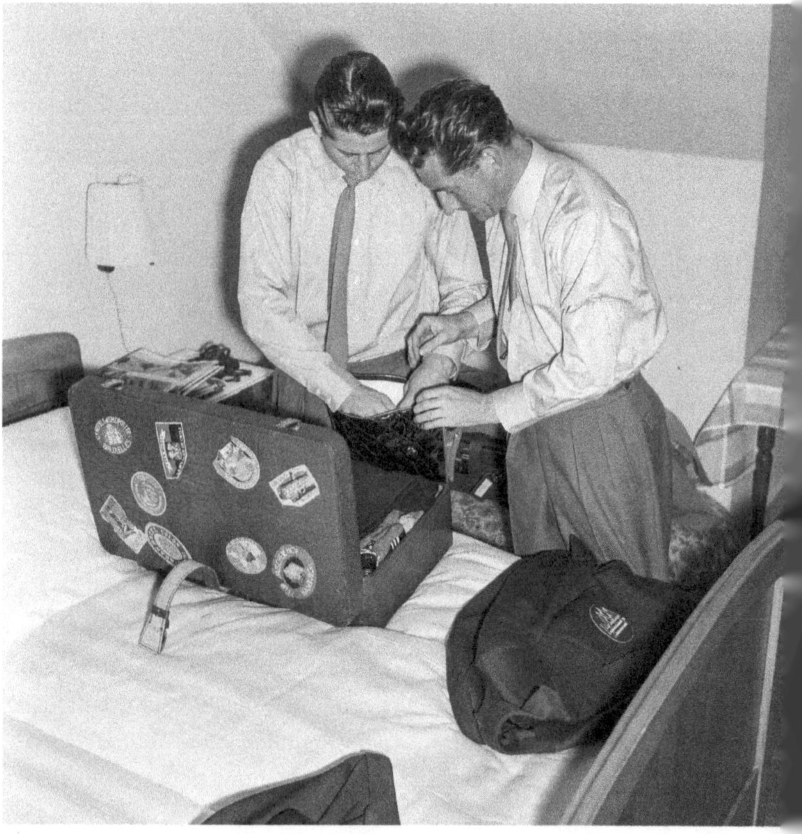

Helmut Rahn und Fritz Walter packen in Spiez ihre Koffer aus.

in diesen Tagen wahr: Ein Schwall von Journalisten, deutschen Touristen und Schaulustigen fällt in Spiez ein, um die Nationalelf zu sehen. Manche täuschen vor, einen Spieler zu kennen, um Zutritt zum Hotel zu erlangen. Rahn weiß, wie man mit einem lockeren Spruch einen nervtötenden Fan abwimmeln kann. Fritz Walter ist da schon freundlicher. Irgendwann schmerzen dem Kapitän die Hände von den ganzen Autogrammen, die er schreiben muss.

Rahns gute Laune endet abrupt, als Sepp Herberger auf der Mannschaftssitzung vor dem Türkei-Spiel die Aufstellung vorliest. Rahn schreckt hoch, als er den Namen Berni Klodt hört. Rahn hatte alle Spiele der Qualifikation bestritten. Er war eigens aus Südamerika angereist, um mit der deutschen Mannschaft in die Schweiz zu fahren. Und jetzt, im entscheidenden Moment, darf Klodt als Rechtsaußen auflaufen?

Rahn nimmt die Demission nicht gut auf. Gar nicht gut. Zeit seines Lebens hat er praktisch nie auf der Bank Platz nehmen müssen. Nicht bei seinen Jugendklubs, nicht in Essen, auch nicht in der Nationalmannschaft. Seit Herberger ihn erstmals nominierte, war er Stammspieler. Und jetzt, im wichtigsten aller wichtigen Spiele, sitzt Rahn draußen. Herberger hatte Rahn keine Gründe genannt, aber Rahn hätte sie sowieso nicht hören wollen. Wie ein verwundetes Reh zieht er nach der Spielersitzung von dannen.

Also verfolgt Helmut Rahn die Partie im Wankdorfstadion von der Ersatzbank aus – wobei der Begriff «Ersatzbank» einen Euphemismus darstellt. Auswechslungen sind bei der Weltmeisterschaft nicht gestattet. Rahn und die übrigen deutschen Spieler sitzen daher wie einfache Zuschauer im Publikum. Rahn liebt es, Fußball zu spielen. Fußball zu schauen, verachtet er. Besonders, wenn er eigentlich spielen könnte.

Der Sieg hebt seine Stimmung nicht, er hat schließlich nichts dazu beigetragen. Als die Mannschaft auf dem Rückweg aus dem Stadion zusammen singt, murmelt Rahn teilnahmslos mit. Nach dem Abendessen begibt er sich direkt auf sein Zimmer. Als Fritz Walter von der Massage bei Deuser zurückkehrt, ist er bereits eingeschlafen.

Drei Tage später steht schon das zweite Gruppenspiel an. Mit einem Unentschieden oder Sieg über Ungarn wären die Deutschen für das Viertelfinale qualifiziert. Selbst im Falle einer Niederlage behält die deutsche Nationalmannschaft ihr Schicksal in der eigenen Hand. Auf Schützenhilfe darf die deutsche Mannschaft nicht hoffen: Südkorea war gegen Ungarn sang- und klanglos mit 0:9 untergegangen. Die Asiaten werden auch gegen die Türkei nicht konkurrenzfähig sein. Angesichts des zu erwartenden türkischen Siegs steht im Fall einer deutschen Niederlage ein Entscheidungsspiel an. Deutschland träfe noch einmal auf die Türkei.

Herberger hat sich bereits vor der WM festgelegt: Er setzt voll und ganz auf das mögliche Entscheidungsspiel. Sämtliche Stammspieler sind in seine Pläne eingeweiht. Auch die übrigen Spieler überrascht es nicht, dass Herberger seine Startelf auf sieben Positionen verändert. Ottmar Walter, Max Morlock, Hans Schäfer, Berni Klodt, Fritz Laband, Toni Turek: Sie alle werden gegen Ungarn geschont. Herberger hätte auch gerne auf Horst Eckel und Fritz Walter verzichtet. Doch Eckel muss für den erkrankten Karl Mai einspringen. Der liegt mit 39 Grad Fieber im Bett. Fritz Walter wiederum beharrt auf seiner Aufstellung. Wenn er zur WM mitfahre, will er alle Spiele bestreiten. Er bearbeitet Herberger so lange, bis dieser einknickt. Der Bundestrainer kann seinem Kapitän keinen Wunsch abschlagen.

Auch im Tor muss Herberger eine kurzfristige Umstellung vornehmen. Eigentlich war Heinz Kubsch als Ersatzmann für Toni Turek vorgesehen. Kubsch hatte wenige Tage vor dem Spiel jedoch versucht, zusammen mit seinem Torhüter-Kollegen Heinrich Kwiatkowski ein Ruderboot zu besteigen. Es blieb bei dem

Versuch. Das Boot kenterte. Marinesoldat Ottmar Walter eilte sofort zu Hilfe, um Nichtschwimmer Kwiatkowski aus dem Wasser zu retten. Kubsch hatte weniger Glück: Bei seinem Hechtsprung aus dem Boot stieß er sich die Schulter. Das bedeutete für Kubsch das WM-Aus. Kwiatkowski darf gegen die Ungarn den Kasten hüten.

Herberger stellt nicht nur personell, sondern auch taktisch um. Die Ungarn sind das spielstärkste Team dieser Weltmeisterschaft. Sie lassen den Ball schneller und genauer in den eigenen Reihen laufen als jede andere Nation. Verlieren die Verteidiger ihren Gegenspieler nur eine Sekunde aus den Augen, wissen die Ungarn dies auszunutzen. Jupp Posipal soll Ferenc Puskás verfolgen, Horst Eckel muss den zurückfallenden Mittelstürmer Nándor Hidegkuti aufnehmen, Paul Mebus soll den kopfballstarken Sándor Kocsis bewachen. Sie alle müssen sich vollends auf ihre Deckungsaufgaben konzentrieren. Werner Liebrich soll als zusätzlicher Verteidiger hinter seinen Kollegen absichern. Deutschland agiert also mit einer Doppelstopper-Taktik. Vorne sollen die Stürmer für schnelle Gegenstöße bereitstehen.

Die Startelf sieht wie folgt aus: im Tor Heinrich Kwiatkowski. In der erweiterten Abwehrreihe Hans Bauer, Werner Liebrich, Jupp Posipal und Werner Kohlmeyer. In der Läuferreihe Paul Mebus und Horst Eckel. Im Angriff Richard Herrmann, Alfred Pfaff, Fritz Walter und Helmut Rahn.

Rahn hatte sich nichts sehnlicher gewünscht, als bei der WM in der Startaufstellung zu stehen. Der Kloß in seinem Hals verschwindet trotzdem nicht, als dieser Traum wahr wird. Er weiß: Er spielt in einer Lückenfüller-Elf. Herbergers wahre Stammelf wird im kommenden Spiel auflaufen. Und dann muss er wieder auf der Tribüne Platz nehmen.

Helmut Rahn ist mit seiner Enttäuschung über die Aufstellung nicht allein. 55 000 Zuschauer haben sich Tickets besorgt, das Baseler St.-Jakob-Stadion ist nahezu ausverkauft. Zu keinem Spiel dieser WM strömten bislang mehr Zuschauer ins Stadion, nicht einmal zu den Partien mit Schweizer Beteiligung. Der überwiegende Teil der Zuschauer in Basel stammt aus Deutschland. Unter ihnen sitzt mit Hans Albers einer der bekanntesten Schauspieler des Landes. Die deutschen Zuschauer haben viel Geld ausgegeben für Anreise und Tickets. Als der Stadionsprecher die Aufstellung verliest, können sie zunächst kaum glauben, was sie da hören. Zwar hatte eine große deutsche Zeitung schon vor der Partie die deutsche Aufstellung korrekt vorhergesagt.[15] Doch so recht hatte niemand glauben wollen, dass Herberger tatsächlich eine B-Elf auf das Feld schickt. Als der erste Schock abklingt, ertönt ein höllisches Pfeifkonzert. Die deutschen Fans fühlen sich vom Bundestrainer betrogen.

Herberger spricht seinen Spielern in der Kabine Mut zu. Sie können ein Unentschieden erreichen! Dazu müsse sich die Defensive vollends auf ihre Aufgaben konzentrieren. Doch alle guten Vorsätze sind bereits nach drei Minuten dahin. Torhüter Kwiatkowski und Verteidiger Bauer rasseln nach einem ungarischen Eckball zusammen, der Ball landet vor den Füßen von Zoltán Czibor. Der Ungar schiebt die Kugel ins leere Tor. 0:1. Von da an erarbeiten sich die Ungarn Chancen im Minutentakt. Die «falsche Neun» Hidegkuti sowie Mittelfeld-Motor József Bozsik gestalten das Spiel aus der Tiefe. In der 17. Minute schlängelt sich Puskás an zwei Verteidigern vorbei und schließt routiniert ab. 0:2. Kurz darauf spielt er einen genialen Pass in die Tiefe auf Sándor Kocsis. 0:3.

Der Spielverlauf lässt in Helmut Rahn die Wut aufsteigen. Sie werden von den Ungarn vorgeführt. Herberger hat seine Elf auf die Schlachtbank geführt. «Meine Wut richtete sich gegen alles und jeden», schreibt Rahn Jahre später in seiner Autobiografie. «Gegen die Zuschauer, die – nachdem sie sich müde gepfiffen hatten – nun bereits abwanderten. Gegen die Ungarn, die sich wie Ritter ohne Furcht und Tadel vorkamen. Gegen mich selbst, weil ich wie der übrige deutsche Sturm im Grunde genommen machtlos war.»[16]

Rahn gehört zu der Sorte Fußballer, die Wut antreibt. Obwohl der deutsche Sturm so gut wie keine Bälle erhält, avanciert Helmut Rahn zum besten deutschen Akteur. Bereits nach wenigen Minuten lässt er eine seiner berühmten Bomben loszischen. Knapp vorbei. In der 25. Minute zieht er mehrere Gegenspieler auf sich, bedient aber den frei stehenden Pfaff. 1:3. Rahn ist an jeder guten Offensivsituation der Deutschen beteiligt.

Doch davon gibt es nicht allzu viele. Die Deutschen befinden sich praktisch nur in der Defensive. Die Ungarn beginnen zu zaubern: Puskás leitet den Ball mit der Hacke weiter, Bozsik wagt spektakuläre Flugbälle. Lediglich der schludrigen Chancenverwertung der Ungarn ist es zu verdanken, dass es zur Halbzeit nur 1:3 steht. Nach der Pause hören die Ungarn nicht auf. Hidegkuti schießt aus dem Hintergrund. 1:4. Fünf Minuten später dribbelt Hidegkuti in den Strafraum, mit einer Körpertäuschung lässt er Werner Kohlmeyer ins Leere laufen. 1:5.

Die deutsche Verteidigung wirkt von Minute zu Minute hilfloser. Mit aller Härte versuchen die Deutschen, die Ungarn am Toreschießen zu hindern. Läufer Mebus humpelt im Sturm herum; er hat sich in einem Zweikampf verletzt. In einer Situation kommt Werner Liebrich im Strafraum zu spät. Schiedsrichter William Ling aus England entscheidet auf Weiterspielen. Dieselbe Entscheidung fällt er auch wenige Minuten später, als József Tóth durch ein deutsches Bein am Schuss gehindert wird. Eine klare Fehlentscheidung. Die Ungarn beklagen, dass die Deutschen trotz des eindeutigen Spielstands überhart in die Zweikämpfe gehen.

Die Gemüter auf dem Feld sind bereits erhitzt, als es in der 64. Minute an der Mittellinie zu einem Zweikampf zwischen Puskás und Liebrich kommt. Nach dem Spiel werden die Spieler beider Mannschaften unterschiedliche Versionen zum Besten geben, was in dieser Szene passiert ist. Die deutsche Version lautet, dass Liebrich normal in den Zweikampf geht. Im Gerangel um den Ball fällt er unglücklich auf den Knöchel des ungarischen Kapitäns. In der ungarischen Version kommt Liebrich weit weniger gut weg: Gefrustet vom ungarischen Sturmlauf, habe er Puskás mit voller Absicht umgetreten. Unstrittig ist einzig, dass Puskás' Knöchel im Anschluss an die Aktion anschwillt. Der ungarische Kapitän kann nicht weiterspielen.

Auch mit einem Mann weniger endet der ungarische Sturmlauf nicht. Kocsis steht nach einem Pass in die Tiefe allein vor Kwiatkowski. 1:6. Tóth gelangt nach einem Doppelpass mit Hidegkuti in den deutschen Strafraum. 1:7. Das schönste Tor des Tages allerdings gelingt keinem Ungarn, sondern Helmut Rahn: Er nimmt dem herausgeeilten Torhüter Gyula Grosics an der Eckfahne den Ball weg. Vom Strafraumrand löffelt er den Ball über Torhüter und Verteidiger ins Toreck. 2:7. Kocsis gelingt eine Minute später sein vierter Treffer im Spiel. 2:8. Einen deutschen Konter vollendet Pfaff zum Endstand von 3:8. Es ist der einzige deutsche Treffer, an dem Rahn nicht direkt beteiligt ist.

Als die deutsche Mannschaft nach dem Schlusspfiff ihre übliche Ehrenrunde dreht, werden die Spieler von allen Seiten ausgebuht. Die Menge johlt, pfeift und wirft mit Beleidigungen und kleinen Gegenständen um sich. Deutschlands Ersatzspieler erhalten die Quittung für Herbergers Plan. Reporter Gerd Krämer schreibt über die Stimmung: «Noch nie ist eine deutsche Nationalmannschaft vom eigenen Publikum so konsequent, so erbarmungslos ausgepfiffen worden; jeder sein eigener Nero, und sie alle halten den Daumen nach unten.»[17]

Als Helmut Rahn in den Mannschaftsbus steigt, fordert Herberger ihn auf, etwas für die Stimmung zu tun. «Helmut, Sie sind doch ein Kerl! Kümmern Sie sich mal um die Stimmung! Was hat es denn für einen Zweck, wenn alle trostlos herumsitzen? Wie schnell ist der Mittwoch da! Da müssen wir alle wieder voll einsatzfähig sein», so Herberger.[18] Doch Rahn ist der Mittwoch egal. Er verspürt an diesem Abend keine Lust, sich als Stimmungskanone anzudienen. Erst in der Nacht erreicht der deutsche Mannschaftsbus das Hotel Belvédère in Spiez. Die Spieler gehen sofort ins Bett.

Rahns Laune steigt nicht, als er am folgenden Tag die Reaktionen aus der Heimat mitbekommt. Allerhand Telegramme erreichen die deutsche Mannschaft, die wenigsten mit nettem Inhalt. Auch die Presse berichtet kritisch. Nur wenige Journalisten heißen Herbergers Planspiele gut. Die Mehrheit kritisiert den Bundestrainer und dessen «Verlegenheitself», wie sie allerorten genannt wird. Rahn schmeckt es überhaupt nicht, als Teil der B-Elf gesehen zu werden. Zugleich macht Herberger nicht viel, um die Niederlage gegen Ungarn aufzuarbeiten. Er wendet sich ganz den Spielern zu, die gegen die Türkei zum Einsatz kommen sollen. Rahn lässt er wieder links liegen.

Der weigert sich vor dem kommenden Spiel, dem strengen Regiment seines Trainers zu folgen. Zusammen mit einigen anderen Ersatzspielern gründet er den «Klub der Unzufriedenen».[19] Einige der Spieler, die gegen Ungarn die B-Elf bildeten, schleichen sich am Abend vor dem Entscheidungsspiel gegen die Türkei aus dem Hotel. Nach einem längeren Spaziergang um den Thunersee lassen sie sich in einem Lokal nieder. Gemeinsam wollen sie ihren Schmerz mit einigen Gläsern Bier herunterkippen. So sitzen sie noch einige Zeit im Lokal und schimpfen und zetern und jammern. In diesen Tagen bereut es Helmut Rahn, für die Weltmeisterschaft aus Südamerika abgereist zu sein.

OW:
Das erste K.-o.-Spiel

Ottmar Walter verfolgt das Spiel gegen Ungarn mit Fassungslosigkeit. Er hatte – wie die meisten im Team – nicht geglaubt, die Ungarn besiegen zu können. Er hatte aber Herbergers Worten vertraut und auf ein Unentschieden gehofft. Die deutliche 3:8-Niederlage lässt Ottmar und die übrigen geschonten Spieler kräftig schlucken. Nie sind in einem WM-Spiel bisher mehr Tore gefallen.

Kaum pfeift der Schiedsrichter die Partie ab, hakt Herberger die Niederlage bereits ab. Die Kunde des türkischen 7:0-Erfolgs über Südkorea war bereits zu ihm durchgedrungen. Es kommt damit zum erwarteten Entscheidungsspiel gegen die Türkei. «Nach dem Spiel ist vor dem Spiel»: Dieses Motto lebt er seinen Mannen vor. Als Ottmar Walter in den Mannschaftsbus einsteigen will, verpasst Herberger ihm einen Tritt gegen das Schienbein. Er bedeutet Ottmar, ihm etwas ins Ohr flüstern zu wollen. Der rückt an den Bundestrainer heran. «Am Mittwoch! Am Mittwoch!», zischt Herberger. Der Bundestrainer verfährt so mit allen Spielern, die er gegen Ungarn geschont hat. Max Morlock, Berni Klodt, Hans Schäfer, Fritz Laband, Karl Mai und Toni Turek bekommen allesamt die Worte zu hören: «Am Mittwoch! Am Mittwoch!» Einzig Fritz Walter verschont der Bundestrainer. Er soll zunächst die Niederlage gegen Ungarn verdauen.

In Spiez bildet sich eine Zweiklassengesellschaft. Während die Ungarn-Spieler bedröppelt durch das Belvédère trotten, reagieren die geschonten Spieler wie von Herberger erhofft. Schäfer flüstert dem Bundestrainer noch auf der Rückfahrt zu: «Herr Herberger, die Türken putzen wir weg!»[20] Am nächsten Morgen wiederholt Schäfer den Ausspruch vor versammelter Mannschaft. «Männer, die putzen wir weg!» Auf die Frage, ob die Spieler einen besonderen Wunsch zum Mittagessen hegen, antwortet einer: «Ungarisches Gulasch!» Bei vielen Akteuren hellt die Stimmung bereits wieder auf.

Die deutsche Niederlage hat auch ihr Gutes. Die Zahl der Schaulustigen, die das Team in Spiez behelligen, nimmt spürbar ab. Die Stimmung in der Heimat hat sich um 180 Grad gedreht. Nach dem ersten Spiel gegen die Türkei hatte so manche Publikation die deutsche Elf bereits zum Geheimfavoriten gekürt. Nun steht die deutsche Mannschaft für einige Journalisten vor dem sicheren Aus. «Noch nie hat man eine Nationalmannschaft so hilflos agieren gesehen wie diese», schreibt die *Welt*. Die deutschen Anhänger wenden sich von ihrem Team ab. Die Spieler können sich in den kommenden drei Tagen in Ruhe auf das Spiel gegen die Türkei vorbereiten.

Während die Zahl der Besucher abnimmt, steigt die Zahl der Briefe und Postkarten ins Unermessliche. Die meisten sind adressiert an den Bundestrainer. «Herberger! Sie sind ein Lump und Betrüger und gehören eigentlich hinter schwedische Gardinen», schreibt ein Fußballinteressierter aus Kiel. «Wenn Ihre Schäfchen es nicht aushalten können, jeden dritten Tag zu spielen, so ist es höchste Zeit, dass sie einmal ein anderes Training bekommen», meint ein anderer. Ein Anhänger findet: «Es ist ein kolossaler Betrug am zahlenden Publikum, dass Sie eine Verlegenheitself in Basel antreten lassen haben!»

Das sind noch die gesitteten Briefe. Andere bezeichnen den Bundestrainer als Volksverräter. Ein Herr hat sich sogar intensiv Gedanken gemacht über Herbergers Tod: «Wenn der Trainer einer Nationalmannschaft nicht weiß, was er in solchen Fällen dem Sportpublikum vorzusetzen hat, dann sollte er sich besser einen Strick kaufen und sich am nächsten Baum aufhängen, aber möglichst so, dass der Strick nicht zerreißt, damit man diesen hinterher noch verwerten kann.»

Am Tag vor dem Spiel liest Herberger in einer Mannschaftssitzung einige der Schreiben vor. Die Beleidigungen lassen in

Ottmar Walter die Wut aufsteigen. Die meisten Spieler mögen den Bundestrainer. Sie sind in dem Glauben erzogen worden, einer Autoritätsperson wie Herberger habe man bedingungslos zu folgen. Zugleich bewundern sie seinen fußballerischen Sachverstand. Aber nur wenige Spieler haben eine derart enge Beziehung zu Herberger wie die Walter-Brüder. Fritz mag Herbergers Liebling sein. Doch auch Ottmar hat dem Bundestrainer viel zu verdanken, sportlich wie privat. Bereits nach dem Ungarn-Spiel wollte Ottmar gegen die Türkei alles geben. Jetzt brennt er auf Wiedergutmachung.

Herberger gibt bereits einen Tag vor dem Spiel die Aufstellung bekannt. Die Startspieler reisen nach der Spielersitzung sofort zum Spielort Zürich und übernachten dort. Die anderen Akteure sollen erst am folgenden Tag mit dem Zug nachreisen. Das ist eine für Herberger ziemlich untypische Maßnahme. Normalerweise besteht er darauf, dass eine Mannschaft aus mehr als elf Spielern besteht. Doch nach dem Ungarn-Spiel hat er gespürt, wie sich die Mannschaft in zwei Teile spaltet. Herbergers Abreise gibt den in Spiez zurückgebliebenen Spielern die Chance, ihren Frust rauszulassen.

Herberger muss seine gewünschte Elf etwas umbauen. Werner Kohlmeyer fällt aufgrund einer Verletzung aus: Er hat sich im Ungarn-Spiel einen Zehnagel abgerissen. Für ihn rückt Hans Bauer in die Mannschaft. Die Startelf verändert sich damit im Vergleich zum ersten Spiel gegen die Türkei auf einer Position. Ansonsten laufen exakt dieselben Spieler auf, die vor einer Woche mit 4:1 gewonnen haben. Im Tor Toni Turek. In der Abwehr Fritz Laband, Jupp Posipal und Hans Bauer. In der Läuferreihe Karl Mai und Horst Eckel. Im Angriff Hans Schäfer, Fritz Walter, Ottmar Walter, Max Morlock und Berni Klodt. Diese Elf soll Deutschland den Einzug ins Finale sichern.

Im Züricher Hardturm-Stadion bleiben viele Plätze leer. Rund 16 000 Zuschauer sitzen auf der Tribüne. Gerade aus Deutschland sind deutlich weniger Fans zugegen als noch bei den ersten beiden Partien. Das Interesse an der Nationalmannschaft ist rapide gesunken.

Vor der Partie äußert der türkische Kapitän Lefter Küçükandonyadis gegenüber seinem Amtskollegen Fritz Walter eine Bitte: Im ersten Spiel habe die deutsche Mannschaft die weißen Trikots tragen dürfen. Ob die Deutschen so gnädig wären, diesmal ihre Auswärtstrikots anzuziehen? Fritz Walter, Sportsmann durch und durch, willigt ein. Das gefällt nicht jedem Mitspieler. Aberglaube ist unter Fußballern weit verbreitet. Manch ein Akteur hätte lieber dasselbe Trikot angezogen wie beim 4:1-Sieg. «Ob im weißen oder grünen Trikot, wir schlagen sie!», erklärt Fritz selbstbewusst.[21] Ottmar und Herberger reiben sich die Augen angesichts der ungewohnten Töne des sonst so sensiblen Kapitäns.

Für die Unterhaltung der Zuschauer haben sich die Schweizer etwas Besonderes einfallen lassen: Die amtierende «Miss Germany» Christel Schaack begleitet die beiden Mannschaften aufs Feld. Doch die deutschen Zuschauer wollen trotz der Schönheit nicht über die Niederlage gegen die Ungarn hinwegsehen. Sie begrüßen das deutsche Team mit einem Pfeifkonzert. Der Schweizer Stadionsprecher schreitet energisch ein: «Liebe Zuschauer, bei uns in der Schweiz pfeift man höchstens im Kabarett, nicht aber auf dem Fußballplatz.»[22] Kapitän Fritz Walter steht indes reichlich bedröppelt am Mittelkreis: Er hat den traditionellen Wimpel vergessen, den beide Mannschaftsführer vor den Spielen austauschen. Der türkische Kapitän tut den Fauxpas mit einem Lächeln ab.

Ottmar Walter wundert sich, als er einen Blick auf den türkischen Torhüter erhascht. Şükrü Ersoy hütet den türkischen Kasten, nicht Turgay Şeren. Dabei hatte Şeren vor einer Woche mit seinen Paraden eine höhere Niederlage verhindert. Das sehen die türkischen Verantwortlichen offenbar anders: Vor allem das dritte Gegentor durch Ottmar wird ihm angekreidet. Suat Mamat, der Torschütze aus dem ersten Spiel, steht ebenso nicht auf dem Feld. Der türkische Verteidiger Çetin Zeybek wiederum trägt einen Verband am Knie.

Schnell zeigt sich: Die türkische Elf kann nicht an die Anfangsphase des ersten Spiels anknüpfen. Von Beginn weg dominiert die deutsche Angriffsreihe das Spiel. Bereits nach sieben Minuten bricht Hans Schäfer auf dem linken Flügel durch. Seinen Pass muss Ottmar nur noch über die Linie drücken. Der deutsche Mittelstürmer landet zusammen mit dem Ball im Netz und verheddert sich. Sein Knöchel schmerzt fortan. Doch Ottmar ist es gewohnt, den Schmerz herunterzuschlucken.

Die deutsche Mannschaft hat nun Chance um Chance. In der 12. Minute fällt Ottmar ins Mittelfeld zurück. Er bedient den startenden Schäfer. 2:0. Die Türken kommen durch einen Kopfballtreffer von Mustafa Ertan zwar zum Anschlusstreffer. Wenige Minuten später jedoch fliegt der Ball hoch in den türkischen Strafraum. Ottmar verliert zwar das Kopfballduell. Doch der türkische Verteidiger köpft den Ball vor die Füße von Max Morlock. 3:1.

In der Halbzeitpause kaut Ottmar genüsslich auf seiner Zitrone herum. Die deutsche Mannschaft befindet sich auf dem besten Weg, sich für das Viertelfinale zu qualifizieren. Dafür spricht nicht nur das Ergebnis. Verteidiger Zeybek trägt die Kniebandage nicht ohne Grund. Von Minute zu Minute wird augenfälliger, dass er verletzt in die Partie gegangen ist. Auch Torhüter Ersoy wirkt seit einer missglückten Parade angeschlagen. Herberger fordert seine Spieler auf, weiter konzentriert zu agieren.

Das tut die deutsche Mannschaft. Morlock grätscht in der 60. Minute eine Flanke in das gegnerische Tor. 4:1. Zwei Minuten später bedient Ottmar seinen Bruder. Fritz versenkt die Kugel flach im Eck. Zur Feier von Fritz' erstem Turniertreffer eilt sogar Torhüter Turek nach vorne. Das bringt Trainer Herberger in Wallung. Ein Torhüter, der den Strafraum verlässt! So was darf es unter dem Bundestrainer nicht geben. Er schickt einen Ersatzspieler zu Turek, der ihm Disziplin einbläuen soll. Die Botschaft: Verlässt Turek noch einmal den Strafraum, darf er sich das nächste Spiel von der Tribüne aus anschauen!

Ottmar bekommt von dem Disput nichts mit. Er konzentriert sich weiter auf seine Aufgaben als Stürmer. Er ärgert sich selbst am meisten, als er in der 77. Minute bei einer Hereingabe von Berni Klodt geistig abschaltet. Sein Bruder Fritz holt den Ball herunter und legt ihn für Morlock auf. 6:1. Wenige Minuten später bereitet Fritz einen weiteren Treffer vor, diesmal für Schäfer. 7:1. Auch der zweite Treffer der Türken trübt die Stimmung der deutschen Spieler nicht. Kapitän Küçükandonyadis gelangt frei zum Schuss. Turek kommt heraus und will den Winkel verkürzen, doch der Schuss ist unhaltbar. Das 7:2 markiert den Endstand. Diesmal können die deutschen Spieler ihre Ehrenrunde ganz auskosten.

In der Kabine herrscht ausgelassene Stimmung. Freudestrahlend verkündet Max Morlock, dass er seine Hochzeitsreise verschieben wird. Die Flitterwochen in Italien waren eigentlich für die Zeit nach der Gruppenphase angesetzt. Er hatte nicht an ein Weiterkommen geglaubt. Die Mitspieler machen sich darüber lustig, dass ausgerechnet Morlock mit seinen vier Treffern maßgeblich zum Viertelfinaleinzug beigetragen hat. Als die Mannschaft um ein Uhr nachts Spiez erreicht, erwartet sie das übermüdete Hotelpersonal, um persönlich zu gratulieren. Die Spieler freuen sich vor allem über die kalte Platte, die das Hotel bereitstellt. Der Bundestrainer spendiert seinen Schützlingen das obligatorische Siegerbier.

Sepp Herberger ist nach dem Einzug ins Viertelfinale bester Laune. Sein Plan, im Spiel gegen Ungarn eine B-Elf aufzustellen, damit die Startelf im Entscheidungsspiel fit ist, ist aufgegangen. Einzig Torhüter Turek möchte er sich noch einmal vorknöpfen. Dass er Fritz Walters Tor weit in der gegnerischen Hälfte bejubelt hat, wertet Herberger als grobe Fahrlässigkeit. Der Bundestrainer hält den Torhüter ohnehin für einen «Bruder Leichtfuß», wie er es einst ausdrückte. Seine lässigen Paraden sind ihm ein Dorn im Auge. Am nächsten Tag fragt er seinen Keeper vor versammelter Mannschaft, warum er denn vor dem zweiten türkischen Treffer sein Tor verlassen habe. Turek reagiert etwas verwirrt. Er weiß: Er hätte den Schuss auch dann nicht halten können, wäre er im Tor geblieben. Herberger stimmt zu. «Toni, wären Sie stehengeblieben, hätten Sie das Tor auch kassiert. Dann hätte aber kein Mensch gemerkt, dass Sie Hufeisen an den Füßen haben!»[23] Die Mannschaft bricht in schallendes Gelächter aus. Nur Turek kann der Bemerkung nichts Lustiges abgewinnen. Gekränkt schnappt er sich ein Ruderboot. Erst spätabends kehrt er auf das Festland zurück.

Ottmar muss sich nach seinen beiden Einsätzen keine kritischen Worte anhören. Der Bundestrainer hat ihn über viele Jahre auf seine Aufgabe vorbereitet. Gegen die Türkei hat er seine Rolle als ausweichender Stürmer in Perfektion erfüllt. Nicht einmal sein leicht angeknackster Knöchel belastet ihn. Masseur Deuser kümmert sich mit seiner Unterwasserdüse um die schmerzende Stelle. Für Ottmar bleibt nur die Frage, ob er seine Form auch in der K.-o.-Phase bestätigen kann.

Deutschland ist nicht die einzige ungesetzte Mannschaft, die ins Viertelfinale vorstößt. Das ungesetzte Jugoslawien hat im WM-Eröffnungsspiel die gesetzten Franzosen mit 1:0 bezwungen. Das 1:1 im zweiten Spiel gegen Brasilien genügt ihnen, um sich für die Runde der besten Acht zu qualifizieren.[24] Dieses Ergebnis ist auch für die deutsche Mannschaft von Relevanz: Als Zweitplatzierter der Gruppe zwei trifft sie auf den Sieger der Gruppe eins. Jugoslawien und Brasilien sind punktgleich. Da das Torverhältnis zur Bestimmung des Gruppensiegers nicht herangezogen wird, muss das Los entscheiden. Der Fifa-Offizielle zieht Jugoslawien aus dem Hut. Gruppensieger Jugoslawien stellt also den deutschen Viertelfinal-Gegner, während Olympiasieger Ungarn gegen Vizeweltmeister Brasilien antreten muss. Es ist das Duell der beiden großen Turnierfavoriten. Viele Journalisten hatten diese Paarung erst im Finale erwartet.

Auch in Gruppe vier setzt sich eine ungesetzte Mannschaft durch – sehr zur Freude der Ausrichter. Die ungesetzten Schweizer gewinnen nicht nur ihr erstes Duell gegen die gesetzten Italiener mit 2:1. Auch das fällige Entscheidungsspiel können sie für sich entscheiden. Die Schweizer kontern die Italiener mit ihrem Riegelsystem beim 4:1-Erfolg gnadenlos aus. Zusammen mit dem Gastgeber erreichen die gesetzten Engländer das Viertelfinale. Sie konnten zwar die Schweiz besiegen, zeigten aber beim 4:4 gegen Außenseiter Belgien Schwächen in der Defensive.

Nur in Gruppe drei setzen sich die von der Fifa ausgewählten Favoriten durch. Die gesetzten Nationen aus Uruguay und Österreich gewinnen ihre beiden Partien deutlich. Auch hier muss das Los über den Gruppensieger entscheiden. Die Österreicher atmen auf, als die Fifa sie zum Gruppensieger kürt. Sie bekommen mit der Schweiz den leichteren Viertelfinal-Gegner zugeteilt.

Österreich gegen Schweiz. England gegen Uruguay. Ungarn gegen Brasilien. Jugoslawien gegen die Bundesrepublik Deutschland. So lauten die Viertelfinal-Partien der fünften Fußballweltmeisterschaft. Der deutsche Tross ist stolz darauf, Teil der besten acht Nationen zu sein.

HR:
Helmuts Lieblingsgegner

Mehrere Tage lang schmollt Helmut Rahn. Die Schmach, in beiden Türkei-Spielen nur Ersatz zu sein, hat ihn schwer getroffen. Fritz Walter spricht ihm wieder und wieder Mut zu. Rahn werde seine Chance noch erhalten! Er solle an seine Kameraden denken! Auch Ersatzspieler seien bei solch einem Turnier wichtig! Doch die Worte des Kapitäns verhallen ungehört. Rahn ist mit sich und der Welt im Unreinen. Um Bundestrainer Herberger macht er einen großen Bogen. Soll der Bundestrainer ruhig spüren, wie sauer er ist.

Als klar ist, dass Deutschland im Viertelfinale auf Jugoslawien trifft, erwacht sein Kampfgeist. Dem jugoslawischen Torhüter Vladimir Beara hat Rahn sowohl im Vereinsdress als auch in der Nationalmannschaft bereits mehrere Dinger eingeschenkt. Mit seinen Toren gegen Hajduk Split hatte er einst Sepp Herbergers Interesse geweckt. Im Länderspiel vor zwei Jahren hat er ebenfalls ein Tor erzielt. Rahn bekniet Fritz Walter, sich beim Nationaltrainer für ihn einzusetzen. Er verspricht hoch und heilig, ein Tor gegen Beara zu schießen.

Rahn weiß nicht, dass der Bundestrainer längst mit seinem Kapitän über ihn diskutiert. Herbergers Gedanken kreisen um die richtige Aufstellung und Taktik gegen die Jugoslawen. Mit einem zusätzlichen Verteidiger will der Bundestrainer nicht mehr agieren; das war gegen Ungarn mächtig schiefgegangen. Zugleich weiß Herberger, dass die Deutschen gegen Jugoslawien nicht häufig den Ball haben werden. Die Jugoslawen gehören zu den technisch beeindruckendsten Teams der Weltmeisterschaft: zielgenau im Passspiel, hochbegabt in der Ballan- und mitnahme.

Darin erkennt der Bundestrainer aber auch eine Schwachstelle: Im Mittelfeld mögen die Jugoslawen Pass um Pass spielen. Im Sturm fehle ihnen jedoch die Durchschlagskraft. Die WM-Qualifikation war Jugoslawien mit vier 1:0-Siegen gelungen, wobei sie nur auf die mittelmäßigen Teams aus Griechenland und Israel trafen. Auch in der Gruppenphase haben sie gegen Frankreich und Brasilien nur je ein Tor geschossen. Im Mittelfeld dürfe die deutsche Mannschaft den Gegner ruhig spielen lassen, überlegt Herberger. In der Abwehr gilt es, hellwach zu sein. Der Bundestrainer möchte mit seiner Mannschaft aus einer massierten Defensive heraus auf Konter spielen.

Herberger ringt vor allem mit zwei Personalien. Die eine betrifft Helmut Rahn. Rechtsaußen Berni Klodt hat seine Aufgabe in den beiden Türkei-Spielen zu Herbergers vollster Zufriedenheit erfüllt. Eigentlich gäbe es keinen Grund, ihn herauszunehmen. Klodts Stärken liegen jedoch im Kombinationsspiel. Gegen Jugoslawien «kommt es nicht so sehr auf das Kombinationsspiel an als auf beherztes und unverdrossenes Draufgängertum», notiert er.[25] Dafür sei Berni Klodt der falsche Mann – und Helmut Rahn der richtige.

Herbergers zweites Sorgenkind heißt Jupp Posipal. Er bekleidet unter Herberger die Stopper-Position, also die zentrale Rolle in der Drei-Mann-Abwehr. Im vergangenen Herbst stand der Akteur des Hamburger SV noch in der Europa-Auswahl der Fifa, als diese ein Spiel gegen die englische Nationalmannschaft bestritt. Seitdem nennt man ihn auch den «Kontinentstopper». Bei der Weltmeisterschaft in der Schweiz steht der Hamburger jedoch neben sich. Die Verletzung, die er sich vor dem Turnier zugezogen hatte, hemmt den Abwehrchef. Lange Bälle aus der Abwehr in den Angriff, normalerweise seine Spezialität, traut sich Posipal nicht recht zu. Gerade diese Bälle aber werden gegen die Jugoslawen gefragt sein. Herberger spielt mit dem Gedanken, den Stammspieler aus dem Team zu nehmen.

Herberger spaziert in diesen Tagen viel und lange am Thunersee entlang. Mal begleitet ihn Kapitän Fritz Walter, mal der niedergeschlagene Jupp Posipal, mal der Wackelkandidat Berni Klodt. Vor dem Spiel zieht Herberger auch Rahn zu einem Spaziergang mit Klodt hinzu. In den vergangenen Tagen haben sich Herberger und Rahn gegenseitig ignoriert. Herberger mag ein kommunikativer Trainer in einer Zeit sein, in der die meisten kaum mit ihren Akteuren sprechen. Doch einem Ersatzmann erklären, warum er nicht spielt? Das müssen die Spieler schon mit sich selbst ausmachen. Dass Herberger mit Rahn wieder spricht und taktische Themen zum Spiel gegen Jugoslawien erörtert, zeigt diesem: Er ist wieder an die Startelf herangerückt.

Am Tag vor dem Spiel bittet Herberger Rahn erneut zum Gespräch. Der Bundestrainer kommt ohne Umschweife zur Sache. «Sie spielen», sagt der Trainer. «Im Ernst?», stottert Rahn. «Glauben Sie, ich mache Spaß?», blafft Herberger zurück.[26] Er geht mit Rahn die taktischen Aufgaben durch. Während sich die übrigen Spieler auf die Defensive konzentrieren, soll er auf Konter lauern. Zwar schätze Herberger Rahns Eigensinnigkeit nicht immer. Doch in diesem Spiel soll er einfach mal machen, wie er denkt. Er erinnert Rahn an das Versprechen, das er Fritz Walter gegeben habe: Er will gegen Beara ein Tor schießen. Dieses Versprechen gilt jetzt gegenüber der gesamten Mannschaft. Herberger holt den geschassten Berni Klodt zum Gespräch hinzu. Der Schalker zeigt sich als fairer Sportsmann. Er gibt seinem Kontrahenten Rahn die Hand. Er kann Herbergers taktische Gedanken nachvollziehen, so sehr ihn die Entscheidung schmerzt.

Am Tag vor dem Spiel verkündet Herberger die Aufstellung. Nach langen Gesprächen hat er sich mit Posipal darauf geeinigt, ihn im Viertelfinale nicht aufzustellen. Er wird als Assistent von Herberger am Spielfeldrand Platz nehmen. Werner Liebrich übernimmt seine Position. Außerdem erhält der wieder genesene Werner Kohlmeyer seinen Startelf-Platz von Hans Bauer zurück. Erstmals bei dieser Weltmeisterschaft stehen sämtliche Lauterer Spieler in der Startformation. Die deutsche Aufstellung lautet: im Tor Toni Turek. In der Abwehr Fritz Laband, Werner

Liebrich und Werner Kohlmeyer. In der Läuferreihe Karl Mai und Horst Eckel. Im Angriff Hans Schäfer, Fritz Walter, Ottmar Walter, Max Morlock und Helmut Rahn.

Sepp Herberger und der DFB haben schon zwei Jahre vor der Weltmeisterschaft mit den Planungen begonnen. Dass der DFB-Tross im malerischen Spiez übernachten darf, ist der Umsicht der handelnden Akteure zu verdanken. Doch als das Viertelfinale in Genf ansteht, zeigt sich der DFB überraschend unvorbereitet. Das mag mit der kurzfristigen Planung des Schweizer Organisationskomitees zusammenhängen. Die Verantwortlichen legen erst nach der Gruppenphase die genauen Austragungsorte und -zeiten der Viertelfinal-Partien fest. Dass die deutsche Mannschaft in Genf antreten muss, im äußersten Westen der Schweiz, kommt dennoch nicht gänzlich überraschend, schließlich gibt es bei der WM 1954 nur sechs Spielorte.[27]

Blöd nur für den DFB, dass in der Stadt gerade die Indochinakonferenz stattfindet. Außenminister aus der ganzen Welt blockieren mit ihrem Anhang die Genfer Hotels. Verzweifelt telefonieren die DFB-Oberen sämtliche Übernachtungsmöglichkeiten in der Umgebung ab. Es hagelt eine Absage nach der nächsten. Erst kurz vor knapp werden sie fündig. Das Schlosshotel «Château de Dully» ist im wahrsten Sinne des Wortes die letzte Wahl der Deutschen. Die DFB-Delegation weiß um die mangelhafte Qualität des Hauses, zumal das Hotel dem DFB-Tross eigentlich nicht genügend Zimmer bieten kann. Es bleibt jedoch keine andere Möglichkeit.

Herberger beschließt, möglichst wenig Zeit im Hotel zu verbringen. So macht der deutsche Tross auf seiner Reise von Spiez nach Genf einen Halt in Lausanne. Dort findet das Viertelfinale zwischen Österreich und der Schweiz statt. Als die deutsche Mannschaft den Teambus verlässt, schlägt ihr sengende Hitze entgegen. Das Thermometer im Stade Olympique misst 40 Grad im Schatten. Die Gluthitze macht vor allem dem österreichischen Keeper Kurt Schmied zu schaffen. Er erleidet einen Hitzschlag. Schon nach wenigen Minuten taumelt er wie ein betrunkener Seemann zwischen den Pfosten herum. Binnen vier Minuten schießt die Schweiz drei Tore. Als der österreichische Masseur seinen Torhüter wieder aufrichten will, fragt der ihn, wo er hier eigentlich gerade sei.

Schmied ist nicht der einzige Akteur, der nach einiger Zeit nicht mehr ordentlich geradeaus laufen kann. Reihenweise fallen die Spieler aus. Besonders hart trifft es den Schweizer Verteidiger Roger Bocquet, der im Verlauf der Partie einfach umkippt.[28] Es entsteht ein wildes und absolut unberechenbares Spiel. Noch in der ersten Halbzeit schaffen die Österreicher nicht nur den Ausgleich. Sie gehen sogar in Führung. Zur Pause steht es 5:4. Letztlich setzen sich die Österreicher mit 7:5 durch.[29] Die Deutschen freuen sich: Jetzt stellt nicht mehr ihr Spiel gegen Ungarn den Rekord für das WM-Spiel mit den meisten Toren. Im parallel ausgetragenen Viertelfinale zwischen England und Uruguay triumphiert der amtierende Weltmeister über das Mutterland des Fußballs mit 4:2.

Herberger muss den anwesenden deutschen Journalisten Fragen zum Schiedsrichter des kommenden Viertelfinals beantworten. Der Ungar István Zsolt soll die Partie zwischen Deutschland und Jugoslawien leiten. Nicht alle in der deutschen Heimat heißen das gut. Die Verletzung von Ferenc Puskás ist in der Zwischenzeit zu einer deutsch-ungarischen Staatsaffäre ausgeufert. Ungarische Zeitungen stellen Werner Liebrich an den Pranger, was wiederum die deutschen Gazetten auf den Plan ruft. Sie befürchten, ein ungarischer Schiedsrichter könnte auf Rache sinnen und Jugoslawien bevorzugen. Herberger wischt diese Bedenken beiseite. Ihm ist es wie eh und je wichtig, die Deutschen nach außen als faire Sportsmänner darzustellen.

Das 25 Kilometer von Genf entfernte Schlosshotel «Château

de Dully» entpuppt sich tatsächlich als Abstieg im Vergleich zum Hotel Belvédère. Nicht nur, dass die Möbel veraltet und die Zimmer baufällig wirken. Es stehen zudem deutlich zu wenig Betten zur Verfügung für den deutschen Tross. Das Hotel hat zwar weitere Matratzen herangekarrt. Doch auch die genügen bei Weitem nicht. Die Mannschaft beschließt: Wer gegen Jugoslawien in der Startaufstellung steht, erhält ein Bett. Der Rest muss auf dem Boden oder der Couch schlafen. Wenigstens schmeckt das Hähnchen, das der Koch zubereitet. Herberger schenkt ihm zum Dank Tickets für das Spiel.

Helmut Rahn legt sich neben Fritz Walter in ein französisches Doppelbett. Er hat es geschafft. Morgen wird er gegen Jugoslawien in der Startelf stehen. Und er wird ein Tor schießen. Da ist er sich ganz sicher.

Sepp Herberger bläut seinen Spielern vor der Partie noch einmal ein, worauf es ankommt: Verteidigen, Verteidigen, Verteidigen. Die Jugoslawen sollen sich ruhig im Mittelfeld den Ball zuspielen. Erst wenn sie in Tornähe gelangen, müssen sich die Deutschen hüten. Max Morlock hat den Auftrag, sich in diesem Spiel zurückzuhalten. Er wird als Kämpfer am eigenen Strafraum gebraucht und nicht als Torjäger im gegnerischen Sechzehner. Fritz Walter soll als Verbindungsspieler die drei übrigen Stürmer mit Bällen füttern. Ottmar Walter, Hans Schäfer und Helmut Rahn sind die einzigen Spieler, die vorrangig offensiv agieren dürfen.

In der Kabine fragt Fritz Walter die Mitspieler, ob sie einen Kreis bilden möchten. Die Kaiserslauterer Spieler kennen diese Tradition bereits. Fritz hat sie vor einigen Jahren auch in der Nationalmannschaft ausprobiert, wollte sie aber nur vor wichtigen Spielen anwenden. Heute ist solch ein Spiel. Die Deutschen fassen sich an den Händen. Fritz ruft: «Es muss!» Seine Mannschaftskameraden antworten wie aus einem Mund: «Es muss!»

Herberger will seine Spieler zusätzlich motivieren. Er habe in der Kabine der Jugoslawen gesehen, dass dort zahlreiche Blumensträuße bereitliegen. Der Gegner feiert den Sieg bereits vor dem Anpfiff, behauptet Herberger. Die Blumensträuße entpuppen sich jedoch nur als Geschenke an Vujadin Boškov und Ivica Horvat. Sie feiern ihr 50. bzw. 25. Länderspiel. Der Anpfiff verzögert sich, damit die beiden geehrt werden können.

Das Spiel beginnt hektisch. Die Jugoslawen bekommen keine Ruhe in ihr Spiel, während die deutsche Mannschaft mit langen Bällen operiert. In der 9. Minute leitet Karl Mai eine Kombination ein. Helmut Rahn erhält den Ball im Zentrum und spielt ihn halbhoch in den Strafraum. Dort entsteht ein wildes Kuddelmuddel. Branko Stanković will den Ball wegschlagen, produziert jedoch nur eine Bogenlampe. Morlock war entgegen den Befehlen des Bundestrainers nach vorne geeilt und köpft den Ball in Richtung Fünfmeterraum. Jubilar Horvat hechtet zum Ball, um diesen vor Hans Schäfer zu erreichen. Der jugoslawische Verteidiger erwischt ihn mit der Stirn. Der Ball fliegt an Torhüter Beara vorbei ins jugoslawische Tor. 1:0.

Der Rückstand verleitet die Jugoslawen dazu, ihr sonst so kunstvolles Flachpassspiel aufzugeben. Schon direkt nach dem Wiederanstoß jagen sie die Kugel hoch und weit nach vorne. Von nun an fliegen ständig hohe Flanken in den deutschen Strafraum. Toni Turek möchte seinem Trainer und der ganzen Welt beweisen, dass er keine Hufeisen an den Füßen trägt. Immer wieder stürmt er aus dem Kasten und faustet den Ball weg. Der deutsche Torhüter muss auch eingreifen, wenn die Jugoslawen aus der Ferne abziehen. Der deutsche Keeper entschärft zahlreiche Schüsse. Nur einmal muss er sich geschlagen geben, als der jugoslawische Angreifer Bernard Vukas ihn umdribbelt. Aus spitzem Winkel schießt Vukas jedoch neben das Tor.

Helmut Rahn ist die meiste Zeit der Partie zum Zuschauen verdammt. Als Stürmer bekommt er nicht viele Bälle. Hat er doch einmal den Ball, tut er wie von Herberger geheißen und sucht den direkten Weg zum Tor. Doch er kann sich nicht durchsetzen. Es sind die Jugoslawen, die das Spiel vollends im Griff haben. Die deutsche Mannschaft rettet sich in die Halbzeitpause.

In der Kabine atmen die deutschen Spieler tief durch. Die jugoslawische Überlegenheit ist derart augenfällig, dass Herberger seine Taktik ändert. Morlock soll fortan gar nicht mehr im Sturm auftauchen, sondern als weiterer Läufer agieren. Das soll Liebrich die Freiheit geben, hinter der Abwehr auszuputzen. Die Deutschen sollen auf Defensive setzen und auf die eine Kontersituation warten. Herberger erinnert Rahn an sein Versprechen. Er schuldet der Mannschaft noch ein Tor. Dieses Tor sei heute so wichtig wie noch nie.

Die deutschen Zuschauer unter den 17 000 im Stade des Charmilles kauen nervös auf ihren Nägeln. Das Spiel kennt nach dem Wiederanpfiff nur eine Richtung: auf das deutsche Tor. Die vielbeinige deutsche Abwehr jagt den Ball nach vorne. Hauptsache, weg! Doch die Kugel landet sofort wieder in der deutschen Hälfte. Es ist vor allem Turek, der seine Mitspieler vor dem Ausgleich bewahrt. Die Jugoslawen schießen aus allen Lagen, doch Turek wehrt alles ab: mit der Faust, den Fingern, einem Bein oder gar seiner Brust.

In einer Situation kann jedoch auch Turek dem Ball nur hinterherschauen. Eine Ecke segelt in den deutschen Strafraum. Turek faustet den Ball zunächst weg. Der landet jedoch direkt vor den Füßen von Zlatko Čajkowski. Der jugoslawische Verteidiger schießt mit voller Wucht auf das Tor. Der Ball fliegt kerzengerade Richtung Winkel, Turek streckt sich vergeblich, auch Werner Liebrich bekommt seinen Körper nicht dazwischen. Werner Kohlmeyer steht auf der Torlinie und springt, so hoch er kann. Mit dem Kopf lenkt er den Ball ins Aus. Kohlmeyer allein bewahrt Deutschland vor dem Ausgleich.

Mit jeder Minute, die die deutsche Abwehr standhält, werden die Angriffe der Jugoslawen ungenauer. Die Zuspiele landen nicht mehr da, wo die Stürmer sie haben möchten. Liebrich und

Kohlmeyer gewinnen immer mehr Zweikämpfe. Die Deutschen spüren nun, wozu das harte Konditionstraining in München gut war.

Plötzlich ist auch Helmut Rahn wieder Teil des Spiels. Immer häufiger landen die Befreiungsschläge der deutschen Abwehr bei ihm. Rahn setzt an der Mittellinie zum Solo an. Mit seinem unwiderstehlichen Tempo lässt er seinen Gegenspieler einfach stehen. Im Strafraum angekommen, schiebt er den ersten Verteidiger mit seinem Körper weg. Den zweiten umkurvt er mit einem blitzschnellen Richtungswechsel. Am Fünfmeterraum lässt Rahn auch Torhüter Beara stehen. Das Tor ist leer. Rahn ist sich sicher, jetzt sein Tor zu schießen. Doch der jugoslawische Kohlmeyer heißt Horvat. Mit einem Spagatschritt kratzt er Rahns Schuss von der Linie. Es wäre das Tor des Turniers gewesen.

«Helmut, dein Tor!», ruft Fritz Walter unentwegt. Auch Herberger und der angespannt hin und her wippende Posipal erinnern ihn an sein Versprechen. Doch Rahn lässt sich davon nicht nervös machen. Er weiß, dass er noch eine Chance erhalten wird. In der 85. Minute sprintet er einem langen Ball hinterher. Horvat hetzt neben ihm her. Rahn lässt die Kugel einmal aufprallen. Zweimal. Dreimal. Viermal. Fünfmal. Gegenspieler Horvat rechnet fest damit, dass Rahn ein Dribbling vorbereitet. Doch ohne den Ball anzunehmen und ohne groß auszuholen, nimmt Rahn die Kugel mit seinem rechten Bein volley. Es ist eine der berüchtigten Rahn'schen Bomben. Unhaltbar für Keeper Beara landet die Kugel im Toreck.

Tore zu bejubeln gehört nicht zum Geist der Zeit. Allzu ausufernde Freude gilt als unsportlich. Doch in diesem Moment stürmen sämtliche deutsche Feldspieler zum Torschützen. Sie bilden einen Kreis um Rahn und erdrücken ihn fast. Von allen Seiten erhält er feste Schläge auf den Rücken. Die ganze aufgestaute Anspannung löst sich: die zahllosen jugoslawischen Chancen. Das Zittern. Das Bangen. Das 2:0 gibt dem deutschen Team den letzten Schub. Die Spieler werfen noch einmal alles in die Waagschale. Max Morlock wirft sich in einen aussichtslosen Zweikampf. Nach einem Pressschlag mit dem Gegenspieler kann er nur noch humpeln. Auch die übrigen deutschen Spieler sind nach diesem harten Spiel übersät mit Kratzern und blauen Flecken. Sie laufen gegen den Schmerz an.

Als der ungarische Schiedsrichter Zsolt die Partie endlich abpfeift, sind die Bemühungen der vergangenen 90 Minuten wie weggeblasen. Die deutschen Spieler bilden am Mittelkreis ein dichtes Knäuel. Die deutschen Anhänger stürmen auf den Rasen, um ihre Schützlinge zu feiern. Die Schweizer Polizisten können den Platzsturm nicht verhindern. Helmut Rahn wird auf den Schultern getragen. Die deutsche Nationalmannschaft hat das Undenkbare geschafft: Sie steht im Halbfinale.

Sepp Herberger wendet sich an den Koch des «Château de Dully»: Er weist ihn an, den Spielern «das beste Brathähnchen zu servieren, das Sie je zubereitet haben».[30] Der deutsche Mannschaftsbus stoppt auf dem Rückweg von Genf extra im Hotel, damit die Spieler das versprochene Hähnchen erhalten. Das Siegerbier schmeckt an diesem Abend besser als je zuvor. Kohlmeyer darf sich sogar ein zweites Bier genehmigen. Er hat die Mannschaft schließlich mit seinem Kopfball auf der Linie vor dem Ausgleich bewahrt. Außerdem habe er eine salzige Leber, witzelt Herberger. Danach geht es weiter nach Spiez.

Während der Reise halten ein paar deutsche Anhänger den Mannschaftsbus an. Ob die deutsche Mannschaft die Auslosung für das Halbfinale schon mitbekommen habe? Hatte sie nicht. Die Spieler wissen nur, dass sie nicht gegen Ungarn antreten müssen. Die hatten sich mit 4:2 gegen Brasilien durchgesetzt, können als deutscher Gruppengegner aber erst im Finale wieder auf Deutschland treffen. Jubel brandet im Bus auf, als die deutschen Spieler erfahren, dass sie gegen Österreich spielen werden. Die hatten sie doch schon vor zwei Jahren in einem Freundschaftsspiel mit 2:0 besiegt! Leichter als die Uruguayer sei das Los allemal.[31]

In Spiez ist die Stimmung nach dem Halbfinaleinzug gelöst. Die Ersatzspieler schlucken angesichts des Erfolgs ihren Groll herunter. Nichts schweißt ein Fußballteam so zusammen wie Siege. Kein Akteur war nach dem Ungarn-Spiel derart beleidigt wie Helmut Rahn. Dass er gegen Jugoslawien spielen durfte und das entscheidende Tor erzielt hat, macht den Kummer der vergangenen Tage vergessen. Die Stimmungskanone ist zurück.

Am nächsten Tag besucht ein Tanzorchester das Hotel Belvédère. Die Mannschaft lauscht den Musikern einige Minuten, ehe die Spieler beschließen, selbst tätig zu werden. Helmut Rahn versteht etwas von Musik. In Essen erheitert er bei Mannschaftsabenden die Mitspieler am Akkordeon. In Spiez setzt er sich ans Schlagzeug. Ulrich Biesinger, Alfred Pfaff und Berni Klodt schnappen sich jeweils ein Blasinstrument. Werner Kohlmeyer nimmt sich eine Geige. «Nach kurzer Fühlungsnahme klappte ihr Zusammenspiel, nicht ganz so gut wie auf dem Rasen, aber sie brachten doch so etwas wie Musik zustande. Man musste sich nicht unbedingt die Ohren verstopfen», schreibt Fritz Walter später über das Improvisationsorchester Nationalmannschaft.[32] Zum Dank, dass sie die Instrumente benutzen durften, erhält das Orchester einen Blumenstrauß. Toni Turek, als Charmeur bei Frauen wie Mitspielern gefürchtet, übergibt den Strauß. Er staubt dabei einen Kuss der Sängerin ab.

Während die Spieler feiern, sind Herbergers Gedanken bereits beim nächsten Spiel. Mit Kapitän Fritz Walter erörtert er vor allem ein Problem. Helmut Rahn hat gegen Jugoslawien das versprochene Tor geliefert. Die Österreicher seien jedoch ein gänzlich anderer Gegner. Die deutsche Mannschaft werde offensiver auftreten müssen. Es komme vor allem auf die Kombinationsfähigkeit an. In dieser Kategorie ist Berni Klodt überlegen. Aber Herberger sorgt sich, dass Klodt einem Halbfinale mental nicht gewachsen ist. Rahn sei unbekümmerter in seinem Wesen als

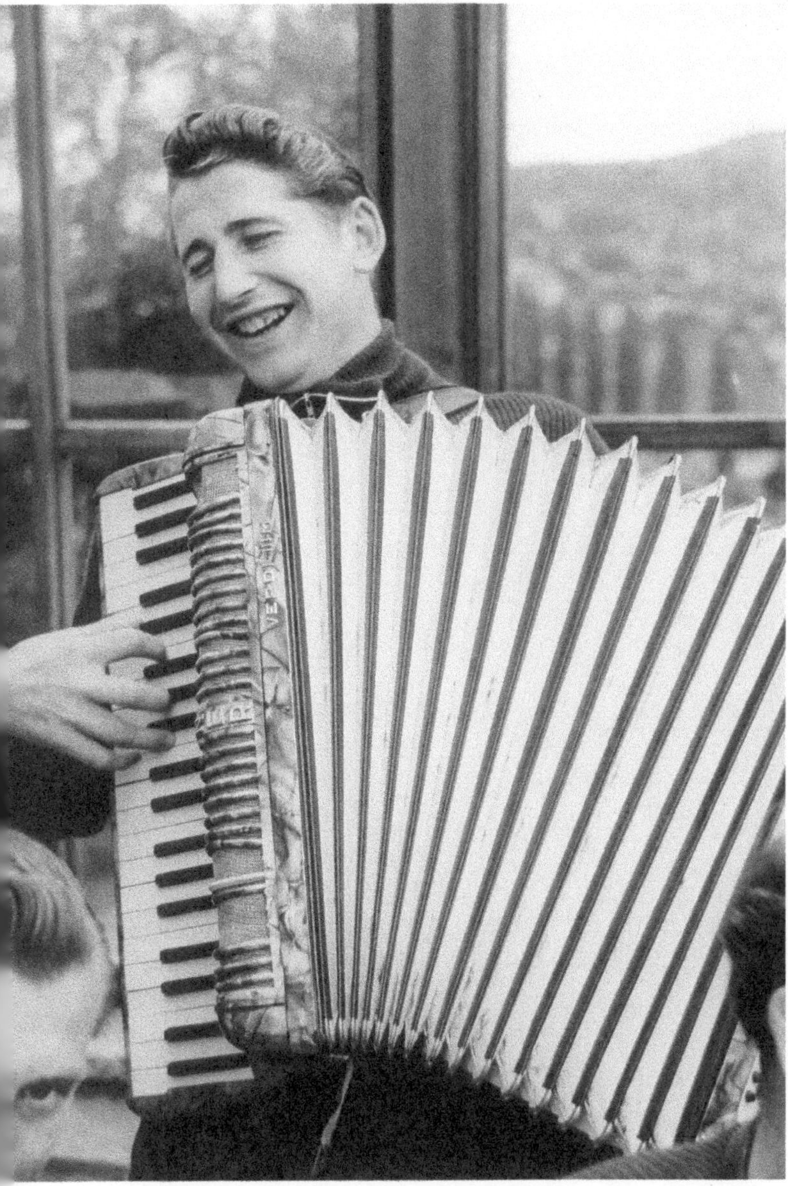

Helmut Rahn tat sich stets als Stimmungskanone hervor. So auch während der WM 1954.

der nachdenkliche Klodt. Walter und Herberger diskutieren hin und her, her und hin.

Der Bundestrainer weiß nicht, dass die Entscheidung, die er erst kurz vor dem Spiel treffen wird, eine der wichtigsten in der Geschichte des deutschen Fußballs sein wird.

OW:
Das beste Spiel

Die Halbfinalpaarung Deutschland gegen Österreich stellt für viele Experten eine Überraschung dar. Beide Teams waren als Außenseiter in die Schweiz gereist. Olympiasieger Ungarn galt als haushoher Favorit. Zu den weiteren Titelkandidaten zählten Weltmeister Uruguay und Brasilien, amtierender Vizeweltmeister und 1953 Sieger der Campeonato Sudamericano. Alle diese Teams verfügten über Erfahrung bei großen Turnieren.[33] Aufseiten der Österreicher und Deutschen gab es nur einen einzigen Akteur, der bereits an einer Weltmeisterschaft teilgenommen hatte: Sepp Herberger.

Das tat er kurioserweise sowohl mit deutschen als auch mit österreichischen Spielern. Wenige Monate vor Beginn der Weltmeisterschaft 1938 war Adolf Hitlers Wehrmacht in Österreich einmarschiert. Der südliche Nachbar wurde über Nacht in das Deutsche Reich eingegliedert. Sepp Herberger war als deutscher Reichstrainer plötzlich auch Herr über die österreichische Nationalmannschaft. Österreich hatte sich wie Deutschland für die Weltmeisterschaft qualifiziert. Nun fragte Herberger sich, wie er zwei Teams betreuen sollte.

Die Frage stellte sich jedoch gar nicht, wie Herberger schnell klar wurde, denn die hohe Politik verfolgte andere Pläne. Das Reichsamt für Leibesübungen erklärte, es gäbe nur eine geeinte deutsche Nation, also könne auch nur eine Nationalmannschaft antreten. Herberger musste also aus zwei Nationalteams eins formen. Er wusste, dass dies einer unmöglichen Aufgabe gleichkam. Die deutschen und österreichischen Fußballer waren Rivalen. Die Deutschen waren für ihr schnelles, direktes und vor allem hartes Spiel bekannt. Die Österreicher hingegen frönten dem Scheiberlspiel. Hierbei spielen sich die Akteure den Ball lange zu – mit zahlreichen Flachpässen und Kombinationen soll der Gegner mürbe gespielt werden. Die Spielideen und die Temperamente beider Fußballnationen waren kaum vereinbar.

Herberger schlug vor, die deutsche Elf durch ein oder zwei Österreicher zu ergänzen. So bestünde die Chance, eine funktionierende Einheit zu schaffen. DFB-Führer Felix Linnemann schaute Herberger verständnislos an. «Leben Sie denn auf dem Mond? Der Reichsführer wünscht ein 6:5 oder 5:6! Die Geschichte erwartet das von uns!»[34] Schließlich musste Herberger fünf österreichische Spieler in seine bereits eingespielte deutsche Mannschaft einbauen. Es kam, wie es kommen musste: Die deutschen und österreichischen Spieler zerstritten sich noch vor Turnierbeginn. Die in zwei Lager gespaltene Mannschaft schied bereits in der ersten Runde aus. Gegen die Schweiz kamen sie nicht über ein 1:1 hinaus. Das Wiederholungsspiel verlor das Deutsche Reich mit 1:4. Der Schweizer Riegel entpuppte sich als zu starkes Abwehrkonstrukt für eine deutsche Reichself, die mehr gegen- als miteinander spielte.

Das Aus bei der Weltmeisterschaft 1938 stellte ein einschneidendes Erlebnis in der Trainerkarriere Herbergers dar. Er zog die Lehre, bei der Aufstellung seiner Mannschaft künftig keine Kompromisse mehr einzugehen. Eine Fußballmannschaft könne man nicht nach aktueller Form oder politischen Gesichtspunkten aufstellen. Sie müsse sich über Jahre einspielen.

Zugleich lernte Herberger in den Jahren des Zweiten Weltkriegs viel über den österreichischen Fußball. Persönlich konnte Herberger dem technisch anspruchsvollen Scheiberlspiel der Wiener Schule durchaus etwas abgewinnen. Doch Herberger erkannte: Eine Mannschaft, die sich nur auf Technik beruft, werde nie nach den höchsten Weihen im Weltfußball greifen können. Zugleich sah Herberger Österreichs Festhalten am alten Spielsystem als große Schwäche. Während die großen Fußballnationen schon in den Dreißigerjahren nach und nach das WM-System einführten, setzten die Österreicher noch in den Fünfzigerjahren auf das vormoderne 2–3–5. Mehr als jeder andere Trainer dieser Weltmeisterschaft weiß Herberger, wie anfällig die Defensive der Österreicher ist.

Ottmar Walter blickt mit Sorge auf das Halbfinale gegen Österreich. Fünf Kaiserslauterer standen gegen Jugoslawien in der Startelf. Die österreichischen Spieler stammen allesamt aus Wien.[35] Rapid stellt mit zehn Spielern das größte Kontingent, jeweils vier Akteure stehen bei Wacker und Austria unter Vertrag. Gegen ebenjenes Austria hat Lautern im September 1953 ein Freundschaftsspiel absolviert. Die Partie wurde zur Machtdemonstration des Wiener Scheiberlspiels. Schon zur Pause lagen die Lauterer mit 0:5 zurück. Fritz Walter bat Austria-Stürmer Ernst Stojaspal, einen Gang herunterzuschalten. «Hoalb so schlimm», antwortet Stojaspal. «Amoi da Gigl, amoi da Gogl.»[36] Einmal der eine, einmal der andere. Lautern verlor mit 2:9.

Nicht nur aus diesem Grund geht die deutsche Mannschaft als Außenseiter ins Halbfinale. Die Österreicher stellen zwar das jüngere Team, haben aber bereits mit einigen Ergebnissen für Furore gesorgt. So hatten sie vor einem Jahr Ungarn in Budapest ein 0:0 abgerungen. Die 0:2-Niederlage gegen Deutschland im Sommer 1951 ist längst vergessen. Die wenigen internationalen Beobachter, die das Spiel gegen Jugoslawien besuchten, schreiben, Deutschland sei nur mit Glück ins Halbfinale eingezogen. Das werde für einen Finaleinzug nicht reichen.

Hinzu kommt die Personalsituation bei den Deutschen. Die Weltmeisterschaft bietet den Spielern keine Pause. Nur drei Tage nach dem Viertelfinale steht das Halbfinale an. Deutschland hat sich den Sieg über Jugoslawien hart erkämpft. Die halbe deutsche Mannschaft hat mit kleineren und größeren Blessuren zu kämpfen. Am schwersten getroffen hat es Max Morlock: Sein Knöchel schwillt nach dem Jugoslawien-Spiel derart dick an, dass er auch am Tag danach kaum auftreten kann. Masseur Erich Deuser wendet jede Heilmethode an, die im Entferntesten zur Genesung beitragen könnte: Alkohol, Salben, Verbände, Unterwassermassagen. An Training ist für Morlock nicht zu denken.

Auch die übrigen Spieler sehen in diesen Tagen keinen Ball. Herberger hält seine Männer mit leichten Läufen fit. Ihm ist es ganz recht, wenn seine Akteure zwischen den Spielen nicht gegen Bälle treten. Das fördere den «Ballhunger», glaubt der Bundestrainer. Steht nach Tagen der Abstinenz ein Fußballspiel an, werden die Spieler «wie eine Hundemeute» von der Kette gelassen.[37]

Herberger bereitet seine Mannschaft wie immer minutiös auf den Gegner vor. Seine Vorhersagen bei den bisherigen Spielen sind allenfalls zur Hälfte eingetreten. Die Spieler zweifeln dennoch nicht am Sachverstand des Trainers. Sie wissen: Er kennt die österreichische Nationalmannschaft wie seine Westentasche.

Die Spieler sollen sich nicht vom Viertelfinale täuschen lassen, predigt Herberger. Sie haben mit eigenen Augen gesehen, dass die zwölf Tore maßgeblich der Hitze geschuldet waren. Normalerweise verteidige die österreichische Mannschaft wesentlich stabiler. Österreichs Teamchef Edi Frühwirth hatte zu Beginn des Jahres die Taktik gewechselt, was im traditionsreichen Österreich einer Revolution gleichkam: Auch die Österreicher verteidigen nun im WM-System. In den vier Partien vor dem Viertelfinale waren die Österreicher ohne Gegentor geblieben. Dennoch, so doziert Herberger, hätten die Österreicher noch große Mängel im neuen System. Die Spieler verteidigen zu starr im Raum und decken ihre Verteidiger nicht eng genug. Der Wirbel werde in diesem Spiel besonders wichtig, um den Gegner zu verwirren.

Ottmar und seine Mitspieler fragen sich, wen Herberger wohl aufstellen wird. Verteidiger Jupp Posipal sitzt auf heißen Kohlen. Schon gegen Jugoslawien wäre er am liebsten auf das Feld gesprungen. Seine Rolle als Assistenztrainer behagte ihm nicht: Er wollte mitspielen, sich in Zweikämpfe werfen, seine Mitspieler unterstützen! Herberger nimmt seinen Verteidiger unter die Lupe. Im Training lässt er ihn gegen ein paar Bälle treten. Posipal schießt die Kugel so hoch und weit, als hätte ihn nie eine Verletzung behindert. Er ist fit für das Halbfinale, körperlich wie mental. Herberger stellt das vor ein Dilemma. Werner Liebrich hatte als Posipals Ersatzmann gegen Jugoslawien überzeugt. Wem soll der Bundestrainer das Vertrauen schenken?

Eine andere Personalwahl quält Herberger noch viel stärker. Berni Klodt oder Helmut Rahn? Ottmar Walter hat immer gern mit Klodt zusammengespielt. Der Schalker denkt äußerst mannschaftsdienlich, bindet sich in Kombinationen ein, gibt den Ball im richtigen Moment ab. Letzteres kann man von Rahn nicht behaupten. Er lief auch gegen Jugoslawien ständig mit dem Kopf durch die Wand. Er hat kein Auge für Ottmar oder die anderen Mitspieler. Ottmar hat aber auch gesehen, welch wundersame Dinge Rahn im Viertelfinale angestellt hat. Er hat das Offensivspiel im Alleingang getragen. Doch Alleingänge sind gegen Österreich nicht gefragt, doziert Herberger. Im Halbfinale komme es auf das Kombinationsspiel an. Herberger hält sich die Entscheidung bis zum Schluss offen.

In der Abwehr findet Herberger einen Kompromiss: Liebrich soll als zentraler Stopper das Zentrum verteidigen, während Posipal auf Außen als Manndecker spielt. Leidtragender ist Posipals Hamburger Teamkamerad Fritz Laband. Er fliegt aus der Startformation. Auf der Außenposition folgt der Bundestrainer seinem Bauchgefühl. Er stellt den unberechenbaren Rahn über Mannschaftsspieler Klodt. Der Schalker hatte sich echte Hoffnungen gemacht, spielen zu dürfen, aber er schluckt die Enttäuschung herunter. Morlock hingegen haben die heißen Wickel und die Unterwassermassagen geholfen. Er meldet sich einsatzbereit für das Halbfinale.

Die deutsche Startelf lautet: im Tor Toni Turek. In der Abwehr Werner Kohlmeyer, Werner Liebrich und Jupp Posipal. In der Läuferreihe Karl Mai und Horst Eckel. Im Angriff Hans Schäfer,

Fritz Walter, Ottmar Walter, Max Morlock und Helmut Rahn. Noch nie hat die deutsche Nationalmannschaft in dieser Aufstellung zusammengespielt.

Fritz Walter freut sich am Morgen der Partie, dass die Hitze der vergangenen Tage nachgelassen hat. Seit er während des Krieges an Malaria erkrankt war, machen ihm hohe Temperaturen zu schaffen. Zudem hofft der deutsche Kapitän, dass der einsetzende Regen seinen technischen Stärken entgegenkommt.[38]

Als die Ersatztorhüter Heinz Kubsch und Heinrich Kwiatkowski zu spät zur Abfahrt des Busses kommen, schlägt Helmut Rahn vor, den «Heiligen Geist» über sie kommen zu lassen. Herberger winkt ab. Der «Heilige Geist» sei nicht in die Schweiz mitgereist. Vor dem Spiel gegen Österreich darf es keine Ablenkung geben.

Gegen die Türkei und Jugoslawien haben keine zehntausend Deutsche den Weg über die Grenze gesucht. Nach dem Viertelfinal-Sieg hat sich die Stimmung abermals um 180 Grad gedreht. An der Grenze zu Basel stauen sich so viele Autos, dass die Schweizer Grenzbeamten irgendwann kapitulieren. Sie ziehen die Schlagbäume hoch und verzichten auf die Passkontrollen. Die deutschen Anhänger strömen zum Halbfinale, ob mit oder ohne Ticket. Die 58 000 Zuschauer im St.-Jakob-Park stellen einen neuen Rekord bei dieser WM auf – und das, obwohl das Halbfinale an einem Mittwoch stattfindet.

Vor dem Spiel stellt sich die altbekannte Frage: Welches Team trägt welche Farben? Beide Kapitäne melden beim Schiedsrichter an, in Weiß spielen zu wollen. Österreichs Kapitän Ernst Ocwirk zieht das richtige Los. Fritz Walter stört sich nicht daran. Gegenüber seinen Mitspielern legt er sich seine ganz eigene Logik zurecht: «Im ersten Spiel haben wir das Los gewonnen und das Spiel. Im zweiten haben wir freiwillig auf unsere Trikots verzichtet und auch gewonnen. Jetzt verlieren wir das Los und gewinnen das Spiel. Das ist doch klar.»[39]

Als die Kapitäne ihre Mannschaften ins Stadion führen, ist der Rasen bereits ordentlich durchweicht. Der Regen prasselt auch während der Partie unaufhörlich hernieder. Die deutsche Mannschaft beginnt das Spiel ohne Scheu vor dem Gegner. Herberger hatte ihnen geraten, offensiv aufzutreten. Die Österreicher dürfen nicht zu ihrem Passspiel finden! Gleichzeitig sollen die Stürmer mit ihren Positionswechseln die gegnerische Abwehr sprengen.

Ottmar Walter muss Herberger nicht mehr sagen, wie er seine Position interpretieren soll. Er zeigt sich mal links, mal rechts. Er hat auch die erste Chance des Spiels, jedoch eher unfreiwillig. Ottmar ist nach links ausgewichen und will in den Strafraum flanken. Der Ball rutscht ihm über den Spann. Die Kugel senkt sich bedrohlich in Richtung Tor. Torhüter Walter Zeman muss sich ganz schön strecken, um den Ball zur Ecke zu klären.

Die Deutschen waren vor dem Spiel so sehr mit ihren eigenen Wehwehchen beschäftigt, dass sie von den österreichischen Problemen kaum Notiz genommen hatten. Die Österreicher haben einen hohen Preis zahlen müssen für den Sieg über die Schweiz. Zahlreiche Spieler haben mit Sonnenbränden oder -stichen zu kämpfen. Torhüter Kurt Schmied hat der Hitzeschlag vollends aus der Bahn geworfen. Er kann im Halbfinale nicht spielen. Für ihn steht Zeman im Tor. Außenstürmer Alfred Körner wiederum humpelt bereits nach wenigen Minuten über das Feld; auch er ist nicht fit.

Trotzdem gelingt es den Österreichern, in der Anfangsphase immer wieder Nadelstiche zu setzen. Robert Körner, Bruder des angeschlagenen Alfred, schießt aus 25 Metern. Turek springt ab und lenkt den Ball mit den Fingerspitzen über die Latte. Auch bei der anschließenden Ecke kommt der Österreicher zum Schuss. Diesmal kann Turek den Ball festhalten.

In der 31. Minute haben die deutschen Angreifer mal wieder

die Positionen getauscht. Fritz Walter dribbelt mit dem Ball auf rechts, Ottmar bewegt sich nach links. Hans Schäfer sprintet in den Strafraum, um Ottmars Position im Zentrum zu übernehmen. Er bietet sich exakt in der Lücke zwischen zwei österreichischen Verteidigern an. Fritz' Flanke landet direkt auf Schäfers Fuß. 1:0. Herberger hat recht behalten: Die Österreicher verteidigen zu sehr im Raum und nicht nah genug am Mann. Mit der deutschen Führung geht es in die Halbzeitpause.

Sepp Herberger und Adi Dassler erwarten die Spieler bereits in der Kabine. Der Regen lässt den Rasen tiefer und tiefer werden. Die Spieler finden mit ihren Schuhen kaum noch Halt auf dem nassen Untergrund. «Adi, stoll' auf», befiehlt Herberger dem Meister der Schuhe. Die Spieler ziehen ihre Schuhe aus. Dassler schraubt die abgewetzten Stollen ab und ersetzt sie durch längere. Als Ottmar und seine Kollegen auf das Spielfeld zurückkehren, finden sie gleich besseren Halt auf dem tiefen Geläuf. Nun macht sich auch die Leichtigkeit der Schuhe bezahlt: Die inzwischen mit Wasser vollgesogenen Schuhe wiegen mit rund 700 Gramm zwar doppelt so viel wie beim Anpfiff. Die Stiefel der Österreicher hingegen blähen sich auf über einen Kilogramm auf.

Es gibt Halbzeiten, in denen gelingt einer Mannschaft einfach alles. Die deutsche Mannschaft erlebt in Basel solch eine zweite Halbzeit. Das beginnt mit den ruhenden Bällen. Fritz Walter tritt die Ecken nach dem altbekannten Muster: eine Ecke kurz, eine Ecke lang. Vor dem deutschen 2:0 kommt die Ecke lang auf Max Morlock. Später wird Ottmar ein weiteres Tor nach einer Ecke gelingen, die kurz kommt. Fritz wird nach dem Spiel sagen, die Österreicher seien auf den Trick reingefallen. Die Wahrheit ist: Beide Male haben die Österreicher das Muster durchschaut. Doch die Ecken sind zu genau getreten, Morlock und Ottmar zu schnell in der Luft, die Österreicher ein paar Zentimeter zu kurz, um die deutschen Eckbälle verteidigen zu können.

Auch der zwischenzeitliche Treffer zum 2:1 in der 51. Minute ändert nichts an der deutschen Dominanz. Keine drei Minuten

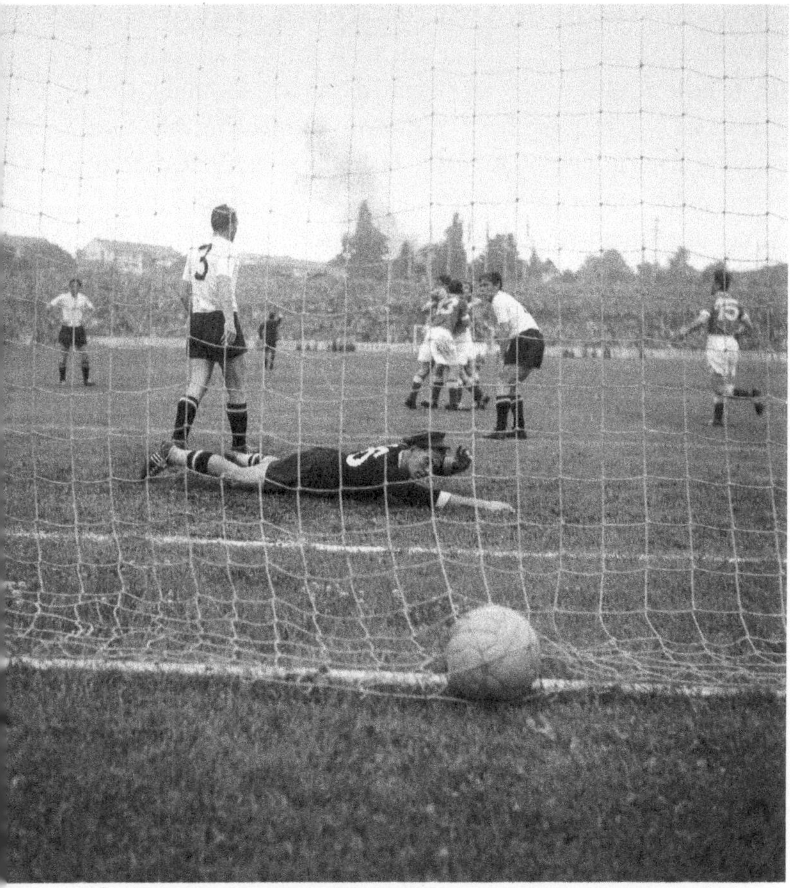

Gleich sechsmal muss sich Österreichs Torhüter Zeman im WM-Halbfinale 1954 gegen Deutschland geschlagen geben.

später sprintet Schäfer mit dem Ball in den Strafraum. Gerhard Hanappi kann ihn nur mit einem Foul am Torschuss hindern. Elfmeter. «Hast du Mumm?», fragt Ottmar seinen Bruder. In Kaiserslautern schießt Fritz seit dem Debakel im Finale 1953 keine Strafstöße mehr. In der Nationalmannschaft zwingt ihn Herberger dazu. «Sie können ruhig einen verschießen. Die Verantwortung dafür übernehme ich. Hauptsache, dass Sie schießen!»[40]

Ottmar spricht seinem Bruder Mut zu. «Fritz, deine Ecke!»[41] Fritz tut wie geheißen. Er schießt den Ball in die von ihm aus gesehen rechte Ecke des Tores, Zeman fliegt in die andere Richtung. 3:1.

Fritz ist wie ausgewechselt in diesem Turnier. Der sonst so zaghafte Kapitän geht nun voran. Er brüllt seinen Mitspielern Kommandos entgegen, fordert sie zu Positionswechseln auf, richtet sie nach misslungenen Aktionen wieder auf. Irgendwann werden die lautstarken Rufe selbst dem italienischen Schiedsrichter zu viel. Vincenzo Orlandini mahnt den deutschen Kapitän, fortan etwas leiser zu schreien.

Fritz' Selbstbewusstsein strahlt auf seine Mitspieler ab. Die Deutschen hören nicht auf, nach vorn zu spielen. In der 61. Minute gelingt Ottmar nach einer Ecke seines Bruders das 4:1. Auch Helmut Rahn möchte sich in die Liste der Torschützen eintragen. Er erhält den Ball hinter der österreichischen Abwehr. Als er Torhüter Zeman umkurvt, bringt dieser ihn unsanft zu Fall. Elfmeter.[42] Fritz Walter entscheidet sich diesmal für die andere Ecke. Zeman berührt den Ball mit den Fingerspitzen. Doch es ist ein Tag, an dem alles funktioniert – selbst dann, wenn es nicht funktioniert. Der Ball flutscht ins Tor. 5:1.

Das deutsche Team ist in allen Bereichen überlegen. Die Deutschen finden mit ihren neuen Stollen Halt auf dem nassen Rasen. Die Österreicher rutschen wild herum. Die deutsche Abwehr raubt mit ihrer Manndeckung den gegnerischen Stürmern den letzten Nerv. Die österreichische Abwehr lässt sich von den deutschen Positionswechseln schwindelig spielen. Deutschlands Keeper Toni Turek strahlt Ruhe und Gelassenheit aus. Zeman humpelt angeschlagen durch den Strafraum. Stojaspal sollte recht behalten: «Amoi da Gigl, amoi da Gogl.» In Wien gelang dem österreichischen Gigl alles. Heute ist der deutsche Gogl dran.

Ottmar Walter macht eines der besten, wenn nicht sogar das beste Spiel seiner Karriere. Er taucht überall auf dem Feld auf. Mal leitet er eigene Angriffe ein, mal füllt er für einen stürmenden Kollegen auf, mal schließt er selbst ab. In der Sturmmitte ist der Mittelstürmer nur selten anzutreffen. Eine Ausnahme stellt die 89. Minute dar. Kurz vor dem Abpfiff schlägt Linksaußen Hans Schäfer eine Flanke von der rechten Seite. Ottmar springt hoch und köpft sie in das leere Tor. 6:1. Es ist sein vierter Treffer in diesem Turnier.

Bereits vor dem Ende der Partie machen die Schweizer Verantwortlichen deutlich, dass sie einen Platzsturm der deutschen Fans diesmal nicht dulden werden. Die deutschen Zuschauer bleiben brav auf den Rängen. Die Mannschaft feiert den Erfolg unter sich. Die Spieler liegen sich in den Armen. 6:1! Finale! Solch einen Freudentag hat der deutsche Fußball noch nicht erlebt. Herbergers Spieler haben die Österreicher nicht mit Kampffußball niedergerungen, sondern mit deren eigenen Waffen geschlagen: Kombinationsfreude, Positionswechsel, Technik.

Fritz und Ottmar sitzen bereits im Mannschaftsbus, als sie draußen eine bekannte Gestalt entdecken: Ihr Vater Ludwig drängt zum Bus. Er will gerade einsteigen, als der Fahrer barsch die Tür zuhaut. Das wäre ja noch schöner, wenn deutsche Fans in den Bus stürmten! Ludwig Walter klemmt sich die Finger, sie laufen sogleich blau an. Fritz und Ottmar klären das Missverständnis auf und trösten ihren Vater.

Auf der Rückreise nach Spiez nimmt der Mannschaftsbus einen Umweg. Herberger fürchtet, dass zu viele Schaulustige der Mannschaft im Hotel Belvédère gratulieren möchten. Also lässt er den Bus in der kleinen Stadt Rothrist anhalten. Im Restaurant Bündnerstuben erlaubt Herberger seinen Spielern zur Feier des Tages, ein Wiener Schnitzel zu essen. Wer ins Finale der Weltmeisterschaft einzieht, darf der Hähnchen-Diät entsagen. In Rothrist erfahren die Deutschen auch, wer ihr Finalgegner sein wird. Ungarn hat sich gegen Uruguay nach Verlängerung durchgesetzt. Also wieder die Ungarn.

Nach ihrer Rückkehr sitzen die Spieler noch gemeinsam in der Bar des Hotel Belvédère. Herberger verabschiedet sich nach dem Genuss eines Glas Sekts von seinen Spielern. «Gute Nacht!», wünscht er den Akteuren. Der Bundestrainer ist es gewohnt, dass seine Spieler ihm stillschweigend folgen, sobald er auf das Zimmer geht. An diesem Abend möchten die Spieler aber noch nicht ins Bett. Wenige Minuten später steht Herberger erneut in der Bar. «Gute Nacht!» Die Spieler wünschen Herberger ebenfalls eine gute Nacht, machen aber weiterhin keine Anstalten, ins Bett zu gehen. Als Herberger einige Minuten später zum dritten Mal eine «Gute Nacht» wünscht, hat Kapitän Fritz Walter ein Einsehen. Er verabschiedet sich auf sein Zimmer, ein Großteil der deutschen Mannschaft folgt ihm.[43] Selbstredend auch Ottmar Walter. Er kann es wie all seine Mitspieler nicht so recht fassen: Deutschland steht im Finale der Fußballweltmeisterschaft.

HR:
Vor dem großen Spiel

Sepp Herberger hat genug. Zahllose Menschen sind am Morgen nach dem Halbfinale nach Spiez geströmt. Sie drängen ins Hotel Belvédère, in der Hoffnung, einen flüchtigen Blick auf die Finalisten zu erhaschen. Die Liste der Störenfriede ist lang: deutsche Fans, die Autogramme jagen; internationale Journalisten, die sich plötzlich für den Außenseiter interessieren; Agenten von französischen oder italienischen Klubs, die den deutschen Spielern ihre Visitenkarte in die Hand drücken wollen. An Ruhe ist in Spiez nicht mehr zu denken. Nach dem Training setzt der Bundestrainer seine Mannschaft in den Bus. Der Fahrer soll sie an ein ruhiges Fleckchen bringen. Irgendwohin. Hauptsache, weg.

Den Rest des Tages verbringt die Nationalmannschaft am Blausee, ungefähr zwanzig Kilometer südlich von Spiez. Das Gewässer hat eher die Maße eines größeren Teichs, besticht aber durch sein kristallklares blaues Wasser. Der See selbst wird zur Forellenzucht genutzt. Helmut Rahn will sich sein Abendessen selbst fangen. Mit bloßen Händen versucht er, eine Forelle zu angeln. Doch weder Rahn noch dem zu Hilfe eilenden Werner Liebrich ist das Glück hold. Das Einzige, was sie erhalten, sind blaue Finger. Das Wasser im Bergsee erreicht selbst im Hochsommer selten 10 Grad Celsius.[44]

Herberger lässt Rahn gewähren. Das verwundert: Vor der WM hatte er seinen Spielern das Baden im weitaus wärmeren Thunersee verboten – Erkältungsgefahr. Doch der Bundestrainer strahlt angesichts der deutschen Erfolge eine Gelassenheit aus, die seine Spieler von ihm nicht kennen. Er schaut weg, als die Raucher zu ihrer üblichen Morgenrunde auf dem Tretboot aufbrechen. Nach dem Training am nächsten Tag steht ein Kinobesuch auf dem Tagesplan. Der deutsche Tross sieht einen Western. Herberger weiß, dass er die Zügel nicht anziehen muss: Seine Spieler haben bereits mehr geleistet, als ihnen je zugetraut worden war. Alles, was jetzt noch folgt, ist die Sahne auf dem Erdbeerkuchen.

Dennoch ist der Bundestrainer wenig begeistert von der Initiative des DFB-Präsidenten, die Frauen der Spieler nach Spiez einzuladen. Einzelne, wie Fritz Walters Frau Italia, waren bereits auf eigene Faust in die Schweiz aufgebrochen. Herberger hatte penibel darauf geachtet, die Spieler von ihren Gattinnen zu trennen. Er mochte es nicht, wenn Frauen sich in seinen Männerbund mischten. Dr. Peco Bauwens findet hingegen, vor einem Finale sei es angebracht, sie einzuladen. Schließlich werden auch die ungarischen Spielerfrauen ihre Männer anfeuern. Herberger setzt immerhin durch, dass die Spielerfrauen auf der anderen Seite des Thunersees untergebracht werden.

So schafft Herberger es, das Aufeinandertreffen der Spieler mit ihren Frauen hinauszuzögern. Als sie bei Kaffee und Kuchen erstmals offiziell auf ihre Ehemänner treffen, bleibt Helmut Rahn allein. Seine Frau Gerti hat den nur wenige Monate alten Sohn zwar zu den Großeltern gebracht. Sie erreicht Spiez jedoch erst weit nach Mitternacht. Ausnahmsweise darf sie in einer Kammer des Hotels übernachten. Ob ihr Mann sie in der Nacht besucht, ist nicht überliefert. Zu verdenken wäre es ihm nicht: In den vergangenen drei Monaten haben sich die frischgebackenen Eheleute allenfalls eine Handvoll Tage gesehen.

Für die DFB-Elf steht neben Ausflügen und Kinobesuchen auch das Training auf dem Programm. Am Tag nach dem Halbfinale müssen sich die Deutschen den Platz nicht teilen. Die Uruguayer sind nach ihrer Halbfinal-Niederlage nicht erschienen. Sie hatten sich mit den Ungarn am Tag zuvor ein hitziges Duell geliefert. Ungarn war früh mit 2:0 in Führung gegangen. Sie schienen das stärkere Team zu sein. Doch in der Schlussphase kamen die Uruguayer noch einmal auf: Durch zwei Tore von Juan Hohberg erzwangen sie eine Verlängerung. Sandor Kocsis zerstörte mit zwei Kopfballtoren dann jedoch die uruguayische Hoffnung auf die Titelverteidigung. Erst zwei Tage nach dem Halbfinale erscheinen die Südamerikaner wieder zum Training. Prompt warnen sie die Deutschen vor dem ungarischen Kopfballungeheuer Kocsis.

Nicht nur gegen Uruguay haben sich die Ungarn schwergetan. Auch das Viertelfinale gegen Brasilien war alles andere als eine eindeutige Geschichte gewesen. Die Beobachter hatten sich auf ein technisch wie taktisch hochwertiges Spiel gefreut. Immerhin trafen die beiden wohl talentiertesten Teams dieser WM aufeinander. Das Spiel ging jedoch als «Schlacht von Bern» in die Geschichte ein. Beim Stande von 2:1 für Ungarn pfiff Schiedsrichter Arthur Ellis einen Elfmeter. Das erzürnte die brasilianischen Gemüter so sehr, dass mehrere Offizielle das Spielfeld stürmten. Kurze Zeit später eskalierte die Partie. Als ein brasilianischer Spieler verletzt am Boden liegen blieb, sprinteten brasilianische Fotografen auf das Spielfeld. Sie wollten Nahaufnahmen des Verletzten knipsen. Die Polizei schritt energisch ein – und lieferte sich dabei auch kleinere Handgemenge mit den Spielern.

In der Folge wechselten beide Teams die Sportart: vom Fußball zum Kampfsport. Ellis musste drei Spieler vom Platz werfen – zu einer Zeit wohlgemerkt, als es fast unmöglich war, sich einen Platzverweis einzuhandeln. Zehn Ungarn gewannen schließlich gegen neun Brasilianer 4:2. Nach dem Spiel schmissen brasilianische Anhänger mit Stühlen und Flaschen um sich. In den Katakomben stürmten die brasilianischen Akteure die ungarische Kabine. Erst die anrückende Polizei konnte die Massenschlägerei beenden. Der ungarische Trainer Gusztáv Sebes musste mit mehreren Stichen genäht werden.

Dass Favorit Ungarn sich auf dem Weg ins Finale mühte, hatte mehrere Gründe. Die Auslosung meinte es nicht gut mit ihnen; mit Brasilien und Uruguay hatten sie schwere Brocken zu stemmen. Aber auch die Verletzung von Kapitän Ferenc Puskás hemmte das Team. Ohne den Stürmer fehlte ihnen ein Anführer und Torjäger. Es ist unklar, ob er zum Finale rechtzeitig fit sein wird. Die deutsche Delegation bietet an, den Ungarn eine Unterwassermassagedüse zu leihen. Die Ungarn lehnen ab. Sie hoffen, Puskás auch so fit zu bekommen.

Trotz dieser kleineren Schwierigkeiten macht sich kein deutscher Spieler Illusionen, wer als Favorit ins Finale geht. Die 3:8-Niederlage hängt der Mannschaft noch immer nach. Dass die Ungarn mit einer deutschen A-Elf gnädiger umgehen werden, wagt kaum jemand zu hoffen. Und war Herbergers plötzlich eintretende Laissez-faire-Haltung nicht ein Zeichen? Sonst erlaubte er ihren Frauen nicht einmal, sich dem Trainingsgelände auf einen Kilometer zu nähern! Selbst der Trainer glaubt, dass der Finaleinzug bereits der größtmögliche Triumph sei, tuscheln manche Spieler.[45]

Die letzte Hoffnung der Deutschen lautet, dass der übermächtige Goliath den kleinen David vielleicht unterschätzt. Wie alle im deutschen Lager liest Rahn den Bericht der *Bild*-Zeitung aus dem ungarischen Trainingslager. «Wir spielen mit sieben Reservisten», spötteln die ungarischen Spieler. Es bleibt der einzige Scherz. Die *Bild* schreibt, dass sich die Ungarn gewissenhaft auf das Spiel vorbereiten. «Der zweite Trainer Kalocsay hielt über eine Stunde lang einen Vortrag über die deutsche Mannschaft. Als ‹Spion› war er beim Österreichspiel und beim Training der Deutschen gewesen. Er betonte die Fähigkeit unserer Elf, 90 Minuten lang auf Tempo zu spielen.» «Die Deutschen hatten selbst beim Schlusspfiff des Spiels gegen Österreich noch etwas drin!», schloss er warnend.[46]

Unterschätzen werden die Ungarn die deutschen Spieler also schon einmal nicht. Vielleicht verhilft ja der solide Lebenswandel den Deutschen zum Sieg. Mit reichlich Verwunderung lesen die deutschen Akteure, dass Zoltán Czibor bis zu zwanzig Zigaretten am Tag raucht. Torhüter Gyula Grosics hingegen genehmigt sich vor Spielen gar ein Bier. Und Stürmer Nándor Hidegkuti ging wenige Tage vor dem Finale mit der Frau eines Limonadenfabrikanten ins Kino. Dagegen erscheint selbst Lebemann Rahn wie ein Vorzeigesportler.

Sepp Herberger wiederholt in der Mannschaftssitzung, was er den Spielern schon vor dem ersten Ungarn-Spiel gepredigt hat. Die Spieler haben im Trainingslager den ungarischen Sieg über England wieder und wieder analysiert. Sie wissen genau, worauf es gegen Ungarn ankommt: Die gegnerischen Stürmer dürfen keine Sekunde unbewacht bleiben. Die deutschen Verteidiger müssen eng decken. Wenn die falsche Neun Hidegkuti sich fallen lässt, muss Horst Eckel sie aufnehmen. Die Stürmer sollen geduldig auf ihre Chance warten. Vor allem über die linke Seite seien die Ungarn verwundbar. József Bozsik stößt hier immer wieder nach vorne. Auf den Wirbel käme es an!

Herberger liest die Mannschaftsaufstellung vor. Niemand ist überrascht, dass er denselben Akteuren vertraut wie beim 6:1-Sieg über Österreich. Im Tor Toni Turek. In der Abwehr Werner Kohlmeyer, Werner Liebrich und Jupp Posipal. In der Läuferreihe Karl Mai und Horst Eckel. Im Angriff Hans Schäfer, Fritz Walter, Ottmar Walter, Max Morlock und Helmut Rahn. Mit dieser Elf geht die BRD in das Finale der fünften Fußballweltmeisterschaft.

Am Morgen des Spiels ist die Stimmung im deutschen Lager angespannt. Nicht einmal Helmut Rahn ist zu Scherzen aufgelegt. Die deutschen Spieler wissen, dass sie vor einer schier unlösbaren Aufgabe stehen. 24 Spiele in Folge haben die Ungarn nicht verloren, ihre letzte Niederlage ist über zwei Jahre her. Diesen Gegner sollen ausgerechnet die Deutschen schlagen? Exakt vierzehn Tage ist die 3:8-Niederlage nun her. Immerhin sechs Spieler der Finalelf standen dort bereits auf dem Feld. Zuversicht findet sich in der deutschen Elf kaum.

Sepp Herberger reist bereits früh am Morgen nach Bern. Er will vor allen anderen im Wankdorfstadion sein. Den Journalisten hat er in den Tagen zuvor immer wieder eingebläut, dass

Deutschland als krasser Außenseiter ins Spiel geht. Er sagt das nicht nur, um die Erwartungen in der Heimat zu drosseln. Er weiß selbst, wie unwahrscheinlich ein deutscher Erfolg ist. Der Bundestrainer betont aber auch, dass seine Mannschaft unter einer Bedingung Chancen hat: wenn das Wetter mitspielt. Herberger hofft auf Regen. Je mehr sich der Ball vollsaugt und je tiefer der Rasen sinkt, umso weniger können die Ungarn ihre technischen Vorteile ausspielen. Dann können die Deutschen mit Kampf, ihrer Kondition und dem modernen Schuhwerk punkten. Herberger ist niemand, der dem Zufall vertraut. Am Tag des Spiels will Herberger selbst Wettergott spielen: indem er den Platzwart überredet, den Rasen vor dem Spiel großzügig zu wässern.

Bereits wenige Minuten nach seiner Abreise kehrt Herberger jedoch ins Hotel Belvédère zurück. «Nanu», sagt Fritz Walter. «Sie müssen ja ganz schönes Tempo draufgehabt haben!» «Tempo? Wir haben einen Unfall gehabt!»[47] Endlich in Bern angekommen, sieht Herberger von seinem Plan ab, den Rasen wässern zu lassen. Die Sonne versteckt sich hinter einer dicken Wolkenschicht; dass es im Laufe des Tages regnen wird, scheint unausweichlich. Dennoch behelligt Herberger den Platzwart. Er lässt sich den Schlüssel zu der Kabinenanlage aushändigen. Somit kann die deutsche Elf nicht nur frei über ihre Kabine entscheiden. Herberger hat damit auch Zugang zu einer kleinen Trainingshalle unter dem Stadion. Falls es zu sehr regnet, kann sich seine Elf hier aufwärmen.

Als in Spiez Regen einsetzt, huscht ein Lächeln über das Gesicht von Fritz Walter: Es ist sein Wetter. Jetzt blickt er mit Vorfreude auf das große Finale. Nicht alle seiner Mitspieler teilen seine Zuversicht. Zum Mittag gibt es – wie immer vor den Spielen – Hähnchen. Während der Mittagspause liegt Helmut Rahn wach. An den obligatorischen Mittagsschlaf ist nicht zu denken. Deuser massiert die Akteure noch einmal.

Auf der Busfahrt zum Spiel herrscht eisiges Schweigen. Die

meisten Spieler sind mit sich selbst beschäftigt. Das Gewicht des Finals, die Größe der Aufgabe, die Schwere des Gegners: All das arbeitet in den Akteuren.[48] Da hilft es nicht, dass die Spieler auf dem Aufstellungsbogen den Namen Ferenc Puskás entdecken. Selbst wenn er angeschlagen in die Partie gehen sollte: Nicht umsonst nennen sie den ungarischen Kapitän den «Major». Er kann seine Mannschaft mitreißen.

Nach und nach füllt sich das Berner Wankdorfstadion. 62 471 Zuschauer harren bei strömendem Regen auf den kaum überdachten Tribünen aus. Rund ein Viertel der Zuschauer dürfte aus Deutschland stammen.[49] Indes finden sich weniger Deutsche in Bern ein als noch beim Halbfinale in Basel. Die Schweizer Behörden hatten ausdrücklich davor gewarnt, ohne gültiges Ticket anzureisen. Ihre Appelle tragen zumindest teilweise Früchte.

In den Kabinen herrscht Trubel. Bauwens stapft mit wütender Miene durch die Katakomben. Die deutsche Fahne hängt nicht! Was für ein Skandal! Er habe sie zerlumpt am Boden gefunden.[50] Die Spieler müssten sich angesichts dieser Frechheit doppelt anstrengen, fordert er. Die Ansprache dringt zu den Spielern genauso wenig durch wie die Worte von Ernst Thommen, dem Präsident des Schweizer Organisationskomitees. Er erklärt das Prozedere: Vor dem Spiel werden beide Nationalhymnen gespielt, nach dem Spiel nur die des Siegers. Das werde dann ja wohl die deutsche sein, sagt ausgerechnet Fritz Walter.

Herberger bläut seinen Spielern noch einmal ein, hellwach zu sein. Die Ungarn werden vom Anpfiff weg Vollgas geben. Sie haben bisher in jedem WM-Spiel in der ersten Viertelstunde ein Tor erzielt. Die deutsche Elf dürfe ja nicht in den ersten zehn Minuten in Rückstand geraten! Rahn versucht sich an einem Witz: Fritz Walter soll bei der Seitenwahl darauf achten, mit der Sonne im Rücken zu spielen. Die aber versteckt sich hinter einer dicken Wolkenschicht. Es ist nicht Rahns bester Witz. Als die Spieler auf den Platz laufen, flüstert Toni Turek: «Junge, diesmal sehe ich schwarz!» Die beiden Teams stellen sich am Mittelkreis auf.

Rahn und seine Teamkameraden schweigen wie üblich während der deutschen Nationalhymne. Fritz Walter verliert die Platzwahl. Die Ungarn wählen die Seite, Deutschland hat Anstoß.

Um 16:53 Uhr pfeift Schiedsrichter William Ling die Partie an.[51] Das Finale zwischen Deutschland und Ungarn beginnt.

OW:
Im Regen von Bern

Ottmar Walter steht am Mittelkreis. In wenigen Sekunden wird er den Anstoß zum fünften Endspiel der Fußballweltmeisterschaft ausführen. Deutschland im Endspiel der Fußballweltmeisterschaft: Noch immer hört sich das für ihn surreal an. Seit nicht einmal vier Jahren bestreitet Deutschland wieder Länderspiele. Es ist gerade einmal sein 17. Länderspiel – und dennoch gehört er innerhalb seines Teams zu den erfahrensten Akteuren.

Was auch immer genau Ottmar Walter in diesem Moment denkt: Schiedsrichter William Ling reißt ihn mit einem lauten Pfiff zurück in die Realität. Das Spiel beginnt. Zur Überraschung aller im Stadion geht die erste Chance an den Außenseiter. Max Morlock zwingt mit einem Kopfball den ungarischen Torhüter Gyula Grosics zu einer Parade. Wenige Sekunden später zischt ein Fernschuss von Hans Schäfer knapp über den Kasten.

Die Hoffnung, mit dem übermächtigen Gegner mithalten zu können, bekommt nach sechs Minuten einen herben Dämpfer. Nach ein, zwei Wacklern zu Spielbeginn beißen sich die Ungarn in der deutschen Hälfte fest. Den ersten Steilpass von József Bozsik kann Toni Turek noch klären. Deutschlands Keeper war rechtzeitig aus dem Tor geeilt. Doch nur wenige Sekunden später spielt Werner Liebrich einen katastrophalen Fehlpass in die Füße von Bozsik. Der ungarische Spielmacher jagt den Ball sofort zurück in Richtung des deutschen Strafraums. Horst Eckel kann den Schuss von Sándor Kocsis noch abwehren. Doch der Ball landet direkt vor Ferenc Puskás. Selbst mit einem nicht ganz fitten Bein lässt sich der Major solch eine Möglichkeit nicht entgehen. 0:1.

Sepp Herberger hatte sie gewarnt. Eindrücklich hatte er auf seine Abwehr eingeredet: Auf die ersten Minuten werde es ankommen! Und nun muss Ottmar Walter bereits nach sechs Minuten den zweiten deutschen Anstoß ausführen.

Kaum hat er den Ball zu seinem Kollegen Max Morlock herübergeschoben, stürmen die Ungarn auf sie los. Sie wollen direkt nachlegen. Sofort fangen sie den Ball ab. Bozsik gönnt der deutschen Abwehr keine Atempause. Seinen Pass in die Tiefe kann Werner Kohlmeyer jedoch ablaufen. Ottmars Teamkamerad aus Kaiserslautern will den Ball zurück zum Torhüter spielen. Was Kohlmeyer nicht merkt: Turek war bereits aus dem Tor geeilt, um die Kugel aufzunehmen. Kohlmeyer legt den Ball an Turek vorbei. Der streckt sich, will den Ball irgendwie mit einer Hand greifen. Turek schlägt einen Purzelbaum, Kohlmeyer dreht sich ungläubig im Kreis, der Ball bleibt im Morast liegen. Der lachende Dritte heißt Zoltán Czibor. Er schiebt den Ball ins leere Tor. 0:2.

Nach acht Minuten trottet Ottmar Walter bereits zum dritten Mal zum Anstoßpunkt. Im Hintergrund hört er, wie sich Kohlmeyer und Turek gegenseitig mit Schuldzuweisungen überdecken. Er wirft einen Blick hinüber zu seinem Bruder. Fritz schaut nur starr zu Boden. Morlock versucht, seine Kollegen aufzumuntern. «Wir lassen uns doch nicht kleinkriegen!», ruft er. Und zu Fritz gewandt: «Allez hopp, Fritz, jetzt erst recht!» Die Worte verhallen ungehört. Ein Hauch von 3:8 liegt in der Luft.

Doch an diesem Tag steht keine deutsche B-Elf auf dem Rasen. Ottmar ist nicht gewillt, sich dem Schicksal zu ergeben. Als Deutschland den Ball nach dem Anstoß schnell wieder verliert, hechtet er hinterher. Er gewinnt den Ball zurück und passt sofort zu Hans Schäfer. Der Linksaußen ist offensichtlich noch in Gedanken versunken. Sein Pass in Richtung Fritz Walter verfehlt das Ziel um gute fünf Meter. Von der linken Seite ist erst mal keine Hilfe zu erwarten.

Dafür aber von der rechten Seite, spürt Ottmar. Helmut Rahn reagiert auf seine eigene Art auf den Rückstand: mit einer Mischung aus Trotz und Wut auf der einen und Unbekümmertheit und Tatendrang auf der anderen Seite. Rahn schnappt sich den

Ball und versucht, sich durch das dichte Gedränge im Zentrum durchzuwurschteln. Der Ball geht verloren – und Rahn irgendwie auch. Ottmar muss auf rechts ausweichen, um den vermeintlichen Rechtsaußen Rahn zu ersetzen. Der erhält plötzlich an der linken Außenlinie den Ball. Mit viel Willen, aber wenig Köpfchen schießt Rahn den Ball flach in den Strafraum. Es ist keine Flanke und kein Pass, kein Schuss und auch keine Vorlage. Die Kugel flutscht an Freund und Feind vorbei. Ungarns Verteidiger József Zakariás will klären. Dadurch wird Rahns Schussflankenpass aber nur gefährlicher. Der Ball kullert Richtung ungarisches Tor. Morlock war bereits in den Strafraum geeilt und hechtet nun im Spagatschritt nach vorne. Mit der rechten Fußspitze erreicht der Nürnberger das Leder vor Torhüter Grosics. 1:2.

Das Tor rüttelt die deutsche Mannschaft wach. Fritz Walter blickt nun nicht mehr zu Boden, sondern nach vorne. Schäfer und Rahn wollen unbedingt das nächste Tor erzielen. Ottmar hilft jetzt praktisch nur noch auf den Flügeln aus, um die Lücken der beiden Außenstürmer zu füllen. Die deutsche Mannschaft entdeckt die Freude an der Kombination. Fritz leitet den Ball im Mittelfeld mit der Hacke weiter, Rahn passt sofort zu Eckel, der schickt Ottmar auf den rechten Flügel. Seine Flanke kann Grosics abfangen. Es ist jetzt ein anderes Spiel. Auf einmal stehen zwei Mannschaften auf dem Feld.

Es sind 15 Minuten gespielt, als Morlock zu einem Dribbling ansetzt. Sein Schuss wird von einem ungarischen Verteidiger abgewehrt. Eckball. Ottmar kennt seine Aufgabe. Er lauert am ersten Pfosten. Als sein Bruder zum Eckstoß ansetzt, sprintet er zum Ball. Wie abgesprochen kommt die Flanke kurz. Deutschlands Mittelstürmer verpasst knapp. Verteidiger Jenő Buzánszky kann den Ball am ersten Pfosten klären. Noch ein Eckball. Fritz' erste Ecke kam kurz. Seine Mitspieler wissen: Die zweite folgt lang. Ottmar startet erneut an den ersten Pfosten, um die Ungarn zu verwirren. Bozsik folgt ihm. Der Ball segelt über beide hinweg.

Hans Schäfer springt in zentraler Position am Fünfmeterraum hoch. Doch weder der deutsche Linksaußen noch der ungarische Keeper erreichen die Flanke.[52] Der Ball fällt am zweiten Pfosten vor die Füße von Helmut Rahn. Der fackelt keine Sekunde. Per Dropkick knallt er die Kugel ins Tor. 2:2.

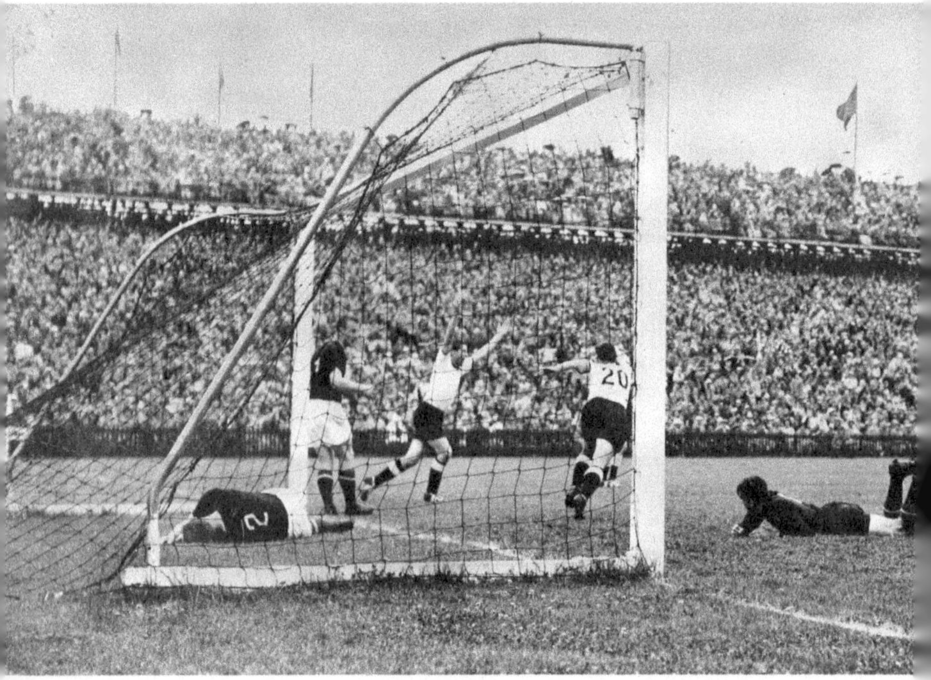

Helmut Rahn (im Hintergrund) und Hans Schäfer (Nummer 20) bejubeln Rahns Treffer zum 2:2.

Nun sind es die Ungarn, die aufgeregt streiten. Die Stürmer meckern die Abwehrspieler an, und die Abwehrspieler schimpfen zurück. Ottmar hört, wie sein ungarisches Mittelstürmer-Pendant Nándor Hidegkuti Kapitän Puskás regelrecht anbrüllt. Er versteht kein Wort, aber er spürt: Bei den Ungarn wird es zappenduster.[53]

Der Favorit wandelt die Enttäuschung in Wut. Normalerweise sind die Ungarn vernarrt in das flache Passspiel. Doch bei dem anhaltenden Regen mutieren selbst Filigrantechniker zu Berserkern. Das Spiel durch das Mittelfeld geben die Ungarn auf. Stattdessen schlägt Bozsik einen langen Ball nach dem nächsten in die Spitze. Die deutsche Abwehr schafft nicht viel mehr, als diese Bälle irgendwie zu klären. Wenige Sekunden später ist der Ball wieder in der deutschen Hälfte. Es ist kein schöner Fußball. Aber es wird gefährlich für das deutsche Team.

In der 23. Minute kommt der lange Ball ausnahmsweise nicht von Bozsik, sondern von Mihály Lantos. Kocsis köpft den Ball weiter. Er findet Hidegkuti. Der Mittelstürmer steht völlig frei vor dem Tor. Per Volleyschuss hämmert er den Ball auf den Kasten. Ottmar sieht den Ball bereits im Tor. Mit einem Reflex reißt Toni Turek die linke Hand blitzschnell nach oben. Er weiß wahrscheinlich selbst nicht, wie er diesen Schuss aus sechs Metern über die Latte gelenkt bekommt. Aber er schafft es.

Den anschließenden Eckball können die deutschen Verteidiger zwar klären. Doch schon fliegt der Ball wieder in den Strafraum. In Flippermanier kugelt er durch den Sechzehner, ehe Czibor den Fuß draufsetzt. Sein Pass findet den völlig frei stehenden Hidegkuti. Der nimmt den Ball an und schießt. Czibor reißt die Arme bereits hoch. Tor! Nein! Innenpfosten! Der Ball springt zurück ins Feld, Kohlmeyer klärt. Fritz Walter stemmt am eigenen Strafraum die Arme in die Hüften. Knapper geht es nicht.

Der ungarische Sturmlauf ebbt in den kommenden Minuten ab. Die deutsche Mannschaft entsinnt sich der taktischen Analyse ihres Chefs. Herberger hatte sie vor den Vorstößen von Bozsik gewarnt. Er hat aber auch gesagt, dass sich hinter Bozsik Räume öffnen werden. Fritz Walter stößt nun hinein in diese Lücken. Er fordert die Zuspiele seiner Mitspieler, mit dem ersten Kontakt leitet er den Ball weiter. Das Spiel wogt hin und her, von Strafraum zu Strafraum.

Das Wetter spielt der deutschen Mannschaft in die Karten. Der

Ball hat sich mittlerweile ordentlich vollgesogen. An ein flaches Passspiel ist auf dem völlig durchnässten Untergrund nicht zu denken. Immer wieder schlägt die deutsche Mannschaft den Ball halbhoch auf die Stürmer. Ottmar erhält kaum verwertbare Zuspiele. Dafür darf er sich ständig in Zweikämpfe um den Ball werfen. Deutschlands Mittelstürmer wirft sich in jeden Pass, der auch nur grob in seine Richtung fliegt. Da Rahn und Schäfer weiterhin häufig in die Mitte ziehen, muss er viel auf den Außen aushelfen.

In der Schlussphase der ersten Halbzeit erarbeiten sich beide Teams Möglichkeiten. Fritz Walter setzt Schäfer im Strafraum ein, der schießt aus halblinker Position. Abgewehrt. Nachschuss. Rahn rauscht von der rechten Seite heran, Ottmar überlässt ihm den Ball. Auf der Torlinie lenkt Verteidiger Buzánszky den Ball zur Ecke. Wenige Minuten später muss auch die deutsche Verteidigung auf der Linie retten, als Kocsis eine Flanke in Richtung Tor köpft.

Nach der ungarischen Chance bleibt Eckel am Boden liegen. Er war wenige Sekunden zuvor mit Lóránt zusammengeprallt. Auf seinem rechten Oberschenkel klafft eine Wunde. Masseur Deuser rennt auf das Spielfeld. Das Blut fließt, Deuser kann die Wunde nicht stillen. Er möchte Eckel am Spielfeldrand behandeln, doch der weigert sich, den Rasen zu verlassen. Er will seine Mitspieler nicht im Stich lassen. Die letzten Minuten der ersten Halbzeit humpelt er auf dem Spielfeld herum. Zu seinem Glück pfeift der Schiedsrichter wenige Sekunden später ab.

Viele Experten hatten vorausgesagt, dass die ungarische Mannschaft die Partie dominieren wird. Selbst die deutsche Mannschaft hatte sich kaum Chancen ausgerechnet, mithalten zu können. Zur Halbzeit steht es 2:2 – und das Ergebnis ist durchaus gerecht. Beide Teams treffen sich auf Augenhöhe. Liegt es an der seelischen Verfassung der Ungarn nach dem Ausgleich? Am Wetter, das ein flaches Passspiel unmöglich macht? An der ungewohnten Aufstellung, bei der Czibor auf Rechtsaußen und

Tóth als Linksaußen spielt? Oder an einer deutschen Mannschaft, die weit besser spielt, als die gesamte Welt geglaubt hatte? Die deutschen Spieler wissen die Antwort selbst nicht.

In der Kabine herrscht rege Betriebsamkeit. Die Ersatzspieler haben warmen Tee für ihre Kameraden zubereitet. Helmut Rahn erlaubt sich einen flapsigen Spruch gegenüber Werner Kohlmeyer und Toni Turek. Daraufhin bricht sofort wieder Streit aus, wer das zweite Gegentor verschuldet habe. Als Herberger die Kabine betritt, ruft er die beiden Streithähne zur Räson. Sie verstummen augenblicklich. Herberger beendet das bunte Treiben in der Kabine; jeder, der nicht hineingehört, wird hinausgeschickt. Der Bundestrainer hat nicht ohne Grund die Schlüssel besorgt. Er schließt die Kabine von innen ab.

Die deutsche Mannschaft versucht, sich ein wenig aufzuwärmen. Rahn ruft Torhüter Turek zu, er soll die Schotten dicht halten. «Das nächste Tor schießen wir sowieso, und dann sind die Paprikafresser geputzt!»[54] Herberger mahnt die Verteidiger, diesmal in den Anfangsminuten wachsamer zu sein. Gerade Eckel schärft er ein, Hidegkuti noch stärker zu verfolgen. Ungarns «falsche Neun» lasse sich heute seltener fallen als sonst, sondern spielt vielmehr als «echter Neuner». Eckel solle ihn eng decken! Notfalls solle er ihm aufs Klo folgen.

Ob Eckel überhaupt weiterspielen kann? Masseur Deuser und Arzt Loogen mühen sich, die Blutung des Verteidigers zu stillen. Mit einem großen Verband gelingt es ihnen schlussendlich.[55] Eckel will unbedingt wieder auflaufen. Zusammen mit Deuser verlässt er einige Minuten vor Wiederanpfiff die Kabine. Nach ein paar Sprints reckt Eckel den Daumen nach oben. Er kann spielen.

Fritz Walter bittet die Spieler ein letztes Mal in den Kreis. Alle folgen dem Kapitän. Selbst Trainer Herberger gesellt sich hinzu.

Zusammen halten sich die Deutschen an den Händen. Der Kapitän fordert seine Spieler auf, noch einmal 45 Minuten lang alles zu geben. Vielleicht können sie dann sogar Weltmeister werden.

Ottmar weiß nicht, was die Ungarn in der Kabine besprochen haben. Was immer es war: Es hat ihnen neues Leben eingehaucht. Sie kehren mit einer ganz anderen Ausstrahlung auf das Feld zurück. Sie diskutieren nicht mehr miteinander, sondern spielen gemeinsam Fußball. Sofort jagen sie den Ball wieder nach vorne, nach missglückten Pässen setzen sie nach. Die Deutschen werden an den eigenen Strafraum gedrängt.

Das Spiel läuft noch keine Minute, als Czibor den Ball auf der linken Seite erhält. Er hat mit Tóth die Position getauscht; die Deutschen hatten Czibor bereits in der ersten Halbzeit auf links erwartet. Dort trifft er auf Jupp Posipal. Vielleicht hatte Ungarns Trainer Gusztáv Sebes befürchtet, der «Kontinentstopper» sei zu stark für Czibor. Dass dem nicht so ist, beweist Czibor nach nicht einmal sechzig Sekunden: Er lässt Posipal stehen und kommt zum Schuss. Turek kann den Ball erst im Nachfassen festhalten.

Ottmar Walter erhält den Ball kurze Zeit später, verliert ihn jedoch direkt wieder. Wenige Sekunden dauert es nur, ehe der Ball in den deutschen Strafraum zurückkehrt. Puskás' Schuss pariert Turek im Nachfassen. Wenige Sekunden später wagt Bozsik einen Fernschuss, der Ball fliegt nur einige Zentimeter über die Querlatte. Die ungarische Führung scheint unausweichlich.

Kein Spieler merkt so schnell, wenn ein Spiel gegen die eigene Mannschaft läuft, wie der Mittelstürmer. Ottmar spürt: Wenn es so weitergeht, wird er den Ball in dieser Halbzeit nicht häufig sehen. Ab und an darf er sich in Zweikämpfe werfen, sobald eine Klärungsaktion in seine Richtung fliegt. Es sind verzweifelte Versuche, den Ball irgendwie zu erreichen. Meist kommt er zu spät, begeht ein Foul oder rutscht auf dem nassen Rasen einfach weg. Er findet in diesen Minuten einfach nicht statt.

Das lässt sich von den ungarischen Stürmern nicht behaupten. In der 55. Minute spielt Bozsik eine Kombination mit Hidegkuti.

Kocsis erhält den Ball auf der halblinken Seite und spielt ihn in den Strafraum. Puskás täuscht einen Schuss an, lässt den Ball jedoch durch seine Beine gleiten. Tóth steht hinter ihm völlig frei. Sein Schuss fliegt von Kohlmeyers Rücken direkt wieder vor Tóths Füße. Mit einem filigranen Haken umkurvt er Torhüter Turek. Er muss den Ball nur noch einschieben. Jetzt passiert es, denkt Ottmar. Tóth visiert die Ecke an. Doch Kohlmeyer ist zurück auf die Torlinie gesprintet, als zweiter Torhüter will er den Ball halten. Sein Spagatschritt wird länger und länger. Mit der Fußspitze kratzt er den Ball von der Linie. Kein Tor.

57. Minute. Tóth führt den Ball auf der rechten Seite. Seine Flanke fliegt in Richtung zweiter Pfosten. Die deutschen Verteidiger recken sich vergebens nach dem Ball. Kocsis steht hinter ihnen völlig frei. Er köpft aus vollem Lauf, der Ball senkt sich wie eine Bogenlampe hinter Torhüter Turek. Er knallt auf die Latte und fliegt von dort zurück ins Feld. Kohlmeyer schießt die Kugel weg. Einfach nur weg. Wenige Minuten später erhält auch Puskás seine Möglichkeit. Doch sein Schuss aus zwanzig Metern huscht links vorbei.

Pfosten, Latte, Turek, Kohlmeyer: Dass die Deutschen aus dieser Viertelstunde ohne Gegentreffer hervorgehen, grenzt an ein Wunder. Auch in den folgenden zehn Minuten spielt sich die Partie hauptsächlich am deutschen Strafraum ab. In einer Situation hilft sogar Ottmar im eigenen Sechzehner aus – ein Ort, den ein Mittelstürmer jener Zeit eigentlich nur vom Hörensagen kennt.

Doch in dieser Phase des Spiels verändert sich etwas. Die Angriffe der Ungarn verlieren an Wucht. Sie erobern nicht mehr jede Klärungsaktion der Deutschen, sondern nur noch jede zweite. Die Deutschen finden Raum zum Kontern. Nach Ballgewinnen sucht die deutsche Mannschaft Fritz Walter. Der schickt sofort seine Kollegen auf die Reise. Nicht immer kommen die Zuspiele des deutschen Kapitäns an. Allzu häufig starten Schäfer und Rahn einen Schritt zu früh. Mehrfach entscheidet der Schiedsrichter auf Abseits. Doch die Deutschen verschaffen sich

Zeit, tragen das Geschehen vom eigenen Strafraum weg – und kommen plötzlich wieder zu Schussgelegenheiten.

Ottmar muss nun wieder häufig auf den Flügeln aushelfen. Linksaußen Hans Schäfer hält wenig auf seiner Seite, Rechtsaußen Rahn gar nichts mehr. In der 72. Minute spielt Rahn im Zentrum einen Doppelpass mit Fritz Walter. Der Ball wird zur Ecke abgelenkt. Nicht Kapitän Fritz Walter führt diesmal die Ecke aus, sondern Rahn. Diese Variante haben die beiden Zimmergenossen gemeinsam ausgeheckt: Rahn spielt den Ball kurz zu Fritz, der zieht zwei Gegenspieler auf sich und legt wieder ab auf Rahn. Am Rand des Strafraums setzt der Rechtsaußen mit Vollspann einen Schuss ab. Grosics muss sich strecken, um den Ball aus dem kurzen Eck zu fischen.

Die Ungarn belagern das deutsche Tor in dieser Phase nicht mehr. Doch sie haben weiterhin die besseren Chancen. 78. Minute. Bozsik filetiert die deutsche Abwehr erneut mit einem halbhohen Pass. Czibor sprintet mit dem Ball allein auf das Tor zu. Turek eilt heraus. Czibor will den Ball vorbeilegen. Er ist schon halb am deutschen Keeper vorbei. Doch der erreicht den Ball mit den Fingerspitzen, irgendwie. Hidegkuti schnappt sich in halbrechter Position den frei liegenden Ball. Sein Schuss landet am Außennetz.

Turek bleibt nach der Abwehraktion liegen. Czibor hat ihn an der Brust getroffen. Masseur Deuser rennt auf das Spielfeld, um den Verletzten zu behandeln. Seine Teamkameraden bangen: Ohne Turek würde Deutschland längst zurückliegen. Ottmar bangt gleich doppelt. Er ist der designierte Ersatztorhüter. Sollte sich Turek ernsthaft verletzt haben, muss er ins Tor. Als Turek signalisiert, dass er weiterspielen kann, fällt den deutschen Spielern ein Stein vom Herzen. Bei Ottmar ist es ein Felsen.

Zehn Minuten sind noch zu spielen. Die Zeit scheint stehen zu bleiben. Beide Teams haben sich verausgabt. Der Rasen ist tief. Der Ball ist hart. Die vergangenen Wochen waren lang und voll anstrengender Spiele. Mit jeder Minute ist den Ungarn die

Müdigkeit deutlicher anzumerken. Den Deutschen auch – jedoch nicht ganz so stark. Ihr hartes Training macht sich bezahlt. Ihr leichtes Schuhwerk ebenfalls. Ottmar und seine Kollegen werfen sich weiter mit Wucht in jeden Zweikampf. Noch neun Minuten. Acht. Sieben.

Die 84. Minute. Helmut Rahn ist mal wieder überall anzutreffen, nur nicht auf dem rechten Flügel. Am eigenen Strafraum leitet er einen Angriff ein. Ottmar füllt in dieser Situation nicht die freie Position auf rechts auf. Er legt den Ball am Mittelkreis hinaus auf Hans Schäfer. Im Vollsprint startet er in den Strafraum. Wäre sein Bruder am Ball gewesen, hätte der eine butterweiche Flanke auf Ottmars Kopf geschlagen. Doch Schäfers halbhoher Ball wird von den Ungarn problemlos abgewehrt.

Bozsik führt den Ball. Ottmar hakt die Situation bereits ab. Er wird sicher wieder einen langen Ball nach vorn schlagen, so wie er es schon zigmal getan hat in diesem Spiel. Doch diesmal nicht. Bozsik spielt einen Fehlpass. Die Kugel landet wieder auf links bei Schäfer. Ottmar startet erneut in den Strafraum. Diesmal kommt die Flanke besser. Zwar kann Ottmar auch diese Hereingabe nicht erreichen, der Ball fliegt zu hoch. Doch zumindest kann er den gegnerischen Verteidiger Lantos behindern. Ottmar wirft seinen ganzen Körper in den Zweikampf. Der ungarische Verteidiger soll den Ball nicht sauber köpfen können. Dafür will er sorgen.

Lantos' Kopfball missrät. Er landet direkt vor den Füßen von Rahn. Ottmar rückt auf die halbrechte Seite, während Rahn auf die ungarische Abwehr zuläuft. Der Mittelstürmer steht nun am Rande zum Abseits, aber er steht auch völlig frei. Vor ihm befindet sich nur noch der gegnerische Torhüter. Ottmar schreit sich die Seele aus dem Leib. «Boss! Boss!» Wenn der Helmut nur abspielen würde! Er müsste den Ball nur einschieben.

Doch eigentlich weiß er: Wenn Rahn den Ball in Schussposition erhält, gibt es für ihn keine Mitspieler mehr. Es gibt nur noch den Ball und das Tor. Rahn weiß das, Ottmar weiß das, alle wissen das. Nur Ungarns Verteidiger Lantos weiß es nicht. Rahn täuscht einen Pass auf Ottmar an. Lantos lässt sich foppen und geht auf den Mittelstürmer zu. Rahn zieht die Kugel nach innen, weg von Lantos und Ottmar, und blickt in Richtung Tor. Lantos merkt, dass er hereingelegt wurde. Mit letzter Verzweiflung springt er auf den Ballführenden zu. Zwei Teamkollegen eilen zu Hilfe.

Ottmar steht auf der halbrechten Seite so frei, wie ein Stürmer nur frei stehen kann. Doch er weiß: Die Messe ist gelesen. Rahn wird nicht mehr passen. Er befindet sich nun in Schussposition.

Aus dem Hintergrund müsste Rahn schießen.

Rahn schießt.

HR: Weltmeister

Helmut Rahn liegt am Boden. Kurz hat er die Orientierung verloren. Er sieht den Ball nicht. Aber das muss er auch nicht. Schon als sein Fuß die Kugel berührt hat, wusste er, wo sie landen wird. Er vergewissert sich, dass der Ball tatsächlich im Tor liegt. Dann reißt er die Arme in die Luft. Er hatte es doch gesagt. Deutschland wird noch ein Tor schießen. Und wenn er selbst dafür sorgen muss.

Rahns Tor ist der 25. deutsche Treffer bei diesem WM-Turnier. Kein Einziger wird so frenetisch bejubelt. Als Rahn aufsteht, springt Hans Schäfer ihm sofort auf den Rücken. Die übrigen Spieler eilen hinzu und bilden einen Haufen. «Lasst mich leben! So lasst mich doch leben!», schreit Rahn, als seine Mitspieler ihn fast erdrücken.[56] Einzig Torhüter Toni Turek herzt den Torschützen nicht. Herbergers Lektion aus der Vorrunde steckt ihm noch in den Knochen.

3:2. Nur noch sechs Minuten zu spielen. Die Sensation, an die keiner geglaubt hat, nicht einmal die deutschen Spieler – sie ist plötzlich zum Greifen nah. Sechs Minuten müssen sie noch ohne Gegentreffer überstehen. Gegen die beste Mannschaft der Welt. Eine Mannschaft, die jetzt so richtig wütend ist.

Bozsik hält nichts mehr hinten. Sofort nach dem Anstoß holt er sich den Ball. Seinen ersten Versuch, den Ball lang zu schlagen, kann die deutsche Abwehr noch klären. Der zweite Ball fliegt in den deutschen Strafraum. Kocsis kann sich auch diesmal durchsetzen, mit dem Kopf verlängert er den Ball zu Puskás. Auf halblinks steht der ungarische Kapitän frei vor dem Tor. Der angeschlagene Stürmer kann sich kaum mehr auf den Beinen halten. Mit dem rechten Fuß knickt er ab, während er mit dem linken Bein mit letzter Kraft einen Schuss auf das Tor abgibt. Turek stürzt sich ihm entgegen. Doch der Ball flutscht durch seine Arme. Tor.

Turek bleibt regungslos am Boden liegen. Helmut Rahns Gesicht färbt sich totenbleich. Der Ausgleich. Alles dahin. Sein Tor ist auf einmal nichts mehr wert. Er sagt zu dem neben ihm stehenden Fritz Walter: «Nun war alles umsonst.» Fritz verzieht keine Miene. «Du Idiot!», antwortet Deutschlands Kapitän trocken. «Hast du nicht den Pfiff gehört? Abseits!»[57] Helmut Rahn hebt den Kopf. Tatsächlich. Linienrichter Mervyn Griffiths steht mit erhobener Fahne an der Seitenlinie. Das Tor zählt nicht.[58] Die Ungarn hatten sich bereits zu einem Jubelknäuel vereint. Ungläubig schwärmen sie wieder auseinander. Sie können die Entscheidung kaum fassen. Doch sie protestieren nicht.

Es ist nicht das Ende ihrer Bemühungen. Bozsik treibt seine Mitspieler an. Er möchte unbedingt seinen Fehler vor dem Gegentor wettmachen. Ein langer Ball von ihm landet im Strafraum. Hidegkuti erhält den Ball in bester Position. Doch die Kugel springt ihm vom Fuß. Keine Gefahr fürs deutsche Team. 90. Minute. Am Mittelkreis geht Bozsik gegen drei Deutsche ins Dribbling, auch Ottmar Walter versucht ihn aufzuhalten. Vergebens. Der Ball gelangt zu Czibor, der in den Strafraum eindringt. Mit voller Wucht visiert er das kurze Eck an. Diesmal ist Turek rechtzeitig unten. Das deutsche Tor ist wie vernagelt.

Die Deutschen versuchen nun, Zeit von der Uhr zu nehmen. Sobald Helmut Rahn den Ball erhält, nimmt er das Tempo heraus. Jede Sekunde zählt. Das Publikum im Berner Wankdorfstadion buht. Fußball ist ein Sport der Gentlemen, und Zeitspiel ist gar nicht gentlemanlike. Sollen sie ruhig pfeifen, denkt Rahn. Das ist ihm egal. Nicht aber Hans Schäfer. Er lässt sich durch die Pfiffe zu einem überhasteten Fernschuss verleiten. Daneben. Die Ungarn bekommen noch einen letzten Angriff. Langer Ball. Ins Nichts. Kohlmeyer schlägt die Kugel weg. Fritz Walter köpft am Mittelkreis ins Seitenaus. Weitere Sekunden ticken von der Uhr. Ungarn wirft ein. Sofort wird der Ball in Richtung Strafraum geschlagen. Er befindet sich noch in der Luft, als Schiedsrichter Ling in seine Pfeife bläst.

Aus. Aus. Aus. Das Spiel ist aus.

Deutschland ist Weltmeister.

Helmut Rahn springt in die Luft. Einmal. Zweimal. Dreimal. Wie alle seine Mitspieler weiß er nicht so recht, wohin er mit seiner Freude soll. Einzelne Team-Mitglieder umarmen sich spontan. Dann stürzen sie auf Fritz Walter zu. Erst einer, zwei, drei, vier. Es bildet sich ein Haufen wie nach Rahns Siegtreffer. Nur diesmal ist es der Kapitän, der schreit, seine Teamkameraden sollen ihn bitte leben lassen.

Fotografen schwärmen auf dem Spielfeld aus. Schiedsrichter Ling und Linienrichter Griffiths werden gefangen im deutschen Jubelsturm, irgendwie bahnen sie sich den Weg heraus. Der ungarische Torhüter Grosics stürmt auf Griffiths zu. Sein Gesichtsausdruck verrät, dass er mit der Abseitsentscheidung nicht einverstanden ist. Die restlichen ungarischen Spieler wirken apathisch. Helmut Rahn drückt ihnen die Hand. Sie schauen ihn nicht an.

Die deutsche Mannschaft begibt sich auf ihre Ehrenrunde. Nach dem Gruppenspiel gegen Ungarn war Helmut Rahn noch angepöbelt und bespuckt worden. Nun müssen Schweizer Armeesoldaten die Fans davon abhalten, den Platz zu stürmen. Die deutschen Anhänger feiern frenetisch ihre Weltmeister.

Die Schweizer Organisatoren bauen hurtig eine provisorische Bühne auf. Die deutsche Mannschaft stellt sich in einer Reihe am Mittelkreis auf. Noch immer wird sie umringt von Fotografen und Journalisten. Kapitän Fritz Walter platziert sich am Rand der Mannschaft, direkt neben ihm Sepp Herberger. Helmut Rahn steht wenige Plätze neben ihm, eingerahmt von Horst Eckel und Ottmar Walter. Gemeinsam warten sie auf die Übergabe des Coupe Jules Rimet, des Pokals für den Weltmeister.

Fifa-Ehrenpräsident Jules Rimet hat die Aufgabe, den nach ihm benannten Pokal zu übergeben. Man nennt ihn bereits den «greisen Rimet». Rahn versteht sofort, wieso. Zunächst hat der 80-Jährige Probleme, das eilig herbeigeschaffte Mikrofon zu benutzen. Rahn versteht kein Wort der französischen Rede. Verpassen tut er nichts. Rimet reüssiert über vergangene Tage, über die ersten Weltmeisterschaften und welche Ehre es sei, den Pokal übergeben zu dürfen. Als Fritz Walter vortritt, um ihn entgegenzunehmen, fällt das Mikrofon aus. Ganz unzeremoniell reißt der deutsche Kapitän das Schmuckstück aus Rimets Händen. Er schüttelt erst dem Fifa-Präsidenten die Hand und dann Ungarns Kapitän Puskás, der abwesend in die Leere starrt. Als Fritz Walter zur deutschen Mannschaft zurückkehrt, will er den Pokal Herberger in die Hand drücken. Der drückt dessen Arm brüsk weg: «Behalten Sie ihn nur. Der Pokal gehört Ihnen und der Mannschaft.»[59]

Dann wird die deutsche Nationalhymne abgespielt. Wie alle seine Mannschaftskameraden steht Rahn schweigend da. Manches hat sich verändert seit dem Ende des «Dritten Reichs», nicht aber die deutsche Nationalhymne. Offiziell soll die dritte Strophe des Deutschlandlieds gesungen werden. Die Zuschauer kennen nur die erste. «Deutschland, Deutschland über alles», grölt das Publikum. Und: «Von der Maas bis an die Memel, von der Etsch bis an den Belt.» Weder die Flüsse Maas, Memel und Etsch noch die Meerenge Belt gehören zum Staatsgebiet des neuen Weltmeisters. Doch das interessiert keinen Deutschen im Wankdorfstadion; ebenso wenig wie die Frage, wie das Singen der Hymne auf die anderen Zuschauer wirken mag.

Nach der Nationalhymne verständigen sich Helmut Rahn und Ottmar Walter mit einem kurzen Blick. Gemeinsam stürmen sie zu Bundestrainer Sepp Herberger und wuchten ihn auf ihre Schultern. Der Bundestrainer weiß nicht so recht, wie ihm geschieht, als seine Nationalspieler ihn über den Rasen tragen. Die deutschen Zuschauer nehmen sich ein Beispiel daran: Sie tragen die Spieler auf Schultern in die Katakomben des Stadions. Für Werner Kohlmeyer hat Sepp Herberger noch einen Sonderauftrag: Er soll Schiedsrichter Ling den Spielball abnehmen. Er

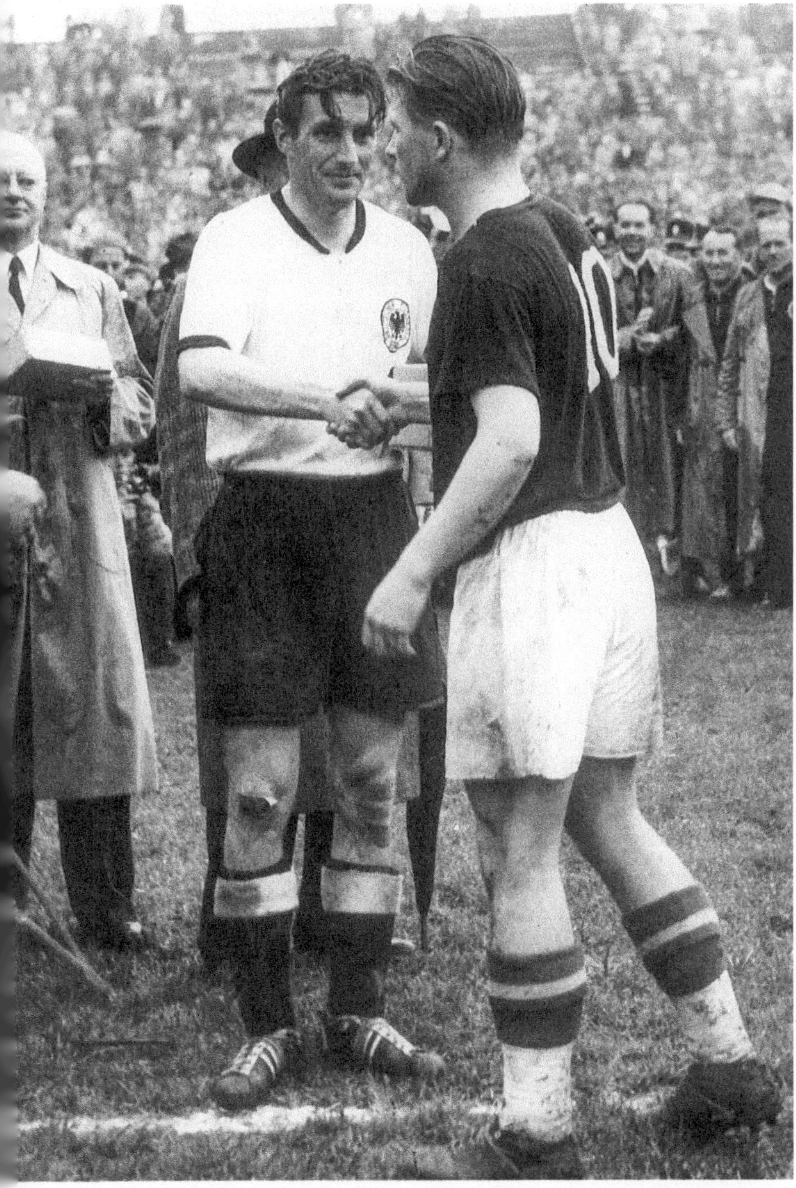

Der apathische Ferenc Puskás gratuliert Fritz Walter zum WM-Gewinn.

möchte ihn gerne als Souvenir behalten. Wie immer bei dieser Weltmeisterschaft kommt Kohlmeyer dem Auftrag seines Trainers nach.

Vor der deutschen Kabine gibt es kaum ein Durchkommen. Zahlreiche Schaulustige wollen die Spieler sehen. Journalisten möchten Interviews führen, Fotografen lauern auf Schnappschüsse. Abgesandte der Stadt Kaiserslautern, darunter der Bürgermeister, stürzen sich auf ihre Pfälzer.[60] Zum Glück hat der Bundestrainer einen Schlüssel. In Gruppen dürfen die Schaulustigen die deutsche Kabine betreten. Vittorio Pozzo, Italiens Weltmeister-Trainer von 1934 und 1938, fachsimpelt mit Herberger. Ungarns Trainer Gusztáv Sebes gesellt sich hinzu und gratuliert. Fritz und Ottmar lassen sich von ihrem Vater herzlich drücken. «Jetzt schlagen sie in Kaiserslautern die Wirtschaft zusammen!», befürchtet Fritz.[61] Nach zahllosen Glückwünschen, Umarmungen und Analysen des Geschehens beendet Masseur Deuser das Treiben. Er fordert die Spieler auf, sich den Schweiß abzuduschen.

Auf der Rückfahrt nach Spiez versinken die Spieler in Gedanken. Sie sind Weltmeister. Keiner kann den Satz so richtig begreifen. Als Herberger seine Männer auffordert zu singen, kommen sie der Bitte nur halbherzig nach. «Hoch auf dem gelben Wagen», murmeln sie. Der Gesang ebbt schnell wieder ab. Die Spieler sind mit sich selbst beschäftigt.

Im Hotel Belvédère fangen die Ehrungen erst so richtig an. Jeder möchte die deutsche Mannschaft mit einer Rede beglücken. DFB-Präsident Dr. Bauwens beginnt, der deutsche Gesandte in der Schweiz legt nach, und selbst der Bürgermeister von Spiez zollt der deutschen Mannschaft seinen Respekt. Auch Herberger dankt seinen Spielern: «Es gibt Mannschaften, die manchmal besser spielen als wir, aber es gibt keine Mannschaft, die mehr Gemeinschaftsgeist, mehr Kameradschaft kennt als unsere.»[62]

Zahlreiche Telegramme trudeln ein. Bundeskanzler Konrad Adenauer gratuliert der Mannschaft, ebenso Bundespräsident

Theodor Heuss und Sportminister Gerhard Schröder. Hohenzollern-Prinz Louis Ferdinand freut sich und auch die Schauspielerin Zarah Leander. Der Sozialistische Studentenbund und die Marburger Burschenschaft zeigen sich in seltener Einigkeit. Aus jedem Winkel der jungen Bundesrepublik regnet es Glückwünsche. Selbst das Strafkommando Einöderwiesenhof schickt ein Telegramm.

Die Spieler erhalten das beste Essen auf dem Bankett, sie dürfen so viel Bier, Wein und Sekt trinken, wie sie wollen. Nach Wochen der Anstrengung und des Verzichts fällt die Umstellung nicht leicht, zumal jeder etwas von den deutschen Spielern will: ein Autogramm, ein Gespräch, eine Umarmung. Die Spieler sind schlicht zu erschöpft zum Feiern.

Um drei Uhr nachts löst sich die Gesellschaft auf. Fritz Walter und Helmut Rahn gehen auf ihr Zimmer. Doch sie können nicht schlafen. Sie verbringen die Nacht damit, Radio zu hören. Um sieben Uhr morgens fragt Fritz seinen Zimmernachbarn: «Na, hat deine Marktfrau noch Ware?» Rahn begibt sich auf den Balkon und legt sogleich los: «Schnittfeste Tomaten! Prima Oma-Lutsch-Birnen! Nirgendwo gibt es bessere Preise! Da leck mich doch am ...»

OW:
Von Fußballern zu Helden

Die deutschen Spieler haben nur eine vage Vorstellung davon, welche Begeisterung ihr Triumph in der Heimat ausgelöst hat. Zwar haben sie gesehen, dass im Verlaufe des Turniers immer mehr Schaulustige nach Spiez gepilgert sind. Auch haben sie mitbekommen, dass über tausend Telegramme nach dem Sieg in Spiez angekommen sind; nachts um zwei stellte das überlastete Postamt deren Bearbeitung ein. Einige Akteure waren große Menschenmassen gewohnt. Helmut Rahn hatte den Essener Triumphzug nach dem Pokalsieg erlebt. Die Lauterer Spieler wurden nach ihren Meistertiteln von Tausenden Menschen in der Heimat empfangen.

Nichts davon hat die Spieler auf das vorbereitet, was auf ihre Heimkehr nach dem WM-Triumph folgt.

Der erste Tag als frischgebackene Weltmeister beginnt für die deutsche Mannschaft wenig imposant. Ottmar hat wie viele seiner Kollegen kaum ein Auge zubekommen. Nachts um drei Uhr hatte er sich mit seinem Zimmergenossen Werner Liebrich auf den Balkon gesetzt. In der einen Hand hielten sie einen Apfel, in der anderen eine Flasche Sekt. Immer wieder fragten sie sich gegenseitig: «Sind wir es wirklich?»[63]

So erging es den allermeisten Teamkollegen. Geschlafen hat kaum jemand von ihnen. Die Kicker sollen trotz ihrer Augenringe wenigstens halbwegs vorzeigbar aussehen. Der DFB hat einen Friseur in das Hotel bestellt. Der soll Ottmar und seine Kollegen für den Tag aufhübschen. Dann heißt es Abschiednehmen vom Belvédère-Hotel Spiez. Ein Alphornbläser spielt für die Weltmeister das Lied «Lueget, von Berg und Tal flieht der Sonnenstrahl». Der Mannschaftsbus fährt den deutschen Tross nach Zürich. Dort wartet eine Ehrung durch den Vorsitzenden des

Organisationskomitees, Ernst Thommen. Alle deutschen WM-Teilnehmer erhalten von der Fifa eine goldene Uhr. Am Bahnhof steigt die Mannschaft in einen eigens für sie geschmückten Zug. Außen prangt der Schriftzug «Fußball-Weltmeister 1954».

Spätestens an der deutschen Grenze wird die Mannschaft gewahr, welche unglaublichen Begeisterungsstürme sie in der Heimat ausgelöst hat. Die Reiseroute der Deutschen ist zuvor im Hörfunk und in Zeitungen veröffentlicht worden. Der DFB hatte die Rückreise unabhängig vom Ergebnis bereits geplant; die Mannschaft hätte sich auch bei einer Niederlage feiern lassen sollen. Angesichts des Triumphs kennen die Jubelstürme nun keine Grenzen.[64]

In Jestetten, einem Zipfel eingerahmt von der Schweiz, betritt die deutsche Mannschaft erstmals seit vier Wochen wieder deutschen Boden. Eigentlich soll der Zug hier nicht halten. Jestetten ist eine kleine Gemeinde, nur wenige Tausend Menschen leben hier. Am Jestetter Bahnhof warten jedoch wesentlich mehr Menschen. Die Anhänger, die sich am Bahnsteig versammelt haben, drohen, einen Halt des Zuges zu erzwingen, indem sie auf die Gleise springen. Sepp Herberger und Fritz Walter beugen sich der Forderung der Fans, den Zug zu verlassen. Der Bürgermeister überreicht der Mannschaft zwölf Bronzeschalen mit der Aufschrift: «Jestetten dankt Ihnen».

Erster offizieller Halt auf deutschem Boden ist Singen. Die Stadt hat versucht, dem Ansturm der Menschen Einhalt zu gebieten. Der Plan lautete, nur Menschen mit gültigem Ticket auf das Bahnhofsgelände zu lassen. Nach 6000 gelösten Billetts stellen die Verantwortlichen den Verkauf ein. Sie werden der Massen nicht Herr. Schätzungsweise 25 000 Menschen drängen auf den Bahnsteig, um einen kurzen Blick auf die deutsche Mannschaft zu erhaschen. Als diese den Bahnhof erreicht, brüllen die Menschen von allen Seiten die Namen der Weltmeister: «Fritz Walter! Wir wollen Fritz sehen!» «Wo ist Rahn?» «Ottmar, zeig dich!» Die Spieler stellen sich abwechselnd an die Fenster und winken den

Massen zu. Viele Spieler haben noch nie außerhalb eines Fußballstadions vor solch einer Menschenmenge gestanden.

Im Gedränge und Gebrüll geht die Ehrung der deutschen Mannschaft völlig unter. Die Stadtkapelle soll die Nationalhymne spielen. Doch im dichten Gedränge können die Musikanten die Noten nicht lesen. Schnell verständigen sie sich auf ein anderes Lied, das sie ohne Noten beherrschen. Sie spielen «Auf dem Bo-

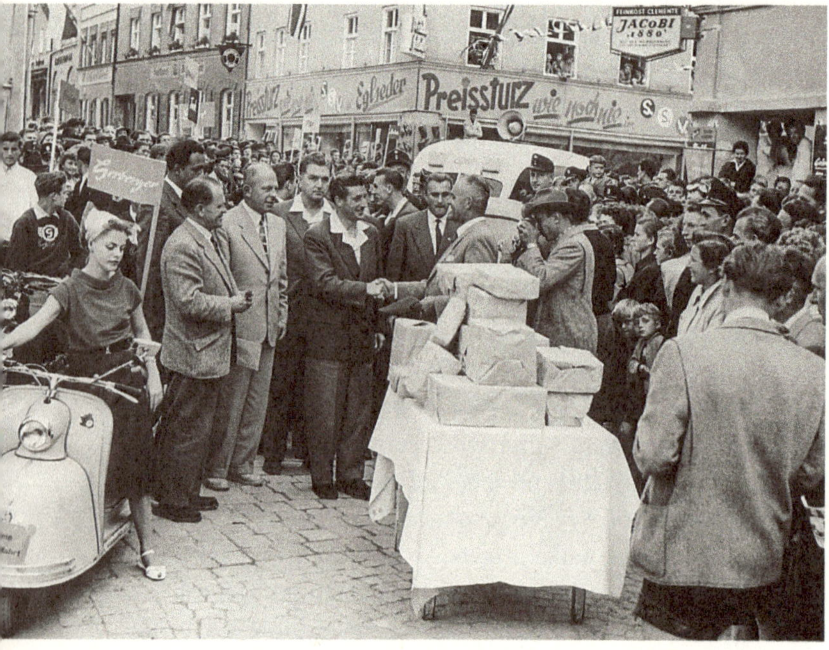

Die Sieger von Bern wurden allerorts begeistert empfangen. Fritz Walter schüttelt Hände in Dingolfing.

densee», während der Bürgermeister versucht, eine Rede zu halten. Kaum jemand vernimmt seine Worte. Die Spieler erhalten einen Baumkuchen sowie eine Palette der neuesten Maggi-Produkte, das Unternehmen hat einen wichtigen Standort in der Stadt.

So geht es in jeder kleinen und mittelgroßen Ortschaft weiter.

In Radolfzell erhalten die Spieler Feinrippunterwäsche, was zur Heiterkeit im Zug beiträgt. Konstanz dankt den Weltmeistern mit Weinflaschen und Büchern. Die Spieler freuen sich eher über die beschmierten Brötchen, die sie dazu erhalten. Friedrichshafen spendiert 15 Flaschen Sekt.

An der gesamten Wegstrecke haben sich Menschen versammelt. Ein Fußballverein versucht die Bahn mit einem Angebot zu einem außerplanmäßigen Halt zu ködern: Sie werden die kommenden fünf Jahre zu jedem ihrer Spiele per Zug anreisen. Die Bahn lehnt diese und zahlreiche andere Gesuche ab. Ein anderer Fußballverein meldet sich bei der Polizei. Die Mitglieder fragen, wie viel Strafe es koste, wenn man einen Zug auf freier Strecke mit einer roten Flagge zum Halten zwinge. Die Polizei kann die Straftäter in spe von ihrem Vorhaben abbringen.

Max Morlock sagt zu seinen Mitspielern: «Ich bin überzeugt, dass viele der begeisterten Menschen noch nie in ihrem Leben ein Fußballspiel gesehen haben.»[65] Zumindest auf das Finale trifft das sicher zu. Zwar stehen mittlerweile über 10 000 Fernseher in deutschen Haushalten. Der deutsche WM-Erfolg hat die Verkaufszahlen der soeben auf den Markt gekommenen Technik beflügelt. Der Großteil der Deutschen hatte jedoch gebannt der Radioreportage des Spiels gelauscht. Kommentator Herbert Zimmermann hatte sich mit Formulierungen wie «Aus dem Hintergrund müsste Rahn schießen» oder «Aus! Aus! Das Spiel ist aus! Deutschland ist Weltmeister!» unsterblich gemacht.

Immer wieder brüllen die Schaulustigen: «Fußballgott! Wir wollen den Fußballgott sehen!» Die Spieler lernen, dass Toni Turek der neue Gott der Massen ist. Den Spitznamen verdankt er Zimmermann. Der Radiokommentator hatte nach einer seiner zahlreichen Paraden ausgerufen: «Turek, du bist ein Teufelskerl! Turek, du bist ein Fußballgott!»[66] Die Masse hat die Bezeichnung übernommen. Turek scheint der Ruhm sofort zu Kopf zu steigen. Auffallend offen flirtet er mit den Schaffnerinnen. Sepp Herberger verdreht nur die Augen.

Die deutsche Jubelfahrt endet in Lindau. Hier sollen die Spieler nächtigen, ehe sie am nächsten Tag zur großen Feier nach München weiterreisen. Das stellt die örtliche Polizei vor eine Herausforderung: Die Spieler müssen vom Bahnhof zum Hotel eskortiert werden. Die Gleise können die Polizisten zwar absperren. Nur sechzig Ehrengäste begrüßen die deutsche Mannschaft am Bahnhof. Auf dem Vorplatz drängelt sich jedoch eine gewaltige Menschenmenge. Von dort sind es noch wenige Hundert Meter zum Hotel. Schon am Bahnhof splittern erste Scheiben unter dem Druck der Menschenmasse. Als die Mannschaft auf den Vorplatz tritt, wollen die Lindauer ihre Helden hautnah erleben. Die Spieler werden von allen Seiten betatscht, es wird gezogen und gezerrt. Manch ein Anzug der WM-Sieger überlebt den kurzen Weg über die Seepromenade nicht. Die Polizei schafft es trotzdem irgendwie, die Spieler ins Hotel zu eskortieren.

Dort endet der Jubelreigen nicht. Die Menschen versammeln sich vor dem Hotel. Sie fordern die deutsche Mannschaft auf, sich zu präsentieren. Wieder und wieder müssen sich die völlig übermüdeten Weltmeister auf den Balkonen zeigen. Jugendliche klettern die Regenrinne des Hotels hinauf, um zu den Spielern zu gelangen. Sie lassen sich Autogramme schreiben. Geduldig lässt die deutsche Mannschaft das Schauspiel über sich ergehen. An Schlaf ist auch in dieser Nacht kaum zu denken.

Die Begeisterung der Massen erfordert eine Änderung des Plans. Die Mannschaft begibt sich am nächsten Morgen auf eine Triumphfahrt durch Lindau. Da noch immer Tausende Menschen am Hotel verharren, scheint dies der einfachste Weg, die Mannschaft zum geplanten Empfang zu bringen. In offenen Wagen werden sie durch die Stadt kutschiert. Die Menschen jubeln ihnen zu. Die Schulkinder des Landkreises haben extra schulfrei bekommen, um ihre Idole sehen zu können. Im Spielbank-Restaurant wartet auf die Spieler ein bayrisches Bauernfrühstück. Jeder Weltmeister erhält zudem eine teure Porzellanplastik sowie eine hochwertige Ausgabe des Romans «Der liebe August».

Um 13:15 Uhr verlässt der Sonderzug Lindau in Richtung München. Zwischendurch hält er an weiteren Bahnhöfen. Die Weltmeister sind mittlerweile routiniert im Entgegennehmen der Ehrungen. In Kempten sagt Herberger zu seinem Kapitän: «Fritz, Sie nehmen die Blumen, ich den Käse.»[67] Die Schaffner räumen ein ganzes Abteil für die Präsente frei. Hier liegen Aschenbecher unter Zinnkrügen und Kuhglocken neben Porzellanfiguren. Die Fressalien und Blumen stapeln sich mittlerweile.

In Kaufbeuren warten Zehntausende vor dem Bahnhof. Die deutsche Mannschaft möchte nach den Erfahrungen des Vortages eigentlich nicht den Zug verlassen. Der Bürgermeister bettelt so lange, bis der DFB-Tross sich breitschlagen lässt. Sepp Herberger, Fritz Walter und Toni Turek drängeln sich mit dem Weltmeisterpokal in der Hand auf den Vorplatz. Als Dank erhalten die Spieler einen Glaspokal, der Trainer bekommt eine Reiseschreibmaschine.

In München schallt es am Nachmittag aus den Lautsprechern: «Achtung, der Sonderzug ist fahrplanmäßig um 14:30 Uhr in Buchloe abgefahren! Dies ist ein betriebliches Wunder.»[68] Planmäßig erreicht die deutsche Mannschaft um 16:04 Uhr München. Auch hier haben die Kinder schulfrei bekommen. Sie drängeln sich auf den Bahnhofsvorplatz, um die Mannschaft zu sehen.[69] In zwölf Mercedes-Kabrioletts wird die Mannschaft durch die Straßen kutschiert. Hunderttausende Menschen säumen den Weg. Manche klettern auf zerbombte und noch nicht wieder aufgebaute Häuser; von den Trümmern aus jubeln sie den deutschen Spielern zu.

Im Rathaus am Marienplatz wartet bereits der Münchener Oberbürgermeister. Thomas Wimmer überreicht den Spielern eine Ehrenplakette der Stadt München. Der Politiker lässt es sich nicht nehmen, Fotos mit den Spielern zu machen. Auch der bayerische Ministerpräsident Hans Ehard arrangiert ein Treffen mit den Weltmeistern. Er überreicht ihnen Löwen aus Porzellan.

Am Abend kommt es zum großen Festakt im Löwenbräukeller.

Die Stadt serviert ein echtes bayerisches Mahl: zünftigen Schweinebraten mit einer dunklen Soße, Kalbshaxen, dazu Knödel in verschiedenen Farben und Formen und – natürlich – Weißbier. 40 000 Liter stehen bereit, zwölf Schweine und zehn Rinder wurden eigens für die Nationalmannschaft geschlachtet. Ottmar Walter würde das Essen gerne genießen. So richtig kann er das nicht: Immer wieder stürmen Politiker, Journalisten oder einfache Fans an die Tische der Spieler. Sie wollen sich im Glanz der Weltmeister sonnen oder einfach nur Autogramme abstauben. Auf jeden Bissen Essen muss Ottmar zwei oder drei Unterschriften geben.

Ein offizieller Anlass wie dieser kommt nicht ohne Reden aus. Oberbürgermeister Wimmer ehrt noch einmal jeden Finalspieler. Als er Verteidiger Jupp Posipal als «Borstipal» bezeichnet, wabert schallendes Gelächter durch die Reihen der Spieler. Der Hamburger darf sich in den kommenden Monaten auf einen neuen Spitznamen freuen.

Auch DFB-Präsident Bauwens hält zu diesem Anlass eine Rede. Er weist zunächst auf die Kameradschaft der Mannschaft hin und nennt den guten Geist als wesentlichen Faktor für den deutschen Sieg. Doch in Bauwens lodert noch immer der Groll über die abgehängte Fahne vor dem Finale; ein Ereignis, das Spieler wie Beobachter kaum wahrgenommen hatten. Auch Tage nach dem Finale war zu Bauwens nicht durchgedrungen, dass die Abhängung der Fahne kein feindlicher Akt gewesen war. Vielmehr war sie durch den Regen derart durchnässt, dass sie schlicht nicht mehr vorzeigbar war.

Bauwens stilisiert das Ereignis nun jedoch zur Initialzündung für den deutschen Triumph: «Es bedurfte nur eines Wortes an unsere Jungens: Jetzt kämpft ihr ohne äußere Flagge, aber im Herzen tragt ihr die deutsche Fahne! Da haben die Jungens wirklich gezeigt, was ein gesunder Deutscher, der treu zu seinem Land steht, zu leisten vermag!» Wenig später macht Bauwens noch «vom Führerprinzip Gebrauch, aber im guten Sinne», als er seinem Vertreter Hans Huber eine Ehrennadel verleiht. Auch wenn die Rede in weiten Teilen von der deutschen Mannschaft und deren positivem Verhalten in der Schweiz handelt: Die nationalistischen Untertöne passen so gar nicht in einen Zeitgeist, der sich von der Zeit des Nationalsozialismus zu distanzieren versucht. Entsprechend gehen Bauwens' Ergüsse als «Sieg-Heil-Rede» in die Geschichte ein.[70]

Bauwens verkündet während seiner Rede noch eine weitere Ehrung. Fritz Walter wird zum Ehrenspielführer der deutschen Mannschaft erhoben. Diese Würdigung hat es zuvor noch nie gegeben. Ein etwas verwirrter Kapitän steigt unter dem Applaus der Zuschauenden auf das Podest.

Es wird noch bis in die Morgenstunden gefeiert. Helmut Rahn schafft es sogar, Sepp Herberger auf die Tanzfläche zu zerren. Gemeinsam tanzen sie den Boogie-Woogie. Doch die ganz große Festlichkeit will auch am dritten Abend als Weltmeister nicht aufkommen. Die deutsche Mannschaft hat seit dem Titelgewinn Empfang um Empfang über sich ergehen lassen. Auch in der dritten Nacht bekommen sie kein Auge zu. Ottmar Walter fragt sich, wann die Festlichkeiten enden werden.

Jedenfalls nicht am nächsten Tag. Für die Spieler geht es zurück in ihre Heimatorte. Ottmar kehrt mit seinen vier Teamkollegen zurück in seine Heimatstadt Kaiserslautern. Auch dort warten die Fußballfreunde sehnsüchtig auf ihre Weltmeister. Die Schüler haben – wie sollte es anders sein? – an diesem Tag schulfrei bekommen.[71] Die Geschäfte schließen bereits um 18 Uhr, damit abends alle Zeit haben, die Ehrung der Spieler zu verfolgen.

Um 19:25 Uhr erreichen die Lauterer Weltmeister ihre Heimatstadt. Die Spieler werden mit 21 Böllerschüssen begrüßt. Im offenen Wagen werden sie durch die Stadt kutschiert. Hunderttausend Menschen bejubeln ihre Idole. Sie harren schon seit Stunden aus und lassen sich auch vom strömenden Regen nicht vertreiben. Oberbürgermeister Alex Müller hatte die Bevölkerung gebeten, Flaggen und Plakate an den Häusern anzubringen. In großen Lettern steht dort nun etwa geschrieben: «Als Namenlose zogt ihr aus. Deutschlands größter Triumph ist errungen. Als Weltmeister kommt ihr nach Haus. Herzlich willkommen, ihr Lautrer Jungen.» Ottmar freut sich besonders über ein anderes Plakat: «Wollt ihr unserem Ottmar danken, müsst ihr fleißig bei ihm tanken!»

Auch in Kaiserslautern gibt es wieder Speis und Trank, Politiker und Sportfunktionäre halten Reden, und der Wein fließt in Strömen. Die Spieler bekommen vom Badischen Sportverband einen vierzehntägigen Urlaub spendiert. Diesen könne er ganz gut gebrauchen, denkt sich Ottmar. All die Ehrungen und Autogramme und Schulterklopfer schlauchen ihn mehr als so manches Fußballspiel. Wieder wird bis in die tiefe Nacht gefeiert. Wieder darf Ottmar Hunderte, wenn nicht gar Tausende Autogramme schreiben.

Den Weltmeistern ist es auch am nächsten Tag nicht vergönnt, auszuschlafen und Zeit mit ihren Familien zu verbringen. Mittags wartet ein Empfang im Rathaus. Die Spieler dürfen sich in das Goldene Buch der Stadt eintragen. Anschließend geht es weiter zum Nähmaschinenhersteller Pfaff. Der Geldgeber des 1. FC Kaiserslautern möchte auch seinen Teil vom Ruhm abbekommen. Natürlich erhalten auch die Weltmeister etwas: Pfaff beglückt die Spielerfrauen mit einer brandneuen Nähmaschine. Sie dürfen das Modell selbst wählen.

Horst Eckel überredet die Spieler im Anschluss, auch noch an den Feierlichkeiten in seiner Heimatstadt Vogelbach teilzunehmen. Die Stadt liegt an der Grenze zwischen Rheinland-Pfalz und dem Saarland. Aus beiden Regionen strömen die Menschen in das Dorf. Ein örtlicher Zigarettenfabrik-Magnat stiftet 20 000 Liter Freibier. Dennoch mutet die Feier mit ihren wenigen Tausend Teilnehmern nach den vergangenen Tagen fast schon bescheiden an.

Danach kehrt Ottmar Walter endlich nach Hause zurück. Seine Familie wartet auf ihn. In der Tankstelle gibt es viel zu tun. Plötzlich will jeder Autofahrer an seiner Zapfsäule tanken.

Selbst Menschen ohne Automobil pilgern in die Mainzer Straße, um einen Kaffee zu bestellen und dabei ein Autogramm zu ergattern. Auch die Presse schaut wenige Tage später vorbei. Ein Volkswagen-Mitarbeiter aus Wolfsburg hatte gewettet, dass die

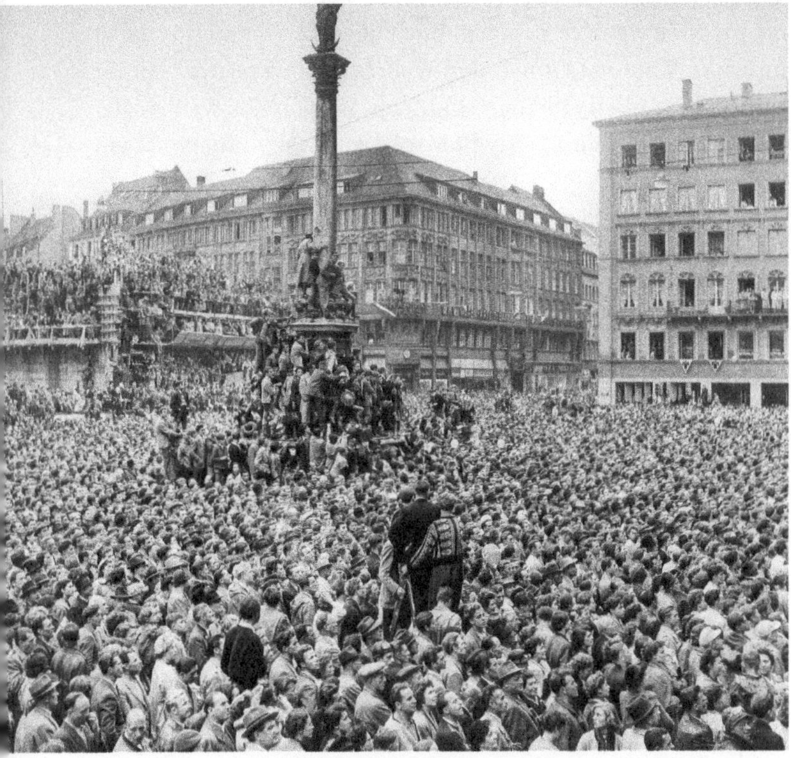

Bei der Heimkehr der Weltmeister klettern die deutschen Anhänger auf Säulen und Kriegsruinen, um ihre Helden zu sehen.

deutsche Mannschaft auf keinen Fall Weltmeister werde. Falls doch, werde er zu Fuß nach Kaiserslautern pilgern, um Fritz Walter zu gratulieren! Er hält sein Wort. Den deutschen Kapitän trifft er zwar nicht, dafür aber dessen Bruder. Ottmar empfängt den Wanderer an seiner Tankstelle. Er achtet darauf, dass der Schriftzug mit seinem Namen auf den Fotos gut zu erkennen ist.

Ottmars Bruder ist zu diesem Zeitpunkt nicht in Kaiserslautern. Fritz ist wenige Tage nach den Feierlichkeiten zurück nach München gereist. Ein Sportbuch-Verlag hat ihm eine hohe Summe geboten, wenn er an einem Buch über die Weltmeisterschaft mitwirkt. Während Ottmar den Wolfsburger Wanderer begrüßt, spricht Fritz in einem Tonstudio seine Version der Weltmeister-Geschichte ein. Ein Ghostwriter wird aus den Aufnahmen ein Buch verfassen.

Die Brüder treffen sich wieder am 19. Juli in Berlin, dreizehn Tage nach dem Finale. Bundespräsident Theodor Heuss war am Tag zuvor wiedergewählt worden. Er möchte diesen Triumph mit der Öffentlichkeit feiern – und mit den deutschen Weltmeistern. Im Olympiastadion empfängt er die Weltmeister-Elf. 80 000 Zuschauer jubeln der deutschen Mannschaft zu. Zu diesem Ereignis wird erstmals seit den Olympischen Spielen 1936 wieder das Olympische Feuer entfacht. Unter den Zuschauern findet sich auch Dorothea Walter. Die Mutter des Lauterer Brüderpaars ist erstmals seit dem Krieg wieder in ihre Heimatstadt Berlin gereist. Sie verfolgt, wie Heuss ihren Söhnen eine Silbernadel überreicht.

Der Bundespräsident lässt es sich nicht nehmen, ein paar Seitenhiebe zu verteilen: «Ich habe gelesen, dass Turek ein ‹Fußballgott› sei. Lieber Turek, werden Sie das nicht. Turek soll ein zuverlässiger und wendiger Spieler sein und soll es bleiben. Wir haben uns gefreut, dass er es für Deutschland gewesen ist.» Auch DFB-Präsident Bauwens bekommt sein Fett weg: «Der gute Bauwens meint offenbar: Gutes Kicken ist schon gute Politik. Das kann, doch muss aber nicht so sein – schön, wenn es das ist.»

Neben dem Bundespräsidenten möchte auch der Bundesminister für Sport die Weltmeister ehren. Also fliegt die Mannschaft direkt aus dem geteilten Berlin in die Bundeshauptstadt Bonn. Selbst Fritz Walter wagt es nicht, die hohe Politik zu brüskieren. Er trotzt seiner Flugangst und steigt in die Maschine.

Gerhard Schröder schenkt jedem deutschen Spieler einen Lederkoffer. Beim Festmahl zeigt sich das Bundesministerium von seiner pfiffigen Seite: Alle Gerichte haben einen Bezug zur Weltmeister-Elf. Als Vorspeise gibt es «Geflügelcremesuppe Posipal» und «Kraftbrühe Rahn», als Nachtisch wird «Eisbombe Turek» und «Fruchtsalat Kohlmeyer» gereicht.

Es ist das vorläufige Ende der zahllosen Empfänge. Wie Trophäen sind die Weltmeister herumgereicht worden, bis sie körperlich völlig erschöpft waren. Karl Mai soll bei einer der zahllosen Ehrungen gesagt haben: «Macht es kurz, wir sind am Ende.» So fühlt sich auch Ottmar Walter. Er weiß nicht, was anstrengender war: die Spiele oder die Wochen danach. Überall haben die deutschen Spieler Geschenke erhalten: Kühlschränke, Nähmaschinen, Motorroller. Turek erhält sogar ein Auto.[72]

In den kommenden Jahren wird Ottmar Walter häufig auf diese Tage zurückblicken. Wie im Fiebertraum reihten sich Ehrung an Ehrung, Jubelorgie an Jubelorgie, Geschenk an Geschenk. Im Nachhinein wird er sich wünschen, man hätte es anders gemacht. «Es ging ruckzuck ... Das hätte man alles ein bisschen anders einteilen können. Vielleicht hätten wir es dann persönlich mehr genossen, mehr mitbekommen.» Nicht alles auf einmal, so schnell, so unwirklich.[73]

Als alles vorbei ist, treffen sich die deutschen Weltmeister ein letztes Mal. Sepp Herberger hat seine Mannschaft in den Schwarzwald geladen – dort, wo im Mai alles begonnen hatte. Gemeinsam verbringen die Weltmeister ein paar ruhige Tage, fernab von der Öffentlichkeit, und feiern ihren Sieg. Schaulustige sind nicht erwünscht. Dafür wird viel gegessen, viel getrunken und viel gefeiert. Sepp Herberger lässt die Zügel schleifen. Seine Belehrungen haben nun etwas Scherzhaftes. Als Hans Schäfer den Bierhumpen ansetzt, sagt der Weltmeister-Trainer zu ihm: «Hans, trinken Sie nicht so viel! Am 26. September haben wir ein schweres Spiel gegen die Belgier in Brüssel.»[74]

TEIL 3

Nach Spiez

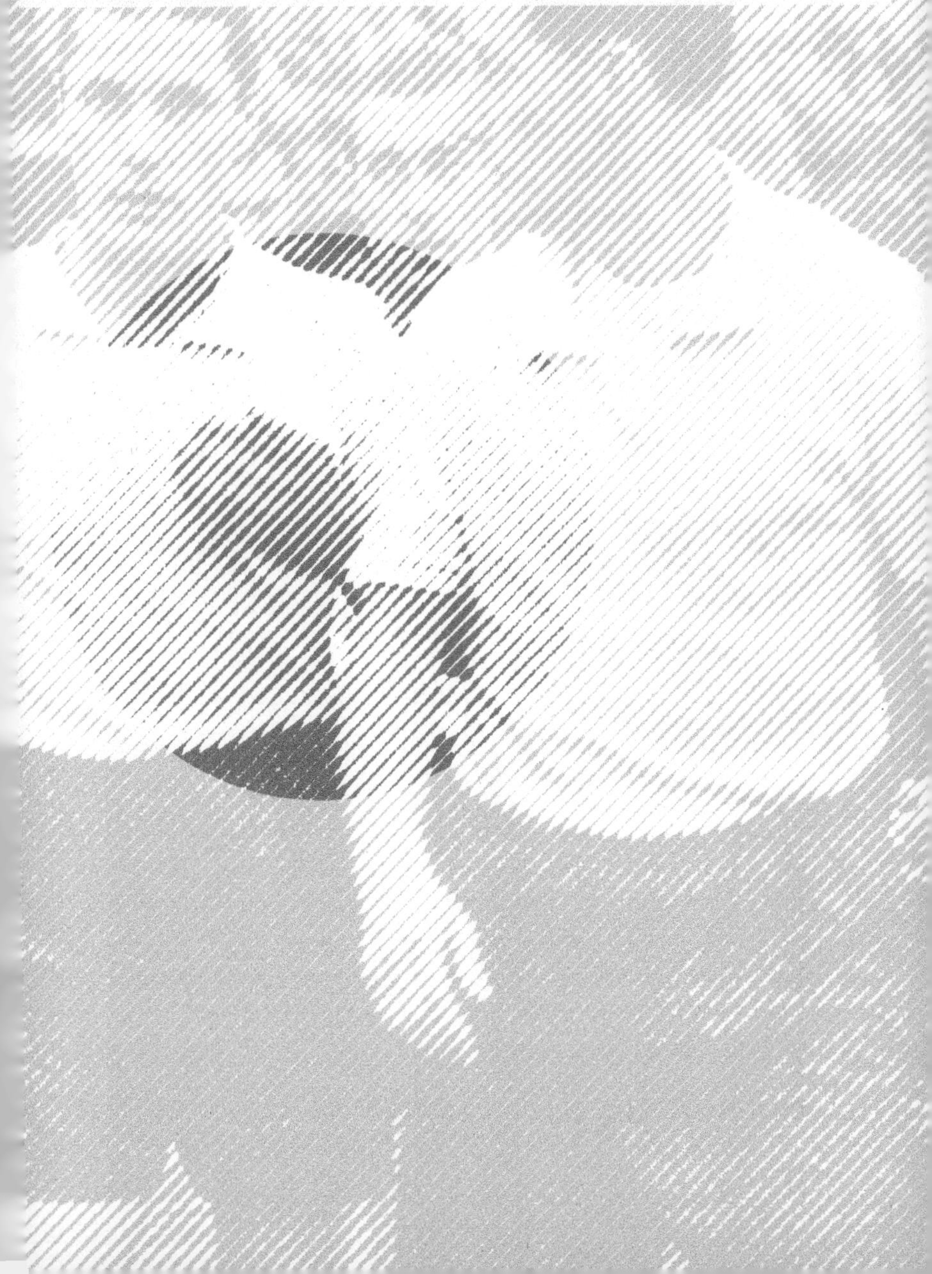

HR:
Ein Gespenst namens Gelbsucht

Sepp Herberger ist kein Mann, der allzu häufig lächelt. Wenn er ein Fußballspiel verfolgt, kneift er ein Auge zusammen und blickt mit dem anderen konzentriert auf das Spielfeld. Tiefe Denkfalten kennzeichnen die Stirn des 57-Jährigen. Am 26. September 1954 schaut Herberger noch grimmiger drein, als er es ohnehin meist tut. Er muss mitansehen, wie seine frischgebackenen Weltmeister gegen Außenseiter Belgien untergehen.

Der Alltag holt den Bundestrainer schon kurz nach dem WM-Sieg ein. Die Zeit der Empfänge endet mit dem Beginn der neuen Saison. Für Herberger geht es wieder an die Arbeit. Tief im Inneren weiß der Bundestrainer, dass die kommenden Spiele für die deutsche Nationalmannschaft hart werden. Seine Spieler haben den größten Titel errungen, den es im Weltfußball zu gewinnen gibt. Sie haben sich wochenlang feiern lassen. Sie sind – sowohl buchstäblich als auch im übertragenen Sinne – satt. Die Konkurrenz hingegen ist jetzt besonders hungrig. Herbergers Team ist seit dem Sommer nicht mehr irgendein Gegner. Jede Nation trachtet danach, den Weltmeister zu schlagen. Mannschaften wie die belgische mobilisieren die letzten Kräfte, damit sie nach dem Spiel behaupten können: «Wir sind besser als die Besten!»

Herberger hatte gehofft, beim ersten Länderspiel nach der WM noch einmal die Finalelf aufstellen zu können. Diesen Traum musste er jedoch früh begraben. Horst Eckel hat sich in einem der ersten Saisonspiele das Bein gebrochen. Ein gegnerischer Torwart ging übermotiviert in den Zweikampf und senste ihn um. Jeder Oberliga-Kicker will auf einmal beweisen, dass er besser Fußball spielen kann als ein Weltmeister. Und falls das nicht klappt, werden die Stars einfach umgetreten. Auch Hans Schäfer fällt verletzt aus. Den 35 Jahre alten Torhüter Toni Turek ersetzt Herberger zudem durch Fritz Herkenrath. Dennoch stehen immerhin sieben WM-Finalisten gegen Belgien in der deutschen Startelf.

Fritz Walter gehört nicht dazu. Nach der WM hatte sich eine regelrechte Posse um den Ehrenspielführer abgespielt. Bereits am Tag nach dem Finale kokettierte er mit einem Rücktritt aus der Nationalmannschaft. Niemand nahm ihn ernst. Der Fritz ist doch so wankelmütig, dachte sich Herberger. Der wird seine Meinung bald wieder ändern. Für Aufsehen sorgten eher die Aussagen seiner Frau. Italia sagte der *Bild*-Zeitung, dass Fritz bislang mit dem Fußball nicht viel Geld verdient habe. Er soll nun endlich von seinem Ruhm profitieren.

Seine Pläne, ein Buch zu veröffentlichen, waren erst der Anfang. Seine nächste Idee: Er wollte Filmschauspieler werden. Sportkommentator Willy Meisl hatte bereits ein Drehbuch angefertigt. Fritz Walter sollte in dem Film sich selbst spielen. Die Handlung: Ein windiger Geschäftsmann lässt Deutschlands Kapitän unter falschen Vorzeichen einen Vertrag bei einem ausländischen Verein unterschreiben. Kurz vor der Abreise stiehlt sich Walter jedoch weg, zerreißt den Vertrag und meldet dem Bundestrainer: «1:0 für Deutschland!» Ein Fußballspieler beim Film? Manch einer beim prüden DFB fragte sich, ob der Kapitän verrückt geworden war. Dem *Spiegel* erklärte der Verband lapidar, der Geist der deutschen Nationalmannschaft sei nicht zu verfilmen.

Trotz dieser Posse war Herberger gewillt, seinen Lieblingsspieler gegen Belgien einzusetzen. Doch Fritz Walter meldete sich mit einem Attest ab. Seine Mandeln seien entzündet. Das hatte ihn freilich nicht daran gehindert, wenige Tage vor dem Länderspiel auf dem Fußballplatz zu stehen. Bei einem Freundschaftsspiel des 1. FC Kaiserslautern lief er ausgerechnet in Belgien auf. War Fritz Walter wirklich krank? Oder war die Absage seine Rache dafür, dass der DFB sein Filmprojekt sabotiert hatte? Selbst die seriöse Sportpresse überschlug sich mit Gerüchten,

Schuldzuweisungen und Weltuntergangsszenarien. Wie groß die Affäre Walter war, unterstreicht ein Kommentar der *Sport-Illustrierten*: «Die schlimmste Niederlage, die der deutsche Fußball jemals in seiner Geschichte habe hinnehmen müssen, hat er sich selbst beigebracht. Wir haben wohl den Kampf (um die Weltmeisterschaft) gewonnen, aber den Kampf um den Frieden verloren. Und die Freude. Und unseren Stolz.»

Im deutschen Lager ist die Stimmung bereits vor dem Anpfiff gegen Belgien am Tiefpunkt. Es hilft Herberger nicht, dass viele der Weltmeister mit ein paar Kilos zu viel auf den Rippen nach Brüssel gereist sind. Sie haben sich ausgiebig für ihren Titel feiern lassen. Herberger hat es ihnen gegönnt. Er weiß, welche Opfer die Spieler in den Wochen und Monaten vor der WM auf sich genommen hatten. Doch an Spitzenleistungen ist in dieser Form nicht zu denken. «Bei einigen war bereits die veränderte Form durch den Anzug zu erkennen», notiert Herberger in seinen Unterlagen. «Höchstleistung im Sport und vergnügliches Leben sind wie Feuer und Wasser. Man kann nicht zwei Herren gleichzeitig dienen. Entweder oder!»[1] Dennoch wagt der Bundestrainer nicht, seine Weltmeister auszusortieren. Er glaubt, die deutsche Öffentlichkeit will die Ungarn-Bezwinger sehen.

All diese Probleme spielen beim Länderspiel in Brüssel eine Rolle. Doch es ist nicht die 0:2-Niederlage, die Herberger wurmt. Er hatte mit einem Dämpfer gerechnet. Ihn ärgert viel eher das Auftreten seiner Mannschaft. Von den Stärken, die Deutschland bei der WM ausgezeichnet hatten, ist nichts mehr zu sehen. Einsatzwille? Die Spieler trauen sich kaum in Zweikämpfe. Wirbel im Sturm? Jeder Angreifer kocht sein eigenes Süppchen. Der viel beschworene Geist von Spiez? Scheint in der Schweiz geblieben zu sein. Die Spieler meckern sich nach misslungenen Aktionen an, jeder spielt für sich. An diesem Nachmittag erkennt man nicht, welches Team den Weltmeister und welches den Außenseiter stellt.

Kein deutscher Spieler erhält an diesem Tag gute Kritiken. Die Noten für Helmut Rahn fallen besonders niederschmetternd aus. «Rahns Eigensinn war diesmal nicht mehr zu übertreffen. Er sah ganz einfach niemanden neben sich», schreibt das *Sport-Magazin*. Deutschlands Rechtsaußen spielt wieder so selbstverliebt, als hätte es Herbergers Ermahnungen nie gegeben. Auch bei der WM hatte er sie allenfalls halbherzig befolgt. Es gibt jedoch einen gewaltigen Unterschied: In der Schweiz war er in Topform. In Brüssel ist er es nicht.

Auch für Rahn folgte auf den Titelgewinn ein Marathon an Ehrungen und Festen. Hunderttausend Menschen hatten ihn bei seiner Heimkehr ins Ruhrgebiet begrüßt. «Im Lande Tell tatst du den Meisterschuss», dichtete ein Schulmädchen zu seinen Ehren. Der Siegtorschütze von Bern wurde beschenkt wie kaum ein zweiter Weltmeister. Familie Rahn besitzt nun teures Porzellangeschirr, einen Fernseher, einen Goggo-Motorroller und gleich zwei Kühlschränke. Einen davon gibt Helmut an seinen Konkurrenten Berni Klodt weiter. Rahn trinkt und speist und feiert den Sieg ausgiebig. Selbst als er irgendwann dem Trubel zu entkommen versucht, lassen ihn die Leute nicht in Ruhe: Während eines Urlaubs mit Frau und Kind am See belagern die Anhänger ihr Idol.

Seine fehlende Leistung gegen die Belgier lässt sich jedoch nicht nur mit dem neuen Ruhm erklären. Sicher, auch Helmut Rahn hatte zugenommen. Ein «Köttel» ist er nun wahrlich nicht mehr. Auf dem Mannschaftsfoto vor dem Spiel wirkt er aber nicht annähernd so stämmig wie ein Werner Kohlmeyer oder Jupp Posipal. Kein Wunder: Helmut Rahn hatte in den Tagen vor dem Belgien-Spiel kaum etwas gegessen. Müde schlurfte er durch das Trainingsheim der deutschen Mannschaft. Auch nach dem Spiel fühlt er sich, als würde ein Stein unter seinem Magen rumoren.

Zu Hause sorgt sich seine Frau. Helmuts Haut färbt sich von

Tag zu Tag gelber. Sie drängt ihren Mann dazu, zum Arzt zu gehen. Er beugt sich widerwillig.[2] Wenige Stunden später kehrt Helmut nach Hause zurück. Der Arzt habe gesagt, er leide an Gelbsucht. Am liebsten hätte der ihn gleich im Krankenhaus behalten, aber das kommt für ihn nicht infrage. Er kuriert sich lieber zu Hause aus.

Rahns Fahrlässigkeit ruft den DFB auf den Plan. Als die Verbandsspitze von der Diagnose erfährt, reist der Vorsitzende des Spielausschusses Hans Körfer sofort nach Essen. Mit einer Gelbsucht sei nicht zu spaßen! Er gehöre in Quarantäne und nicht zu seiner Familie! Körfer redet so lange auf Rahn ein, bis dieser ins Krankenhaus zurückkehrt. Seine Frau Gerti weint bitterliche Tränen. Ihr Mann war gerade erst nach wochenlanger Abwesenheit nach Hause zurückgekehrt. Nun muss er schon wieder weg.

Gelbsucht ist streng genommen keine Krankheit, sondern ein Symptom. Die Haut verfärbt sich, da die Leber nicht ordnungsgemäß arbeitet. Häufig tritt eine Gelbsucht in Verbund mit Hepatitis-Viren auf. Diese führen zu einer Entzündung der Leber, was wiederum die ungewöhnliche Hautfarbe bedingt. Im 21. Jahrhundert lässt sich recht schnell herausfinden, welche Ursache eine Gelbsucht hat. Man würde diagnostizieren, ob ein Hepatitisvirus den Körper befallen hat. Ein chronischer Verlauf ließe sich mit Medikamenten eindämmen.

1954 weiß die Medizin zwar um die Existenz des Hepatitisvirus. Die Ärzte gehen davon aus, dass Rahn sich mit einem solchen angesteckt hat. Viel mehr können die Mediziner jedoch nicht tun. Medikamente zur Behandlung, die Existenz unterschiedlicher Virusstämme (Hepatitis A bis E), die exakte Art der Übertragung: Es wird noch Jahre oder Jahrzehnte dauern, bis Forscher endgültige Antworten finden. Ein Arzt fasst die damals gängige Vorgehensweise im *Sport-Magazin* wie folgt zusammen: «Die Behandlung der Hepatitis besteht vor allem in Wärmeanwendungen, Einhaltung einer bestimmten Diät und körperlicher Schonung. Auch vier- bis sechswöchige Bettruhe ist unerlässlich. Nach Ablauf dieser Zeit muss der Genesende einige Monate lang von größeren körperlichen Anstrengungen ferngehalten werden.»

Dass Rahn darniederliegt, ist zunächst eine Randnotiz in der Presse. Doch er bleibt nicht der einzige Weltmeister, der ins Krankenhaus muss. Nach und nach färben sich immer mehr Weltmeister gelb: Fritz Walter ist der zweite, es folgen Heinz Kubsch und Max Morlock. Als auch noch Ottmar Walter erkrankt, titelt die *Bild*: «Jetzt wird es langsam unheimlich.»

Auch der DFB befindet sich jetzt in höchster Alarmbereitschaft. Es sind ausschließlich deutsche Spieler von der Krankheit betroffen, die in die Schweiz gereist waren.[3] Ein Zufall kann mittlerweile ausgeschlossen werden. Der Verband bestellt sämtliche Weltmeister zu Untersuchungen ein. Die Ärzte stellen fest, dass «mehr oder minder die gesamte Nationalelf leichtere Leberschädigungen davongetragen hat».[4] Auch Karl Mai, Werner Liebrich, Werner Kohlmeyer und Herbert Erhardt werden sich in den kommenden Wochen in Behandlung geben.

Die Öffentlichkeit stellt die Frage: Woher rühren all die Infektionen? Die Spieler haben sich in der Schweiz angesteckt, so viel ist sicher. Der DFB bemüht sich, eine Antwort zu liefern. Der Verband lässt ein Gutachten erstellen. Die *Bild*-Zeitung veröffentlicht es in Ausschnitten. Der DFB geht davon aus, dass die Spieler verunreinigte Lebensmittel gegessen haben. Über diese hätten sie Hepatitisviren zu sich genommen. Allerdings räumt der Verband ein, dass auch ein anderer Infektionsweg möglich sei: Die Spieler hätten in der Schweiz Spritzen erhalten. Es habe sich dabei um Vitamin-C-Injektionen gehandelt – ein laut DFB gängiger Vorgang, der bei allen Teams im Fußball üblich sei. In den öffentlichen Statements beschwichtigt der Verband: Aller Voraussicht nach liege eine Lebensmittelvergiftung vor.

Mit siebzig Jahren Abstand lässt sich die Theorie der verunreinigten Nahrung kaum halten. 2010 haben Forscher das Thema im *Deutschen Ärzteblatt* beleuchtet. Die Inkubationszeit und die Art der Krankheitsverläufe sprechen ihrer Einschätzung nach für eine Hepatitis-C-Infektion. Diese könne sich nur über eine Spritze übertragen haben. Mannschaftsarzt Dr. Loogen stützte diese These 2004 in einem Interview. Er habe den Spielern in Spiez Spritzen gesetzt, gibt er zu. Die Spritzen habe er in einem Abkocher erwärmt, den er von der Ostfront mitgebracht habe. Dieser habe jedoch nicht die nötige Temperatur erreicht, um Hepatitisviren abzutöten, so Loogen. Das Virus dürfte also über die Spritze von einem Spieler zum nächsten übertragen worden sein. Die Forscher vermuten, dass Helmut Rahn das Virus aus Südamerika eingeschleppt habe. Es passt zur Tatsache, dass der Essener als Erstes erkrankte.

Im Jahr 1954 weiß das niemand. Dennoch wabert nach Bekanntwerden der Krankheitsfälle ein Begriff durch alle Zeitungen: Doping. Französische Medien greifen das Thema auf. Es sei doch merkwürdig, dass ausgerechnet die deutschen Spieler an einer ansteckenden Krankheit leiden würden – jene Mannschaft, die aus dem Nichts alle Erwartungen übertroffen hat. Woher rührte diese Leistungsexplosion? Vielleicht haben sie ja Tabletten eingeworfen, die ihren Körpern nicht bekommen sind, so die These.

Als der DFB offen zugibt, dass die Spieler in der Schweiz Spritzen erhalten haben, spitzt sich die Debatte zu. Ausländische Journalisten stellen die These in den Raum, dass in den Spritzen kein Vitamin C gewesen sei – sondern harte Dopingmittel. Die deutschen Medien weisen die Vorwürfe brüskiert zurück. Das *Sport-Magazin* und die *Bild*-Zeitung lassen Wissenschaftler erklären, warum die deutsche Mannschaft auf keinen Fall gedopt gewesen sei. Doping würde im Fußball nichts bringen, so ihre Argumentation. Diese Aussage ist damals wie heute nachweislich falsch. Selbst eine Gabe von Vitamin C wäre ja mit der Absicht passiert, die Leistung der Spieler zu steigern – also eine (zugegebenermaßen äußerst milde) Form des Dopings. Keine Seite findet echte be- oder entlastende Argumente.

Am Ende bleiben zwei Theorien hängen. Die erste geht davon

aus, dass der DFB die Wahrheit sagt. Der Verband hat ja offen zugegeben, dass in Spiez gespritzt wurde. Würde er nicht defensiver auftreten, wären in den Spritzen tatsächlich härtere Substanzen gewesen? Zudem passt die Gabe von Vitamin C zum Zeitgeist der Nachkriegszeit. Vitaminpräparate gelten seit der Nazizeit als eine Art Wundermittel für alles. Der Irrglaube, Vitamine seien auch in hoher Dosierung gut für Körper und Immunsystem, hält sich bis heute hartnäckig.[5] Andererseits: Warum Vitamine spritzen, wenn die Spieler sie auch in Tablettenform hätten zu sich nehmen können? Zumal die Spieler bereits wochenlang auf Zitronenscheiben herumkauten, um Vitamin C aufzunehmen.

Die zweite Theorie lautet, dass in den Spritzen keine Vitamine waren – sondern Pervitin. Heutzutage ist der Wirkstoff in der Partyszene zu finden: Er ist bekannt unter dem Namen Methamphetamin – eine harte Droge, die Müdigkeit unterdrückt und Euphorieschübe auslöst. Im Zweiten Weltkrieg kam Pervitin bei der Wehrmacht zum Einsatz. Die als «Panzerschokolade» bekannten Tabletten sollten dafür sorgen, dass Soldaten länger und ohne Pausen Dienst schieben konnten. Sportler nutzten es auch nach dem Krieg, um konzentrierter und wacher zu sein.

Würde der Einsatz von Pervitin nicht die gute Kondition und Kampfkraft der deutschen Spieler erklären? Haben sie nicht wie aufgeputscht gespielt? Wieso sonst wurden die Spritzen heimlich verabreicht, wenn das Vorgehen doch üblich und keineswegs unmoralisch war? Es bleiben viele Fragen. Was die Weltmeister in Spiez wirklich gespritzt bekamen, wird sich niemals aufklären. Die Spieler werden ihre Lebzeit lang darauf beharren, dass sich in den Spritzen Vitamin C befunden habe.[6] Einige werden sogar gänzlich leugnen, gespritzt worden zu sein.[7]

Was auch immer in den Spritzen war: Die dadurch übertragene Krankheit ist der Grund, warum die deutsche Nationalmannschaft nach der WM massive Probleme bekommt. Der DFB hat mit der Organisation der Krankenhausaufenthalte mehr Arbeit

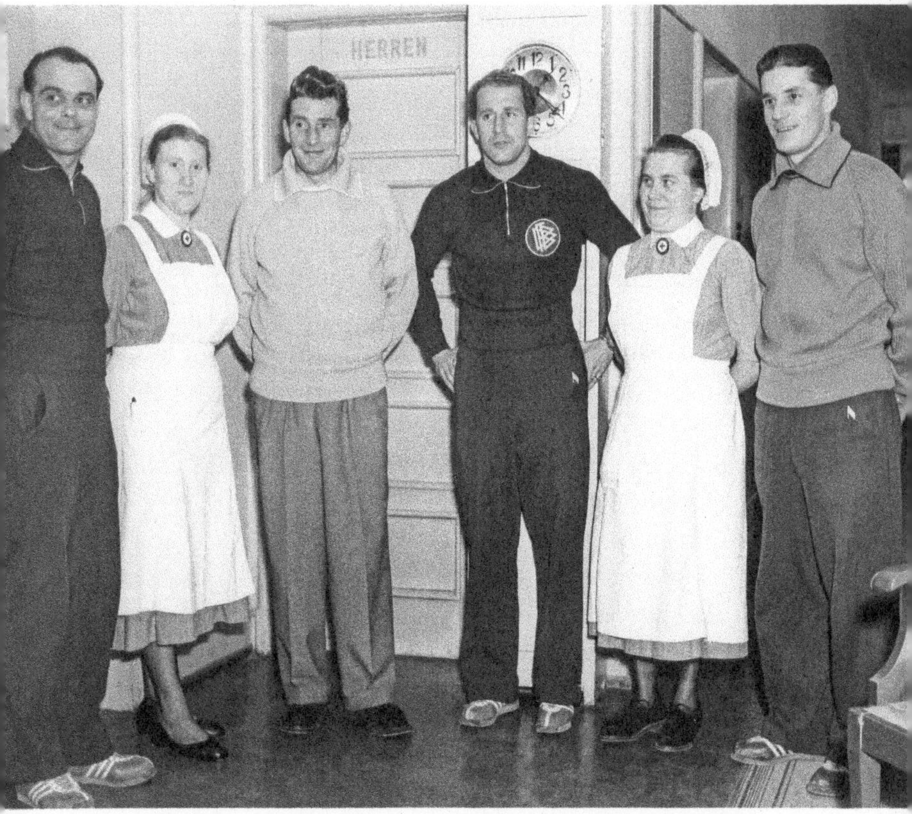

Die Kaiserslauterer Weltmeister Werner Kohlmeyer, Fritz Walter, Werner Liebrich und Ottmar Walter (v. l.) auf Kur in Bad Mergentheim.

als mit der Vorbereitung der Länderspiele. Der Verband bittet die am schwersten betroffenen Spieler im Spätherbst zu einer Kur. Karl Mai und die Lauterer Liebrich und Kohlmeyer sowie die Walter-Brüder haben sich bereits in Bad Mergentheim eingefunden, als auch Rahn zu ihnen stößt. Das Weltmeister-Zimmer Rahn-Walter ist wieder vereint – nur diesmal unter ganz anderen Vorzeichen. Gemeinsam verbringen sie mehrere Wochen im Sanatorium Kuranstalt am Frauenberg, um sich auszuruhen, so gut es geht. Es fällt nicht leicht: Auch im Kurort versammeln sich die Menschen, um den Weltmeistern Autogramme zu entlocken. Die Kranken ziehen sich zurück. Schonung steht auf dem Programm. Sie erhalten Fangopackungen, Bäder und Massagen und werden zweimal am Tag mit Salzwasser behandelt. An Fußball ist nicht zu denken.

Herberger muss improvisieren. Im Oktober stehen gegen Frankreich immerhin noch fünf WM-Finalisten in seiner Startelf. Rahn kann das Spiel im Krankenbett nicht verfolgen. Er ruft einen Kumpel an, der ihm am Telefon den Spielverlauf schildert. Er muss mitanhören, wie Deutschland 1:3 verliert. Im Dezember kommt es zum prestigeträchtigen Spiel im Londoner Wembley-Stadium. Gegen England kann Herberger nur noch auf drei Ungarn-Bezwinger zurückgreifen. Auch diese Partie geht 1:3 verloren. Der Jahresabschluss gegen Portugal verläuft dank eines 3:0-Erfolgs zwar erfreulicher. Mit Kohlmeyer und Posipal stehen nun aber nur noch zwei Finalspieler in der ersten Elf. Der Rest ist außer Form, noch immer im Krankenhaus oder auf Kur. Der Wunsch, die Weltmeister-Elf zu konservieren, verflüchtigt sich in kürzester Zeit.

Entsprechend weit entfernt scheinen bereits im Winter die Erfolge des Sommers. Der große Triumph ist selbstredend nicht vergessen. Auf Ereignissen wie dem Sportpresseball wird die Weltmeister-Elf gebührend gefeiert. Doch die Fußballwelt dreht sich nach dem 4. Juli 1954 gnadenlos weiter. In den Sportzeitungen kommt es zu denselben Debatten, die auch schon vor der Weltmeisterschaft tobten: Warum beharrt Sepp Herberger darauf, in jedem Länderspiel Kaiserslauterer aufzustellen? Wäre nicht jetzt der passende Zeitpunkt für einen Generationenwechsel? Bundestrainer Herberger hat das Jahr 1954 derart geschlaucht, dass er sich im neuen Jahr selbst nach Bad Mergentheim begibt.[8]

Rahn ist zu diesem Zeitpunkt bereits wieder nach Essen zurückgekehrt. Ende Dezember trägt er wieder das rot-weiße Trikot seiner Mannschaft. Beim traditionellen Punktspiel am zweiten Weihnachtsfeiertag steht er in der Startelf. Für ihn ist das Thema Gelbsucht damit durch. Er möchte sich im neuen Jahr wieder auf den Fußball konzentrieren.

OW:
Auf den Gipfel folgt der Abstieg

Ottmar Walter befindet sich im Sommer 1954 auf dem Gipfel seiner Laufbahn. Seinen zwei Deutschen Meistertiteln hat er den Weltmeisterschaftssieg hinzugefügt; ein Triumph, von dem er nicht einmal zu träumen gewagt hatte. Auch sein berufliches Auskommen ist gesichert. «Willst du unserem Ottmar danken, musst du fleißig bei ihm tanken»: Die Pfälzer haben sich diesen Spruch zu Herzen genommen. Ottmars Tankstelle brummt.

Gipfel haben eine Tücke: Hinter ihnen geht es bergab. Man müsste meinen, dass ein frischgebackener Weltmeister einen Vertrauensvorsprung verdient. Herberger gewährt diesen Ottmar zunächst. Doch es gilt die alte Weisheit des Bundestrainers: Das nächste Spiel ist immer das schwerste. Darin versteckt sich eine der brutalsten Wahrheiten des Fußballs: Was du im letzten Spiel geleistet hast, ist bereits mit dem Abpfiff Vergangenheit.

Schon beim Länderspiel gegen Belgien gehört Ottmar Walter zu den Akteuren, die keine gute Figur abgeben – im wahrsten Sinne des Wortes. Ottmar hat ein paar Kilogramm zugelegt. «So sehr ich mich mit Ihnen über die großartige Entwicklung Ihrer Tankstelle freue, so sehr bin ich besorgt über Ihre Form, die in letzter Zeit nicht die beste ist», schrieb Herberger ihm bereits vor dem Spiel.[9] In Brüssel kann er den Bundestrainer keines Besseren belehren. Das *Sport-Magazin* fragt: «Was war bloß mit Ottmar Walter los? So zögernd und umständlich haben wir den Lauterer Sturmführer noch niemals gesehen. Dabei hatten es seine Gegenspieler noch sehr leicht, da er jedem Zweikampf aus dem Wege ging.» Ottmars Leistung befeuert ein altes Thema: die Frage, ob er auch ohne seinen Bruder zu Höchstleistungen fähig ist. Das *Sport-Magazin* verneint. «Ottmar braucht vorläufig noch immer seinen Bruder Fritz neben sich.»

Ottmar ist 30 Jahre alt. Bei der nächsten Weltmeisterschaft wäre er 34 Jahre alt. In der Öffentlichkeit gilt er als verletzungsanfällig. Tatsächlich läuft er angesichts seines lädierten Knies unrunder, als es ein Mensch seines Alters tun sollte. Weltmeistertitel hin, Weltmeistertitel her: Ottmar gilt nicht als Mittelstürmer der Zukunft. In den Sportgazetten wird – mal offen, mal verdeckt – gefragt, wie lange Herberger noch an ihm festhalten wird. Auch der Bundestrainer scheint sich bereits wenige Monate nach der WM seine Gedanken zu machen. Zum nächsten Länderspiel gegen Frankreich lädt er mit Klaus Stürmer und Uwe Seeler zwei junge Angreifer ein. Er möchte die beiden Hamburger im Sturmzentrum testen. Ottmar Walter rutscht auf eine ungewohnte Position: Er beginnt das Spiel auf Linksaußen. Die Kritiken für Ottmar fallen nicht gerade wohlwollend aus. Der gerade einmal 18 Jahre alte Seeler hingegen überzeugt, er taucht überall auf dem Feld auf. Angesichts seiner Beweglichkeit tauft die Boulevardpresse ihn die «fliegende Kaffeetasse». Das *Sport-Magazin* schreibt: «Dieser Uwe Seeler kann Ottmar Walter ersetzen.»[10] Ein Schlag in die Magengrube.

Ottmar kann erst mal keine Argumente für sich sammeln. Bereits im Spiel gegen Frankreich steht seine Leistung unter den Einschränkungen der Hepatitis. Wenige Tage später liegt auch er flach. Er muss zunächst einige Tage im Kaiserslauterer Krankenhaus verbringen, ehe er sich mit seinen Kameraden in Bad Mergentheim auskuriert.

Ottmar schmerzt dieses Aus bitterlich. Er verpasst das Länderspiel gegen England. Schon als Kinder hatten er und sein Bruder Fritz davon geträumt, im ehrwürdigen Wembley Stadium zu spielen. Jetzt müssen sie am Radio mitanhören, wie Deutschland gegen England chancenlos bleibt. Einzig Werner Liebrich ragt aus einer schwachen Mannschaft heraus; er erhält den Spitznamen «Löwe von Wembley». Immerhin kitzelt das England-Spiel in Fritz den Wunsch hervor, es noch einmal in der Nationalmannschaft zu versuchen. Er spricht sich in Bad Mergentheim mit Herberger aus. Für Ottmar ist dies eine gute Nachricht: Je mehr Länderspiele Fritz bestreitet, umso länger dürfte seine Nationalmannschaftskarriere ausfallen.

In die Schlagzeilen geraten die Lauterer Weltmeister nicht mehr mit ihren Leistungen auf dem Platz. Eine Maßnahme der Stadt Kaiserslautern erzürnt die Volksseele. Direkt nach dem WM-Triumph hatte der Bürgermeister beantragt, den Lauterer Weltmeistern eine Prämie zu zahlen. «Da den fünf Spielern von Fußballseite bereits große Angebote gemacht wurden, halte ich es für notwendig, dass diesen seitens der Stadt und Industrie eine einmalige Zuwendung gemacht wird, die es ihnen ermöglicht, ihre finanzielle Lage etwas zu verbessern, bzw. dazu beiträgt, soweit sie sich kleinen Grundbesitz angeschafft haben, sie von ihrer Schuldenlast etwas zu erleichtern.» Übersetzt von Politikerdeutsch in normale Sprache bedeutet das: Für die Weltmeister gibt es Geld von der Stadt.

Im Dezember beschließt der Stadtrat, Lauterns WM-Siegern je 3000 DM zu zahlen. Das Timing dafür könnte schlechter kaum sein. Der Weltmeistertitel ist angesichts der jüngsten Ergebnisse und der Gelbsucht-Epidemie längst in den Hintergrund gerückt. Umso erzürnter reagieren Bürger aus der ganzen Republik, als die Pläne bundesweit in die Schlagzeilen geraten. «Wären die 15 000 Mark nicht besser für andere Zwecke verwendet worden? Was werden die Witwen, Waisen und Heimatvertriebenen, denen heute immer noch die Voraussetzungen fehlen, ein frohes Weihnachtsfest zu feiern, zu diesem Beschluss sagen?», fragt die *Deister- und Weserzeitung*. Ein Hamburger schreibt an den Stadtrat: «Bei der herrlichen Preußenregierung gab's dergleichen nicht!» Dass die 3000 DM von wohlhabenden Gönnern eingetrieben worden sind, interessiert nur wenige. Die Weltmeister sind binnen eines halben Jahres in der Beliebtheitsskala der Öffentlichkeit abgerutscht.

Alles, was einen Fußballer außer Gefecht setzen kann, trifft Ottmar Walter gleich doppelt. Das ist bei der Gelbsucht nicht anders. Als er von der Kur zurückkehrt, strotzt er vor Tatendrang. Er will allen beweisen, dass er nicht zufällig Weltmeister geworden ist. Im Winter 1955 nähert sich Ottmar wieder jener körperlichen Verfassung, die er in der Schweiz abrufen konnte. Ohne seine Weltmeister hatte der 1. FC Kaiserslautern in der Oberliga Südwest einige Punkte liegen gelassen. Nun greift der Serienmeister wieder an – und Ottmar trifft am Fließband. Sein Bruder Fritz behauptet sogar, Ottmar sei in der Form seines Lebens.

Dann färbt sich seine Haut wieder gelb. Während seine Nationalmannschaftskameraden allesamt wieder für ihre Vereine auflaufen, erleidet Ottmar einen Rückfall. Er muss zurück ins Krankenhaus. Diesmal sind die Ärzte streng mit ihm. Das letzte Mal habe er die Hepatitis nicht ordentlich auskuriert, dozieren sie. Diesmal dürfe er nicht wieder zu früh das Bett verlassen. Ottmar verbringt erneut mehrere Wochen im Krankenbett.[11] Die Besuche seiner Lauterer Mitspieler sind ein schwacher Trost.

Ottmar muss von Weitem miterleben, wie sich seine Mannschaft für die Endrunde um die Deutsche Meisterschaft qualifiziert. Sie hatte sich in der Gruppenphase gegen den Hamburger SV, Viktoria Berlin und den SV Sodingen durchgesetzt. Zum vierten Mal in den vergangenen fünf Jahren steht Kaiserslautern im Endspiel. Dort wartet ein neuer Gegner: In der zweiten Gruppe hat Rot-Weiss Essen triumphiert. Der Klub hatte zwar wochenlang auf Helmut Rahn verzichten müssen. Der hatte sich im Frühjahr das Bein gebrochen. Rechtzeitig zur Finalrunde war er jedoch wieder fit geworden. Zwischen ihm und Zimmergenosse Fritz Walter entsteht ein reger Telegramm-Verkehr. Die beiden lassen ihre Freundschaft ruhen und wünschen sich alles Schlechte für das Finale. Kaiserslautern geht als leichter Favorit ins Endspiel. Doch nicht wenige trauen RWE eine Überraschung zu. Die Journalisten des *Kickers* stimmen ab, wer das Finale gewinnt. Die Wahl endet sieben zu sieben.

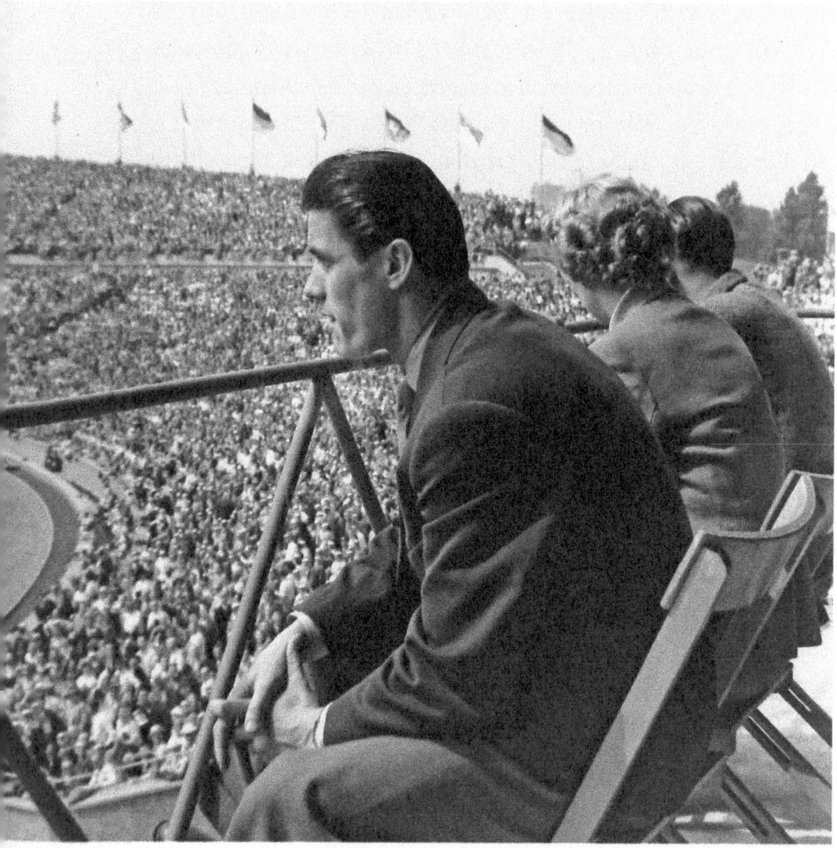

Der an Gelbsucht leidende Ottmar Walter muss sich das Finale 1955 auf der Tribüne ansehen.

Ottmar hatte sich Hoffnungen gemacht, im Hannoveraner Niedersachsenstadion wieder mitwirken zu dürfen. Doch der Oberarzt des Kaiserslauterer Krankenhauses schiebt dem Einsatz höchstpersönlich einen Riegel vor. Bis Mitte Juli müsse Ottmar mindestens pausieren. Wenigstens darf er auf der Tribüne Platz nehmen. Er bekommt eine gesonderte Aufgabe: Mit einer Schmalspurkamera bewaffnet, soll er das Spiel auf Film bannen.

Der 1. FC Kaiserslautern bestreitet das Finale in blauen Trikots. RWE-Patron Georg Melches hatte die Lauterer gebeten, auf die traditionellen roten Trikots zu verzichten; immerhin trage Essen die rot-weißen Farben im Namen. Ottmar sieht, wie sich die «Blauen Teufel» defensiv aufstellen. Der 1. FC Kaiserslautern beginnt das Finale mit einem Doppelstopper-System. Mit dieser Variante ist der FCK schon einmal Meister geworden. Dieses Mal geht die Idee nicht auf. Lautern geht zwar in Führung, muss jedoch kurze Zeit später den Ausgleich hinnehmen. Rahn spielt seinen Gegenspieler Werner Kohlmeyer schwindelig, er leitet zwei Tore ein. Zur Pause steht es 3:1 für Essen.

Ottmar schleicht sich in die Kabine der Lauterer. Dort tobt eine heftige Debatte. Trainer Richard Schneider plädiert dafür, am Doppelstopper-System festzuhalten. Doch Fritz Walter überstimmt ihn. Aus der Kabine kehrt eine völlig veränderte Lauterer Elf zurück. Die Spieler stürmen nun wild nach vorne. Werner Liebrich gibt den fünften Angreifer. Plötzlich sind die Pfälzer stets einen Schritt schneller als ihre Gegenspieler. Der 34 Jahre alte Kapitän Fritz Walter schafft es sogar, den neun Jahre jüngeren Rahn in einem Laufduell einzuholen. Der schussbereite Rahn staunt nicht schlecht, als Fritz ihm den Ball vom Fuß spitzelt. Das Blatt wendet sich zugunsten der Pfälzer. In der 72. Minute erzielt Lautern den Ausgleichstreffer. 3:3.

Die Spannung lässt Ottmar auf seinem Platz nervös hin- und herrutschen. Er muss mitansehen, wie seine Lauterer nach dem Ausgleichstreffer einen folgenschweren Fehler begehen: Liebrich begibt sich zurück in die Abwehr. Lautern kehrt zurück zum Doppelstopper-System. Die Essener bedanken sich. Sie finden wieder in die Partie.

In der 85. Minute folgt die Szene, die das Spiel entscheidet – und die Ottmars Blut zum Kochen bringt. Essens Angreifer Penny Islacker hat sich verletzt, hinter dem Lauterer Tor wird er behandelt. Auf der rechten Seite setzt sich Berni Termath rüde durch. «Foul!», ist sich Ottmar sicher. Doch das Spiel läuft weiter.

Die anschließende Aktion lässt nicht nur Ottmar, sondern das halbe Publikum ausflippen: Termath flankt den Ball in die Mitte. Dort steht, mutterseelenallein, der gerade noch verletzte Islacker. Er war vom Spielfeldrand zurück auf das Feld gehumpelt. Islacker köpft den Ball ins Tor und sinkt sodann nieder. Rahn schultert den verletzten Torschützen und trägt ihn zurück zum Anstoßkreis.

Im Stadion geht es drunter und drüber. «Abseits!», brüllt nicht nur Ottmar. Wütend verlässt der krankgeschriebene Stürmer seinen Platz und stampft in die Katakomben des Stadions. Als Schiedsrichter Albert Meißner das Spiel abpfeift, empfängt Ottmar ihn im Kabinentrakt. Die Diskussionen laufen heiß. Niemals nicht hätte dieses Tor zählen dürfen! Einige Lauterer Spieler wollen aus Protest die Siegerehrung schwänzen. Ottmar kann sie gut verstehen. Fritz Walter versucht seine Mitspieler zu beruhigen. Unter Bitten und Flehen schleift der Kapitän sie zurück aufs Feld. Er kann sie auch überreden, das Bankett nach dem Spiel zu besuchen. Viele wollen es boykottieren, Ottmar eingeschlossen. Erst Helmut Rahn kann die Stimmung der Lauterer etwas aufhellen. Mit seinen Witzen sorgt er dafür, dass die Feier kein kompletter Reinfall wird.

Auch Tage danach beschäftigt das Finale Fußballdeutschland. Die Kaiserslauterer Anhänger skandieren bei der Heimkehr ihrer Mannschaft: «Unser letzter Wille, gebt dem Meißner eine Brille!» Essens viertes Tor hat sogar ein juristisches Nachspiel. Der 1. FC Kaiserslautern legt offiziell Protest ein. Nicht gegen die Abseitsentscheidung. Diese ist eine Tatsachenentscheidung und somit nicht anfechtbar. Der Vizemeister behauptet jedoch, Islacker hätte das Feld gar nicht betreten dürfen. Immerhin sei er am Spielfeldrand behandelt worden. Die Kaiserslauterer können jedoch nicht nachweisen, dass Islacker das Feld illegalerweise betreten hat. Der Schiedsrichter beharrt darauf, ihn auf das Feld gelassen zu haben. Der DFB schmettert den Protest ab.[12]

Vielleicht wäre das Finale mit Ottmar Walter als Mittelstürmer anders ausgegangen. Das mutmaßt zumindest der *Kicker*. «So flechten wir denn auch den Satz ein, dass der Primus des Rochierens – Ottmar Walter nämlich – dem Lauterer Angriffsspiel doch sehr gefehlt hat.» Die wohlwollenden Worte des *Kickers* sind im Nachhinein ein schwacher Trost. Ein Finale zu verlieren ist noch bitterer, wenn man selbst gar nicht mitwirken durfte.

Ottmar hat zeit seiner Karriere für zwei Mannschaften gespielt: für den 1. FC Kaiserslautern und die deutsche Nationalmannschaft. Mit beiden Teams hat er große Erfolge gefeiert. Nun, im Herbst seiner Karriere, befinden sich beide Teams in einem Umbruch. Die 1955er-Finalelf des 1. FC Kaiserslautern ist im Schnitt über 27 Jahre alt. Die Jungspunde Horst Eckel, 23, und Werner Mangold, 20, ziehen den Schnitt stark nach unten. Die Leistungsträger der goldenen Zeit hingegen haben die 30 Jahre teils deutlich überschritten. Werner Kohlmeyer ist wie Ottmar Walter 31 Jahre alt. Der 33-jährige Werner Baßler wurde angesichts seines sinkenden Tempos bereits umgeschult. Er bekleidet jetzt eine Position in der Abwehr. Ernst Liebrich, der große Bruder von Werner, hängt nach der Saison 1955 seine Fußballschuhe an den Nagel. Fritz Walter feiert im Herbst seinen 35. Geburtstag.

Was in den vergangenen Jahren so leichtfüßig funktioniert hat, fühlt sich auf einmal wie harte Arbeit an. Fritz Walter, der Lenker und Denker des Kaiserslauterer Teams, kann immer noch mit genialen Pässen und schier unfassbaren Soli Spiele entscheiden. Er muss sich jedoch längere Pausen gönnen als früher. Auch die übrigen Akteure erreichen nicht mehr die Form des Jahres 1954. Gerade Kohlmeyer findet aus dem Post-WM-Blues nicht heraus.

Es ist nicht so, dass der 1. FC Kaiserslautern von einem Tag auf den anderen keine Spitzenmannschaft mehr stellt. Die Oberliga Südwest dominieren die Roten Teufel weiter nach Belieben. Ottmar Walter schießt noch immer Tore. Und doch ist der Vorsprung der Lauterer geschmolzen. In der Gruppenphase um die Deutsche Meisterschaft 1956 muss die Walterelf dem Karlsruher SC den Vortritt lassen. Meister wird am Ende Borussia Dortmund.

In der Spielzeit 1955/56 baut Herberger seine Nationalmannschaft noch um den 1. FC Kaiserslautern herum. An Kapitän Fritz Walter rüttelt er auch nach schlechten Spielen nicht. Herbergers Affenliebe zu seinem Kapitän stieß in der deutschen Öffentlichkeit noch nie auf ungeteilte Zustimmung. In den Jahren nach der WM wird Herbergers Festhalten an Fritz und den anderen Weltmeistern aber immer kritischer gesehen.

Schuld darin sind die Ergebnisse. In der Saison 1954/55 bestreitet die Nationalmannschaft sechs Länderspiele. Vier davon gehen verloren. Auch in der darauffolgenden Spielzeit läuft es nicht besser: Zwischen August 1955 und Mai 1956 verliert der Weltmeister fünf seiner sechs Länderspiele. Einzig gegen Norwegen gelingt ein 2:0-Erfolg. Selbst die Niederlande – zu jener Zeit ein Fußballzwerg der Güteklasse Griechenland oder Finnland – besiegt Deutschland mit 2:1. Immer mehr ausländische Beobachter fragen sich, wie diese deutsche Mannschaft in der Schweiz triumphieren konnte. Auch im Inland ist der Bonus des Weltmeistertitels schnell aufgebraucht.

Die Krise des deutschen Fußballs geht nicht spurlos am Bundestrainer vorbei. Herberger hatte befürchtet, dass die ersten Spiele nach der Weltmeisterschaft nicht leicht werden. Mit einer solchen Krise hatte er jedoch nicht gerechnet. Später wird er diese Zeit als die härteste in seiner Trainerlaufbahn bezeichnen. Immer heftiger prasselt die Kritik auf den Bundestrainer ein. In Hamburg legen Fußballfans ihr Geld zusammen, um Sepp Herberger eine Karte des Eisenbahnnetzes zu kaufen. So wisse er dann endlich, wie man zu den Fußballstadien im Süden und Norden komme. Den Ort Kaiserslautern wollen sie ausradieren.

Herbergers Spieler würden ihrem Trainer gern helfen. Im April 1956 treffen sie sich in Koblenz. Zehn Weltmeister beschließen, wieder so kräftig zu trainieren wie vor dem Turnier in der Schweiz. Unter ihnen befinden sich neben den Gebrüdern Walter auch Horst Eckel, Max Morlock und Hans Schäfer. Helfen tut es nicht viel: Auch das nächste Spiel gegen England geht mit 1:3 verloren. Die Zuschauer im Berliner Olympiastadion müssen mitansehen, wie sich die Nationalspieler auf dem Feld gegenseitig anmeckern und rumpöbeln. Der Geist von Spiez hat sich in ein Spukgespenst verwandelt.

Herberger hatte in diesem Spiel noch einmal auf fünf Weltmeister gesetzt. Er wusste, wie viel gerade den Walterbrüdern ein Duell gegen England bedeutet. Doch der Bundestrainer spürt auch, dass ein Sturm mit Ottmar Walter und Max Morlock keine Zukunft mehr hat. Er hatte geplant, die Nationalelf langsam zu verjüngen. Spiele wie die Partie gegen England führen ihm vor Augen, dass er seinen Zeitplan ändern muss. Den Traum, die Finalelf noch einmal gemeinsam aufzustellen, gibt er endgültig auf. Die Siegerelf von Bern gehört der Vergangenheit an.

Immer mehr Weltmeister verabschieden sich von der Nationalmannschaft. In den meisten Fällen ist es kein selbst gewähltes Ende. Herberger nominiert sie nicht mehr. Turek bestreitet bereits gegen Frankreich im Oktober 1954 sein letztes Länderspiel. Werner Kohlmeyers Nationalmannschaftskarriere endet im März 1955. Jupp Posipal, Werner Liebrich und Max Morlock sind im Herbst 1956 letztmals Teil von Herbergers Planungen.[13]

An Fritz Walter wiederum hält Herberger fest, solange es geht. Zunehmend verlieren die deutschen Anhänger die Geduld. Von den neun Länderspielen, in denen der Kapitän nach der WM 1954 mitgewirkt hat, hat Deutschland acht verloren. Wieso kettet der Bundestrainer das Schicksal der DFB-Elf an einen alternden Spielmacher? Kann er denn nicht sehen, dass Fritz für die Nationalmannschaft inzwischen mehr Fluch als Segen ist? Herberger beschwichtigt. Er sehe keinen Spieler, der auf absehbare Zeit Fritz' Rolle als Spielgestalter ausfüllen könne.

Fritz Walter jedoch sieht das anders. Im November 1956 beendet er selbst das Kapitel Nationalmannschaft. Deutschland hat soeben mit 1:3 gegen die Schweiz verloren, es ist die elfte Niederlage im 16. Spiel seit der WM. Fritz ist 36 Jahre alt. Er hat genug von den Diskussionen, den Vorwürfen, den beleidigenden Briefen und Telegrammen, die ihn und seine Frau erreichen. Er verkündet seinen Rücktritt aus der deutschen Nationalelf. Endgültig.

Und Ottmar? Er hofft weiterhin, Teil der Nationalmannschaft bleiben zu dürfen. Doch seit dem Sommer in der Schweiz gab es keine Phase, in der er völlig fit war. Kleine und größere Blessuren warfen ihn ständig zurück. Die Konkurrenz schläft indes nicht. Mal setzt Herberger den Senkrechtstarter Uwe Seeler im Sturmzentrum ein, mal den jungen Weltmeister Ulrich Biesinger. Ottmar Walter steht immer öfter nicht in der Startformation, wenn ihn der Bundestrainer überhaupt nominiert. Im August 1956 bestreitet die Nationalmannschaft ein Testspiel gegen den 1. FC Kaiserslautern. Es ist die Chance für Ottmar, sich unter den Augen des Bundestrainers zu beweisen. Nach nur vier Minuten muss er den Platz verlassen. Er hat sich eine blutende Wunde zugezogen. Es ist ein Sinnbild für seine Jahre nach der Weltmeisterschaft.

Im November gegen die Schweiz läuft auch Ottmar auf. Allerdings nicht für die A-Mannschaft, sondern für die deutsche B-Elf. In dieser testet Herberger eigentlich junge Spieler auf ihre Länderspieltauglichkeit. Ottmar soll mit seiner Erfahrung den jungen Spielern ein Vorbild sein. Das lässt in ihm die Hoffnung aufblühen, dass er noch einmal an die erste Mannschaft heranrücken könnte. Ottmar hat das Trikot der deutschen Mannschaft immer mit Stolz getragen. Er wird auch in den kommenden Monaten und Jahren davon sprechen, zur Nationalmannschaft zurückkehren zu wollen. Doch Herberger nominiert auch ihn nicht mehr.

Im Frühjahr 1957 bestreitet die deutsche Nationalmannschaft ein Länderspiel gegen Österreich. In der Startaufstellung sind drei Weltmeister verblieben: Hans Schäfer, Helmut Rahn sowie der Fürther Verteidiger Herbert Erhardt, der in der Schweiz keine Minute zum Einsatz gekommen war. Deutschland gewinnt die Partie im Wiener Praterstadion mit 3:2. Erstmals seit der WM siegt Deutschland wieder gegen eine Fußballnation auf Augenhöhe. Es scheint ein Neuanfang zu sein für den deutschen Fußball. Ein Neuanfang ohne die Walterbrüder.

HR:
Der steile Fall

Weltmeister ist Helmut Rahn bereits. Pokalsieger auch. Im Sommer 1955 kommt noch der letzte Titel hinzu, der ihm fehlt: die Deutsche Meisterschaft. Er hatte sich in den Monaten zuvor geschunden, um rechtzeitig zur Endrunde fit zu werden. Ausgerechnet Nationalmannschaftskamerad Heinrich Kwiatkowski hatte ihm am vorletzten Spieltag der Oberliga West das Bein gebrochen. Erst wenige Tage vor dem Finale meldet er sich wieder fit. Gegen Kaiserslautern spielt er wie während seiner besten Partien in der Schweiz.

Auf dem Bankett nach dem Spiel ist Rahn der Mittelpunkt aller Feierlichkeiten. Er unterhält seine Essener genauso wie die niedergeschlagenen Lauterer und die Funktionäre des DFB. Am nächsten Morgen gehen die Festivitäten direkt weiter. Der DFB möchte seine Weltmeister noch einmal hochleben lassen. Die Sieger von Bern erhalten die Goldene Ehrennadel des DFB. Für Bundestrainer Sepp Herberger bietet dies die Möglichkeit, von den schwachen Ergebnissen der Nationalmannschaft abzulenken und noch einmal an die Tage in Spiez zu erinnern.

Für Rahn ist es eine weitere Chance, sein komödiantisches Talent unter Beweis zu stellen. Er fährt dort fort, wo er am Abend zuvor aufgehört hatte: Mit Witzen und Kalauern erheitert er die Festgesellschaft. Selbst Sepp Herberger verlässt den Tisch der Funktionäre, um Rahns gute Laune nicht zu verpassen. Irgendwann unterbricht DFB-Funktionär Hans Körfer den Spaßvogel: «Sag mal, Helmut, wann willst du eigentlich nach Essen fahren? Euer Zug geht in zehn Minuten!»[14] Kein Problem, denkt sich Helmut. Er setzt sich selbst ans Steuer des bereitstehenden Wagens. Im Affenzahn fährt er von der Festhalle aus zum Hannoveraner Bahnhof und springt auf den abfahrbereiten Sonderzug.

Auf dem Rückweg nötigt er dem Lokführer einen Halt in Oelde ab. Er möchte die Meisterschaft dort feiern, wo seine Karriere als Fußballer begonnen hatte. An alter Wirkungsstätte wird er mit Wein und Blumen beschenkt.

Es ist ein Vorgeschmack auf die Feierlichkeiten, die in Essen folgen. In der Stadt warten zu diesem Zeitpunkt bereits 100 000 Menschen auf den frischgebackenen deutschen Meister. Als der Zug um 16:33 Uhr in den Bahnhof einfährt, kennt die Menge kein Halten mehr. Für Rahn sind Feierlichkeiten wie diese inzwischen fast schon Routine. Das dritte Jahr in Folge wird er von einer riesigen Menschenmenge in Empfang genommen.

Rahn ist der Held der Massen. In seiner Heimatstadt ist er dank seiner Leistungen für Rot-Weiss längst zur Legende avanciert. Doch nicht nur im Ruhrgebiet erkennt jeder den Siegtorschützen von Bern. «Aus dem Hintergrund müsste Rahn schießen, Rahn schießt, Tor! Toor! Tooor!»: Selbst Deutsche, die sich nichts aus Fußball machen, haben die berühmten Worte von Radiokommentator Herbert Zimmermann im Ohr. Wo Rahn auch hinkommt, wird er von Schaulustigen und Autogrammjägern belagert.

Als Siegtorschütze von Bern gehört Rahn ein besonderer Platz in den Herzen seiner Landsleute. Nur Fritz Walter und Toni Turek können mit seiner Bekannt- und Beliebtheit konkurrieren. Der Kapitän galt bereits vor der Weltmeisterschaft als das Aushängeschild des deutschen Fußballs. Er ist den Trubel gewohnt. Turek wiederum hat privat wie fußballerisch Aufs und Abs erlebt. Eine Wunde erinnert ihn zeitlebens an seine Einsätze im Zweiten Weltkrieg: Ein Splitter konnte nie aus seinem Kopf entfernt werden. Walter und Turek sind Mitte 30, als sie den Weltmeister-Pokal gewinnen. Beide sind fest im Leben verwurzelt. Sie wissen, wie flüchtig die Gunst der Massen sein kann.

Rahn hingegen ist zum Zeitpunkt des Titelgewinns gerade einmal 24 Jahre alt. Ein Jahr später, im Alter von 25, hat er alles gewonnen, was man jener Tage im Fußball gewinnen kann. Er hat mit seinen Toren und Vorlagen maßgeblich zu den Triumphen beigetragen. Kaum jemandem würde es unter diesen Voraussetzungen leichtfallen, auf dem Boden zu bleiben.

Auch Helmut Rahn hat seine Schwierigkeiten. Plötzlich will jeder sich im Glanz des Siegers suhlen. Man lädt ihn zu Veranstaltungen wie Bällen oder Filmpremieren ein, man sieht ihn an der Seite von Stars wie Romy Schneider. Wohlfühlen tut er sich in der Gesellschaft der Reichen und Schönen nicht. Ihm sind diese Feiern zu glamourös, zu bunt, zu langweilig. Er verbringt die Zeit lieber mit den Bergbaukumpels an der Theke. Viele kannten ihn dort schon vorher; jetzt kennt ihn jeder, und jeder möchte mit dem großen Helden einen trinken. Hunderte Leute, so wird er später in seiner Autobiografie schreiben, sprechen ihn im Laufe eines Tages an und laden ihn auf ein Getränk ein. «Sagte ich ja, hieß es gleich: Seht euch diesen unsoliden Burschen an. Dem ist die Weltmeisterschaft wohl zu Kopf gestiegen. Er trinkt, ist überall mit der Nase dabei. Und so was nennt sich Sportler! Sagte ich hingegen nein, wurde ich für eingebildet und arrogant gehalten.»[15]

Helmut sagt wesentlich häufiger «Ja» als «Nein». Alle wollen von ihm hören, wie es damals war, das goldene Tor zu erzielen. Er steht am Tresen und erzählt seine Version des 3:2. Wieder und wieder. «Der Ottes steigt hoch, der andere und der Lorant. Alle drei wollen mit dem Kopf ran. Keiner kriegt ihn richtig. Und ich steh' genau richtig. Der Ball fällt mir vor die Füße, genau auf'm Rechten. Und in der Sekunde wusste ich, was jetzt passiert. Die zwei Ungarn, der Lorant und der andere, stürzen sich auf mich. So richtig mit Gewalt. Ich lass sie kommen und zieh' dann die Kirsche schnell vom rechten auf den linken Fuß. Und da, Mann, ich seh' es noch wie heute, hab' ich das ganze Gelände vor mir. Keine zwanzig Meter vom Tor weg. Der Grosics steht akkurat so, dass in seiner Ecke Platz ist. Ich zieh' ab mit dem linken Fuß, und das gibt so einen richtig gefährlichen Aufsetzer. Und was dann passiert ist, das wisst ihr ja.»[16] Auf die Pointe folgt zumeist ein tiefer Schluck Bier.

Spätestens nach der Essener Meisterschaft entfernt Rahn sich vom Lebenswandel eines Sportlers. Bis in die Nacht verbringt er seine Zeit in Kneipen, erzählt von seinem Tor, kloppt Karten oder spielt Billard. Von einem «Köttel» kann man bei Rahn längst nicht mehr sprechen. Erstmals in seinem Leben geht er in die Breite, und zwar mächtig. Der Alkohol, das fettige Essen und der unstete Lebenswandel schwemmen seinen Körper auf.

Es kursieren zahlreiche Gerüchte, Unterstellungen und Halbwahrheiten über diese Zeit. Im *Spiegel* wird sich Jahrzehnte später ein Freund erinnern, dass Helmut Rahn im Übermut Zigarren mit Zwanzig-Mark-Scheinen angezündet hat. Ben Redelings wird schreiben, Rahn habe sich in der Schubkarre von Kneipe zu Kneipe schieben lassen. Um den Hals habe er ein Schild getragen mit der Aufschrift: «Wer will ein Kind vom Weltmeister?» Er soll Lokalrunden geschmissen und sein Geld beim Kartenspielen verzockt haben. Jeder im Pott hat seine eigene Saufgeschichte mit Helmut Rahn in der Hauptrolle. Manche dieser Geschichten finden ihren Weg in die Presse. Binnen eines Jahres ändert sich sein Ruf. Aus jedermanns Liebling wird das Enfant terrible des deutschen Fußballs.

Rahn hat zwei Probleme. Nummer eins: Nicht alle Geschichten, die gedruckt werden, sind wahr. Je weiter der Triumph von Bern in die Ferne rückt, umso greller werden die Sauf- und Feiergeschichten ausgeschmückt. Aus einem Bier werden vier, aus einer Lokalrunde eine durchzechte Nacht und aus fünf Kilogramm zu viel werden fünfzehn. Rahn beginnt, eine Distanz aufzubauen zu Journalisten. Sollen sie doch schreiben, was sie wollen!

Rahns zweites Problem lautet: Nicht jede Geschichte ist erfunden. Dass Rahn nicht allzu ernsthaft trainiert, ist ihm deutlich anzusehen. Egal, ob er nun 81 oder 88 Kilogramm wiegen mag:

Übergewicht hat er auf jeden Fall. Es lässt sich nicht leugnen, dass Rahn Siege und auch Niederlagen mit einem Pils runterspült. Bei Rot-Weiss zeigt er nicht mehr die gewohnte Leistung. Er scheint mehr damit beschäftigt, Rekorde am Billardtisch aufzustellen, als noch einen weiteren Meistertitel zu erringen.

Vielleicht liegt Rahns Unlust auf Training auch an seinem Heimatverein. Kapitän August Gottschalk hat nach dem Meistertitel seine Karriere beendet, Außenstürmer Berni Termath verließ den Verein gen Karlsruhe. Der Weggang des Duos ist nicht nur aus fußballerischer Sicht ein Verlust. Die Mannschaftsabende in Gottschalks Kneipe haben die Akteure zusammengeschweißt. Rahns Mitspieler tun es dem Weltmeister nun gleich: Sie ruhen sich auf ihrem Titel aus.

Georg Melches versucht, dem Abwärtsstrudel auf seine Art entgegenzuwirken: Er kauft neue Spieler. Das verschärft die Situation nur. Die Spieler reagieren eifersüchtig, als sie erfahren, dass der Schwede Dan Ekner mit Zahlungen unter der Hand nach Essen geködert wurde. Dass er für Rot-Weiss nur 25 Oberliga-Spiele bestreitet und dabei nur ein Tor erzielt, sorgt im Verein für böses Blut.

Rahn ist plötzlich der Mittelpunkt von Auseinandersetzungen. Solange er Tore erzielt und vorbereitet hat, verzeihen ihm die Mitspieler seine eigensinnige Spielweise. Von dieser Form ist er nach der Meisterschaft 1955 jedoch weit entfernt. Später wird er in seiner Autobiografie indirekt zugeben, dass er eine Mitschuld trägt an den Streitereien und der Missgunst im Verein: «Ich vertrug mich auch nicht mehr mit allen. An dieser Stelle soll jedoch nicht untersucht werden, ob die Schuld bei mir oder bei anderen lag.»[17] Rahns Lebenswandel, sein Höhenflug nach der Weltmeisterschaft, seine offen zur Schau getragene Lockerheit: All das hat direkte Auswirkungen auf sein Ansehen in der Mannschaft.

Melches versucht, seinem alten Schützling auf die Beine zu helfen. Seine Motive sind nicht rein altruistisch: Rahns Ruf lockt noch immer ausländische Spitzenvereine an. Nach der Weltmeisterschaft wollte Real Madrid ihn verpflichten. Das wusste Melches auf die altmodische Art zu verhindern: Er stellte Rahn einen neuen Sportwagen vor die Tür. In den Jahren 1956 und 1957 treten italienische Klubs an Rahn heran. Melches wimmelt auch sie ab, selbst als Rahn das Training schwänzt, um einen italienischen Spielervermittler zu treffen. Um Rahn für den ausbleibenden Wechsel zu entschädigen, vermittelt er ihm eine eigene Tankstelle. Helmut Rahn ist jedoch nicht Ottmar Walter: Als Tankstellenpächter fühlt er sich äußerst unwohl. Stundenlang Autos zu betanken, ist nicht seine Welt. Zudem liegt der Betrieb

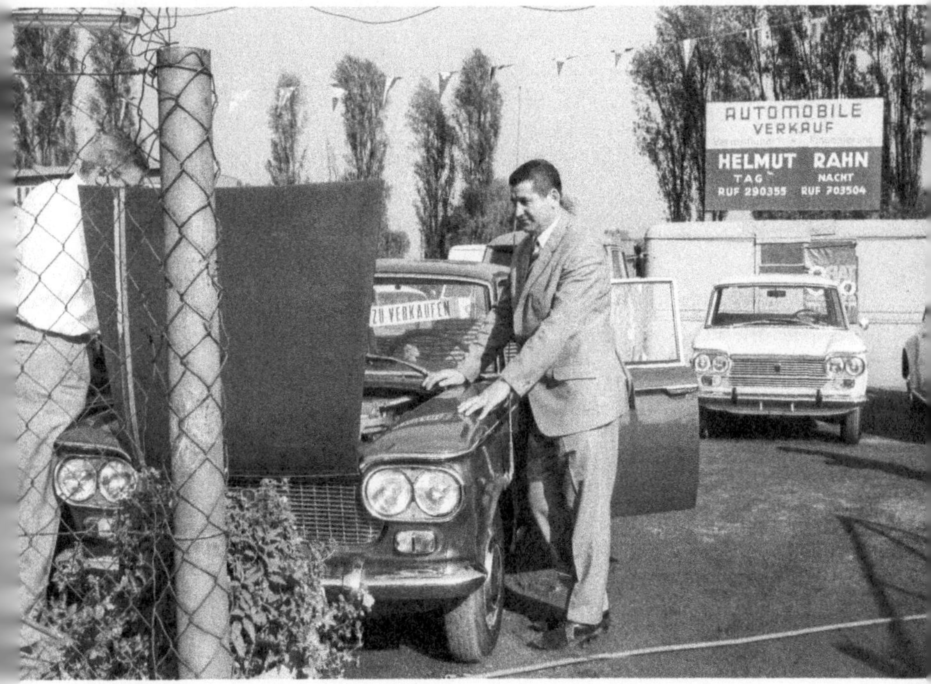

Neben dem Fußball verdient Helmut Rahn als Gebrauchtwagenhändler Geld.

auf einem Trümmergrundstück, es gibt viel zu tun, die Kosten potenzieren sich. Nach nur wenigen Wochen gibt Rahn die Tankstelle wieder auf.

Helmut Rahn verdient auf andere Weise Geld: Er verkauft Gebrauchtwagen.[18] Was wie eine ehrbare Arbeit klingt, wird in den Worten des *Kickers* zu einem ruchbaren Unterfangen: «Die Hintermänner winkten, Rahn fuhr den Wagen vor. Setzte sich mit den Interessenten an einen Tisch. Der Verhandlungstisch steht in solchen Fällen fast ausnahmslos in der Kneipe. Und in der Kneipe wird getrunken. Viel getrunken, da der Alkohol die Bereitschaft steigern soll, den Wagen zu kaufen ... Wer abends viel trinkt, und die Geschäftszeit in dieser Branche wird vornehmlich in die Abendstunden verlegt, muss am Tage ausschlafen. An geregelte Arbeit ist da nicht mehr zu denken. Wozu auch. Leicht verdientes Geld klimpert in der Tasche. Für Tage reicht es. Der Handel geht ja weiter. Neue Abende, neues Geld.»

Als Herberger aus Essen die Kunde erreicht, dass Helmut weniger eigensinnig agiert, hätte ihn das eigentlich erfreuen sollen. Doch Herberger kennt seinen Schützling zu gut. Ein mitspielender Rahn? Das kann nur eines bedeuten: Er ist dermaßen schlecht in Form, dass er nicht einmal mehr Kraft für seine Soli hat. Gegenüber der *Bild*-Zeitung spottet Herberger: «Der oft so eigensinnige Helmut Rahn ist plötzlich Kombinationsspieler geworden. Warum? Er hatte einen dicken Bauch bekommen, war nicht mehr schnell genug und daher plötzlich auf seine Mitspieler angewiesen – da hat er wohl oder übel das Abspielen lernen müssen.»

Herberger hält dennoch an Rahn fest. Der Bundestrainer schätzt seine Explosivität, seinen Spielwitz, seine Unbekümmertheit auf und neben dem Platz. Doch von dieser Explosivität ist nicht mehr viel übrig. Herberger versucht es wieder mit Zuckerbrot und Peitsche. Zum Jahreswechsel 1955/1956 schreibt er an

Rahn: «Ihrem Spiel fehlt die frühere Rasanz und der unwiderstehliche Drang zum Tor. Diesen Rückfall gegenüber früher führe ich darauf zurück, dass Sie doch nicht so trainieren, wie es unerlässlich ist, wenn Sie wieder unbestritten die Nummer eins aller Außenstürmer werden wollen.»[19] Dass Rahn der beste Rechtsaußen der Welt sein könne, stehe für Herberger außer Frage. Doch die Worte verhallen ungehört. An Rahns Form ändert sich wenig.

Dennoch nominiert Herberger ihn weiterhin. Rahn bereist zusammen mit der Nationalmannschaft halb Europa. Im August 1955 begibt sich die DFB-Elf auf eine politisch heikle Mission: Sie bestreitet das erste Spiel der deutschen Fußballgeschichte in der Sowjetunion. Die BRD verfügt zu diesem Zeitpunkt über keine politischen Beziehungen zur UdSSR. Die deutschen Spieler werden wie Fürsten empfangen, die Sowjets wollen die Überlegenheit ihres politischen Systems demonstrieren. Der Weltmeister verliert mit 2:3.[20] Vier Monate später reist die DFB-Elf nach Italien. Dort kommt die Mannschaft in den Genuss einer Audienz beim Papst. Für Katholik Rahn stellt dieser Termin eine besondere Ehre dar. Das Länderspiel verliert Deutschland indes 1:2.

In all diesen Partien weiß Rahn nicht zu überzeugen. Selbst als die Kritik immer größer wird, lädt der Bundestrainer ihn weiter zur Nationalmannschaft ein. Herberger versucht sogar, dessen Frau auf seine Seite zu ziehen. Ob sie dem Helmut nicht helfen könne, etwas abzunehmen? Von ihr ist jedoch keine Hilfe zu erwarten. Sie mag es, wenn an Helmut etwas mehr dran ist.

Rahn hat bei Herberger mehr Steine im Brett als so manch anderer Weltmeister von Bern. Doch selbst dem Bundestrainer wird es irgendwann zu bunt. Im Mai 1956 ist Rahn für das Spiel gegen England nominiert. Doch er erscheint einfach nicht in Berlin. Sein Knie sei dick gewesen, erklärt er im Nachhinein. So lässt sich Herberger nicht behandeln, auch nicht von seinen Lieblingsspielern. Rahn hätte nach Berlin kommen und ihn selbst das Knie begutachten lassen müssen. Der Siegtorschütze von Bern erleidet nun dasselbe Schicksal wie so viele andere Spieler des Finals: Er wird vom Bundestrainer aussortiert. Im Gegensatz zu seinen Kollegen geschieht dies nicht still und heimlich, sondern in aller Öffentlichkeit. Herberger gibt vor Journalisten zu Protokoll, Rahn werde in Zukunft nicht mehr Teil der Nationalmannschaft sein.

Mit 25 Jahren hatte Rahn sich bereits zum dritten Mal von Tausenden Essenern feiern lassen. Er gilt als bester Rechtsaußen Deutschlands. Mit 27 wird seine Nationalmannschaftskarriere fürs Erste für beendet erklärt. Sein Ruf ist ramponiert. So schnell kann es gehen im Fußball.

OW:
Das Schicksal der Verlierer

Der 1. FC Kaiserslautern verdient einen besonderen Platz in der Geschichte des deutschen Nachkriegsfußballs. Dafür sorgen allein seine zwei Titel und seine fünf Teilnahmen an Endspielen um die Deutsche Meisterschaft. Nicht immer waren die Anhänger anderer Vereine erfreut, dass Bundestrainer Sepp Herberger den Klub aus der Pfalz bevorzugt. Niemand hätte jedoch in Abrede gestellt, dass die «Walterelf» zu den Spitzenteams des Landes zählt. Sie ist ein Aushängeschild des deutschen Fußballs.

So darf der 1. FCK im Oktober 1956 zu einer seltenen Auslandsreise antreten. Im Leipziger Zentralstadion treffen die Abgesandten der Bundesrepublik Deutschland auf den amtierenden Meister der DDR, Wismut Karl-Marx-Stadt. Angesichts der Spannungen zwischen beiden Staaten sind solche Spiele selten. 300 000 DDR-Bürger bewerben sich um die Tickets. Sie wollen unbedingt die Weltmeister von 1954 sehen, die sie bislang nur aus der Ferne kennen. Über 100 000 Zuschauer erhalten Karten, das Stadion ist restlos überfüllt. Das Leipziger Publikum sieht die Roten Teufel mit 5:3 siegen. Ottmar trägt zwei Tore zum Schützenfest bei. In Erinnerung bleibt ein Treffer, den Ottmar mit einem Eckball vorbereitet: Fritz Walter springt nach vorne ab, schraubt seine Hinterbeine in die Luft und bugsiert den Ball mit der Hacke ins Tor. Die Presse feiert den Treffer als «Jahrhunderttor». Der alte Fritz mag nicht mehr Woche für Woche an seine einstigen Leistungen anknüpfen. Doch er hat noch immer Fähigkeiten in seinem Repertoire, von denen andere Fußballer nur träumen können.

Lauterns Ruf verschafft den Spielern noch eine weitere Auslandsreise: Der Deutsch-Amerikanische Fußballbund lädt den zweifachen Meister in die USA ein. Das bereitet besonders Fritz

Kopfschmerzen. Der Weg über den Atlantik dauert mit dem Flugzeug nur ein paar Stunden. Doch seine Flugangst obsiegt über die Bequemlichkeit: Er wählt den vier Tage andauernden Seeweg. Direkt nachdem er mit Lautern die Meisterschaft 1956/57 in der Oberliga Südwest gefeiert hat, geht er an Bord eines Transatlantikkreuzers. An Deck hält er sich mit Kniebeugen fit. Er trifft seine Kollegen erst in Übersee wieder.

Mit dieser Reise kehrt Ottmar Walter zurück nach Amerika. Beim ersten Besuch hat er vom Traumland seines Vaters nicht viel mehr sehen können als die Zäune der Gefangenenlager. Mit dem 1. FC Kaiserslautern holt er das Sightseeing nach. Die Etappen der Reise führen den FCK von New York über St. Louis, Chicago und Detroit zurück an die Ostküste nach Philadelphia. Die Gegner im Fußballentwicklungsland USA sind kein Maßstab für die Lauterer. Nur das erste Spiel geht mit 0:1 verloren – die Spieler sind noch erschöpft von der langen Reise.[21] In den restlichen Partien erspielen sich die Deutschen deutliche Siege, unter anderem demontieren sie die Michigan Windsor All-Stars mit 10:3 und die Philadelphia All-Stars mit 10:1.

Anstrengender als die Spiele gestalten sich die vielen Empfänge. Allerorts werden die Pfälzer mit großem Tamtam begrüßt. Die zahllosen deutschen Heimatvereine wollen sich ein Bild der Weltmeister von 1954 machen. Zehntausend Kilometer von zu Hause entfernt dürfen die Lauterer bayerisches Bier und schwäbische Spezialitäten genießen. Vor allem aber müssen sie sich Dutzende, wenn nicht gar Hunderte Reden anhören. «Uns strengen diese Empfänge und das lange Herumsitzen dabei mehr an, als alle Fußballspiele es könnten», beklagt sich FCK-Verteidiger Kurt Schmidt im *Sport-Magazin*. Bei jeder Gelegenheit darf Kapitän Fritz Walter sich mit einer eigenen Rede bei den Gastgebern bedanken. Er macht das mit so viel Charme, dass Schmidt scherzt: «Wenn Fritz so weitermacht, wählen wir ihn noch in den Bundestag.»[22]

Der Kapitän lernt die USA indes noch besser kennen als alle

seine Kameraden. Während die restlichen Spieler die großen Distanzen zwischen den Städten mit dem Flugzeug überwinden, reist Fritz Walter mit dem Zug. Einmal lässt er sich sogar während einer Partie auswechseln, um rechtzeitig den Bahnhof zu erreichen. Auf der Rückreise muss Fritz indes eine deftige Kröte schlucken: Er muss erstmals seit langer Zeit wieder ein Flugzeug besteigen. Der Seeweg kommt nicht infrage, schließlich startet wenige Tage später die Endrunde um die Deutsche Meisterschaft. Die Reisestrapazen aber scheinen den FCK nicht zu bremsen auf dem Weg zum Titel. Berlin-Meister Hertha BSC geht im ersten Gruppenspiel gegen den FCK mit 1:14 unter. Der Kantersieg bleibt jedoch der letzte Erfolg der Lauterer. Die beiden folgenden Spiele gegen Kickers Offenbach und Borussia Dortmund gehen verloren. Der FCK verpasst das Finale. Den Dortmundern gelingt es anschließend, den Titel des Vorjahres zu verteidigen.

Nicht nur die Tatsache, dass Lautern zwei Jahre in Folge nicht im Finale um die Deutsche Meisterschaft steht, deutet an: Die Dominanz der Roten Teufel ist gebrochen. Im Jahr 1957 produziert der zweimalige Deutsche Meister neben dem Feld mehr Schlagzeilen als auf dem Platz. Der Deutsche Fußball-Bund hat in den vergangenen Jahren beide Augen zugedrückt, was Verstöße gegen das Vertragsspieler-Statut betrifft. Dass Spieler unter der Hand Zahlungen erhalten, ist allen Beteiligten bekannt. Doch die Klubs und der Verband befürchten, dass bei einer Lockerung der Regeln der Fiskus zuschlägt. Mancherorts sind die Krankenkassen bereits zu der Erkenntnis gelangt, dass sich hinter dem Vertragsspieler-Statut in Wahrheit ein waschechtes Profitum versteckt. Sie schlussfolgerten, dass die Vereine für ihre Spieler eigentlich Sozialabgaben zahlen müssten. Zusätzliche Ausgaben wie diese wollen die Klubs verhindern.

Nun interessiert sich der DFB aber plötzlich für ein Darlehen, das der FCK an den eigenen Kapitän vergeben hatte. Nachdem Fritz Walter seine Wäscherei aufgegeben hatte, eröffnete er Ende 1956 ein eigenes Kino. Sein Verein lieh ihm dafür 45 000 DM. Der DFB überprüft den Deal. Ein Racheakt dafür, dass Fritz Walter aus der Nationalmannschaft zurückgetreten war, wie manche vermuten? Wohl eher nicht. Die Abmachung zwischen dem 1. FC Kaiserslautern und seinem Kapitän ist schlicht und ergreifend so windig, dass ein Wegschauen unmöglich erscheint. Das Darlehen, das der Klub Walter gab, kennt keine Zinsen. Beide Seiten vereinbarten nicht einmal, wann und in welcher Form Fritz das Geld zurückzahlen muss. Weder der Öffentlichkeit noch der Politik lässt sich vermitteln, inwieweit sich solch eine Zahlung mit dem Vertragsspieler-Statut in Einklang bringen lässt. Schließlich dürfen Fußballer zu jener Zeit eigentlich nur 320 DM im Monat von ihrem Verein kassieren.

Der Fall landet vor dem DFB-Gericht. Der 1. FC Kaiserslautern verteidigt sich: Er habe das Darlehen überhaupt nur vermittelt, weil der DFB Fritz Walter unbedingt im Land halten wollte. Daraus könne man ihnen doch nun keinen Strick drehen! Auch Herberger muss aussagen. Er spricht verklausuliert aus, was jeder weiß: Der DFB wusste von dieser Konstruktion. Dass Fritz beim Fußballbund noch wohlgelitten ist, demonstriert das Urteil: Der 1. FC Kaiserslautern wird zu einer Geldstrafe verdonnert, sein Kapitän hingegen freigesprochen. Ihm sei «subjektiv kein Vorwurf zu machen»,[23] schließlich habe er die Vorschriften nicht gekannt. In diesem Fall schützt also Dummheit vor Strafe.

Wenige Wochen später scheucht ein weiterer Fall den 1. FC Kaiserslautern auf. Diesmal wird nicht vor dem DFB-Gericht, sondern vor einem Strafrichter verhandelt. Der Angeklagte heißt Werner Krabler, im Hauptberuf Mitarbeiter der Kammgarnspinnerei, in seiner Freizeit Funktionär beim FCK. Er soll Gelder seiner Firma unterschlagen haben. Dazu habe ein Komplize fingierte Rechnungen geschrieben, die abgerechneten Produkte wurden jedoch nie geliefert. Krabler gibt zu, dass er 1000 DM für private Zwecke entwendet habe. Er habe das Geld seiner Schwester gegeben, damit diese in der DDR ein Haus bauen konnte. Es fehlen jedoch nicht 1000 DM – sondern mehrere Zehntausend. Die Staatsanwaltschaft kann den Schaden nicht genau beziffern, so wirr ist die Buchführung der Kammgarnspinnerei. Der unterschlagene Betrag liege irgendwo zwischen 50 000 und 150 000 DM, sagt der Staatsanwalt.

Was mit dem Geld passiert war? Das lässt sich allenfalls mutmaßen. Die logische Schlussfolgerung: Der Gönner des FCK hat es benutzt, um Spieler unter der Hand zu bezahlen. Krabler und der Verein bestreiten das. Eine Buchprüfung des DFB enthüllt keine illegalen Aktivitäten. Wie auch? Das Geld wurde schließlich nie beim FCK verbucht. Das Gericht verurteilt Krabler zu zweieinhalb Jahren Gefängnis sowie einer Geldstrafe. Doch auch der Richter kann die Frage nicht klären, wohin der Großteil des Geldes geflossen ist. Er stellt nur fest, dass Krabler «für gewisse Eskapaden, auf die das Gericht nicht näher eingehen wolle, nicht unerhebliche Beträge ausgegeben habe».[24] Ein Reporter der Deutschen Presse-Agentur, der in dem Fall recherchiert, wird von ein paar Lauterer Fans krankenhausreif geprügelt. Antworten sind nicht erwünscht in der Pfalz.

Das Saubermann-Image des 1. FC Kaiserslautern, es gehört nach diesen Enthüllungen endgültig der Vergangenheit an. Speziell der Ruf von Weltmeister Fritz Walter leidet. Nicht so sehr unter dem Verfahren des DFB – der Verband sprach ihn schließlich frei. Vielmehr gilt Fritz durch die Aufgabe seiner Wäscherei und durch sein zinsfreies Darlehen als unsolider Zeitgenosse; in damaligen Zeiten ein großes moralisches Vergehen. Beruflich solle er sich doch ein Vorbild an seinem Bruder nehmen! Ottmar weiß schließlich, wie man einen Betrieb führt. Tatsächlich floriert Ottmars Tankstelle auch Jahre nach dem Weltmeistertitel.

Auch bei der Nationalmannschaft kocht im Jahr 1957 ein Thema wieder hoch, das der DFB längst hatte begraben wollen. Um die Geschichte zu verstehen, muss man einige Jahre zurückgehen.

1954 schockierte die Finalniederlage ganz Ungarn. Der Schmerz über die Niederlage vermischte sich mit der Wut über die Politik der kommunistischen Machthaber zu einem explosiven Cocktail. Schon am Abend des 4. Juli kam es zu Ausschreitungen. Die Wohnung von Nationaltrainer Gusztáv Sebes wurde verwüstet. Es machte gar das Gerücht die Runde, dass sich Stürmer Ferenc Puskás erschossen habe. Als die Nationalspieler in ihre Heimat zurückkehrten, wurde ihr Zug in ein abgelegenes Provinzdorf umgeleitet. Zu groß war die Furcht vor weiteren Protesten.

Mit der Final-Niederlage endete die Sonderrolle der ungarischen Wundermannschaft. Der ungarische Verband hatte seinen Nationalspielern großzügige Privilegien eingeräumt. Sie durften zollfrei Ware aus dem Ausland einführen, manche Spieler fuhren sogar Mercedes – und das im kommunistischen Ungarn! Solange die Spieler gewannen, schaute der Verband weg. Die erste Niederlage nach 25 Spielen genügte, um diesen Pakt aufzukündigen. Über Nacht wurden aus den Helden Feindbilder. Manche Spieler wurden von der politischen Führung regelrecht drangsaliert. So verhörte die Polizei Torhüter Gyula Grosics tagelang. Der Vorwurf: Er soll als ausländischer Spion die ungarische Mannschaft verraten haben. Dass Grosics im Finale bei allen Toren machtlos war, dass er vor dem 2:2 hart von Hans Schäfer angegangen worden war, interessierte die kommunistischen Machthaber nicht. Grosics wurde zu einem Provinzverein abgeschoben.

Ein Großteil der ungarischen Wundermannschaft spielte in jenen Tagen für Honvéd Budapest. Kapitän Ferenc Puskás, József Bozsik, Zoltán Czibor, Sándor Kocsis und Gyula Lóránt waren vor Jahren zu dem Armeeverein abkommandiert worden, damit sie auch abseits der Länderspiele gemeinsam trainieren konnten. Im Herbst 1956 befindet sich der Klub in Bilbao, dort soll die

Mannschaft ein Spiel des jüngst gegründeten Pokals der Landesmeister bestreiten. In ihrer Heimat protestieren zur selben Zeit Studenten gegen das kommunistische Regime. Aus den Demonstrationen entwickelt sich ein waschechter Aufstand. Die verhassten kommunistischen Machthaber werden aus dem Amt gejagt. Der neue Ministerpräsident Imre Nagy beendet die Einparteienherrschaft und erklärt: Sein Land kündige das Bündnis mit der Sowjetunion auf und werde sich in Zukunft im Ost-West-Konflikt neutral verhalten.

Die Fußballer trauen der Revolution nicht. Sie wollen nicht nach Hause zurückkehren. Sie fürchten die Macht der Sowjets und die Rache des alten Regimes. Und sie sollten recht behalten: Wenige Tage nach Beginn des Aufstands rollen sowjetische Panzer durch Budapest. Die sozialistische Weltmacht duldet kein neutrales Ungarn. Sie schlägt den Aufstand blutig nieder. Spätestens jetzt kommt für zahllose Spieler von Honvéd eine Rückkehr in die Heimat nicht mehr infrage. Sie wissen: Die Rückkehr der alten Herrscher bedeutet noch mehr Repression, Unterdrückung, Willkür.

Die Spieler von Honvéd stehen vor einem Dilemma. Nach Hause zurückkehren wollen sie nicht, in Spanien bleiben können sie jedoch auch nicht. Teammanager Emil Östreicher tut sich als Vermarkter hervor. Er vereinbart auf der ganzen Welt Freundschaftsspiele. Honvéd tritt in Spanien, Italien, dem Saarland und sogar in Südamerika an. Auch in der BRD macht Honvéd halt. Am 7. November 1956 treffen sie in Essen auf eine kombinierte Mannschaft aus Rot-Weiss und Fortuna Düsseldorf. 100 000 Menschen haben Anfragen für Tickets gestellt, es passen jedoch nur 40 000 in das Stadion. Das Spiel endet 5:5. Bei all ihren Spielen trägt die ungarische Elf einen Trauerflor. Sie solidarisiert sich mit den Opfern der Niederschlagung des Aufstands.

Der ungarische Verband befindet sich längst wieder in der Hand der kommunistischen Einheitspartei. Die Funktionäre sehen das Treiben ihrer einstmaligen Vorzeigesportler gar nicht gern. Zum Jahreswechsel 1956/57 stellt der Verband den Abtrünnigen ein Ultimatum. Entweder die Spieler kehren sofort in ihre Heimat zurück – oder sie werden als Fahnenflüchtige verbannt. Als Spieler eines Armeevereins sind die Fußballer allesamt Mitglieder des Militärs. Die Machthaber unterstreichen ihre Drohung: Da die Spieler bei Honvéd unter Vertrag stehen, wird der ungarische Verband bei der Fifa eine Sperre für all jene Akteure beantragen, die im Ausland bleiben. Sie werden sich also keine neuen Vereine suchen können. Bozsik beschließt mit einigen Kameraden, nach Hause zurückzukehren. Die meisten Spieler hingegen befürchten drakonische Strafen bei einer Rückkehr und wählen das Exil. Die ungarische Wundermannschaft von einst hört auf zu existieren.

Einer der Akteure, die im Ausland bleiben, ist Ferenc Puskás. Ausgerechnet der Kapitän des ungarischen Wunderteams möchte nicht in seine Heimat zurückkehren. Er lässt sich zunächst in Wien nieder, ehe er nach Italien übersiedelt. An ihm will der ungarische Verband ein Exempel statuieren. Die Ungarn beantragen bei der Fifa eine lange Sperre. Der Weltverband folgt dem Gesuch. Puskás darf 18 Monate lang für keinen Verein auflaufen. Das kommt einem Berufsverbot gleich.

Der Stürmer ist jedoch einen ausufernden Lebensstil gewohnt. Er braucht Geld. Schon vor der Sperre hatte er begonnen, seine Lebensgeschichte an jeden zu verkaufen, der genug Kohle bietet. Puskás-Biografien gibt es in jener Zeit in Hülle und Fülle. In jedem Land, das er bereist, zahlt eine Zeitung für die Rechte an der Geschichte des weltbesten Stürmers. Ein englischer Verlag veröffentlicht ein Buch mit Puskás' Erinnerungen. In Deutschland druckt das *Sport-Magazin* eine lange Artikelserie über ihn. In Frankreich beginnt die *France Football* im März 1957 mit dem Druck ihrer Puskás-Memoiren als Fortsetzungsroman.

Wer so viele Biografien schreiben lässt, muss auch etwas zu erzählen haben. Puskás liefert seinen Ghostwritern amüsante wie schockierende Anekdoten. Schon die englische Version seiner

Biografie hatte für ein juristisches Nachspiel gesorgt. Er hatte dort behauptet, Werner Liebrich habe vor seinem berühmt-berüchtigten Foul bereits zweimal versucht, ihn absichtlich zu verletzen. Liebrich lässt diesen Vorwurf nicht auf sich sitzen. Er verklagt den Verlag. Vor einem englischen Gericht erhält Liebrich recht, der Verlag muss 1000 Pfund Schmerzensgeld zahlen. Das sind umgerechnet über 10 000 DM, also zwei Jahresgehälter eines durchschnittlichen deutschen Angestellten.

Es ist ein kleiner Disput angesichts dessen, was auf die Veröffentlichung der französischen Memoiren folgt. Der *Kicker* übersetzt Teile der Artikelserie auf Deutsch. Die deutsche Fußballseele erzürnt sich an einem Absatz. In diesem behauptet Puskás, nach dem WM-Finale in der deutschen Kabine schauderhafte Dinge gesehen zu haben: «Als ich die Tür hinter mir geschlossen hatte, bot sich mir ein ungewöhnliches Schauspiel, und am liebsten wäre ich wieder umgekehrt. Die meisten der Spieler lagen auf dem Boden, einige hatten ihre Trikots ausgezogen, andere hatten nicht mehr die Kraft dazu und erbrachen sich. Ein Gestank nach pharmazeutischen Produkten würgte in meinem Hals.» Damit wirft Puskás der deutschen Mannschaft offen vor, im Finale gedopt gewesen zu sein.

Nachdem der *Kicker* die Passage gedruckt hat, bricht in deutschen Gazetten die Hölle los. Zahllose Weltmeister von 1954 werden mit den Zitaten konfrontiert. Sie beteuern, dass sich die Szenen so nie abgespielt hätten. Der italienische Weltmeister-Trainer Vittorio Pozzo springt der deutschen Mannschaft bei. Er sei in der Kabine gewesen und habe nichts dergleichen wahrgenommen. Puskás hingegen habe er in der Kabine nicht gesehen. Der DFB schaltet sich ein. Er behält sich rechtliche Schritte gegen Puskás vor.

Am stärksten getroffen zeigt sich Sepp Herberger. In Wien soll es zu einer Aussprache zwischen Puskás und dem Bundestrainer kommen. Der Ungar behauptet, die Aussagen so nie getätigt zu haben. Die Journalisten hätten sich alles ausgedacht. Herberger glaubt ihm nicht. Auch *France Football* widerspricht vehement. Sie hätten nur gedruckt, was Puskás ihnen erzählt habe. Der DFB verhängt die schwerstmögliche Sanktion: Keine deutsche Mannschaft darf in Zukunft gegen ein Team spielen, bei dem Ferenc Puskás auf dem Platz steht. Aktuell ist er zwar noch gesperrt; im Jahr 1958 wird ihn jedoch Real Madrid unter Vertrag nehmen. Wie sehr die Vorwürfe den DFB brüskiert haben, unterstreicht die Tatsache, dass der Verband auch zwei Jahre später Anträge auf Freundschaftsspiele gegen Real Madrid abweist.[25]

Die Geschichte schlägt auch international Wellen. Plötzlich greifen Gazetten in ganz Europa das Thema Doping wieder auf. Sie können ein neues Argument ins Feld führen: Beweisen die Leistungen der Nationalmannschaft nach der WM nicht etwa, dass die Deutschen in der Schweiz in irgendeiner Form nachgeholfen haben? Schließlich verlor Deutschland seitdem Spiel um Spiel. Die meisten Helden von Bern sind ohnehin nicht mehr Teil der Nationalmannschaft. Am liebsten hätte der DFB dieses Kapitel 1954 geschlossen und nie wieder geöffnet. Puskás sorgt dafür, dass das Thema auch Jahre später noch die deutsche Nationalmannschaft verfolgt.

HR:

Comeback aus dem Kittchen

Helmut Rahn ist ein Mann der Extreme. Ein Jahr lang hat er heftig gefeiert und seine Karriere als Fußballer sträflich vernachlässigt. In den Zeitungen ist er nur noch aufgrund seines unsteten Lebenswandels Thema. Selbst der sonst so seriöse *Kicker* druckt einen mehrseitigen Artikel über den vermeintlichen Absturz des Weltmeisters. Rahns Ruf ist fürs Erste ruiniert.

Als Rahn die Gerüchte und Beschuldigungen zu viel werden, legt er eine Wende um 180 Grad hin. Von einem Tag auf den anderen sucht er sich einen neuen Job. Er will so richtig hart ackern. Fortan schuftet er im Tiefbau. Morgens um sieben beginnt die Plackerei, abends um sieben endet sie. Es ist nicht gerade die passende Arbeit für einen Fußballspieler, der nebenbei noch trainieren und Punktspiele absolvieren soll. Nach vier Wochen gibt Rahn die Stelle wieder auf. Doch sein Wille, sich zu wandeln, bleibt.

Rahn trainiert sich die Pfunde ab, die er nach der Weltmeisterschaft 1954 zugelegt hat. In den ersten Monaten des Jahres 1957 befindet er sich wieder in körperlich guter Verfassung. Selbst Herberger nimmt von seiner Wandlung Notiz. Eigentlich hatte er die Länderspielkarriere seines liebsten Rechtsaußen bereits für beendet erklärt. «Was interessiert mich mein Geschwätz von gestern?», denkt sich der Bundestrainer und lädt Rahn im Februar 1957 zum Lehrgang der Nationalmannschaft ein. In Duisburg möchte der Bundestrainer 50 potenzielle Kandidaten für die Weltmeisterschaft 1958 auf Herz und Nieren prüfen. Ein Großteil der Sieger von Bern fehlt; Herberger hat sie endgültig aussortiert. Helmut Rahn hingegen darf sich präsentieren – und überrascht den Bundestrainer bereits beim ersten Aufeinandertreffen. Herberger pikst Rahn in die Rippen. «Da ist kein Fett mehr. Das sind jetzt Muskeln. Ich meine, Helmut, Sie sind wieder in Schuss.»[26]

Herberger gibt Rahn eine zweite Chance. Er darf im März die B-Nationalmannschaft als Kapitän in das Länderspiel gegen Österreich führen. Beim 4:0-Sieg erzielt der Rechtsaußen zwei Treffer. Damit empfiehlt er sich für das A-Länderspiel gegen denselben Gegner, das nur wenige Tage später stattfindet. Beim 3:2-Sieg erzielt Rahn sein erstes Tor im Nationaldress seit der Weltmeisterschaft – und was für eins! Vom Strafraumrand aus schlenzt er einen Freistoß in den Winkel. Zudem bereitet er einen weiteren Treffer vor.

Die Zeitungen überschlagen sich mit Lob. «Hat man je so ein großartiges Comeback eines Fußballspielers, der bereits aussortiert schien, wie das des 27-jährigen Rahns erlebt?», fragt die *Sport-Illustrierte*. Fritz Walter lobt seinen ehemaligen Zimmergenossen. «Mag der Boss sich dreimal festlaufen, er wird nicht nervös dadurch, sondern versucht es ein viertes Mal wieder mit neuem Trick, vor allem im gleichen Selbstbewusstsein.»[27]

Das von Herberger ausgerufene Ende von Rahns Nationalmannschaftskarriere – es hatte nicht einmal ein Jahr gewährt. Solange Rahn in Form ist, verzichtet der Bundestrainer nicht auf seinen unberechenbaren Rechtsaußen. Er hatte in den vergangenen Monaten einige Ersatzmänner getestet. Keiner kam an das heran, was Rahn zu bieten hat: Spielfreude, Extravaganz, elegante Soli und unhaltbare Fernschüsse. Im Sommer 1958 wird die nächste Weltmeisterschaft stattfinden. Deutschlands Siegtorschütze von Bern steht wieder auf Herbergers Liste für das Turnier.

27 026 Tage verbringt Helmut Rahn auf der Erde. Zwei Tage bestimmen den Ruf, den er zeitlebens genießen wird. Sein größter Triumph fand am 4. Juli 1954 statt. Sein Schuss aus dem Hintergrund schrieb Fußballgeschichte. Der zweite Tag, der sein Leben definieren wird, ist der 28. Juli 1957.

Rahn war soeben aus München zurückgekehrt. In Grünwald

hatte Herberger erneut die möglichen Kandidaten für die Weltmeisterschaft zusammengerufen. Er wollte ihnen vor der neuen Saison eintrichtern, wie wichtig gute Fitness und ein steter Lebenswandel seien. Auch Helmut Rahn hört sich geduldig die Vorträge des Bundestrainers an. Zurück in seiner Heimat besucht er ein Freundschaftsspiel seines Klubs Rot-Weiss Essen. RWE trifft in Duisburg auf Hamborn 07. Essens neuer Trainer Raymond Schwab hatte angesichts der Reisestrapazen auf Rahns Aufstellung verzichtet.

Nach dem Spiel beschließt er, mit Mannschaftskollege Penny Islacker einzukehren. Gemeinsam begeben sie sich zum Vereinslokal des Meidericher SV. Dort ist ganz schön was los: Die Spieler des Duisburger Vereins stoßen auf die bald startende Saison an. Rahn und Islacker gesellen sich hinzu. Bei Sekt und Bier amüsiert sich die Runde. Als Islacker irgendwann nach Hause fahren will, beschließt Rahn, noch ein Weilchen zu bleiben. Mit einem Bekannten kippt er noch ein, zwei Bier. Irgendwann, tief in der Nacht, verabschiedet er sich.

Rahn hat ausgiebig gebechert. Das hindert ihn nicht daran, in seinen Wagen zu steigen. Sein Ruhrgebiet kenne er schließlich auswendig, auf den Straßen sei nichts mehr los. Was soll schon schiefgehen? Tatsächlich verläuft der Großteil des Weges ereignislos. In der Frohnhauser Straße, nicht allzu weit von seiner Wohnung entfernt, nimmt er verschwommen ein Hindernis wahr. Eine Baustelle. Mit der hat Rahn nicht gerechnet. Es ist zu spät: Sein Wagen knallt über die Absperrung und kommt mitten in einer Baugrube zum Stehen. Rahns Luxusschlitten ist hinüber.

Guter Rat ist jetzt teuer. Rahn winkt einen Autofahrer heran. Er soll ihn schnellstmöglich wegbringen. Doch da erscheint bereits die Polizei auf der Bildfläche. Ob der Wagen dort ihm gehöre, wollen die Beamten wissen. Rahn verneint zunächst. Doch die Polizisten erkennen sowohl das teure Auto als auch dessen Besitzer. Als sie an den Fußballer herantreten, riechen sie, dass er getrunken hat. Viel getrunken.

Rahn beteuert, nicht betrunken zu sein. Die Polizisten wollen das nicht so recht glauben. Sie möchten ihn mit auf das Revier nehmen. Alkoholkontrolle. Als sie versuchen, Rahn Handschellen anzulegen, eskaliert die Situation. Der Weltmeister wird später sagen, eine Verhaftung sei völlig unnötig gewesen. Er wäre auch freiwillig mitgekommen. Aus Protest habe er wild gestikuliert und dabei aus Versehen die Mütze des Polizisten gestreift. Der Wachtmeister wird behaupten, Rahn habe ihn attackiert und mit Schlägen traktiert. Die Beamten führen Rahn in Handschellen ab. Auf der Polizeidienststelle muss er auf einem schmalen Strich balancieren und ein Streichholz aufheben. Ihm wird auch Blut abgenommen.

Am nächsten Tag fasst die Polizei die Situation in ihrem Lagebericht wie folgt zusammen: «Morgens gegen vier Uhr fuhr ein 28-jähriger Handelsvertreter, der unter Alkoholeinfluss stand, mit seinem PKW in eine Aufbruchgrube. Bei der Festnahme leistete er Widerstand durch Schläge gegen Brust und Gesicht. Der Widerstand wurde durch Boxhiebe gebrochen, der stark beschädigte Wagen durch einen Kranwagen der Feuerwehr abgeschleppt und sichergestellt, der Führerschein eingezogen und eine Blutprobe entnommen.»[28] Es dauert keine 24 Stunden, ehe die Presse herausfindet, wie der mysteriöse Handelsvertreter heißt. Am Montag prangt Rahns Name in großen Lettern auf den Titelseiten der Zeitungen.

In den kommenden Tagen schlägt ein Pressegewitter auf Rahn nieder. Das sei ein neuer Tiefpunkt für den Weltmeister! Der Ruhm habe ihn abheben lassen! Er habe ein Alkoholproblem! All die Verfehlungen der vergangenen Jahre werden aus der Schublade geholt. Dass sich Rahn in den vergangenen Monaten gebessert hatte, dass er im Verein und in der Nationalmannschaft wieder Leistungen zeigt, dass er bis zu diesem Tag noch nie mit dem Gesetz in Konflikt gekommen war: All das fällt unter den Tisch.

Rot-Weiss Essen stellt sich in diesen Tagen demonstrativ hinter seinen Star. Georg Melches erteilt den Forderungen, Rahn zu kündigen, eine Absage. Schon drei Tage später steht er wieder in Essens Startelf. Das Publikum feuert den Helden von Bern an. Rahn zeigt eine Fabelleistung und erzielt drei Tore.[29]

Der Deutsche Fußball-Bund hingegen zeigt sich weit weniger tolerant. Wenige Tage nach dem Vorfall erhält Rahn einen Brief. «Wir teilen Ihnen hierdurch mit, dass der Bundesvorstand des Deutschen Fußball-Bundes sich auf Grund des von der Essener Polizei gemeldeten Vorfalls veranlasst gesehen hat, Sie bis auf Weiteres zu sperren. Die Sperre erstreckt sich auf das Weltmeisterschaftsaufgebot und damit auf die Spiele der Nationalmannschaft.»[30] Zu diesem Zeitpunkt wurde Rahn weder verurteilt, noch wurde Anklage gegen ihn erhoben.

Letztere folgt im Laufe der nächsten Tage. Zwar ist das Fahren unter Alkoholeinfluss zu jener Zeit eine rechtliche Grauzone. Erst 1973 wird der Bundestag ein Gesetz verabschieden, das eindeutige Grenzwerte festlegt. 1953 hatte der Bundesgerichtshof jedoch bereits festgestellt, dass allzu betrunkene Autofahrer eine Ordnungswidrigkeit begehen. Den Grenzwert hatten die Richter recht hoch angesetzt: Erst ab 1,5 Promille muss der Führerschein entzogen werden, selbst wenn kein Personenschaden entsteht. Um diesen Wert zu erreichen, muss ein erwachsener, durchschnittlich gebauter Mann über zwei Liter Bier konsumieren.

Rahns Bluttest ergibt einen Promillewert von 2,6.[31]

Angesichts dieses hohen Wertes und des Vorwurfs, er hätte die Polizisten angegriffen, muss sich Rahn vor einem Richter verantworten. Im Dezember 1957 kommt es zum öffentlichen Prozess. Der Gerichtssaal ist rappelvoll. Rahns Mitspieler sind gekommen, um ihm beizustehen. Der DFB hat Abgesandte geschickt, um sich über das Verfahren zu informieren. Vor allem aber bevölkern Fotografen und Journalisten den Raum. Sie wollen über den spektakulären Fall berichten. Rahn wehrt sich gegen die Paparazzi – zunächst mit Worten, später mit Händen und Füßen. Er verdeckt sein Gesicht mit den Händen, damit keine kompromittierenden Fotos entstehen. Der Gerichtsprozess beerdigt jegliche Restsympathien, die Rahn für Journalisten noch übrig-hat.

Der Fall selbst ist schnell abgehandelt. Die Vorwürfe der Polizisten, Rahn hätte sie tätlich angegriffen, entpuppen sich als haltlos. Doch Rahn kann weder gegen den Vorwurf der Trunkenheit am Steuer noch gegen den Tatbestand des Widerstands gegen die Staatsgewalt argumentieren, schließlich hatte er die Handschellen partout nicht anziehen wollen. «Auch als berühmter Fußballspieler, der im Blickpunkt der Öffentlichkeit steht, kann Rahn nicht anders behandelt werden wie jeder andere Staatsbürger auch», erklärt der Richter.[32] Rahn muss nicht nur eine Geldstrafe zahlen und seinen Führerschein abgeben. Er muss auch ins Gefängnis. Zwei Wochen Haft lautet das Urteil.

Rahn versucht, die Strafe so lange es geht hinauszuzögern. Sein Anwalt macht ihm Hoffnungen, dass ein Gnadengesuch positiv beschieden werden könnte. Doch wenige Tage später steht die Polizei vor Rahns Haustür. Sie wollen ihn ins Gefängnis abführen. Heimlich schleicht er sich aus dem Haus – so wie einst, als ihn die Nationalsozialisten für den Volkssturm rekrutieren wollten. Nach dem dritten Versteckspiel plagt Rahn das schlechte Gewissen. Er begibt sich freiwillig zum Gefängnis. Seinen Vollstreckungsbescheid hat er nicht dabei. Den benötigt er auch nicht. Die Beamten erkennen ihn.

Die Vollzugsbeamten weisen Rahn zunächst eine freie Stube zu. Alle paar Minuten öffnet sich die Tür. Nach und nach vergewissern sich die Wärter, dass der Weltmeister tatsächlich im Gefängnis sitzt. Ein paar wollen ein Autogramm. Rahn fühlt sich wie ein Tier im Zoo.

Sepp Herberger führt eine Ehe, wie sie kaum typischer sein könnte für die Fünfzigerjahre in der Bundesrepublik. Während der Gatte von Stadion zu Stadion reist, um künftige Nationalspieler zu finden, hält seine Frau zu Hause die Stellung. Sobald ihr Mann ins traute Heim zurückkehrt, kümmert sie sich um dessen Bedürfnisse. Eva kocht, bügelt seine Wäsche und packt seine Koffer. Die Welten der beiden Eheleute sind fein säuberlich getrennt. Nur selten mischt sich die Bundestrainer-Gattin in die Arbeit ihres Mannes ein.

Einer dieser seltenen Fälle tritt nach Rahns Verurteilung ein. Ihr Mann macht keine Anstalten, Rahn zu vergeben. Ein Nationalspieler müsse ein Vorbild sein! Auch wenn Rahn vor seinem Gang ins Gefängnis für seine Mannschaft großartige Spiele gemacht habe: Der Weg zurück in die Nationalelf sei verbaut.

Das sieht Eva anders. Irgendwann müsse es doch gut sein, meint sie. Man könne einen Menschen nicht ein Leben lang für einen Fehltritt bestrafen. Der Rahn habe immer für die deutsche Nationalmannschaft gebrannt. Ihr Mann solle sich gefälligst einen Ruck geben. Jeder Mensch habe eine zweite Chance verdient.

Herberger hört auf seine Frau. Noch vor dessen Haftantritt sucht er die Aussöhnung mit seinem Schützling. Er diktiert Rahn einen Entschuldigungsbrief an DFB-Präsident Dr. Peco Bauwens: «So gelobe ich Ihnen heute, und ich tue dies aus ehrlichem Herzen, dass ich nach wie vor als Sportsmann meine Pflicht tun werde und dass ich mir jederzeit vergegenwärtigen werde, dass unser ruhmreiches Adlertrikot auch einen ganzen Kerl im persönlichen Leben verlangt.»[33] Der Schreibstil klingt so gar nicht nach Bergarbeitersohn Rahn, sondern eher nach den schwülstig-nationalistischen Ergüssen, die Präsident Bauwens gerne absondert. Herberger weiß eben, was der DFB-Boss lesen möchte. Im März 1958 annulliert der DFB Rahns Sperre. Herberger darf ihn wieder nominieren. Er tut dies sogleich. Rahn erhält eine Einladung zu einem Lehrgang der Nationalmannschaft.

Blöd nur, dass der Brief Rahn nicht zu Hause erreicht – sondern in seiner Gefängniszelle. Der Nationalspieler hat seine Haftstrafe zu Beginn des Lehrgangs noch nicht abgesessen. Er sucht das Gespräch mit dem Gefängnisdirektor. Ob dieser ihn nicht ein paar Tage rauslassen könnte? Von diesem Lehrgang hänge seine Teilnahme an der Weltmeisterschaft 1958 ab! Es gehe hier um seine berufliche Zukunft! Dass Nationalspieler streng genommen kein Beruf ist, stört weder Rahn noch den Direktor. Der lässt Milde walten und gibt Rahn Freigang.

Bei der Nationalmannschaft angekommen, fragt Herberger seinen Schützling verdruckst, was nun mit «der Sache» sei. «Ich habe jetzt ein ganz geregeltes Leben. Abends um acht gehe ich ins Bett und morgens um sechs raus. Kein Bier, kaum eine Zigarette und endlich Gelegenheit, in mich zu gehen.» Herberger ist schwer von Begriff. «Ich komm aus'm Kittchen», sagt Rahn. «Urlaub auf Ehrenwort.»[34]

Rahn hat Glück. Er muss nicht mehr ins Gefängnis zurückkehren. Mit etwas Verspätung hat sein Anwalt Wort gehalten. Nach einem Treffen mit dem Landgerichtsrat wird der Verurteilte begnadigt. Er muss nur 150 DM an das Rote Kreuz zahlen. Der Unfall kommt ihn damit recht teuer zu stehen: Neben den nunmehr 250 DM Strafe muss er mit 275 DM für die kaputte Straßenabsperrung und 1700 DM für die Reparatur seines Autos aufkommen. Das beträgt ungefähr den halben Jahreslohn eines durchschnittlichen Arbeiters im Jahr 1958. Aber immerhin liegt die unsägliche Episode nun hinter ihm. Er kann sich fortan ganz auf die Weltmeisterschaft 1958 konzentrieren.

Während Rahn mit den Folgen seiner Alkoholfahrt zu kämpfen hat, bahnt sich im Hintergrund ein weiteres Comeback an. Fritz Walter hatte im Sommer 1957 beschlossen, sich auf die Zeit nach der Spielerkarriere vorzubereiten. In Köln hatte er am Trainerlehrgang des Deutschen Fußball-Bundes teilgenommen. Tagsüber büffelten die Teilnehmer Theorie, abends ließen sie in einer Halle noch etwas Praxis folgen. Zu den prominenten Kickern gehörten neben Fritz Walter auch Helmut Schön und Dettmar

Cramer. Beide arbeiteten seit Kurzem als Assistenztrainer für Sepp Herberger. Cramer rief seinen Chef an: Er müsse unbedingt nach Köln kommen. Fritz Walter präsentiere sich bei den Hallenkicks in derart bestechender Form – das müsse er selbst erleben!

Fritz hatte mit dem DFB bereits abgeschlossen. Die Kritik nach der Weltmeisterschaft hatte tiefe Narben bei ihm hinterlassen. Auch die Beziehung mit Herberger war nach dem Hin und Her der vergangenen Jahre beschädigt. Fritz nahm es seinem Chef übel, dass er selbst den drastischen Schritt des Rücktritts wählen musste. In Köln sprachen sich die beiden nun aus. Herberger erklärte seinem Schützling, dass er seit seinem Abgang verzweifelt nach einem Nachfolger suche. Kein Spieler könne jedoch in seine Fußstapfen treten. Der Bundestrainer wollte Fritz überzeugen, zur Weltmeisterschaft in Schweden in die Nationalelf zurückzukehren. Er wandte all seinen Charme und seine psychologischen Tricks an. Schließlich ließ sich Fritz überreden. Er stellte jedoch Bedingungen: Auf keinen Fall dürfe es so wirken, als wolle Herberger auf Teufel-komm-raus seinen Protegé zurückholen. Stattdessen müssen Fritz' Leistungen für sich sprechen.

Herberger heckte einen Plan aus. In den folgenden Monaten streute er in Gesprächen mit Journalisten immer wieder den Namen Fritz Walter ein. Er ließ es so aussehen, als ob die Öffentlichkeit ihm den Ehrenspielführer aufschwatzen würde. Im März 1958 soll Fritz gegen Belgien sein Comeback feiern. Das Wetter in Brüssel spielte jedoch nicht mit. Herberger befürchtet, dass eine durchschnittliche Leistung seines Lieblingsspielers zu Kritik in der Presse führen könnte. Das Comeback wird daher auf das nächste Spiel verschoben. In Frankfurt, an jenem Ort, an dem Fritz sein erstes Länderspiel absolviert hatte, feiert er am 19. März 1958 seine Rückkehr zur DFB-Elf. Sie wird ein voller Triumph. Beim 2:0-Sieg gegen Spanien leitet er beide Treffer ein. Wie in den besten Zeiten dirigiert er das deutsche Spiel. Man merkt nicht, dass er bereits 37 Jahre alt ist. Die Presse feiert die Rückkehr des Ehrenspielführers. Einer Teilnahme an der WM in Schweden steht nichts mehr im Weg.

Als Rahn nach Hause zurückkehrt, meldet sich Fritz bei seinem alten Kumpel. Ob sich die beiden nicht gemeinsam auf das Turnier vorbereiten wollen? Da lässt sich Rahn nicht zweimal bitten. Wenige Wochen vor der Weltmeisterschaft verabschieden sich Rahn und Fritz Walter in den Hunsrück. Ein Geschäftsmann hatte sie eingeladen, im Schatten einer abgelegenen Mühle zu logieren. Genau der richtige Ort, um Kondition für die Weltmeisterschaft zu bolzen. Zeit genug haben beide auch: Weder Essen noch Kaiserslautern haben sich in diesem Jahr für die Endrunde um die Deutsche Meisterschaft qualifizieren können.

Sieben Weltmeister von Bern stehen im 22 Mann umfassenden Kader für die Weltmeisterschaft 1958. Heinrich Kwiatkowski und Berni Klodt werden auch in Schweden nicht über eine Reservistenrolle hinauswachsen. Herbert Erhardt hatte zwar in der Schweiz kein Spiel bestritten, gehört aber mittlerweile zur Stammformation in der Abwehr. Aus der Finalelf von Bern sind neben Fritz Walter und Helmut Rahn noch Horst Eckel und Hans Schäfer übrig geblieben.[35] Letzterer war nach Fritz' zwischenzeitlichem Rücktritt zum Kapitän der Nationalmannschaft befördert worden. Schüchtern bietet er dem Ehrenspielführer an, ihm die Kapitänsbinde zurückzugeben. Für Fritz kommt das nicht infrage. Er ist ganz froh, nicht mehr die Binde tragen zu müssen.

Herberger hatte einige Zeit gebraucht, um seine Weltmeister-Elf umzubauen. Mittlerweile steht eine veränderte Mannschaft auf dem Platz. Mit Georg Stollenwerk hat der Bundestrainer einen Nachfolger für den unerschütterlichen Werner Kohlmeyer gefunden. Horst Szymaniak vom Wuppertaler SV zieht in der Läuferreihe die Fäden. Im Sturm hatte Herberger lange mit Uwe Seeler gefremdelt. Mittlerweile haben die beiden jedoch Frieden geschlossen. Herberger grummelt noch manches Mal, wenn der

Mittelstürmer mal wieder weit in der eigenen Hälfte aushilft. Er sieht jedoch auch das unbestreitbare Talent des 21-jährigen Torjägers.

Seit dem inoffiziellen Neuanfang gegen Österreich im März 1957 hatte die deutsche Nationalmannschaft sechs ihrer acht Spiele gewinnen können. Dabei besiegten sie neben Österreich und Spanien auch Ungarn und die WM-Gastgeber aus Schweden. Zur Weltmeisterschaft reist die deutsche Mannschaft dennoch als Außenseiter an. Seit den schwachen Ergebnissen im Nachgang der WM gilt der deutsche Turniersieg 1954 als einmalige Glückssache. Manch ein Experte traut Deutschland nicht einmal das Weiterkommen in der Gruppenphase zu. Der Weltmeister muss in der Tat schwere Brocken aus dem Weg stemmen. Argentinien geht neben Brasilien als Favorit in das Turnier. Gegen die Tschechoslowakei hatte die deutsche Mannschaft im April ein Testspiel mit 2:3 verloren. Einzig Nordirland gilt als leichter Gegner. Diesmal gibt es keine gesetzten und ungesetzten Teams. Deutschland muss gegen alle drei Gruppengegner antreten.

Herberger plant auch diese Weltmeisterschaftsteilnahme generalstabsmäßig. Das neue Spiez heißt Bjärred, es liegt etwas nördlich von Malmö in wunderschöner Meereslage. Das gewählte Hotel ist jedoch kein Belvédère. Herberger missfällt vor allem die Küche. Also sorgt er dafür, dass sich ein Koch der deutschen Reisegruppe anschließt. Josef Bindert versorgt die Mannschaft mit traditionell-deutschem Essen. Auch das schwedische Brot ist dem Bundestrainer nicht recht, es schmecke zu süß. Er arrangiert über die deutsche Botschaft, dass jeden Morgen deutsches Brot aus Lübeck eingeführt wird. Das Baden im Meer ist selbstredend nicht gestattet. Selbst das Minigolfspielen verbietet Herberger seinen Schützlingen nach wenigen Tagen. Sie hätten sich bei den ersten Runden zu unkollegial verhalten und zu heftig debattiert.

Erneut teilt sich Rahn ein Zimmer mit Fritz Walter. Gemeinsam genießen sie den Ausblick auf das Meer. Diesmal muss

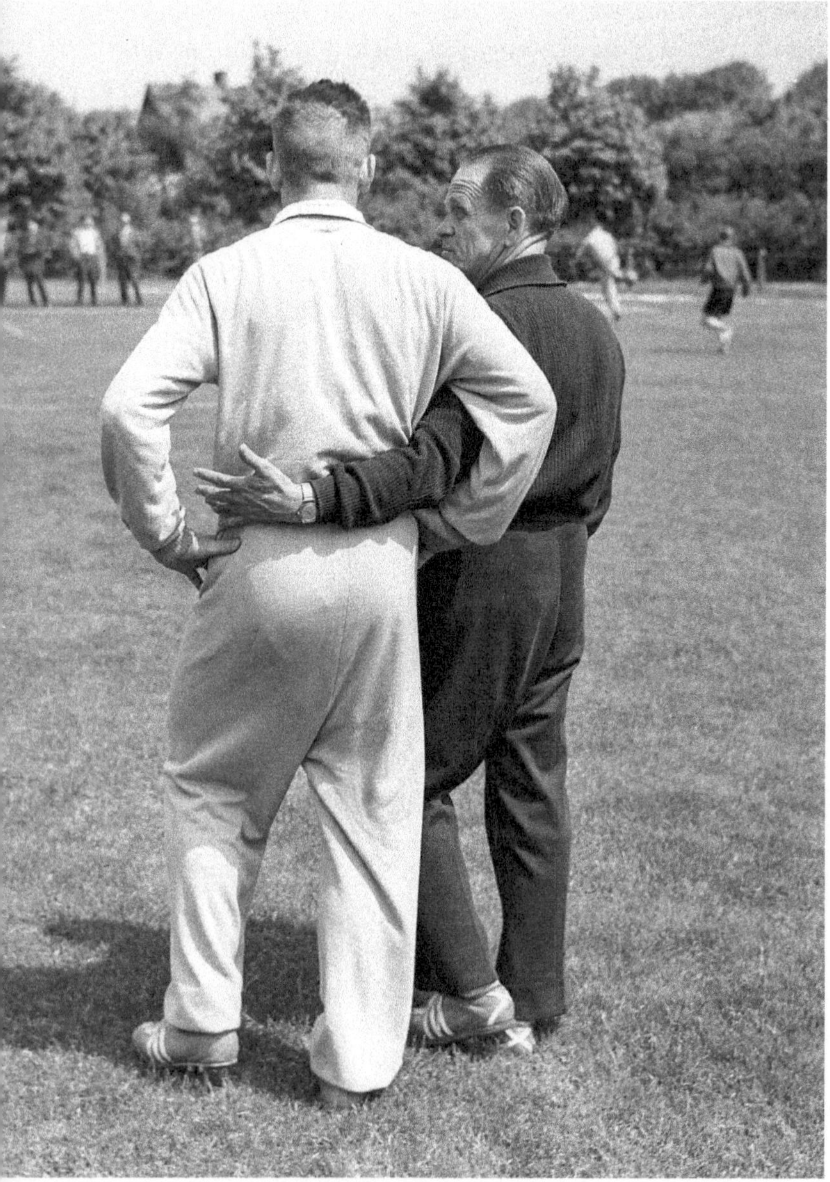

Der kahl geschorene Helmut Rahn und Sepp Herberger während der Weltmeisterschaft 1958.

Rahn seinen Zimmergenossen nicht antreiben. Fritz ist einfach froh, noch einmal eine Weltmeisterschaft spielen zu dürfen. Er weiß zudem, wie er von dem Turnier profitieren kann: In Bjärred führt Deutschlands Spielmacher Tagebuch. Er plant, ein Buch über seine Erfahrungen in Schweden zu veröffentlichen.

Rahn hat es immer geliebt, Teil einer Reisegruppe zu sein, fernab der Heimat, nur mit seinen Kameraden. Das ist auch in Schweden nicht anders. Rahn schwingt sich auf zur Stimmungskanone. Als er einen einheimischen Jungen mit einer neumodischen Frisur entdeckt, schließt er mit Teamkollege Erich Juskowiak eine Wette ab: 50 Mark, wenn auch er sich die Haare im Nacken abrasieren lässt! Juskowiak schlägt ein. Ein deutscher Anhänger, der das Ganze belauscht, legt 50 Mark obendrauf. Kurze Zeit später ist Rahn um einige Haare ärmer und um 100 DM reicher.

An einem anderen Tag erblickt Rahn ein Pferd. Mit Händen und Füßen überzeugt er die Besitzerin, ihm das Tier anzuvertrauen. Rahn kann zwar reiten, doch das schwedische Pferd weiß offensichtlich nichts von deutschen Reitgepflogenheiten. Mehrfach droht es, Rahn abzuwerfen. «Erst nach einer längeren Kraftprobe gab der Klügere nach – das Pferd!», schreibt Rahn in seiner Autobiografie.[36]

Rahn wird auf ewig für das Turnier 1954 im Gedächtnis bleiben. Betrachtet man seine Leistungen streng analytisch, ragte er in der Schweiz nur aufgrund seiner Tore heraus. In der Vorrunde gehörte er noch zu den Ersatzspielern. Auch gegen Jugoslawien, Österreich und Ungarn hatte sein Spiel neben den lichten Momenten diverse Schattenseiten. Nicht jede seiner eigensinnigen Aktionen gelang. Rahns Ruhm beruht auf seinen Toren gegen Jugoslawien und vor allem dem 3:2 gegen Ungarn. Nicht falsch verstehen: Es waren entscheidende, den Spielverlauf verändernde Tore. Doch die Köpfe des WM-Triumphs waren der geniale Spielmacher Fritz Walter, der meisterhaft rochierende Ottmar, Abwehrfels Werner Kohlmeyer und «Fußballgott» Toni Turek.

In Wahrheit sollte die Weltmeisterschaft 1958 als Rahns großes Turnier gesehen werden. Als Rechtsaußen genießt er weiterhin alle Freiheiten. In Schweden profitiert er zudem von der leicht veränderten deutschen Mannschaft. Deutschland agiert etwas abwartender, weniger stürmisch. Das kommt dem schnellen Rahn entgegen, der am liebsten Konter abschließt. Fritz Walter spielt noch mehr Pässe aus der Tiefe. Seeler wiederum lässt sich häufiger fallen als Ottmar, zieht Gegenspieler aus der Abwehr, füttert Rahn mit Zuspielen. Das alles würde Rahn nichts nützen, wäre er nicht in der Form seines Lebens nach Schweden gereist. Nachdem er das Gefängnis mit seinem Idealgewicht verlassen hatte, hatte er kein Kilogramm zugelegt.

Schon im ersten Spiel avanciert er zum besten Spieler. Deutschland gerät gegen Argentinien[37] früh in Rückstand. Nach einer halben Stunde erhält Rahn den Ball auf der halblinken Seite. Er zündet eine seiner berühmten Bomben. Der Ball schlägt unhaltbar im kurzen Winkel ein. 1:1. Als Seeler der 2:1-Führungstreffer gelingt, wechseln die Argentinier die Sportart. Sie treten, schubsen und schlagen die deutschen Spieler. Schäfer will sogar einen Handkantenschlag an den Hals abbekommen haben. Rahn lässt sich nicht beeindrucken. In der 79. Minute legt er sich am rechten Strafraumeck lässig den Ball zurecht. Ein Tor erscheint von dieser Position aus unmöglich. Doch er erkennt einen Stellungsfehler des Torhüters. Sein flacher Schuss landet direkt neben dem kurzen Pfosten. 3:1. Das Spiel ist entschieden.

Das zweite Spiel findet wenige Tage später gegen die Tschechoslowakei statt. Beide Teams liefern sich ein ausgeglichenes Duell. Ein Schuss Rahns zischt knapp am Pfosten vorbei. Dann verursacht Torhüter Fritz Herkenrath einen Elfmeter. 0:1. Kurze Zeit später kassiert Deutschland das zweite Gegentor. Rahn sieht sein Team bereits auf der Verliererstraße. Doch in der Kabine erinnert Herberger seine Mannen an das Finale von Bern. Das weckt in Rahn und seinen Mitspielern neue Kräfte. Das 1:2[38] leitet Rahn mit einem Eckball ein, das 2:2 erzielt er selbst. Erneut ist sein Schuss von der Strafraumgrenze aus unhaltbar für den Keeper.

Auch im finalen Gruppenspiel gegen Nordirland gerät die deutsche Mannschaft in Rückstand. Wieder einmal treibt Rahn seine Mannschaft an. Mit einem feinen Lupfer in den Winkel gelingt ihm der Treffer zum 1:1. Die Nordiren erzielen nach einem Eckball das 1:2. Diesmal geht der Preis für das schönste Tor des Tages nicht an Rahn, sondern an Seeler: Sein Schuss aus zwanzig Metern rast wie ein Strahl ins Eck des nordirischen Tors. Das 2:2 beschert der deutschen Mannschaft den Gruppensieg. Rahn hat maßgeblich zum Weiterkommen beigetragen. Vier der sieben deutschen Tore gingen auf sein Konto. Nach dem Spiel sagt Assistenztrainer Schön zu ihm: «So gut, wie du in deinen letzten Spielen warst, Helmut, bist du in deiner ganzen Laufbahn noch nicht gewesen.»[39]

Im Viertelfinale wartet ein alter Bekannter: Wie bereits in Bern trifft Deutschland auf Rahns Lieblingsgegner Jugoslawien. Vladimir Beara hütet zwar nicht mehr den jugoslawischen Kasten. Doch auch Srboljub Krivokuća werden nach dem Spiel Albträume von Rahn plagen. In der 12. Minute setzt dieser an der rechten Seitenauslinie zu einem Solo an. In bester Fritz-Walter-Manier schummelt er sich durch zwei Gegenspieler hindurch, auch am dritten stürmt er vorbei. Der Ball liegt nun kurz hinter der Strafraumgrenze und direkt vor der Torauslinie. Alle rechnen mit einer Flanke. Auch Krivokuća. Doch nicht mit Rahn. Aus dem spitzestmöglichen Winkel drischt er den Ball flach auf das Tor. Der jugoslawische Keeper hat mit dieser Variante nicht gerechnet, ihm flutscht der Ball durch die Finger. 1:0. Der Treffer erinnert an das Wundertor, das Max Morlock während Rahns erstem Länderspiel erzielt hat.

In den folgenden 78 Minuten entwickelt sich eine Abwehrschlacht, die sich noch nervenaufreibender gestaltet als vier Jahre zuvor. Die Jugoslawen belagern den deutschen Strafraum. Branko Zebec und Vujadin Boškov geben Schüsse auf das Tor ab, die eigentlich nicht zu halten sind. Doch der neue Toni Turek heißt Fritz Herkenrath. Mit einigen unglaublichen Paraden hält er den deutschen 1:0-Sieg fest.

Deutschland steht erneut im Halbfinale der Weltmeisterschaft. Abermals hatte kein ausländischer Experte einen Pfifferling auf die deutsche Mannschaft gesetzt. Dass die DFB-Elf die Leistungen von Spiez bestätigen kann, erfüllt Nationaltrainer Herberger mit Stolz. Er lässt die Zügel etwas schleifen. Nach dem Viertelfinale feiert die deutsche Elf ausgiebig das 60. Länderspiel von Fritz Walter. Helmut Rahn zieht als Redner seinen alten Zimmerkameraden durch den Kakao. Der Sekt fließt in rauen Mengen.[40] Die Stimmung könnte kaum ausgelassener sein.

Das Halbfinale steht schon vor dem Anpfiff unter keinem guten Stern. Deutschlands Gegner ist Gastgeber Schweden. Das Organisationskomitee verlegt das Spiel in letzter Minute von Stockholm nach Göteborg. Assistenztrainer Schön versucht verzweifelt, ein Quartier aufzutreiben. Am Ende muss die deutsche Mannschaft in einer Herberge ohne Dusche und ohne Sportplatz nächtigen.

Als die Deutschen ins Ullevi-Stadion einlaufen, hallt ihnen ohrenbetäubender Lärm entgegen. Einheizer haben mit Megafonen die Menge aufgepeitscht, laute «Heja, heja»-Rufe hallen durch das Stadion. Eine derartige Unterstützung durch das Publikum kennen die deutschen Spieler aus ihrer Heimat nicht. Sie hatten in der Kabine überlegt, Watteböllchen in ihre Ohren zu stopfen, den Gedanken jedoch wieder verworfen. Die Menge feuert nicht nur ihre heimische Elf an. Sie ist zudem nicht gut auf die deutsche Mannschaft zu sprechen. Mit ihrem kampfbetonten Konterspiel in der Gruppenphase und dem Mauerfußball gegen die Jugoslawen hat die Nationalmannschaft bestehende Vorurteile gegen die Deutschen eher bestätigt denn entkräftet.

Die Schweden entpuppen sich an diesem Nachmittag als eine Spur zu stark für die deutsche Elf. Der Support der Heimfans stärkt ihnen den Rücken. Bereits nach 20 Minuten hätten sie deutlich führen müssen. Herkenrath bewahrt die deutsche Mannschaft vor dem Gegentor. Aus dem Nichts geht dann die deutsche Mannschaft in Führung, Hans Schäfer erzielt den Treffer. Schweden gleicht jedoch kurze Zeit später aus und beherrscht auch in der Folge das Spiel. Rahn schafft es nicht, sich gegen seinen Bewacher Sven Axbom durchzusetzen.

Die spielentscheidenden Szenen ereignen sich in der zweiten Halbzeit. Der schwedische Wirbelwind Kurt Hamrin bereitet Verteidiger Juskowiak zunehmend Probleme. Als der deutsche Abwehrrecke sich wieder einmal nur mit einem Foul zu helfen weiß, tritt er zu allem Übel auch noch nach. Der ungarische Schiedsrichter István Zsolt wirft ihn vom Feld. Kurze Zeit später muss auch Fritz Walter den Platz verlassen. Er hat sich verletzt. Deuser behandelt ihn am Spielfeldrand, Herberger kommt hinzu. «Geht's nicht mehr, Fritz?», fragt er geduldig. Der schüttelt den Kopf. Dann sei es eben so, gibt Herberger ihm zu verstehen. Der Bundestrainer bleibt wie immer ein fairer Sportsmann. Zu neunt kann Deutschland dem schwedischen Druck nicht mehr standhalten. Das Spiel endet 1:3.

Nach dem Spiel liegt Fritz Walter mit Helmut auf dem Zimmer. Fritz ärgert sich maßlos: über das Foulspiel von Sigge Parling, das ihn aus dem Spiel genommen hat; über das Publikum, das so lautstark die eigene Mannschaft unterstützt hat; über das vermeintliche Pech der deutschen Mannschaft. Rahn sieht es nicht so wie sein Freund. Aus seiner Sicht haben die Schweden das Spiel verdient gewonnen. Erstmals bei dieser WM war der sonst so überragende Rahn blass geblieben.

In Deutschland folgt auf die Niederlage ein Sturm der Entrüstung. Die schwedische Mannschaft habe unfair gespielt! Die Anfeuerungsrufe des Publikums seien unsportlich gewesen! Der ungarische Schiedsrichter habe Rache nehmen wollen für die Finalniederlage 1954! Jede noch so abwegige Verschwörungstheorie wird von deutschen Boulevardblättern aufgegriffen. Selbst seriöse Sportzeitungen wie das *Sport-Magazin* beteiligen sich an der antischwedischen Kampagne. Bauwens, nie um einen nationalistischen Ausfall verlegen, stimmt lauthals in die Kritik ein: «Nie mehr werden wir dieses Land betreten, nie mehr werden wir gegen Schweden spielen.»[41] Einzig Bundestrainer Herberger bemerkt, dass die Niederlage keineswegs ein Skandal, sondern sportlich verdient gewesen sei.

Die Bevölkerung lässt sich anstacheln. Reifen schwedischer Autos werden zerstochen, Tankstellen verweigern schwedischen Touristen das Benzin, Restaurants streichen die Schwedenplatte von der Speisekarte. Der schleswig-holsteinische Verband verbietet sämtliche Anfeuerungsrufe der Zuschauer. Man wolle keine schwedischen Verhältnisse in Deutschland. Der WM-Titel vier Jahre zuvor hatte in Deutschland das Gefühl ausgelöst, wieder jemand zu sein. Binnen vier Jahren war er zur Hybris gewachsen, immer der Gewinner sein zu dürfen.

Für Helmut Rahn ist das Turnier trotz des Aus ein voller Erfolg. Das Spiel um Platz drei verliert Deutschland zwar 3:6 gegen Frankreich. Rahn erzielt jedoch seinen sechsten Turniertreffer. Er hat damit exakt so viele Tore in Schweden geschossen wie der 17 Jahre junge Wunderstürmer Pelé, von dem die ganze Welt schwärmt. Er erringt mit seinen Brasilianern den Titel. Nur der Franzose Just Fontaine steht in der Torschützenliste vor den beiden. Er stellt mit seinen 13 Toren einen Fabelrekord auf.

Am Ende des Jahres bittet das französische Magazin *France Football* die internationalen Kollegen, Europas Fußballer des Jahres zu wählen. Der Franzose Raymond Kopa erhält die meisten Stimmen. Auf Platz zwei landet Helmut Rahn. Er hat ein seltenes Kunststück geschaffen: Er ist binnen eines Jahres sowohl im Gefängnis als auch auf der Liste der besten Fußballer Europas zu finden.

OW:
Es geht nicht mehr

Glückliche Fußballer können den Zeitpunkt ihres Karriereendes selbst wählen. Den meisten Spielern ist es jedoch nicht vergönnt, im Glanz der Öffentlichkeit abzutreten. So sehr sie sich auch gegen das Ende ihrer Karriere wehren: Die Leistungsfähigkeit des menschlichen Körpers kennt Grenzen. Gerade die eines geschundenen.

Ottmar Walter wehrt sich mit allen Kräften gegen das drohende Ende seiner Fußballerkarriere. Zum Jahreswechsel 1957/58 besuchen ihn Reporter in seiner Tankstelle. Der 33-Jährige hatte in den Wochen zuvor mal wieder mit seinem rechten Knie zu kämpfen. Die Spiele in der Oberliga Südwest schlauchen ihn. Doch den Journalisten gegenüber sagt er, er wolle nach einer kurzen Verschnaufpause wieder angreifen. Sein Ziel sei es, in die Nationalmannschaft zurückzukehren. Herberger hat ihn seit seinem B-Elf-Einsatz gegen die Schweiz Ende 1956 nicht mehr nominiert. Dennoch habe er die Hoffnung auf die Teilnahme an der Weltmeisterschaft 1958 noch nicht aufgegeben, sagt Ottmar.

Tatsächlich kehrt Ottmar nach einer kleinen Verletzungspause zurück zu den Roten Teufeln. Der 1. FC Kaiserslautern droht zu dieser Zeit, die Endspiele um die Deutsche Meisterschaft zu verpassen. In der Tabelle der Oberliga Südwest stehen sie nach 19 von 30 Spieltagen nur auf dem vierten Rang. Dank den Gebrüdern Walter gelingt ihnen jedoch noch ein Schlussspurt, der den FCK bis zum Ende der Saison auf den zweiten Rang der Tabelle bringt. Meister der Oberliga Südwest wird der FK Pirmasens. Die Vizemeisterschaft berechtigt die Pfälzer zwar nicht, an der Gruppenphase der deutschen Meisterschaft teilzunehmen. Immerhin dürfen sie aber in der Qualifikationsrunde für die Gruppenphase

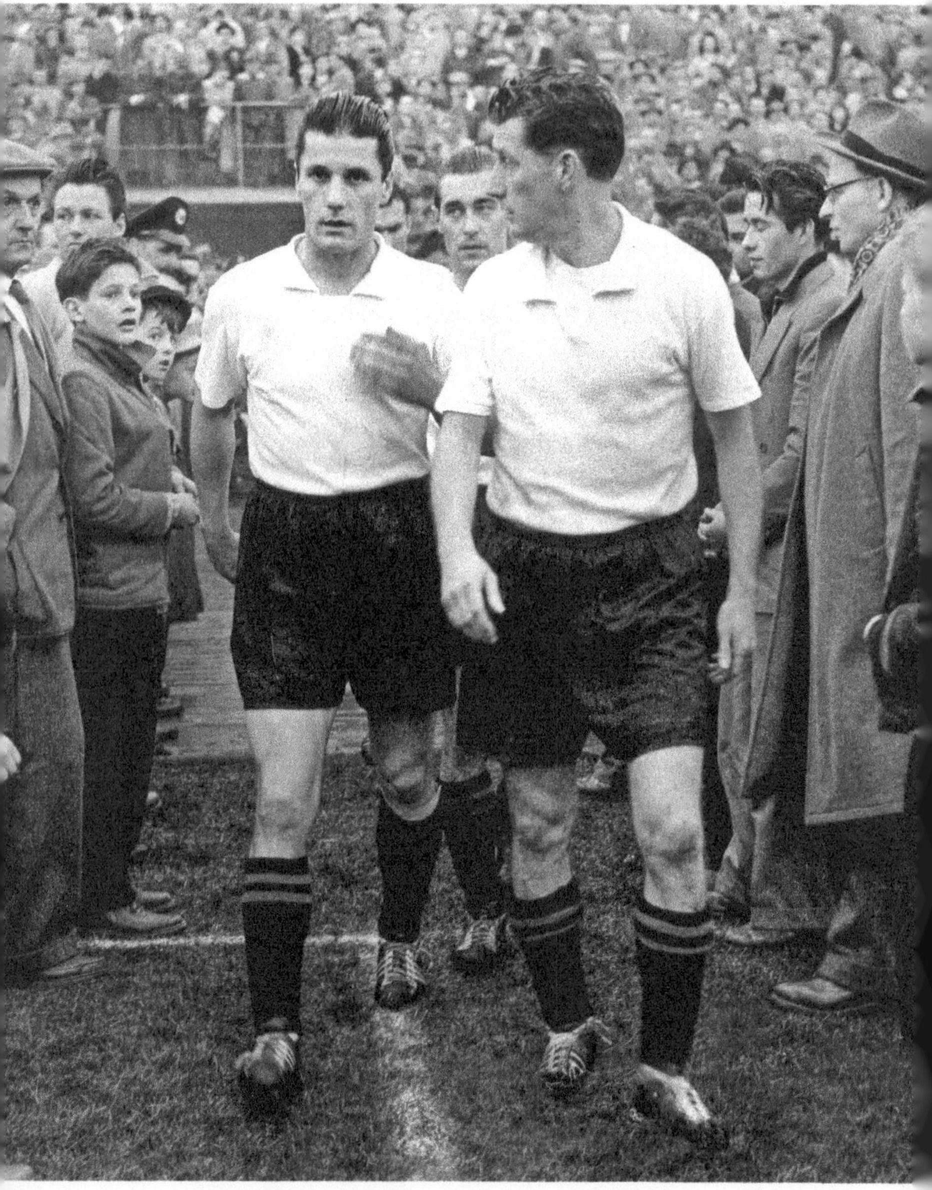

Ottmar und sein Bruder Fritz Walter vor dem Qualifikationsspiel zur deutschen Meisterschaft 1958.

antreten. Dort treffen sie auf den Vizemeister der Oberliga West, den 1. FC Köln.

Im Frankfurter Waldstadion kommt es zum Ausscheidungsspiel. DFB-Kapitän Hans Schäfer bringt seine Kölner in Führung, Ottmar Walter gleicht aus. Es folgt ein wilder Ritt. Köln zieht auf 3:1 davon. Doch in der Schlussphase werfen die Lauterer alles nach vorne. In der 80. Minute gelingt Norbert Wodarzik der Anschlusstreffer, in der 84. Minute schießt Willi Wenzel den Ausgleich. Die Partie geht in die Verlängerung. Ottmar humpelt zu dieser Zeit nur noch teilnahmslos über das Feld. Sein Knie macht die Strapazen nicht mehr mit. Auch nach 120 Minuten steht kein Sieger fest.

Das Remis stellt den DFB vor ein Problem. Nicht einmal sieben Tage später soll bereits die Gruppenphase um die Deutsche Meisterschaft beginnen. Eine Entscheidung muss her, und zwar schnell. Das Wiederholungsspiel zwischen Köln und Kaiserslautern findet keine 24 Stunden nach Abpfiff des ersten Spiels statt. Die Zeit reicht nicht aus, dass Ottmar erneut mitwirken kann. Die Schmerzen sind zu groß. Er muss von der Tribüne aus mitansehen, wie seine Mannschaft mit 0:3 untergeht. Der Traum von einem weiteren Meisterschaftsfinale: Er bleibt unerfüllt. Am Saisonende feiert Schalke 04 den Titel.

Mit der Verletzung muss Ottmar auch die Träume von der Weltmeisterschaft begraben. Nicht dass er in Herbergers Planungen eine ernsthafte Rolle gespielt hätte. Die bleibt seinem Bruder Fritz vorbehalten. In seiner Tankstelle hört Ottmar am Radio mit an, wie seine alten Kameraden das Halbfinale der Weltmeisterschaft erreichen.

Auch in der Saison 1958/59 wandelt sich Ottmars Pech nicht in Glück. In der Hinrunde kann er bei seinen Lauterern noch mitwirken. Der FCK versprüht nicht mehr den Glanz alter Tage, behauptet sich jedoch im Meisterschaftsrennen auf dem zweiten Platz. Im Januar 1959 verschlimmern sich die Schmerzen in Ottmars Knie dramatisch. Nach einem Punktspiel bei den Sportfreunden Saarbrücken bleibt ihm keine Wahl: Er muss wieder einmal unter das Messer. Prof. Dr. Schulz operiert ihn im Februar 1959. Ottmar fällt für den Rest der Saison aus. Ohne den Stürmer kann der FCK die Form nicht halten. Als Tabellendritter verpassen die Lauterer die Qualifikation für die Meisterschaftsrunde.

Ottmars Bruder hat zu diesem Zeitpunkt genug. Fritz Walter hat 60 Länderspiele bestritten, ist Weltmeister geworden und hat zwei Deutsche Meisterschaften gewonnen. Mit 38 Jahren ist die Zeit gekommen, die Karriere zu beenden. Endgültig. Seinen Abschied plant Fritz generalstabsmäßig. Zunächst reist der 1. FC Kaiserslautern nach Berlin. Hier, in Fritz' und Ottmars zweiter Heimatstadt, hat der Verein seine beiden Meistertitel errungen. Kaiserslautern spielt gegen eine kombinierte Mannschaft aus Tennis Borussia und dem Berliner SV 92. 25000 Zuschauer sehen mit an, wie die Walterelf mit 5:1 gewinnt.

Ottmar steht nicht auf dem Platz; sein Körper macht nicht mit. Er schont sich für Fritz' finales Spiel. Auf dem Betzenberg trifft der 1. FC Kaiserslautern am 21. Juni 1959 auf Racing Paris. Obwohl er noch lange nicht wieder fit ist, möchte Ottmar das Abschiedsspiel seines Bruders nicht missen. Die Walterbrüder tragen ein letztes Mal gemeinsam das Trikot der Roten Teufel. Beim ersten Treffer des Abends unterstreicht das Brüderpaar noch einmal seine besondere Beziehung. Fritz schießt aus der Entfernung, der Torhüter kann den Schuss nicht festhalten. Ottmar hat den Braten gerochen und staubt ab zum 1:0. Es bleibt seine letzte Glanztat. Mehr als eine Halbzeit hält er nicht durch. Zur zweiten Halbzeit verabschiedet er sich auf die Tribüne. Von weit oben beobachtet er, wie Fritz sein letztes Spiel mit 4:2 gewinnt.

Nach dem Spiel gibt es zahllose Ehrungen. Die Stadt und der Südwestdeutsche Fußballverband überreichen Blumensträuße. Die 20000 Zuschauer im voll besetzten Betzenberg lassen ihr Idol ein letztes Mal hochleben. Fritz Walter wird von den Anhängern auf den Schultern vom Platz getragen. In den kommenden Tagen wird Fritz die Titelseite sämtlicher Sportzeitschriften zieren. Sie alle lassen noch einmal die Karriere des Ehrenspielführers Revue passieren. Damals wie heute gilt: Egal, wie umstritten ein Fußballer in seinen Spielertagen ist, sobald seine Karriere endet, will niemand mehr etwas von den alten Querelen wissen. Plötzlich feiern alle Fritz Walter als das Fußballgenie, das er immer war.

Ottmar wird zu jener Zeit öfter gefragt, ob auch er seine Karriere beenden werde. Er schmettert die Fragen ab. «Auf keinen Fall denke ich daran, meine aktive sportliche Laufbahn schon zu beenden. Wie mir Professor Schulz versicherte, besteht physisch auch nach dieser erneuten Knieverletzung kein Grund dazu! Die nötige Schonung muss ich mir natürlich auferlegen.»[42]

Die Realität ist eine andere. Ottmar ist während seiner Karriere oft am Knie operiert worden. Zu oft. Irgendwann ist das selbst für einen zähen Hund wie ihn zu viel. Nach der Operation im Februar 1959 erholt sich sein Körper nicht wie gewollt. Die zahlreichen Beschwerden im rechten Knie haben zu einem Ungleichgewicht in Ottmars Körper geführt. Sein gesamter Bewegungsapparat ist schief. Mittlerweile ist auch seine linke Hüfte komplett verschlissen. Wieder und wieder schreiben die Sportzeitungen vom baldigen Comeback des Weltmeisters; immer und immer wieder muss Ottmar seine Rückkehr aufschieben. Er wird zwar noch bei Testspielen für den 1. FC Kaiserslautern auflaufen. Doch seine Hoffnung, noch einmal ein Pflichtspiel bestreiten zu können, erfüllt sich nicht.

Ottmar Walters letztes Oberliga-Spiel fand am 25. Januar 1959 gegen die Sportfreunde Saarbrücken statt. Sein letztes Pflichtspiel-Tor hat er zwei Wochen zuvor erzielt, beim 9:2-Sieg gegen Mainz 05. Das Trikot der deutschen Nationalmannschaft streifte er letztmals am 21. November 1956 über, beim B-Elf-Spiel gegen die Schweiz. Keines dieser letzten Male hatte Ottmar selbst gewählt. Immer hatte er geglaubt, es werden noch viele weitere Spiele folgen. Vielleicht hätte er die finalen Momente mehr genossen, wenn er das baldige Ende seiner Karriere früher akzeptiert hätte.

336 Tore, so wird der *SWR* Jahrzehnte später recherchieren, hat Ottmar für den 1. FC Kaiserslautern erzielt. Mit 295 Toren in 275 Spielen gilt er als Rekordtorschütze sämtlicher deutscher Oberligen. Im DFB-Trikot gelangen ihm elf Treffer in vierzehn Partien. Ottmar hat einen gewichtigen Teil zu einem Weltmeister- und zwei deutschen Meistertiteln beigetragen. Anders als sein Bruder wird er jedoch nie ein großes Abschiedsspiel feiern, es wird keine Rückblicke auf seine Karriere geben, keine Ovationen oder Ehrungen. Er geht ab, ganz still und heimlich, ohne dass man einen exakten Zeitpunkt seines Karriereendes benennen könnte. Sein Körper erklärt seine Fußballertage für beendet, auch wenn sein Geist dafür noch nicht bereit ist.

HR:
Wanderjahre

Nach der Weltmeisterschaft 1958 befindet sich Rahn auf dem Zenit seiner Karriere. Er bewahrt seine Form auch in den Wochen nach der WM. In den ersten drei Länderspielen nach dem Turnier erzielt Rahn vier der fünf deutschen Tore. Es läuft so gut, dass er Bundestrainer Sepp Herberger anfleht, ihn nach Ägypten mitzunehmen. Da diese Länderspielreise über die Weihnachtsfeiertage stattfindet, möchte Herberger eigentlich nur unverheiratete Spieler nominieren. Familienväter dürfen bei ihren Kindern bleiben. Für Rahn macht er eine Ausnahme. Der Bundestrainer vertraut ihm sogar das Amt des Kapitäns an. In Ägypten posiert Rahn für die Journalisten auf dem Rücken eines Kamels. Er hat den Besitzer so lange heruntergehandelt, bis er ihm das Tier nahezu gratis gibt. Als Beduine verkleidet reitet er zu den Pyramiden.

Wie immer in Rahns Karriere sind solche Zeiten der Freude nur von kurzer Dauer. Während er in der Nationalmannschaft aufblüht, läuft es bei Rot-Weiss Essen weniger rund. Seit dem Titelgewinn 1955 haben die Essener nicht ein einziges Mal die Endrunde um die Deutsche Meisterschaft erreicht. Der Verein habe den Abgang von August Gottschalk und Berni Termath nie auffangen können, stöhnt Rahn. Ihm fehlt die alte Kameradschaft.

Rahn stört aber noch etwas anderes. Nachdem Fritz Walter 1959 seine Karriere beendet hat, gebührt ihm der Titel bekanntester Fußballer des Landes. Egal, in welcher Form sich Rahn befindet: Die Zuschauer wollen ihn sehen. Sobald Rot-Weiss Essen den Weltmeister in einem Freundschaftsspiel aufstellt, erhöht sich das Antrittsgeld, das der Gegner bezahlen muss. RWE-Boss Georg Melches dürfte seinem Star – wie den meisten Spielern jener Zeit – unter der Hand den ein oder anderen Schein zugesteckt haben. Das wiegt aber niemals den Marktwert auf, den Rahn eigentlich wert ist. Der Weltmeister verdient zwar ein kleines Zubrot: Einem Verlag erlaubt er, eine Autobiografie unter seinem Namen herauszubringen. «Mein Hobby: Toreschießen» wird ein Erfolg, auch wenn er als Buchautor nicht so viel Geld verdient wie sein Freund Fritz Walter mit seinen zahlreichen Bestsellern. Doch das genügt Rahn nicht.

Er fasst einen Entschluss: Er verlängert seinen Vertrag bei Rot-Weiss Essen nicht. Zur Saison 1959/60 möchte er eine neue Herausforderung suchen. Melches tobt. Niemals werde er einem Wechsel seines Schützlings zustimmen, droht er. Tatsächlich darf Rahn keinen neuen Vertrag unterschreiben, solange sein alter Verein nicht die Zustimmung erteilt. So sind die Regularien.

Dabei hat Rahn bereits einen neuen Klub gefunden. Der 1. FC Köln ist bereit, eine stattliche Summe für den Weltmeister hinzulegen. Der Kölner Patriarch heißt Franz Kremer, seines Zeichens Inhaber einer Geschenkartikelfirma. Kremer und Melches setzen sich zusammen – unter Männern, versteht sich. Am Ende erteilt Melches grummelnd die Freigabe. Wie viel Geld die Geißböcke für Rahn bezahlen, bleibt geheim. Es wird gemunkelt, dass Köln 30 000 DM an RWE überweist und weitere 10 000 DM an Rahn.

Rahn hätte im Ausland sicher eine größere Summe verdienen können. Den Sprung in ein anderes Land wagt er jedoch nicht. Zu sehr hängt Rahn an seinem Ruhrgebiet, an dem Geruch und dem Smog, an den Kneipen und den Menschen darin. Köln ist nur einen Katzensprung von seiner Heimat entfernt. Zwar hat der FC ihm eine Wohnung in Lindenthal vermittelt, einem schicken Kölner Wohnviertel. Außerdem erhält Rahn einen Posten als Vertreter in Kremers Geschenkartikelfirma inklusive hohem Gehalt – zumindest auf dem Papier. Doch Rahn plant nicht, seinen Lebensmittelpunkt nach Köln zu verlegen. Er will weiter seinem bisherigen Lebensstil frönen. Das bedeutet: Er will seine Freunde in den Essener Kneipen treffen, ab und an trainieren und bei den wichtigen Spielen groß auftrumpfen.

Kremer ist jedoch nicht Melches. Essens Mäzen führt seinen Verein nach Gutsherrenart: mit harter Hand, viel Herz, aber ohne langfristigen Plan. Kremer hingegen steht für einen neuen Typ Vorsitzenden: Er ist mehr Manager denn großzügiger Finanzier. 1948 hat er die Fusion mehrerer Fußballvereine eingefädelt, um einen schlagkräftigen Kölner Klub zu formieren. Schon damals fragte er die Mitglieder: «Wollen Sie mit mir deutscher Meister werden?» Seitdem hat er in Köln moderne Strukturen aufgebaut, vom Trainingsgelände bis zur Jugendarbeit gehört der Klub zu den Vorreitern in Deutschland. In Köln nennen sie ihn nur den «Boss». Kremer hat Rahn nicht verpflichtet, weil er ein Fan des Spielers ist. Er sieht in ihm schlicht eine wirtschaftlich günstige Gelegenheit. Rahn lockt die Massen. Die wiederum bescheren dem FC Einnahmen.

Kremers Kalkül geht zunächst auf. Das erste Training des Weltmeisters beobachten über 1000 Zuschauer. Im ersten Pflichtspiel schießt der Rechtsaußen direkt einen Treffer. Die Anfragen für Freundschaftsspiele stapeln sich. Jeder will gegen einen der besten Vereine Deutschlands antreten, bei dem auch noch der bekannteste Spieler des Landes kickt.

Doch schon bald bekommt die Beziehung zwischen Helmut Rahn und dem 1. FC Köln erste Risse. Der Weltmeister erscheint nicht zu jedem Training. Das hatte er auch in Essen nicht getan. Dort hielt jedoch Melches seine schützende Hand über ihn. Kremer toleriert derart unprofessionelles Verhalten nicht. «Ich werde Ihnen ab sofort jeden Tag, an dem ich Sie nicht erreichen kann, vom Gehalt abziehen», schreibt er an Rahn.[43] Vor allem Rahns Ausflüge nach Essen werden dem neuen Verein zu bunt. Dem *Kicker* zufolge spioniert der FC seinen Star sogar aus: 50 Mark zahlt der Klub angeblich an einen Mitarbeiter in Rahns Stammkneipe. Der solle melden, wie oft der Neu-Kölner seine alte Heimat aufsucht.

Als das nichts bringt, versucht Kremer, Rahn an seinem wundesten Punkt zu treffen. Fortan sendet er nach jeder Verfehlung eine Kopie der Abmahnung an Sepp Herberger. Dass der Kölner Patriarch den Bundestrainer mit hineinzieht, macht Rahn nur noch uneinsichtiger. Er versteht den Trubel nicht. Der FC verdient gut an ihm, das Stadion ist bei den meisten Heimspielen prall gefüllt. Außerdem zeige er in den wichtigen Partien stets gute Leistungen. Was schert es den Klub, wenn er mal ein Training verpasst? Rahn hat nicht unrecht: Der 1. FC feiert auch dank Rahns Toren bereits vier Spieltage vor Saisonschluss die Meisterschaft in der Oberliga West. Doch Köln ist nicht Essen. Kein Melches hält die Zeitungen davon ab, Geschichten über den Trainingsschwänzer zu schreiben. Sein Ruf ist seit seinem Gefängnisaufenthalt ohnehin lädiert.

Schon zum Ende der Oberliga-Saison herrscht zwischen dem Verein und seinem Star Eiszeit. «Als wir am 2. Mai in Luxemburg ein Privatspiel gegen Racing Paris bestreiten sollten, hatte der Boss den Tag der Arbeit um 24 Stunden verlängert», schreibt Hans Schäfer in seiner Autobiografie. Da Rahn nicht auf dem Feld steht, will der Veranstalter nicht die vereinbarte Antrittsgebühr bezahlen. Beim Thema Geld hört für Kremer der Spaß endgültig auf. Er entlässt Rahn als Vertreter seiner Geschenkartikelfirma. In Köln gibt es keinen Platz für zwei Bosse.

Sportlich jedoch kann Köln nicht auf Rahn verzichten. Er steht in den Gruppenspielen um die Deutsche Meisterschaft stets in der Startformation. In den Hinspielen gegen Pirmasens (4:0) und gegen Tasmania Berlin (2:1) erzielt Rahn jeweils den wichtigen ersten Treffer. Auch im Rückspiel gegen Tasmania (3:0) gelingt ihm ein Tor. Nach vier von sechs Spielen liegt Köln mit vier Siegen klar auf Finalkurs.

Im vorletzten Spiel der Gruppenphase trifft Köln in Ludwigshafen auf Pirmasens. Vor der Abreise wartet die Mannschaft auf Rahn. Und wartet. Und wartet. Die Spieler stimmen ab: Sie haben genug von Rahn. Sie wollen ohne ihn spielen. Doch Hans Schäfer gibt seinen Nationalmannschaftskollegen nicht auf. Er spürt Rahn auf und redet ihm ins Gewissen. Er steht letztlich doch in der Startformation und erzielt den einzigen Kölner Treffer beim 1:1-Unentschieden. Der FC steht im Finale um die Deutsche Meisterschaft.

Im Endspiel treffen die Kölner auf den Hamburger SV. Kremer hat sich in den Kopf gesetzt, den deutschen Meistertitel mit einer Elf zu gewinnen, die rein aus Spielern besteht, die aus dem Kölner Umland stammen. Die einzige Ausnahme soll sein teurer Einkauf Helmut Rahn darstellen. Der zeigt sich von der Idee gar nicht begeistert, schließlich käme dann Coşkun Taş nicht zum Einsatz. Der Türke hatte als Abräumer in den Gruppenspielen brilliert. Boss Kremer setzt sich durch. Doch Boss Rahn sollte recht behalten. Mit der neuen Formation verliert Köln das Finale 2:3.

An Rahn liegt es nicht; sämtliche Sportzeitungen attestieren ihm ein gutes bis sehr gutes Spiel. Auf dem Bankett nach dem Spiel feiert er ausgiebig die Hamburger Sieger. Er verdingt sich gar als Rasselspieler für die Kapelle des Hessischen Rundfunks. Zwei Tage später sieht er keinen Sinn darin, am Empfang durch den Kölner Bürgermeister teilzunehmen. «Was wollen wir dort? Wir haben verloren. Den Zweiten braucht man nicht zu ehren. Ich will keine Ehre für etwas, das nichts zählt.»[44]

Nach der Saison listet der *Kicker* Rahns Bilanz in Köln auf: «20-mal fehlte Rahn unentschuldigt beim Kölner Training der soeben beendeten Saison ... Jetzt ließ er sich einfach nicht zur Ehrung des Klubs im Rathaus Köln blicken. Rahn erhielt einen strengen Verweis. Sollte er sich noch einmal etwas zuschulden kommen lassen, werde er gesperrt und erhalte auch keinerlei Bezüge. Außerdem wurde er mit einer Buße von 100 Mark belegt.»[45]

Selbst Herberger scheinen die Eskapaden seines Schützlings zu viel zu werden. «Die Ihnen gestern über die Geschäftsstelle des DFB zugegangene Einladung zur Teilnahme am Länderspiel gegen Island ist nicht mehr gültig. Sie haben es – wie kein anderer zuvor – in überzeugender Weise verstanden, mir beizubringen, dass Ihnen weder zu raten noch zu helfen ist. Sie werden in Zukunft von mir völlig unbehelligt bleiben.»[46]

Rahns Schlussakt in Köln liest sich dramatisch. Letzten Endes sind die harten Worte aus Köln und Mannheim aber nur Begleiterscheinungen der Pläne, die Rahn bereits seit Wochen verfolgt: Er möchte nicht nur Köln, sondern ganz Deutschland verlassen. Er will jetzt doch im Ausland das große Geld verdienen. Gegenüber Kremer und Herberger spricht er seine Pläne deutlich aus. Herberger missfällt es, dass sein Schützling auswandern will; das würde das Aus für dessen DFB-Karriere bedeuten. Auch dürfte dem prüden Bundestrainer nicht gefallen, dass sämtliche Eskapaden Rahns in der Zeitung landen.

Kremer hingegen verfolgt ein anderes Spiel: Er möchte den Preis für Rahn hochtreiben. Bereits während der Endrunde tauchten erste Gerüchte auf, dass Rahn den Verein wechseln möchte. Italienische Klubs umwerben ihn. Damals scherzte Rahn noch: «Ich kann das Olivenöl nicht vertragen, daher wäre Italien nichts für mich.» Doch Kremer war nicht entgangen, dass sein Schützling seinen ehemaligen Trainer Raymond Schwab engagiert hatte. Schwab war vom Trainer- ins Beraterfach gewechselt. Als einer der ersten Spielervermittler Deutschlands versucht er, seine Klienten gewinnbringend ins Ausland zu verkaufen.

Interessanter für Rahn ist das Interesse des Sportclub Enschede. Der Mäzen des holländischen Klubs heißt Henderikus «Henk» Olivje, seines Zeichens Inhaber einer Firma für Campingausrüstung. Der Klub bietet viel Geld. Zugleich muss Rahn nicht allzu weit aus dem Ruhrgebiet wegziehen; Enschede liegt nur knapp 100 Kilometer nördlich von Essen. Als Rahns Wunsch, in die Niederlande zu wechseln, bekannt wird, überschlagen sich die deutschen Sportzeitungen. Kremer erklärt, ein Wechsel käme nicht infrage. Auch der DFB möchte seinem Nationalspieler keine Freigabe erteilen. Herberger schreibt einen Brief an Rahn: «Helmut, es ist völlig verkehrt von Ihnen, wenn Sie sich jetzt aufs hohe Ross setzen wollen. Zugegeben, auch die andere Seite hat ihre Fehler gemacht, aber schließlich und endlich waren es Ihre Verstöße und Ihre Fehler, die das ganze Theater ausgelöst haben.»[47]

Rahn reagiert gereizt. Jahrelang hat er für den DFB Tore geschossen. Kremer hatte ihn als Goldesel missbraucht. Der Wechsel nach Enschede sei seine letzte Chance, noch einmal ordentlich Geld zu verdienen. Der *Bild*-Zeitung sagt er: «Ich glaube fest, dass der Vertrag perfekt wird. Wenn sich die Herren vom DFB aufs hohe Ross setzen und mich nicht freigeben, spiele ich nie wieder für die deutsche Nationalelf.»[48] Er stiehlt Herbergers Formulierung und benutzt sie gegen ihn.

Am Ende setzt sich Rahn durch. Der DFB erteilt seine Freigabe. Der 1. FC Köln kassiert 68 000 Gulden als Ablöse, umgerechnet sind das über 70 000 DM. Rahn erhält allein für die Vertragsunterschrift 50 000 Gulden. Sein Jahresgehalt beträgt 20 000 Gulden. Außerdem erhält er eine Anstellung in der Firma von Olivje. Er verkauft nun nicht mehr Geschenkartikel, sondern Campingausrüstung. Inklusive seiner Vertreter-Tätigkeit und diverser Prämien verdient Rahn etwa 75 000 DM pro Jahr. Und er muss nicht einmal in die Niederlande ziehen. Der Verein verlangt nur, dass er zum Training und den Spielen erscheint.[49]

Auch Olivje hat Rahn nicht aus Menschenliebe verpflichtet. Bereits am 4. August – nur wenige Tage nach seinem Wechsel – vereinbart Enschede ein Freundschaftsspiel gegen Schalke 04. Die Niederländer gewinnen vor 18 000 Zuschauern mit 5:4. Es folgen weitere Freundschaftsspiele gegen Westfalia Herne, die Kickers aus Offenbach und Borussia Mönchengladbach. Sogar der 1. FC Köln tritt gegen Rahns neuen Verein an. Enschede lässt sich Rahns Aufstellung gut bezahlen.

Finanziell mag die Verpflichtung Rahns für beide Seiten funktionieren. Sportlich kann der Weltmeister die Erwartungen nicht erfüllen. Enschede erreicht in der niederländischen Eredivisie den 12. Platz – eine Enttäuschung. Rahn fehlen die Mitspieler, die er mit seinen Soli in Szene setzen kann. Immerhin schießt er in seiner Premierensaison 14 Tore. Bei der niederländischen Zeitung *de Volkskrant* beschwert sich Rahn, seine Gegenspieler würden ihn jagen, als sei er ein «Edelwild». Oftmals könne er in den Spielen nur mit schmerzstillenden Medikamenten auflaufen.

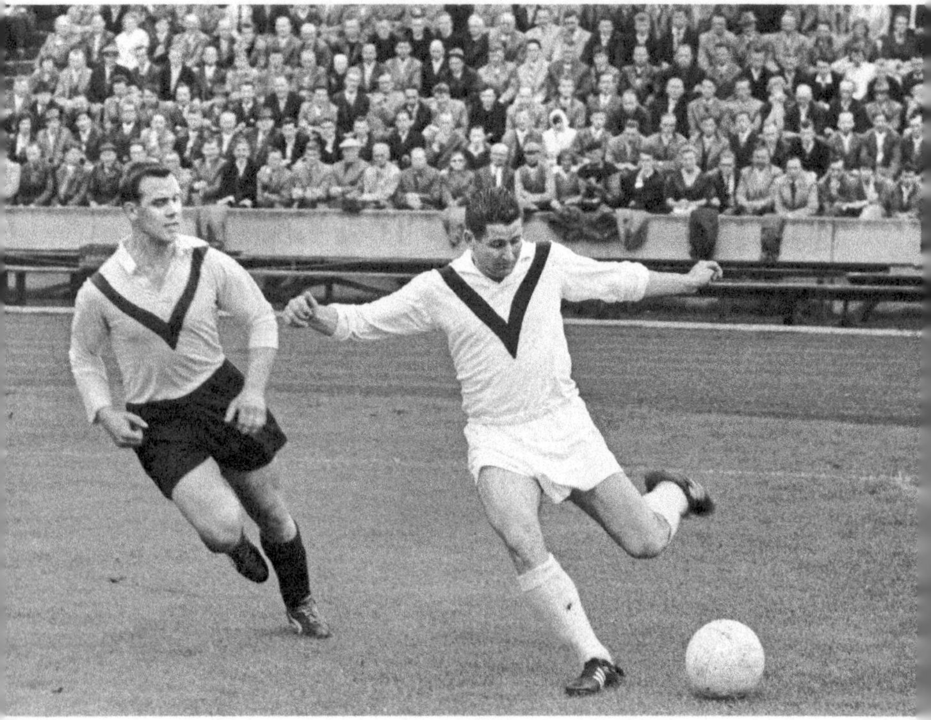

Helmut Rahn auf dem Zenit seiner Karriere. Das Trikot des Sportclub Enschede spannt bereits etwas.

Dass Rahn seine Mannschaft nicht auf ein neues Niveau hebt, liegt ein Stück weit auch an ihm. Der Lebemann macht auch in Enschede nichts anders, als er es in Essen oder Köln getan hatte. Er quartiert sich in der Nähe der Grenze ein. Bald kennt er jede Kneipe der Umgebung. Trifft man ihn nicht am Tresen, kloppt er mit den Grenzbeamten Skat. Das Idealgewicht vergangener

Tage erreicht er nicht mehr. Auch bei seinem neuen Verein erscheint Rahn nicht zu jedem Training. Einmal verpasst er sogar das wichtige Spiel gegen Ajax Amsterdam unentschuldigt. Der Sportclub aus Enschede muss so manche Geldstrafe verhängen. Doch anders als in Köln schreckt dies nicht die deutsche Presselandschaft auf.

Auch in Rahns zweiter Saison läuft es für den Verein nicht besser. Abermals krebst Enschede im Tabellenmittelfeld herum. Doch während dieser Spielzeit erwachen in Rahn neue Lebensgeister. Der DFB hat sein strenges Verbot gelockert, keine Akteure zu nominieren, die für ausländische Klubs spielen. Der Grund dafür war Horst Szymaniak. Den hatte das große Geld nach Italien gelockt. Herberger aber will auf seinen Felsen vor der Abwehr nicht verzichten, schließlich findet 1962 die Weltmeisterschaft in Chile statt. Er bringt den DFB dazu, seine Statuten zu ändern. Fortan darf Herberger auch Legionäre nominieren. Als ob Rahn dies bei seiner Unterschrift geahnt hätte, hat er sich einen Passus in den Vertrag schreiben lassen: Zu Spielen der Nationalmannschaft muss ihn Enschede freistellen.

Wenige Wochen später wird Herberger bei einer Pressekonferenz gefragt, ob im Aufgebot für die WM 1962 auch Weltmeister von 1954 stehen könnten. «Ja», antwortet der Bundestrainer. «Herbert Erhardt und Helmut Rahn.»[50] Die Aussage des Bundestrainers schreckt die deutsche Öffentlichkeit auf. All den Skandalen und Exzessen zum Trotz: Der Name Rahn löst bei deutschen Fußballfans etwas aus. Zum Jahreswechsel 1961/62 fragt der *Kicker* seine Leser, auf welche Elf Herberger in Chile bauen sollte. Auf der Rechtsaußen-Position erhält Rahn die mit Abstand meisten Stimmen. Er ist der einzige Weltmeister von 1954, den die deutschen Fans auch acht Jahre später noch bei der Weltmeisterschaft sehen wollen.

Vor allem wecken die Aussagen in Rahn einen neuen Ehrgeiz. Für die Aussicht, Deutschland bei einer Weltmeisterschaft vertreten zu dürfen, ist er bereits in der Vergangenheit an seine Leistungsgrenze gegangen. Auch dieses Mal möchte er sich empfehlen. Herberger stellt ihm einen Konditionstrainer an die Seite. «Nur Intervall! Achten Sie auf Ihr Gewicht! Laufen, laufen, laufen! Alles andere können Sie», schreibt er ihm.[51]

Rahns Traum von der WM endet am 18. Februar 1962. Ulfert Schröder beschreibt die Szene, die sein WM-Aus besiegelt, wie folgt: «Rahn hat den Ball, setzt zu einem seiner Slalom-Läufe an. Er umspielt den ersten, umspielt den zweiten, geht auch am dritten vorbei. Hätte er jetzt abgespielt, wahrscheinlich hätte der Rechtsaußen der deutschen Elf in Chile Rahn geheißen. Aber Rahn spielt an diesem Sonntag nicht ab. Er will auch am vierten Mann vorbei, und der legt ihn um.»[52] Der Verteidiger bricht Rahn das Wadenbein. Er wird zwar vor Ende der Saison wieder fit. Doch seine Form reicht nicht aus, um sich für Herbergers Kader zu empfehlen. «Aus alter Freundschaft zu Ihnen bedauere ich das sehr», schreibt ihm der Bundestrainer.[53]

Rahn streift noch ein weiteres Jahr das Trikot des Sportclub Enschede über. Während dieser Spielzeit holt ihn eine ältere Eskapade ein. Im Juli 1961 war er erneut betrunken am Steuer erwischt worden. Er war auf dem Weg von Enschede nach Essen in eine Kontrolle geraten. Die Polizei zog ihn aus dem Verkehr, da er Schlangenlinien fuhr. Zudem hatte er die zulässige Höchstgeschwindigkeit überschritten. Auf dem Revier war Rahn vor dem Alkoholtest getürmt, Stunden später hatte er sich jedoch freiwillig gestellt. Zwischendurch hatte er erneut halt in einer Kneipe gemacht. Es ließ sich so kaum mehr bestimmen, wie hoch sein Alkoholpegel während der Fahrt war und wie viel er im Anschluss getankt hatte. Der Alkoholtest ergab einen Promillewert von 2,5, die Staatsanwaltschaft zog großzügigerweise 0,8 Promille ab.

Diesmal zog das Verfahren weniger Interesse der Öffentlichkeit nach sich. Ist der Ruf erst ruiniert, lebt es sich ganz ungeniert. Das Essener Schöffengericht verurteilte ihn im März 1962 zu einer vierwöchigen Haftstrafe ohne Bewährung. Die Strafe wurde jedoch zunächst nicht vollstreckt; die Gesetzeslage war bei betrunkenen Fahrern weiterhin unklar. Ein knappes Jahr später jedoch fordert das Gericht Rahn auf, seine Strafe abzusitzen. Er ignoriert den Bescheid. Am 16. Januar 1963 will er die deutsch-niederländische Grenze überqueren. Die Beamten, die sonst mit ihm Karten dreschen, zeigen ihm den Fahndungsaufruf, auf dem sein Name steht. «Na ja, einmal muss es ja doch sein», seufzt Rahn.[54] Die Beamten fahren ihn direkt ins Gefängnis von Gronau.

Rahn hat Glück im Unglück. Die niederländische Saison ist zu diesem Zeitpunkt unterbrochen. Seine Frau Gerti setzt sich dafür ein, dass er vorzeitig aus der Haft entlassen wird. So verpasst Rahn kein einziges Meisterschaftsspiel. Am Tag der Entlassung lauern die Paparazzi vor dem Gefängnisgebäude. Rahn bittet eine Angestellte, ihn heimlich aus dem Hinterausgang zu führen und über die Grenze zu bringen. Als Dank erhält sie ein Foto mit dem Weltmeister.

Nach drei Jahren Auslandsaufenthalt endet Rahns Vertrag mit Enschede. Beide Seiten lassen die vertraglich festgelegte Option auf ein viertes Jahr verstreichen. Zu Enschedes Heimspielen kamen zwar zahllose Schaulustige aus Deutschland. Zum erhofften sportlichen Erfolg hat Rahn dem Verein jedoch nicht verholfen.[55] Der Weltmeister hatte indes seinen Kontostand massiv aufgebessert. Er weiß, dass er angesichts seiner 33 Jahre nicht mehr viel Zeit als Fußballer vor sich hat – zumal er nicht gerade das Leben eines Vorzeigesportlers führt. Er hat jetzt nur einen Wunsch: Er möchte noch einmal in seiner Heimat spielen. Er möchte für einen Verein im Ruhrgebiet auflaufen.

Es trifft sich, dass der Meidericher SV im Sommer 1963 händeringend nach neuen Spielern sucht. Völlig überraschend hat sich der Duisburger Verein für die Bundesliga qualifiziert. Nach

Jahren des Provinzialismus hatte selbst dem DFB gedämmert, dass fünf regionale Oberligen dem deutschen Fußball mehr schaden denn nützen. Die großen Vereine können von den Einnahmen der Oberliga kaum leben. Auch die DFB-Elf leidet unter dem Konstrukt. Anstatt sich mit den besten Gegenspielern zu messen, spielen die deutschen Nationalspieler weite Teile der Saison gegen Freizeitkicker aus besseren Dorfvereinen.

Das deutsche Abschneiden bei der Weltmeisterschaft 1962 hatte dem letzten Anhänger der Oberliga die Augen geöffnet. Deutschland hatte in der Gruppenphase schauderhaften Defensivfußball präsentiert. Mit vier Toren in drei Spielen gelang ihnen dennoch der Gruppensieg. Im Viertelfinale traf Herbergers Elf zum dritten Mal in Folge auf Jugoslawien. Dieses Mal war dem deutschen Team das Glück nicht hold: In der 85. Minute erzielte Petar Radaković das entscheidende 1:0. Nach dem Ausscheiden hatte Herberger noch geglaubt, die deutschen Anhänger würden die Nationalmannschaft mit Freude empfangen. Immerhin habe sein Team die Gruppe gewonnen. Am Frankfurter Flughafen hatten sich aber nur wenige Fans versammelt – und die waren nur gekommen, um die deutschen Spieler zu beleidigen.

Alle waren sich einig: So könne es nicht weitergehen. Die Bundesliga sollte den deutschen Fußball wieder wettbewerbsfähig machen. Der DFB plant, die 16 besten Teams des Landes in einem Ligamodus gegeneinander antreten zu lassen.[56] In sämtlichen anderen großen Fußballnationen gab es solche Ligen inzwischen längst. Die Zusammensetzung der Bundesliga ermittelte der Verband in einem komplizierten Verfahren. So wollte er sicherstellen, dass Vereine aus allen Regionen vertreten sind.[57] Es ist gleichzeitig der Anfang vom Ende des deutschen Vertragsspieler-Statuts. Wenige Jahre später werden in der Bundesliga auch offiziell nur noch Vollprofis kicken.

Der MSV hatte sich erst am vorletzten Spieltag der Saison 1962/63 endgültig für die Bundesliga qualifiziert. So manch ein Funktionär des Vereins befürchtet, der vergleichsweise kleine

Klub werde in der neuen Spielklasse untergehen. Die Vereinsbosse betrauen Trainer Rudi Gutendorf mit der Aufgabe, die Mannschaft zusammenzustellen und zu trainieren. Gutendorf ist kein Leisetreter. Er gibt sich nicht damit zufrieden, den Verein irgendwie vor dem Abstieg zu bewahren. Ihm schwebt Großes vor. Fußball sei heutzutage Teil des Showgeschäfts. Man müsse den Leuten etwas bieten. Gutendorf ruft seinen alten Freund Raymond Schwab an. Er fragt, ob der Rahn in der kommenden Saison bereits etwas vorhabe.

Danach geht alles ganz schnell. Gutendorf reist höchstpersönlich nach Enschede, um den Deal einzutüten. Der MSV zahlt 50 000 DM an Enschede und weitere 10 000 DM an Rahn. Bei Rahns Vorstellung drängeln sich die Journalisten in das Vereinsheim des Meidericher SV. Der Vorsitzende sagt: «Zuerst war ich dagegen, Rahn zu uns zu holen, nicht aus sportlichen Gründen wohlgemerkt. Aber wir sind unter den sechzehn Bundesligavereinen, um es vorsichtig auszudrücken, sicherlich nicht der prominenteste. Wir mussten also etwas tun, um uns aufzuwerten.»[58] Der MSV gibt offen zu, Rahn als Attraktion geholt zu haben. Der Plan scheint aufzugehen. Zu Rahns erstem Training pilgern 3000 Schaulustige. «Rahn ist sein Geld wert», freut sich der Schatzmeister des MSV.[59]

Die Weltmeisterschaft 1954 ist mittlerweile neun Jahre her. Nur drei Weltmeister stehen am ersten Spieltag der Bundesliga im August 1963 noch auf dem Feld: Hans Schäfer, Max Morlock – und Helmut Rahn. Seine Figur ist zwar weit entfernt von der Form einstiger Tage. «Rahn ist nicht mehr schlank wie eine Tanne, aber immerhin schlank wie eine Eiche», schreibt die *Sport-Illustrierte*.[60] Dennoch beweist er bereits in seinem ersten Auftritt für den MSV, dass er das Fußballspielen nicht verlernt hat. Vor den Augen von Bundestrainer Sepp Herberger schießt er beim 4:1-Erfolg gegen den Karlsruher SC ein Tor.

Es soll nicht der letzte Sieg der Außenseiter bleiben. Uwe Seeler fragt vor dem Gastspiel beim MSV noch, wo dieses Meiderich eigentlich liege. Sein HSV verliert mit 0:4. Die Duisburger kämpfen plötzlich nicht gegen den Abstieg, sondern um die Meisterschaft. Grund dafür ist das Spielsystem von Trainer Gutendorf: Er bediente sich bei seinem argentinischen Kollegen Helenio Herrera, jenem als «Sklaventreiber» bekannten Trainer, der einst Fritz Walter verpflichten wollte. Herrera hatte wenige Jahre zuvor mit Inter Mailand den Catenaccio erfunden. Dieses System ähnelt dem Schweizer Riegel, legt aber noch mehr Wert auf das schnelle Umschaltspiel. In der Abwehr sichert im Vergleich zum gängigen WM-System ein zusätzlicher Verteidiger ab. Auf einer Seite rückt der Außenverteidiger weit vor, um für Konter bereitzustehen. Der Außenstürmer wiederum zieht in Richtung Tor. Helmut Rahn kommt als Rechtsaußen die Aufgabe zuteil, die Konter des MSV abzuschließen. Entsprechend begeistert zeigt er sich vom Spielsystem. «Das Ding ist gut, da hab' ich Platz zum Marschieren!»[61] Die Boulevardpresse tauft Meiderichs Spielsystem auf den Namen «Rudis Riegel». Das gefällt dem eitlen Trainer.

Wie so häufig in Rahns Karriere folgt auf das Hoch der freie Fall. Bereits am vierten Spieltag schreibt sich Rahn in die Geschichtsbücher. Die Verteidiger von Hertha BSC wollen den Star mit allen Mitteln stoppen. Rahn wird gehalten, getreten, umgegrätscht. Er ist es gewohnt, von seinen Gegenspielern malträtiert zu werden. Dem Fußball der Fünfziger- und Sechzigerjahre war noch deutlich anzumerken, dass der Sport einst vom Rugby abstammte. Normalerweise tut Rahn die vielen Tritte und Provokationen mit einem Spruch ab. In diesem Spiel brennt ihm jedoch die Sicherung durch. Rahn verpasst seinem Gegenspieler einen leichten Kopfstoß. Er trifft den Gegner gerade genug, um sich den ersten Platzverweis der Bundesliga-Geschichte einzuhandeln.

Rahn ist das Vergehen derart peinlich, dass er sich in den kommenden Tagen vollkommen zurückzieht. Er erscheint nicht zum Training, die Rollläden seiner Wohnung sind heruntergezogen. Der *Spiegel* meldet, Rahn habe wenige Tage nach dem Platzverweis beim Radiosender *Freies Berlin* angerufen und sich ein Lied gewünscht: «Glück und Glas, wie leicht bricht das». Der DFB sperrt Rahn. Das gefällt dem kommenden Gegner des MSV gar nicht. Werder Bremens Kassierer rechnet der *Zeit* vor, dass dem Verein ohne den prominenten Weltmeister mindestens 15 000 DM an Zuschauereinnahmen verloren gingen.

Nach Ablauf seiner Sperre fällt Rahn einige Wochen lang wieder durch gute Leistungen auf. Die Öffentlichkeit debattiert sogar über seine Rückkehr in die Nationalmannschaft. Herberger bremst die Euphorie. Er sagt, Rahn solle sich erst einmal über längere Zeit beweisen. Das gelingt dem Lebemann nicht. Zur Rückrunde verschlechtert sich seine Form massiv. Schlagzeilen kreiert er jetzt nur noch außerhalb des Spielfeldes. Im März 1964 erscheint Rahn mal wieder nicht zum Training. Er erklärt gegenüber der *Bild*, er sei verletzt. Der MSV behauptet, sein Star würde schwänzen, und verurteilt ihn zu 300 DM Geldstrafe.

Auch aus dieser Zeit gibt es wieder zahllose Anekdoten über Rahn. So soll er in seiner Freizeit mit einem Pferd in eine Kneipe geritten sein. Anderntags habe er am Abend vor einem wichtigen Spiel mit seinen zwei Zimmergenossen einen Kasten Bier geleert. In einer anderen Anekdote behauptet Trainer Gutendorf, er habe Rahn zu einer Unterredung bei sich zu Hause gebeten. Kurzfristig habe der Trainer das Haus verlassen müssen. Rahn soll eine Stunde allein in der Wohnung warten. Als Gutendorf zurückkehrt, findet er zwei leere Flaschen in seiner Wohnung. Rahn hatte sich über die teuersten Weine des Hauses hergemacht. Ob diese Geschichten wahr sind, wissen nur die Beteiligten.

Nach der Saison fliegt der MSV nach Nordamerika; es ist nach Südamerika und Afrika der dritte ferne Kontinent, den Rahn bereist. Auch wenn die Beziehung zwischen Verein und Star in den vergangenen Monaten gelitten hat: Auf sein Zugpferd möchte der MSV nicht verzichten. Die Reise führt den Klub aus dem Ruhrgebiet u.a. nach Detroit, Chicago und Vancouver. Rahn erweist sich als Stimmungskanone, etwa als er im teuren Smoking in den Pool springt. Kapitän Günter Preuß schreibt in seiner Autobiografie aber auch, dass es Momente gibt, in denen sich die Mitspieler regelrecht für den Trunkenbold schämen. So hält er auf dem Rückflug nach Deutschland in offensichtlich betrunkenem Zustand eine Rede. Der Vortrag gipfelt in dem Vorschlag, Rahn selbst solle als Vorsitzender den Verein führen. Der amtierende Vorsitzende könne fortan ja Rechtsaußen spielen. «Eigentlich wollen wir in schallendes Gelächter ausbrechen. Stattdessen versinken wir in den Sitzen. Helmut spricht derartig laut, dass das auch den anderen 200 Passagieren nicht mehr verborgen geblieben ist.»[62]

Eine Geschichte, die viel über Rahn in jener Zeit aussagt, findet sich im *Sport-Magazin*; es ist keine Publikation, die dazu neigt, Tratsch zu veröffentlichen. Eines Tages ruft ein Leser in der Redaktion an. Er sitze mit Rahn am Tresen. Der Superstar habe herausposaunt, er habe 162 000 DM im Lotto gewonnen! Jetzt schmeiße er im Lokal «Zum Pümpchen» eine Lokalrunde nach der nächsten. Das *Sport-Magazin* möchte die Nachricht verifizieren. Rahn tritt ans Telefon und bestätigt: «Ja, es stimmt. Aber mach kein Theater draus.» Als die Reporter die Kneipe erreichen, ist Rahn schon längst über alle Berge. Bei ihm zu Hause sind alle Gardinen zugezogen. Das Telefon meldet: «Dieser Anschluss ist vorübergehend nicht zu erreichen.» Es stellt sich heraus: Rahn hat nie im Lotto gewonnen. Er hatte sich einen Streich erlaubt – sehr zum Missfallen seiner Frau. Die muss zig Anrufenden erklären, dass die Geschichte nicht stimmt. Irgendwann gibt sie auf, zieht einfach das Telefonkabel aus der Buchse und stellt die Klingel ab. Diese Anekdote erklärt vielleicht am eindrücklichsten, wie Rahn seinen Ruhm auskostet. Er will einfach nur seinen Spaß haben. Der *Sport-Illustrierten* sagt er: «Ich kann von der Nordsee bis Bayern reisen ohne einen Pfennig. Habe viele Freunde.»[63] Und gegenüber einem Funktionär behauptet er: «Mein lieber Heinz, wenn wir zwei nackt in die Wüste gehen, komme ich mit einem Anzug wieder heraus.»[64]

Gleichzeitig Fußballer sein und das Leben in vollen Zügen auskosten: Das hatte Rahn in seinen Zwanzigern problemlos geschafft. In der Bundesliga-Ära stößt er mit diesem Lebenswandel an seine Grenzen.

Der MSV konnte mit Rahn und Gutendorf in der ersten Bundesliga-Saison sensationell den Vizemeister-Titel erringen. Rahn hatte in der zweiten Saisonhälfte zwar nicht mehr viel dazu beigetragen, ließ sich aber dennoch für den Triumph feiern. Für den Verein indes entpuppt sich der Erfolg als Pyrrhussieg. Größenwahnsinnig, wie Gutendorf war, hatte er sich vor der Saison eine Klausel in den Vertrag schreiben lassen: Sollte der Verein Meister oder Vizemeister werden, erhält er eine fünfstellige Prämie. Die Funktionäre des MSV haben nicht damit gerechnet, diese Prämie zahlen zu müssen. Nun bringt sie den Verein in finanzielle Schwierigkeiten.

Sogleich zeigt sich in der neuen Spielzeit ein eisernes Gesetz des Fußballs: Fans verzeihen ihren Trainern nur so lange eine defensive Spielweise, wie sie damit Erfolge feiern. Als in der neuen Saison Siege ausbleiben, kehren die Zuschauer dem MSV den Rücken. In den Sportzeitungen tobt eine heftige Debatte darüber, ob «Rudis Riegel» der Bundesliga weiter zuzumuten sei. Nach 15 Spieltagen hat Meiderich gerade einmal 19 Tore geschossen – weniger als jedes andere Team. Der Verein ist akut abstiegsgefährdet. Gutendorf beteuert zwar alle zwei Wochen, fortan das System ändern zu wollen. Nach jeder Niederlage kehrt er jedoch wieder zum Riegel zurück.

Rahn indes steht nach wie vor im Mittelpunkt des Publikumsinteresses – allerdings auf andere Art, als ihm lieb sein dürfte. Mittlerweile sind weder seine Figur noch seine Form bundesligareif. Rahn ist übergewichtig, langsam und aufgrund zahlreicher kleinerer und größerer Verletzungen kaum mehr in der Lage, mit seinen Gegenspielern mitzuhalten.

Am 10. Oktober 1964 reist der MSV zum Auswärtsspiel nach Neunkirchen. Gegen den Aufsteiger liegt der Vizemeister nach etwas mehr als einer Stunde mit 0:4 zurück. Am Ende verliert Meiderich 2:4. Das *Sport-Magazin* schreibt, die Fans im Saarland hätten Helmut Rahn nicht etwa ausgepfiffen, sondern ausgelacht. Der Kolumnist der Zeitung zeigt Mitleid mit dem Weltmeister und erinnert an seine Erfolge für Deutschland. Doch er schreibt auch: «Der gute Helmut wäre besser beraten, wenn er das Fußballspielen, in einer Bundesliga-Elf zumindest, aufgeben würde. Auf der Höhe sollte man als Spitzensportler aufhören, um keine ähnliche Demütigung zu erfahren wie der Boss.»[65]

Rahn denkt nicht ans Aufhören. Doch sein Körper will nicht weitermachen. Wenige Tage nach dem Debakel in Neunkirchen erhält er die Diagnose Muskelfaserriss. Zum Ende des Jahres 1964 kehrt Rahn ins Training zurück. Bereits während der ersten Trainingseinheit reißt seine Achillessehne. Es drohen wieder Monate Pause. Trainer Gutendorf jedoch hält Rahn die Treue: «Ich fühle mich verpflichtet, Rahn einen guten Abschied von seiner sportlichen Laufbahn zu sichern, wegen seiner besonderen Leistungen für den deutschen Fußball.»[66]

Während Rahn seine Verletzung auskuriert, entlässt der Verein Gutendorf wegen anhaltender Erfolglosigkeit. Der Trainer war sein letzter Fürsprecher im Verein. Dessen Nachfolger Hermann Eppenhoff fühlt sich nicht verpflichtet, den Weltmeister «wegen seiner besonderen Leistungen für den deutschen Fußball» zu ehren. Selbst am letzten Spieltag der Saison 1964/1965 darf Rahn nicht mitwirken. Der MSV ist längst gerettet, für den Verein geht es um nichts mehr. Doch die Funktionäre erklären, Rahn habe Gewichtsprobleme. Man wolle den achten Platz in der Tabelle nicht gefährden.[67]

Zur Spielzeit 1965/66 posaunt Rahn: «Ich gehöre noch lange nicht zum alten Eisen, das werde ich gewissen Herren noch zeigen.» Eppenhoff antwortet darauf lapidar: «Ich glaube nicht, dass Rahn noch einmal für unsere erste Mannschaft ernsthaft in Frage kommt.»[68] Der Trainer sitzt am längeren Hebel. Rahns unsäglicher Auftritt gegen Neunkirchen bleibt das letzte Pflichtspiel seiner Karriere.

Ende November 1965 bittet Rahn den Meidericher SV um die Auflösung seines Vertrags. Er möchte kein Geld kassieren, ohne dafür eine Gegenleistung zu erbringen. Der MSV kommt der Bitte zum 1. Dezember nach. Rahns Karriere endet mitten in der Saison. Kein Abschiedsspiel, keine Fanfaren, keine Ehrungen. Irgendwann ist einfach Schluss. Er ist der letzte Weltmeister von 1954, der Abschied vom Fußball nimmt.

OW:
Schmerzen

Der Übergang vom Fußballer zum Privatier fällt den wenigsten Spielern leicht. Ottmar Walter ist zu Beginn der Sechzigerjahre nur mehr Tankstellenpächter. Er wirft sich in seine Tätigkeit. Nach und nach zahlt er das Darlehen ab, das man ihm gewährt hat. Er baut sein Unternehmen aus. Eine Gaststätte kommt hinzu, Teile der Anlage werden renoviert. Er nimmt Kredite auf, um die Expansion zu finanzieren. Es erscheint ihm eine kluge Investition.

Ottmars Bruder Fritz verdingt sich derweil als Repräsentant für mehrere Firmen. So macht er nicht nur Werbung für adidas, sondern stellt auch für den Fernsehhersteller SABA eine Fußballmannschaft zusammen. Die SABA-Elf speist sich aus ehemaligen Nationalspielern und bekannten Prominenten. Zu Werbezwecken trifft die Elf auf Traditionsmannschaften oder Dorfvereine.

Ottmar kickt so häufig mit, wie er kann – was nicht sehr häufig ist. Über zehn Jahre lang hat er seinen kriegsgeschädigten Körper durch das Martyrium Spitzenfußball geschleift. Dafür muss er nun die Zeche zahlen. Die Zeit der Operationen endet nach seiner Spielerkarriere nicht. Auf die zahllosen Knieoperationen folgen nun Eingriffe an der Hüfte. Während Fritz seinen Ruhm in Geld verwandelt, verbringt Ottmar viel Zeit in Krankenhäusern und bei Rehamaßnahmen.

Der Platz im Rampenlicht ist seinem Bruder vorbehalten. Als erstem ehemaligen Spieler gebührt Fritz die Berufsbezeichnung «Ex-Fußballer». Er nimmt Termine im gesamten Bundesgebiet wahr. Mal eröffnet er einen Baumarkt, mal gibt er eine Autogrammstunde, mal bewirbt er die neuesten Produkte von adidas oder seinen Fritz-Walter-Sekt. Er verdient seinen Lebensunterhalt als Werbefigur und Kolumnist. Als solcher analysiert er für die *Bild* das aktuelle Fußballgeschehen. Später wird er auch im Fernsehen als Experte auftreten. Mehr und mehr mutiert er zu einer Art Klassensprecher der Weltmeister von 1954. Ottmar und den anderen Helden von Bern, wie sie mittlerweile genannt werden, bleibt nur die Rolle der Statisten.

Seine ehemaligen Kameraden aus der Nationalmannschaft trifft Ottmar ohnehin nur selten. Zwar schickt Fritz an jedem 4. Juli seinen Mitspielern ein Telegramm: «Männer, denkt dran, heute ist unser Feiertag.» Manchmal sendet er auch eine Flasche Sekt nach. Doch von Angesicht zu Angesicht sehen sich die Kameraden von Spiez kaum. Manche von ihnen haben eine Karriere nach der Karriere gefunden, so etwa Jupp Posipal, der jetzt als Handelsvertreter arbeitet und sich eine schicke Villa in Hamburg-Lokstedt gekauft hat. Anderen ist der Ruhm von 1954 nicht bekommen. Werner Kohlmeyer und Fritz Laband verfallen dem Alkohol. Ottmar bekommt die Schicksale seiner früheren Mitspieler nur aus der Ferne mit. Es ist wie in versprengten Familien: Man trifft sich nur zu Jubiläen und Beerdigungen.

Die Sieger von Bern müssen ihren ersten Kameraden bereits acht Jahre nach dem großen Triumph begraben. Richard Herrmann hatte beim 3:8 gegen Ungarn in der B-Elf gestanden und ein Tor erzielt. Der Frankfurter hat wie ein echter Sportsmann gelebt. Er hat weder geraucht noch getrunken, nicht groß gefeiert oder anderen Lastern gefrönt. Dennoch versagt seine Leber bereits im Alter von 39 Jahren. Er stirbt im Juli 1962. Im *Deutschen Ärzteblatt* stellen Mediziner Jahrzehnte später einen Zusammenhang her zu den Spritzen, welche die deutsche Mannschaft während der WM in der Schweiz erhalten hatte. Bei Herrmann wurde wahrscheinlich die Hepatitis nicht ordnungsgemäß diagnostiziert, sodass sie sich zu einer dauerhaften Erkrankung entwickeln konnte.

Zur Beerdigung versammeln sich sämtliche Weltmeister von Bern. Sepp Herberger reist ebenso an wie die Spieler. Sie tragen den Sarg und betrauern ihren Mitspieler. Hinter den Kulissen steckt Herberger der Witwe Geld zu. Manch einer hat dies später als Schweigegeld interpretiert. Herrmann durfte nicht einmal den zehnten Jahrestag seines größten Triumphs feiern.

Kurz vor dem Jahrestag treffen sich 1964 noch einmal alle Kaiserslauterer Weltmeister. Die *Rheinpfalz* bittet sie zu einem gemeinsamen Interview. Die fünf Lauterer Spieler kommen in Werner Liebrichs Kiosk zusammen, der Sekt fließt in Strömen. Ihre Wege haben sich längst getrennt. Fritz fährt durch das ganze Land, um als Werbegesicht Geld zu kassieren. Horst Eckel ist nach Völklingen umgezogen, dort trainiert er den örtlichen Verein und arbeitet in einem Eisenwerk. Werner Liebrich kümmert sich um sein Lotto- und Totogeschäft im Herzen Kaiserslauterns. Werner Kohlmeyer treibt sich in den Spelunken seiner Heimatstadt herum. Zwar sehen sie sich noch ab und an auf der Tribüne des Betzenbergs. Das letzte echte Treffen sei jedoch Jahre her, bekennen sie. An diesem Tag drehen die alten Freunde die Zeit zurück. Alles wird besprochen: Herbergers Bluff gegen Ungarn, das große Finale, die Kameradschaft in Spiez. Es scheint nicht zehn, sondern viel mehr Jahre her zu sein.

Die Fußballwelt dreht sich weiter. Die Fans bejubeln neue Idole. Uwe Seeler gilt als Liebling der Massen. Der FC Bayern München arbeitet sich nach oben empor. Die Karriere von Franz Beckenbauer steht in den Startlöchern. Selbst Sepp Herberger bekommt den Wind der Veränderung zu spüren. Nach dem Viertelfinal-Aus bei der WM 1962 erhöht sich der Druck auf den Bundestrainer. Seit 1936 hat er zunächst als Reichs- und später als Bundestrainer gearbeitet. Erste Vergleiche zwischen Herberger und dem greisen Bundeskanzler Konrad Adenauer werden gezogen: Beide würden an ihren Ämtern kleben. Herberger will sich nicht aus dem Amt tragen lassen. Er beschließt, im Sommer 1964 zurückzutreten. Zehn Jahre nach seinem größten Triumph übergibt er das Zepter an Helmut Schön. Die Ära Spiez ist auch in der Nationalmannschaft endgültig vorbei.

Ottmar Walter verschwindet zusehends aus der Öffentlichkeit. Vor Weltmeisterschaften oder wichtigen Spielen des 1. FC Kaiserslautern besuchen ihn Journalisten in seiner Tankstelle. Sie wollen seine Einschätzungen als ehemaliger Weltmeister hören. Ansonsten aber wird es still um den früheren Torjäger.

Heiner Breyer arbeitet als Sportjournalist bei der *Rheinpfalz*. Als solcher ist er mit den Lauterer Fußball-Legenden bestens bekannt. Vor den Bundesliga-Spielen des 1. FC Kaiserslautern macht der junge Breyer stets halt bei Ottmars Tankstelle. Es gehört zu seinem Spieltagsritual, in der Gaststube des Weltmeisters ein Heißgetränk zu bestellen. Eines Tages – es muss irgendwann Mitte der Sechzigerjahre gewesen sein – fällt ihm auf, dass sich in Ottmars Tasse kein Kaffee befindet – sondern Cognac. «Was ist denn jetzt los, Ottes?», fragt Breyer. Walter antwortet: «Ich hab gerade die letzte Rate für die Tankstelle abbezahlt, jetzt gehört sie mir.»[69]

Die Aussage dürfte nicht wahr sein. Ottmar ist Mitte der Sechzigerjahre weiterhin verschuldet. Er hatte mächtig Geld investiert – nicht nur in seine Tankstelle, sondern auch privat. Je nach Quelle finden sich unterschiedliche Angaben. Mal soll Ottmar ein Wochenendhaus nahe Kaiserslautern besessen, mal soll er neben seiner Tankstelle eine Schlachterei betrieben haben. So oder so: Der Weltmeister muss weiter Kredite bedienen.

Gleichzeitig zeigt Breyers Anekdote: Ottmars Disziplin lässt in den Sechzigerjahren gehörig nach. Er fällt in dieser Zeit in ein Laster zurück, das ihn einst in der Kriegsgefangenschaft begleitet hat: Er raucht, «so sechs Stück am Tag, mitunter gar nichts, manchmal auch mehr, zum Beispiel, wenn der Steuerbeamte kommt».[70] Schlimmer wiegt sein Hang zum Alkohol. Ottmar fängt an, auch während der Arbeitszeit zu trinken. Erst ein bisschen, dann ein bisschen mehr. Er soll auch Stammgast in einem

Casino sein, wird in manchen Publikationen geraunt. Das sind ziemlich viele Laster für einen Mann, der als aktiver Spieler die Disziplin in Person war.

Über die Gründe für seinen unsteten Lebenswandel lässt sich nur rätseln. Womöglich fehlt ihm der Fußball. Seine Versuche, als Trainer Fuß zu fassen, erweisen sich als fruchtlos. Er trainiert eine Zeit lang einen kleinen Verein im Kaiserslauterer Umland, große Erfolge sind ihm nicht beschieden. Wie die meisten seiner Kameraden aus Spiez gehorchte er als Soldat wie als Fußballer eifrig den Befehlen der jeweiligen Obrigkeit. Keiner von ihnen

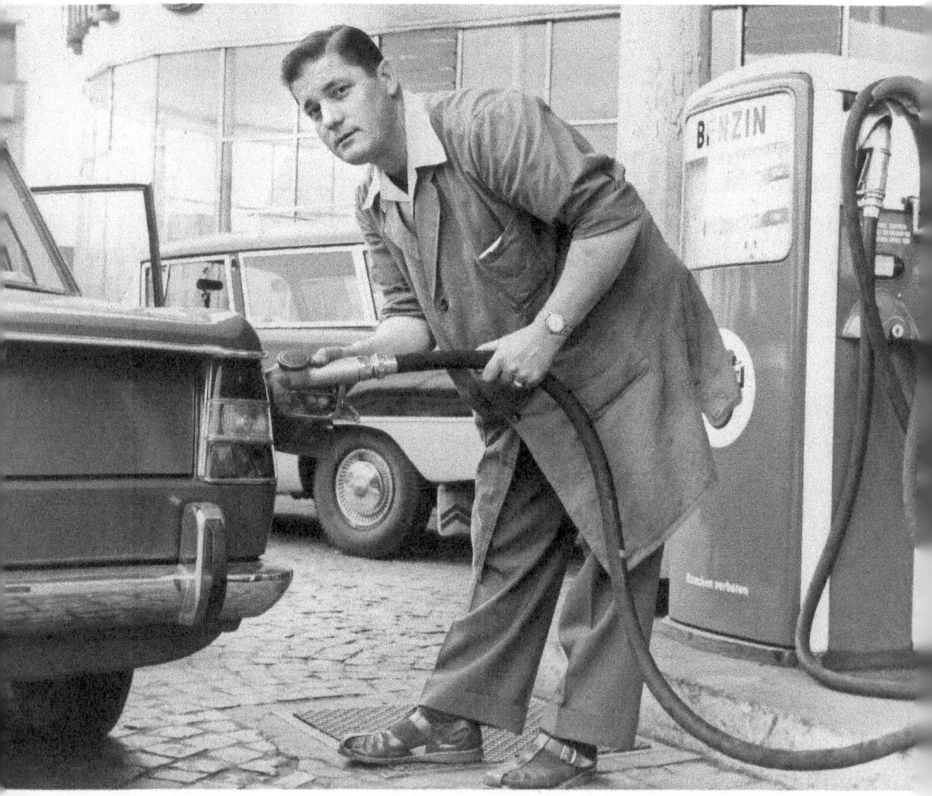

Ottmar Walter bedient einen Kunden an der Zapfsäule seiner Tankstelle Mitte der Sechzigerjahre.

hat gelernt, wie man selbst vorangeht. So verwundert es nicht, dass kein einziger der Weltmeister von Bern ein großer Trainer wird. Niemand von ihnen wird je das Cheftrainer-Amt eines Bundesligisten bekleiden.[71]

Fritz Walter hätte vielleicht das Zeug dazu gehabt. Doch er verzichtet auf die Rückkehr in den Fußballbetrieb.[72] Er sorgt sich um seinen Ruf. Die hohen Erwartungen könne er sowieso nicht erfüllen, glaubt er. Er will den Leuten keine Möglichkeit geben, sich an seinem Scheitern zu laben. Stattdessen lebt Fritz von seinem Ruhm als Ehrenspielführer der Nationalmannschaft.

Für Ottmar bleibt nur die Arbeit in seiner Tankstelle. Die Geschäfte laufen aber nicht mehr so, wie sie es einst taten. «Willst du unserem Ottmar danken, musst du bei ihm tanken»: Dieser Satz ist ein großartiger Slogan für einen Fußballer, der seiner Nation soeben zum Weltmeistertitel verholfen hat. Doch Dankbarkeit ist ein flüchtiges Gut. Noch immer gibt es Fans und Freunde wie Breyer, die Woche für Woche bei Ottmar haltmachen auf ihrem Weg zum Betzenberg. Doch sie werden weniger. Der Anblick des häufig angetrunkenen Ex-Fußballers lockt niemanden mehr an die Zapfsäule.

Eines Tages erhält Ottmar Post von der Betreiberfirma, von der er seine Tankstelle pachtet. Das Unternehmen wechselt den Besitzer. Gemäß dem Pachtvertrag hat die neue Firma in diesem Fall ein Sonderkündigungsrecht. Sie will es nutzen. Ein neuer Pächter steht bereits bereit. Ottmar traut seinen Augen nicht. Als er 1954 den Vertrag unterschrieb, hatte er das Kleingedruckte schlicht überlesen. Nun wird ihm von einem auf den anderen Tag seine Existenz entzogen.[73] Ottmar wehrt sich juristisch, das Verfahren zieht sich jedoch. Zunächst einmal kommt er in finanzielle Nöte. Seine Kredite sind längst nicht abbezahlt. Wie hoch sein Schuldenberg zu dieser Zeit ist – darüber lässt sich keine klare Aussage treffen. Die Angaben schwanken von Quelle zu Quelle. Immer jedoch befindet sich die Zahl im sechsstelligen Bereich. Später wird er gegenüber der *Nordwest-Zeitung* sagen, dass er zu dieser Zeit fast 200 000 DM in seinen Betrieb investiert hatte.[74]

Fritz greift seinem Bruder unter die Arme. Er vermittelt ihm eine Anstellung bei einer Firma für Fassadenbau. Doch Ottmar baut einen Autounfall und bricht sich das Schienbein. Wieder einmal muss er ins Krankenhaus. Er kann der Tätigkeit nicht länger nachkommen. Seine berufliche wie private Situation ist bedrohlich. Der Stress belastet seine Ehe, Freunde wenden sich von ihm ab. Die *Bild*-Zeitung möchte im Sommer 1968 einen Artikel bringen, Tenor: Der Absturz des Weltmeisters Ottmar Walter. Sein Bruder Fritz interveniert. Als Kolumnist der Zeitung macht er seinen Einfluss geltend. Ottmars Probleme bleiben der Öffentlichkeit verborgen. Noch.

Das Ende der Spielerkarriere, der Abstieg in der öffentlichen Gunst, der Verlust der beruflichen Existenz: Auf Ottmar prasselt in den Sechzigerjahren viel ein. Bis zu diesem Zeitpunkt hat er die vielen Traumata seines Lebens verdrängt. Er hat als junger Mann im Krieg seine Mitsoldaten sterben sehen. Als Fußballer hat er die höchsten Gipfel erklommen und die tiefsten Täler erlebt. Weder über seine berufliche Tätigkeit noch über das Ende seiner Karriere konnte er eigenmächtig bestimmen. Er hat zumeist das getan, was Autoritätsfiguren ihm sagten. Über den Fußball konnte sich Ottmar zeit seines Lebens disziplinieren. Dieser Anker fiel plötzlich und unumkehrbar weg. Das Einzige, was der Sport hinterlassen hat, sind Schmerzen im ganzen Körper und unzählige Operationen, die Ottmar über sich ergehen lassen muss. Selbst der stärkste Mann könnte diese Lasten nicht allein stemmen. Heute würde man angesichts der zahlreichen Schicksalsschläge wohl diagnostizieren, dass Ottmar langsam, aber stetig in eine Depression rutschte. Über seine Probleme redet er indes nicht. Das entspricht nicht dem Zeitgeist. Es galt das

Mantra der Nachkriegszeit: Ein Mann muss allein mit seinem Leben klarkommen, sonst ist er kein echter Mann. Für Ottmar gilt dies erst recht. Im Vergleich zu seinem zartbesaiteten Bruder fiel ihm seit jeher die Rolle des harten Hunds zu.

Zum Jahreswechsel 1968/69 verdunkelt die schwarze Wolke der Depression das Familienleben der Walters endgültig. Vor Weihnachten schluckt Anneliese Walter eine Handvoll Tabletten. Sie kann gerettet werden. Am 21. Januar 1969 befindet sich Ottmar Walter allein zu Haus. Als sein 18 Jahre alter Sohn nach Hause zurückkehrt, findet er seinen Vater blutüberströmt in der Badewanne. Ottmar hat sich die Pulsadern aufgeschnitten. Er ist zu diesem Zeitpunkt 44 Jahre alt. Der Notarzt bringt ihn ins Krankenhaus. Er hat viel Blut verloren. Zum zweiten Mal in seinem Leben ringt Ottmar mit dem Tod. Nur mittels einer Bluttransfusion gelingt es den Ärzten, sein Leben zu retten.

Am nächsten Tag findet sich Ottmars Konterfei auf der Titelseite der *Bild*. Nun kann auch sein Bruder Fritz die Berichte über dessen Leben nicht mehr zurückhalten. «Es hieß: Ottmar hat irre Spielschulden! Ottmar ist restlos versumpft! Ottmar hat seine Großtankstelle verkauft! Ottmar musste für 100 000 Mark sein Landhaus abgeben!»[75] Was davon stimmt und was nicht, beantwortet die *Bild* nicht. Die Boulevardzeitung berichtet in den kommenden Tagen ausführlich über Ottmars Krankenhausaufenthalt. Sie ist dabei, als Sepp Herberger als erster Besucher an das Bett des Lebensmüden treten darf. Sie führt auch das erste Interview mit Ottmar. Er bezeichnet seinen Selbstmordversuch als «Schnapsidee» und als «Kurzschlussreaktion».

Die *Bild* ruft ihre Leser dazu auf, auf Ottmars Schicksal zu reagieren. Ein paar Zuschriften zeigen Mitleid. Andere nicht. «Es ist doch lächerlich, einem Mann zu helfen, der sich das Leben nehmen wollte, nur weil er vor Schulden weder ein noch aus wusste.» Ein weiterer meint: «Für mich und meine Arbeitskollegen in einem großen Schweinfurter Industriewerk ist Ottmar Walter ein totaler Versager.» Ottmars Alkoholismus und sein Selbstmordversuch werden als persönliche Schwäche gesehen, als Zeichen fehlender Willenskraft. Anhand dieser Reaktionen lässt sich verstehen, warum so viele Menschen in jener Zeit ihre Probleme mit sich selbst austragen – egal, wie schädlich das für sie ist.

Die Menschen in Ottmars Umfeld schließen sich zusammen. Sie tun, was sie für das Richtige halten. Herberger vermittelt Ottmar und seiner Frau einen Aufenthalt im Kurort Saig im Schwarzwald. Fritz Walter wiederum zeigt sich bestürzt von dem Selbstmordversuch seines Bruders. Er und Ottmars Frau Anneliese beschließen, ihm ein Ultimatum zu stellen: Entweder er ändert sich – oder sie wollen nichts mehr mit ihm zu tun haben. Seine Frau droht mit der Scheidung. Vor allem dem Alkohol müsse Ottmar ein für alle Mal abschwören.

Für Ottmar sind die Reaktionen ein Weckruf. Nach der Rückkehr aus der Kur schreibt er einen Brief an Herberger: «Nachdem ich nun wieder einige Tage zu Haus bin und von der ganzen Sache etwas Abstand gewonnen habe, möchte ich mich besonders bei Ihnen für Ihre große Hilfe herzlichst bedanken. In Saig selbst war es wunderbar. Vor allem hatten wir nie den Eindruck, dass über die Angelegenheit gesprochen wurde. Das gibt einem natürlich wieder viel Selbstvertrauen. So will ich in Zukunft wieder ganz der Alte sein. Mit dem Gedanken, nie wieder so etwas zu tun, will ich meine Zukunft gestalten.»[76]

Vor allem aber rütteln ihn die Drohungen seiner Freunde wach. Er nimmt das Ultimatum von Fritz und seiner Frau Anneliese ernst. Ottmar legt noch einmal jene Disziplin an den Tag, die ihn als Fußballspieler einst ausgezeichnet hatte. Von einem Tag auf den anderen schwört er dem Alkohol ab. Er wird zeit seines Lebens nichts mehr trinken: keinen Cognac, keinen Sekt, kein Bier. Auf Festen sieht man ihn stets mit einem Glas Orangensaft oder einer Cola in der Hand. Ottmar selbst wird sagen, die Abkehr vom Alkohol sei der größte Triumph seines Lebens – noch vor seinem ersten Länderspiel, seinen zwei deutschen Meisterschaften und dem sensationellen WM-Sieg.

Die Angelegenheit um seine Tankstelle löst sich zwar nicht in Wohlgefallen auf. Dreimal beschäftigt sein Verfahren das rheinland-pfälzische Oberlandesgericht. Am Ende erhält Ottmar immerhin 90 000 DM zugesprochen. Der *Nordwest-Zeitung* sagt er im Sommer 1973, er sei somit auf über 100 000 DM Schulden sitzen geblieben.[77] Fritz hat Ottmar eine Tätigkeit bei der Stadt Kaiserslautern vermittelt. Der Weltmeister arbeitet nun im Sozialamt und kümmert sich um Anträge auf Wohngeld. Er bedankt sich im Interview auch bei seiner Frau, die an seiner Seite geblieben ist. Ohne sie, so sagt er, wäre er versackt.

Bereits im Sommer 1969 hatte Ottmar im *Kicker* nach vorne geblickt. «Wissen Sie, ich hab mich zu viel von außen beeinflussen lassen, zu vielen Leuten geglaubt und vertraut und zu vielem nachgegeben, was von außen an mich herankam – auch was den Alkohol angeht. Dafür hab ich viel Lehrgeld zahlen müssen. Mich kann so leicht nichts aus der Bahn werfen.» Für Ottmar und sein Umfeld ist die dunkelste Episode seines Lebens damit abgeschlossen. Sie werden zeitlebens nicht mehr darüber sprechen.

WK:

Ein einziges verlorenes Wochenende

Es läuft die 55. Minute im Berner Wankdorfstadion. Die Ungarn belagern den deutschen Strafraum. Werner Kohlmeyer kann den ersten Schuss abblocken. Der Ball landet vor den Füßen eines Gegenspielers. Sofort zieht sich der deutsche Verteidiger auf die eigene Torlinie zurück. Er weiß: Nur so kann er das sichere Tor der Ungarn verhindern. Mihály Tóth visiert die Ecke an. Doch Kohlmeyer macht einen Ausfallschritt, sein Spagat wird länger und länger. Irgendwie schafft er es, den Ball vor der Linie zu erreichen. Kein Tor. Deutschland bleibt im Spiel.

Diese Szene ist die vielleicht größte Tat in Werner Kohlmeyers Fußballerkarriere. Es war eine Laufbahn, die reich an Höhepunkten war. Kohlmeyer war einer der besten Manndecker seiner Zeit. Zweimal feierte er mit dem 1. FC Kaiserslautern die Deutsche Meisterschaft. Schon im Viertelfinale der Weltmeisterschaft 1954 rettete er sein Team mit einer Wahnsinnstat. Er hielt einen Schuss auf der Torlinie mit dem Kopf auf. Doch keine Szene aus seiner Karriere hat sich in das Volksgedächtnis derart eingebrannt wie seine Rettungstat im Finale. «Rettet, rettet, rettet»: So beschreibt Herbert Zimmermann in seiner Radioreportage Kohlmeyers große Tat. Mit seiner fabelhaften Leistung hat er einen wesentlichen Teil zum Wunder von Bern beigetragen.

Kohlmeyer wird sich sein ganzes Leben an diese Szene erinnern. Aber nicht im Guten. «Alles, was nach der Weltmeisterschaft kam, war wie ein einziges verlorenes Wochenende», wird er Jahre später sagen.[78]

Werner Kohlmeyer ist wie viele Mitglieder der Walterelf ein waschechter Pfälzer. Der gebürtige Kaiserslauterer kickt als Schüler für die Jugendmannschaften des 1. FC Kaiserslautern. Er zeigt nicht nur im Fußballsport Talent. Auch in der Leichtathletik gewinnt er zahlreiche Wettbewerbe. Egal, ob Weitsprung, Kugelstoßen oder Stabhochsprung: Kohlmeyer trägt sich in die Bestenlisten der Stadt ein. Zudem verfügt der junge Mann über musisches Talent. Im Orchester der örtlichen Hitlerjugend spielt er Geige.

Doch seine Leidenschaft gilt dem Fußball. Als der 1. FC Kaiserslautern nach dem Krieg zum Spitzenverein aufsteigt, gilt Kohlmeyer als Fels in der Abwehr. Seine Mitspieler nennen ihn Kohli. Er ist einer der eifrigsten Schüler von Fritz Walter und Sepp Herberger. Was die beiden sagen, gilt Kohlmeyer als Gesetz. Eines Tages fordert Herberger den Linksfuß auf, auch mal seinen rechten Fuß zu benutzen. Kohlmeyer wirft sich in die Aufgabe. Binnen vier Wochen lernt er, mit dem rechten Fuß genauso weite Abstöße auszuführen wie mit dem linken. Fritz zeigt sich beeindruckt von den Fortschritten seines Mitspielers. Herberger indes schätzt die Vielseitigkeit des jungen Kohlmeyer: Er ist schnell und zugleich bullig, kann Gegner verteidigen, aber auch mit weiten Pässen Angriffe einleiten. Im Sommer 1951 feiert Kohlmeyer sein Debüt in der Nationalmannschaft. Danach gehört er auch in der DFB-Elf zum Stammpersonal. Wann immer Herberger einen Manndecker für einen besonders starken Gegenspieler sucht, vertraut er dem Lauterer Verteidiger die Aufgabe an.

Kohlmeyer konzentriert sich in den nächsten Jahren ganz auf seine Fußballerkarriere. Auf dem Papier mag er bei der Kammgarnspinnerei als Buchhalter angestellt sein. Das ist jedoch mehr Schein als Sein. Die Firma unterstützt den FCK nach Kräften. Wenn Kohlmeyer zu einem Auswärtsspiel oder zu einem Länderspiel reist, sorgen seine Vorgesetzten dafür, dass er frei bekommt, ohne dafür Urlaub nehmen zu müssen. Als er am Tag nach der gewonnenen Meisterschaft 1953 zur Arbeit erscheint, lacht sein Chef nur. «Geh, schlaf dich erst mal richtig aus!»[79]

In diesen Tagen kennt Kohlmeyers Leben keine Trauer. Mit seiner Frau und seinen drei Kindern bezieht er ein Eigenheim in einem Vorort von Kaiserslautern. Eines Tages erhält DFB-Kapitän Fritz Walter vor einer Auslandsreise ein Präsent: Ein junges Mädchen schenkt ihm ein Meerschweinchen. Fritz gibt es an seinen Freund Kohli weiter. In dessen Garten sei genug Platz für das kleine Tier.

Kohlmeyer ist ein Feiertagskind, geboren am Karsamstag 1924. Er lebt sein Leben sorglos, als könne ihm nichts passieren. Eines Tages soll er Geld der Kammgarnspinnerei zur Bank bringen. 40 000 DM trägt Kohlmeyer bei sich. Auf dem Weg in die Stadt begegnet ihm eine Gruppe Halbwüchsiger, sie spielen auf der Straße Fußball. Er gesellt sich zu ihnen und kickt mit. Den Geldsack stellt er als Torpfosten zur Verfügung. Was soll schon schiefgehen, denkt sich der Lohnbuchhalter.[80]

Kohlmeyer genießt seine Privilegien – nicht nur in beruflicher Hinsicht. Nach den Siegen in der Schweiz genehmigt Sepp Herberger seinen Schützlingen exakt ein Bier. Nach dem Viertelfinal-Erfolg gegen Jugoslawien darf Kohlmeyer zwei trinken. Er hatte sein Team mit einer Kopfballabwehr auf der Linie vor dem sicheren Ausgleich bewahrt. Der Bundestrainer witzelt, Kohlmeyer würde das zweite Bier locker vertragen, schließlich habe er eine «salzige Leber». Die «salzige Leber» stellt er auch auf der Triumphfahrt nach dem Finale unter Beweis: Kohlmeyer ist ganz vorne mit dabei, wenn bei den Feiern Bier oder Sekt fließt. Er gehört zu den Akteuren, die nach der WM am meisten Gewicht zulegen. Beim Spiel gegen Belgien sticht er mit seiner Wampe geradezu heraus – und das, obwohl praktisch jeder Weltmeister mehr auf die Waage bringt als vor dem Triumph.

Während seine Mitspieler nach und nach die Feierorgien hinter sich lassen, kennt die Freude über den WM-Sieg bei Kohlmeyer keine Grenzen. Die Anhänger klopfen ihrem Idol auf die Schulter. Sie freuen sich, wenn er mit ihnen am Tresen versackt und bis in die Nacht bechert. Kohlmeyer glaubt, die Dankbarkeit und die tiefgreifende Verehrung der Massen würden nie enden.

Gedanken an morgen macht er sich nicht. Den Goggo-Roller, den alle Weltmeister erhalten, tauscht er zunächst gegen eine Familienkutsche ein. Wenig später steigt er von Volks- auf Sportwagen um, die paar Tausend Mark Differenz zahlt er bereitwillig. Kurz darauf fährt er den Wagen zu Schrott. Irgendwann wundert sich Fritz Walter bei einem Besuch im Hause Kohlmeyer, dass sein Mitspieler gleich zwei Klaviere besitzt: eins im Ober- und eins im Untergeschoss. «Ja, glaubst du denn, ich schleppe das Ding immer hoch und runter, je nachdem, wo die Party ist?», lacht der.[81] Das Geld rinnt durch seine Finger.

Irgendwann wird sein Verhalten seinem Arbeitgeber zu bunt. Die Kammgarnspinnerei sieht es zunehmend kritisch, dass Kohlmeyer nach Gutdünken freinimmt. «Früher hat man mir freigegeben, damit ich Weltmeister werde. Jetzt bin ich Weltmeister, aber ihr gebt mir nicht mehr frei», beklagt er sich.[82] Er selbst wird später erzählen, er sei entlassen worden, weil er für einen Kollegen die Stempelkarte gedrückt habe. Die Zeitungen jener Tage schreiben eine andere Geschichte: Eines Tages erwischt ihn die Werksleitung am hellllichten Tag in einer Kneipe. Kohlmeyer ist betrunken – mitten während der Arbeitszeit. Stolz, wie er ist, wartet er nicht auf die Entlassung. Er kündigt an Ort und Stelle.

Ab diesem Zeitpunkt ist sein Abstieg nicht mehr zu stoppen. Der Weltmeister glaubt, der Ruhm lasse sich auf ewig konservieren. Er trinkt weiter und feiert die Feste, wie sie fallen. Doch seine Leistungen lassen nach. Als sein Markenzeichen galt, dass er sowohl bullig als auch schnell war. Nun ist er keins von beidem mehr. Er gehört zu den ersten Siegern von Bern, die Herberger aussortiert. Selbst beim 1. FC Kaiserslautern steht der Verteidiger nicht mehr an jedem Wochenende in der Startelf. Er verkracht sich mit Trainer Richard Schneider. 1957 stellt Kohlmeyer seinem Kapitän Fritz Walter ein Ultimatum: Entweder der Trainer geht – oder er werde es tun. Kohlmeyer glaubt fest, dass sich sein

Freund und Vorbild auf seine Seite stellt. Doch Fritz schweigt und unterstützt damit indirekt Schneider. Kohlmeyer verlässt den 1. FC Kaiserslautern. Angesichts seiner mangelhaften Form findet der mittlerweile 33-Jährige keinen neuen Verein. Er muss zum FC Homburg wechseln, einem saarländischen Verein, der gerade erst in die 2. Liga Südwest aufgestiegen ist.

Eines Tages hat Kohlmeyer auch von seiner Familie genug. Er verlässt seine Frau und seine drei Kinder. Kurze Zeit später folgt die Scheidung. Kohlmeyer legt Wert darauf, dass er nicht schuldig geschieden worden ist; diese rechtliche Konstruktion gibt es in der frühen Bundesrepublik noch. Es ändert nichts daran, dass er seine Kinder nicht mehr sieht. Seine Ex-Frau führt von nun an die Toto-Annahmestelle, die Kohlmeyer für seine Verdienste vermittelt worden war.

Fortan trifft man Kohlmeyer fast ausschließlich an der Theke. Sein Anblick ist kein schöner. Er sorgt nicht für heitere Anekdoten, nutzt den Alkohol nicht wie Helmut Rahn als Stoff, um mit anderen Menschen vergnüglich zusammenzukommen. Er trinkt einfach um des Trinkens willen. «Mit jedem Glas wirst du noch einmal Weltmeister», findet Kohlmeyer.[83] Es ist seine Art, die Zeit zurückzudrehen. Für ihn schmeckt das Bier nach Spiezer Alpenluft.

Eines Tages kann der Weltmeister die Zeche nicht mehr zahlen. Kurzerhand rast er nach Hause und holt seine Weltmeister-Medaille von 1954. Er übergibt sie dem Kneipier. Das dürfte die Schulden wohl abdecken, sagt er trocken. Im nächsten Moment fragt er den Barkeeper, wie viel Bier er mithilfe der Medaille noch bekommen könne.[84]

Angesichts seiner Alkoholsucht und seiner mangelhaften Körperhygiene wenden sich immer mehr seiner einstigen Kameraden ab. Zu den Treffen der Weltmeister wird er nicht mehr eingeladen, auch auf der Tribüne des 1. FC Kaiserslautern will man ihn nicht sehen. Auf der Beerdigung von Dr. Peco Bauwens im November 1963 fehlen nur zwei Weltmeister: der erkrankte Jupp Posipal und Werner Kohlmeyer. Auch zum 70. Geburtstag von

Sepp Herberger im Jahr 1967 erhält Kohlmeyer keine Einladung. Seine Kameraden von einst behaupten, sie würden nicht wissen, wo Kohlmeyer wohnt.

Tatsächlich wechselt Kohlmeyer während der Sechzigerjahre mehrmals den Wohnort. Er kickt für unterschiedliche Amateurvereine; höherklassige Klubs wollen ihn nicht mehr verpflichten. Die *Sport-Illustrierte* berichtet im Jahr 1964, er habe in den vergangenen zehn Jahren fünf verschiedene Jobs angetreten. Zeitweise macht sogar das Gerücht die Runde, dass Kohlmeyer obdachlos sei. Der zeigt sich jedoch frustriert angesichts der Tatsache, dass sich die alten Kameraden nicht mehr melden. Dem Fritz hätte er immer seine aktuelle Adresse gegeben, beteuert er. Sein alter Freund hätte ihm einfach nur eine Karte schreiben müssen.

Irgendwann findet Herberger heraus, wo Kohlmeyer gerade hausiert. Er will ihm helfen. Er stellt jedoch eine Bedingung: Kohlmeyer müsse sich in eine Trinkerheilanstalt einweisen lassen. Das bedeutet in der Sprache der Zeit: Alkoholentzug. Doch Kohlmeyer findet nicht, dass er ein Problem habe. Er könne jederzeit aufhören mit dem Trinken. Er möchte es nur nicht. Niemand dringt in diesen Jahren zu Kohlmeyer durch.

Das Bemerkenswerte am Abstieg des Werner Kohlmeyer ist die Tatsache, dass er unter den wachen Augen der Öffentlichkeit stattfindet. In den Sechzigern vergeht kein Jahr, in dem nicht irgendeine Boulevard- oder Sportzeitung Kohlmeyers Geschichte niederschreibt. Selbst Sportzeitschriften wie die *Sport-Illustrierte* widmen sich in regelmäßigen Abständen dem tragischen Schicksal des Weltmeisters. Es scheint, als hätten die Leute den Abstieg ihres einstigen Idols erwartet.

Kohlmeyer gibt bereitwillig Interviews. Stets beteuert er, dass es fortan bergauf für ihn gehen werde. In jedem Interview gibt es einen neuen Job, eine neue Freundin, einen neuen Gönner, der ihn aus der Dunkelheit retten wird. Mal meint er, als Vertreter für Baustoffe seinen Traumberuf gefunden zu haben. Mal wohnt er bei einem Wirt, der ihm künftig nur noch Apfelschorle servieren möchte. Mal versucht ein Bauunternehmer, Kohlmeyer über harte Arbeit in die Gesellschaft zurückzuführen. «Kurz vor Mitternacht und morgens um halb sechs muss ich Treibstoff für eine Pumpe an der Baustelle nachfüllen, die das Grundwasser absaugt», berichtet Kohlmeyer.[85] Nichts davon hält dauerhaft. Es folgt ein neues Jahr und ein neues Porträt, doch die Lebenssituation des Werner Kohlmeyer hat sich nicht verbessert.

Vielmehr scheint es so, als würde der wiederkehrende mediale Trubel Kohlmeyer mehr schaden denn nützen. Wenn die Journalisten bei ihm vorbeischauen, kann er noch einmal die glorreichen alten Tage Revue passieren lassen. Plötzlich ist er wieder Kohli, der Weltmeister, der Verteidiger, der auf der Torlinie das 2:2 gegen Ungarn festhält. Darüber möchte Kohlmeyer reden, nicht über sein Privatleben. Eine Zeitung fragt ihn nach seiner Familie. Was studieren seine Kinder? «Ich weiß es nicht. Ich weiß nur, dass ich jeden Monat 300 Mark bezahlen muss.» Hat seine Frau wieder geheiratet? «Weiß ich das? Das ist vergessen, alles vergessen.»[86]

Im Jahr 1974 fallen in Fußballdeutschland zwei Ereignisse zusammen. Nicht nur feiert das Wunder von Bern sein zwanzigjähriges Jubiläum. Im Sommer findet zudem erstmals die Weltmeisterschaft auf deutschem Boden statt. Franz Beckenbauer schickt sich als Nachfolger von Fritz Walter an, mit seinen Mitspielern den zweiten deutschen WM-Titel zu erringen. Zahlreiche Sportmedien nutzen die Chance, zugleich zurück- wie auch vorauszublicken. In zig Publikationen dürfen die Weltmeister von Bern orakeln, wie die Chancen des Jahrgangs von 1974 stehen. Zugleich spannen Firmen wie Adidas die alten Weltmeister ein, um ihre passend zur WM erscheinenden Produkte zu bewerben.

Journalist Jürgen Bertram verspürt keine Lust, in die Lobhudelei einzusteigen. Dem *Norddeutschen Rundfunk* schlägt er vor, die Weltmeister von einst aus einem anderen Blickwinkel zu betrachten. «Die Helden von Bern: Eine Mannschaft zwischen Ruhm und Realität»: So heißt die Dokumentation, die er für den *NDR* dreht. Bertram will auch die Schattenseiten des Sieges nicht auslassen. Vielen Siegern von damals habe der Triumph nicht nur Glück gebracht. Als Fritz Walter und Sepp Herberger hören, dass sich die Doku kritisch mit der Elf von Bern auseinandersetzt, sagen sie die Teilnahme ab.

Bertram bekommt andere Protagonisten vor die Linse. Er besucht Werner Kohlmeyer. Der gebürtige Kaiserslauterer lebt mittlerweile in Mainz, zusammen mit seiner Mutter hat er eine Sozialwohnung bezogen. Ein Sportjournalist hat ihm eine Stelle als Pförtner vermittelt. Diesmal scheint sich Kohlmeyers Leben tatsächlich zum Positiven zu wandeln, zumindest etwas. Seine Kameraden von einst laden ihn wieder zu ihren Treffen ein. Er ist dabei, als die Weltmeister auf der Sportmesse in München auftreten. Gemeinsam mit den Helden von Bern nimmt er eine Schallplatte auf: «Schwarz und Weiß sind unsere Farben» soll pünktlich zur WM erscheinen.[87] Bertram filmt ihn sogar an der Seite einer Dame, die sich als seine Lebensgefährtin vorstellt.

Kohlmeyer trifft im Rahmen der Dokumentation noch einmal auf einen Mitspieler. Ottmar Walter zeigt sich sichtlich gerührt, als er zum ersten Mal nach langer Zeit allein auf seinen ehemaligen Kameraden trifft. Ungelenk umarmen sich die beiden. Gemeinsam kehren sie im Stammlokal der Walterelf ein, es liegt noch immer im Geburtshaus der Walterkinder in der Bismarckstraße. Sie nippen an einem Glas Cola, während sie in vergangenen Zeiten schwelgen. Bemerkenswert offen reden sie darüber, dass ihnen der WM-Ruhm nicht nur genützt habe. Sie hätten nicht ansatzweise so viel verdient wie die Spieler heute. Überhaupt verlieren sie über die neue Spielergeneration keine netten Worte. Die hätten nur den Zaster im Sinn! Früher sei es noch um Kameradschaft gegangen! Dafür sei früher die berufliche Karriere neben dem Sport zu kurz gekommen. Neben Training und Punktspielen sei keine Zeit geblieben, sich in einem Betrieb hochzuarbeiten.

Werner Kohlmeyer sind die Strapazen der vergangenen Jahre anzusehen. Sein Gesicht ist aufgedunsen, der Schweiß tröpfelt in einer Tour von seiner Stirn. Er öffnet den Mund kaum mehr als nötig. Er will nicht zeigen, wie der Alkohol und die Zigaretten seine Zähne ruiniert haben. Seine Antworten fallen kurz aus. Als Bertram wissen will, wer im Sommer Weltmeister wird, antwortet Kohlmeyer lapidar: «Wer das Endspiel gewinnt.»

Bertram filmt das Interview am 24. März 1974. Am 26. März hört Kohlmeyers Herz auf zu schlagen. Seine Mutter findet ihn tot in seinem Bett. Werner Kohlmeyer stirbt mit gerade einmal 49 Jahren. Auf seiner Beerdigung versammeln sich noch einmal alle Weltmeister von Bern. Sepp Herberger hält eine Rede. «Der Deutsche Fußball-Bund verliert mit Werner Kohlmeyer einen seiner besten Spieler», sagt er. Der ehemalige Bundestrainer dankt seinem Schützling für seinen Einsatz und seine Kameradschaft. Die Jahre nach der WM finden mit keiner Silbe Erwähnung.

Bertram zeigt in seiner Dokumentation einen Brief, den Kohlmeyer wenige Tage vor seinem Ableben erhalten hatte. Er hatte den DFB um Karten für ein Länderspiel der deutschen Nationalmannschaft gebeten. Er wollte seinem Bruder eine Freude bereiten. Insgeheim hatte er vielleicht gehofft, noch einmal auf der Ehrentribüne Platz nehmen zu dürfen. Die Antwort des DFB fällt kurz aus: «Sehr geehrter Herr Kohlmeyer, hiermit bestätigen wir Ihre Eintrittskarten-Bestellung und übersenden Ihnen anbei eine unterschriebene Ausfertigung. Wir bitten Sie höflich, uns den Gesamtbetrag von 341 DM in den nächsten Tagen auf eines unserer o. a. Konten zu überweisen.»

HR:
Der Abschied aus der Öffentlichkeit

Die *Nordwest-Zeitung* gehört wahrlich nicht zu den publizistischen Schwergewichten der Bundesrepublik. Sicher: Seit 1946 versorgt sie die Bürger im Nordwesten Niedersachsens verlässlich mit regionalen wie überregionalen Nachrichten. Doch selbst ihre Mitarbeiter wissen, dass sie für eine eher kleine Publikation arbeiten. Im Sommer 1973 schmiedet die Redaktion des Blatts deshalb einen Plan: Im Jahr 1974 wird jede Zeitung das zwanzigjährige Jubiläum des Wunders von Bern feiern. Alle großen Zeitungen werden die Helden von einst um Interviews bitten. Warum den anderen nicht ein Schnippchen schlagen, indem man bereits ein Jahr früher loslegt?

So startet die *Nordwest-Zeitung* bereits im Juli 1973 ihre große Serie: «Das machen die Weltmeister von 1954 heute.» Die Journalisten touren einmal quer durch Deutschland, um alle Sieger von Bern zu interviewen. Max Morlock lästert über die junge Spielergeneration, Karl Mai zeigt stolz sein Geschäft in München, Ottmar Walter erzählt von den Krisen seines Lebens. Selbst Werner Kohlmeyer plaudert ausführlich über sein Schicksal.

Nur ein Weltmeister verweigert das Gespräch: Helmut Rahn. Als die Journalisten ihn anrufen, fragt er direkt, ob er für das Gespräch Geld erhält. Als sein Gegenüber verneint, sagt Rahn das Interview ab. «Ist mir eigentlich auch lieber, wenn nichts über mich geschrieben wird. Mit Journalisten habe ich nichts mehr am Hut, die schreiben sowieso nur Kappes.»[88] Schon legt er den Hörer auf. Die *Nordwest-Zeitung* hat als Material für ihr Rahn-Porträt nur dieses kurze Telefonat. Den Rest des Artikels müssen sie mit alten Anekdoten über dessen vermeintlichen Absturz ausschmücken.

Ein Buch über das Leben eines Fußballers wird sich vor allem auf dessen Leistungen auf dem Platz stürzen. So weit, so normal. Im Falle von Helmut Rahn ist es unmöglich, mehr als ein paar Seiten über sein Leben nach der Karriere zu schreiben. Rahn hat immer in Extremen gelebt. Das gilt auch für die Zeit nach seiner Karriere. Der Siegtorschütze von Bern verspürt keine Lust, als Ex-Fußballer in der Öffentlichkeit zu stehen. Er möchte nicht mehr herumgereicht werden wie eine Trophäe. Rahn verweigert sich dem Interesse an seiner Person. Erst, indem er kaum Interviews gibt. Dann, indem er völlig aus der Öffentlichkeit verschwindet.

Rahns Widerborstigkeit, nach dem Ende seiner Karriere die Rolle des Helden von Bern auszufüllen, zeigt sich früh. 1969 soll Rahn als Gast den Honnefer FV beehren. Der Verein feiert sein fünfzigjähriges Bestehen. Rahn hat zugesagt, den Anstoß des Jubiläumsspiels auszuführen. Am Tag der Feier erscheint er jedoch nicht. Vertreter des Vereins suchen und finden ihn in einer Kneipe in Essen. «Auf Vorhaltungen, er habe doch fest zugesagt und der Verein habe sein Erscheinen dementsprechend publiziert, erklärte Rahn sich dann bereit, doch nach Bad Honnef zu kommen. Unter dem Vorwand, er müsse sich noch seinen Mantel aus seiner Wohnung holen, bestieg er aber seinen Wagen und fuhr, ohne eine weitere Erklärung abzugeben, in entgegengesetzter Richtung davon», schreibt die *Honnefer Volkszeitung.*[89] Berni Klodt springt letztlich für seinen ehemaligen Rivalen ein.

Zunächst verdingt sich Rahn noch als Werbegesicht für einzelne Unternehmen. Er ist dabei, als die Weltmeister-Mannschaft Artikel auf der Sportmesse in München bewirbt. Auch singt er auf der Schallplatte mit, welche die «Helden von Bern» zur Weltmeisterschaft 1974 aufnehmen. Ansonsten aber nimmt er kaum mehr öffentliche Auftritte wahr. Er tourt nicht wie Fritz Walter durch das Land, um seinen einstigen Ruhm zu versilbern. Walter hat die für Prominente so wichtige Gabe, mit vielen Worten sehr wenig zu sagen und dabei niemandem wehzutun. Er hatte bereits während des Zweiten Weltkriegs vor der Kamera gestanden. Rahn hingegen fühlt sich zeitlebens vor Journalisten unwohl.

Stattdessen frönt Rahn seinen Hobbys. Schon als aktiver Spieler hatte er sich ein Rennpferd namens Semidoro gekauft. 5000 Mark soll es gekostet haben. Es soll den investierten Betrag auf der Trabrennbahn wieder einspielen. Semidoro entpuppt sich jedoch als Fehlkauf. Bei sämtlichen Rennen landet er auf den hinteren Rängen. Irgendwann verkauft Rahn das Pferd mit Verlust, es wird zu Büchsenfleisch verarbeitet. Mehr Glück hat er mit seinen Brieftauben. Sein 347er wird sogar prämiert.

Wer Rahn nach dem Ende seiner Spielerkarriere sucht, trifft ihn häufig auf der Trabrennbahn. Mal reitet er selbst, so etwa beim «Preis der Sport-Prominenz» 1969 in Dinslaken. Meist aber schaut er nur bei Pferderennen zu oder spielt mit Gleichgesinnten Karten. Der junge *Bild*-Journalist Franz-Josef Wagner zeigt sich bei einem seiner Besuche im Casino beeindruckt von Rahns Fertigkeiten am Kartentisch. «Jeden Tag ab 11:30 Uhr sitzt Helmut Rahm auf seinem Stammplatz im Kasino der Trabrennbahn Gelsenkirchen. Man kann nach ihm die Uhr stellen. Er sitzt im sogenannten Wintergarten (mit Blick auf die Rennbahn) am sogenannten Klammer-Tisch. Er sitzt im Mantel da. Mit ihm Herren seines Alters. Vor sich hat der Boss einen Haufen Papiergeld. Hundertsechzig Mark in kleinen Scheinen. Die Herren spielen Karten. Es wird hoch gespielt. Das Spiel heißt Klammern – ein Zwischending aus 6 und Poker. Helmut Rahn blufft geschickt, spielt raffiniert, kennt jeden Trick.»[90]

Interviews gibt Rahn nach Möglichkeit keine. Nur selten macht er eine Ausnahme. 1979 lädt die *Westdeutsche Allgemeine Zeitung* ihn zusammen mit Berni Klodt in die Redaktion ein. Anlässlich des 25. Jubiläums des Wunders von Bern möchte sie die beiden einstigen Konkurrenten um die Rechtsaußen-Position gemeinsam interviewen. Rahn scherzt über Herbergers Vorliebe für die Walterelf: «Hätte ich damals beim 1. FC Kaiserslautern gespielt, hätte ich noch 30 Länderspiele mehr gemacht.» Vor allem aber sagt er, dass er mit dem Fußballbetrieb von heute nur noch wenig am Hut habe. Ein einziges Bundesliga-Spiel habe er im vergangenen Jahr gesehen: die Partie zwischen dem FC Schalke und dem Hamburger SV. Er habe sich so sehr über die beiden Teams geärgert, dass er lange vor dem Abpfiff gegangen sei.

1979 darf ihn auch Ulrich Deppendorf für die *ARD* interviewen. Helmut Rahn hatte wenige Tage zuvor seinen 50. Geburtstag gefeiert. Er sitzt zu Hause in seinem Sessel, raucht eine Zigarette und blickt unpathetisch auf seine Zeit als Spieler zurück. Als Deppendorf ihn auf die Eskapaden seiner Karriere anspricht, zeigt sich, warum Rahn Abstand von den Medien hält. Er hat längst nicht alle Berichte aus der Vergangenheit verziehen. «Die Schlagzeilen, die damals gebracht worden sind ... Ob die nun alle der Wahrheit entsprechen, das weiß nur der Helmut Rahn.»

Rahn hat es immer geliebt, Fußball zu spielen. Das Drumherum interessierte ihn schon als Spieler wenig. Fußball zu schauen war noch nie sein Ding. Ihn zieht nichts in die Stadien der Bundesliga. In den Achtzigern wird er sagen, er sei vor Jahren einmal bei einem Spiel zwischen Schalke und Borussia Mönchengladbach gewesen. «Das reichte dann mal wieder für ein paar Jahre.»[91]

Viel lieber tritt er selbst gegen den Ball. Das tut er auch noch, als seine Figur immer fülliger wird. Kurz nach dem Ende seiner Karriere wird er Mitglied der SABA-Elf, jener Prominentenmannschaft, die Fritz Walter für den Fernsehhersteller zusammengestellt hat. Er leckt Blut. Rahn spielt fortan für die Altherrenmannschaft des FC Schalke. Dass er 1951 zu Rot-Weiss Essen und nicht zu den Königsblauen gewechselt war, ist längst vergessen.[92]

1969 kommt es zu einem denkwürdigen Spiel. Wenige Tage

zuvor war Jürgen Moll, ein Spieler von Eintracht Braunschweig, zusammen mit seiner Frau bei einem Autounfall ums Leben gekommen. Zugunsten ihrer verwaisten Kinder findet ein Benefizspiel statt. Sepp Herberger sagt zu, dass die Sieger von Bern noch einmal gemeinsam auf dem Platz stehen sollen. Das hat es seit dem Finale 1954 nicht gegeben. Herberger selbst hatte es in den Jahren zuvor aktiv verhindert. Er fürchtete, es würde dem Andenken an die Elf schaden, wenn die Spieler noch einmal zusammen kicken würden. Schließlich tragen viele der Weltmeister mittlerweile dicke Bierbäuche vor sich her. In Braunschweig macht der Weltmeister-Trainer eine Ausnahme. Der erkrankte Jupp Posipal kann zwar nur kurz mitwirken. Immerhin symbolisch bestreitet die Elf ihr drittes und zugleich letztes Spiel in der Berner Finalbesetzung. 20 000 Menschen schauen ihren Helden von früher zu.

Das nächste Benefizspiel müssen die Weltmeister zugunsten eines Kameraden aus den eigenen Reihen ausrichten. Toni Turek liegt im September 1973 mit einer mysteriösen Erkrankung auf der Intensivstation. Die Ärzte finden nicht heraus, woran der 54-Jährige leidet. Er ringt mit dem Tod. Es wird drei Jahre dauern, ehe er wieder gehen kann; völlig gesunden wird er nicht mehr. Zugunsten seiner Familie veranstalten die restlichen Sieger von Spiez ein Benefizspiel. Gerade einmal 3500 Zuschauer verirren sich an einem regnerischen Tag ins Düsseldorfer Rheinstadion. Sie sehen, wie Helmut Rahn eine Galaleistung abliefert. Die *Frankfurter Allgemeine Zeitung* schreibt: «Trotz seiner Körperfülle gehörte Rahn zu den eifrigsten Akteuren, seine Schüsse ließen zweimal die Torpfosten wackeln. ‹Und das, obwohl er in manchen Situationen den Ball gar nicht sieht›, sagte Herberger, blickte nach unten und deutete mit den Händen Rahns Leibesumfang an.»[93]

Rahn gibt selten Interviews, nimmt nicht an Galas oder Feiern teil, zeigt sich ungern auf den Tribünen der Bundesliga. Wer den Siegtorschützen von Bern sehen will, muss zu den Fußballplätzen in den hintersten Ecken der Republik pilgern. Rahn tritt in den Siebziger- und Achtzigerjahren regelmäßig gegen das runde Leder. Er hilft aus beim FC Schmiere, einer Prominentenelf, die der Kabarettist Sammy Drechsel ins Leben gerufen hat. Insgesamt 29-mal streift er deren Trikot über, 31 Tore gelingen ihm. Darüber führt Drechsel genau Buch.

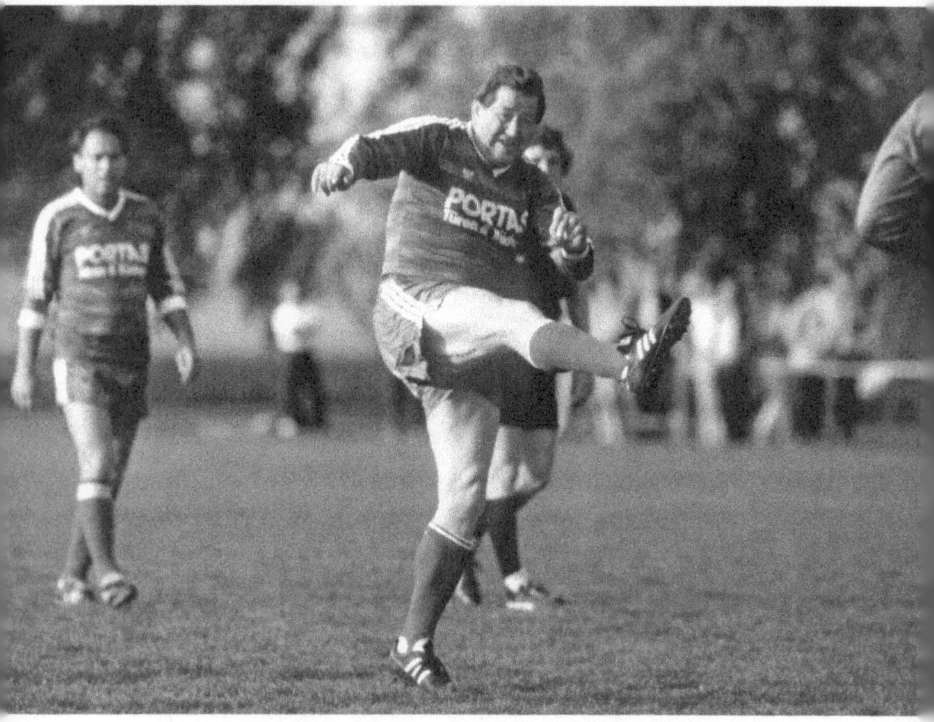

Bis ins hohe Alter tritt Helmut Rahn für Prominenten-Auswahlteams gegen den Ball.

Zahlreiche Einsätze macht Rahn auch für die legendäre Uwe-Seeler-Traditionsmannschaft. In dieser Elf schart Seeler ehemalige Nationalspieler um sich. Vereine, die ein Jubiläum feiern oder einfach mal gegen frühere Nationalkicker antreten wollen, können gegen Bezahlung die Alt-Internationalen zu sich bestellen. Das Antrittsgeld variiert, je nachdem, welche Stars in der Aufstellung gewünscht werden. Ein Auftritt Seelers kostet 2000 DM und damit das meiste Geld; schließlich ist kaum ein Ex-Fußballer im Land so beliebt wie der bodenständige Hamburger. Ein Auftritt Rahns schlägt mit 500 DM zu Buche. Es ist ein nettes Zubrot, das sich Rahn neben seinem Gebrauchtwagenhandel verdient.

Rahn darf in der Traditionself an der Seite vieler Stars kicken, die nach seiner Zeit Karriere gemacht haben. Er spielt mit Günter Netzer und Wolfgang Overath genauso zusammen wie mit dem Komiker Otto Waalkes. Paul Breitner pfeift ein Benefizspiel, bei dem Rahn mitwirkt. Zahllose Berichte zeugen von Rahns Taten auf den Dorfplätzen Deutschlands. In einem Spiel möchte der amtierende Kölner Oberbürgermeister unbedingt ein Tor erzielen, auch wenn der greise Herr sich kaum mehr auf den Beinen halten kann. Torhüter Turek springt absichtlich an seinem Schuss vorbei. Rahn faltet ihn nach der missglückten Parade zusammen, zur Gaudi aller Zuschauer. Bei einem anderen Auftritt legt Rahn sich ernsthaft mit dem Schiedsrichter an. «Wat willst du denn? Man, halt doch deine Backen!»[94] Der letzte Bericht über ein Spiel Rahns, den ich finden konnte, stammt aus dem Jahr 1989. Rahn kickt damals mit einer Prominentenelf in Delmenhorst. Er ist zu diesem Zeitpunkt 59 Jahre alt. An seiner Seite steht der 24 Jahre jüngere Felix Magath. Beim 3:0-Erfolg gelingt Rahn ein Tor. Auch im hohen Alter bleibt sein Hobby das Toreschießen.

In den Neunzigerjahren macht Rahns Körper nicht mehr mit. Er muss die Fußballschuhe endgültig an den Nagel hängen. Damit endet auch seine Zeit in der Öffentlichkeit. Schon in den Jahren zuvor hatte er sich nach und nach zurückgezogen. Die Treffen der Weltmeister von 1954 besucht er nur noch unregelmäßig. Ihm liegt nichts daran, in Erinnerungen zu schwelgen. Ihm missfällt zudem, dass zu den Treffen immer häufiger Journalisten eingeladen werden. Die Weltmeister sieht er nur noch im kleinen Kreis. So fährt er mit Turek und Fritz Walter in den frühen Achtzigerjahren gemeinsam in den Urlaub.

Am liebsten aber verbringt Helmut Rahn seine Zeit mit seiner Familie. Seine beiden Söhne haben Ingenieurwesen studiert. Ihr Großvater hatte noch unter Tage gearbeitet. Es ist eine Aufsteigergeschichte, die Helmut mit Stolz erfüllt. Häufig trifft man Rahn in seinem Schrebergarten. Dort kümmert er sich um seine Pflanzen. Auf seine alten Tage findet er sogar zu Gott. Der Pfarrer in seiner katholischen Kirche nennt ihn nur «den Mann mit der Mütze».

1985 besuchen die Journalisten Hans-Josef Justen und Jörg Loskill den zurückgezogen lebenden Rahn. Er arbeitet mittlerweile in einem Gebrauchtwagenhandel. Sie schreiben ein Buch über den Fußball im Ruhrgebiet. «Anstoß» soll es heißen. Sie bitten Rahn um ein Interview, er gewährt es. Sie wundern sich über die spartanische Einrichtung seines Büros. «Ein Wimpel, zwei Bilder hinter dem Allerwelts-Schreibtisch: Helmut Rahn im Nationaltrikot, Helmut Rahn in einer Prominenten-Elf, aufgereiht mit Günter Netzer, Wolfgang Overath, Helmut Haller und ein paar anderen jungen Fürsten vom Hofe des Königs Fußball. Aber sonst nichts. Keine Urkunden, keine Pokale, kein Trophäen-Kitsch zum Zwecke der eigenen Vergötterung, der peinlichen Selbstbeweihräucherung.»

Sie fragen ihn, ob sein Ruhm nicht zu früh gekommen war. Heute könnte er als WM-Sieger ein Vielfaches verdienen. «Ich weiß nicht, ob mein Leben [mit mehr Geld] anders aussähe. Mehr als essen und trinken kann keiner, ich mache zweimal im Jahr Urlaub – was will ich sonst?» Er fragt: «Muss ich neidisch sein? Ich hatte Erfolg, ich habe die Welt kennengelernt, ich hatte Spaß an meinem Sport, vermisse nichts, möchte nicht tauschen.»

Es wäre ein schönes Schlusswort für eine ereignisreiche Biografie. Tatsächlich gibt es aus den letzten Lebensjahren nur wenige Äußerungen von Rahn. Justen ist der einzige Journalist, dem er noch ab und an ein Interview gewährt. Er leitet das Sportressort der *Westdeutschen Allgemeinen Zeitung*. Die Rahns haben das Blatt seit über vierzig Jahren abonniert.

Doch auch die Beziehung zwischen Rahn und Justen zerbricht. Im Sommer 1994 wird Rahn zu einer Delegation eingeladen, die zur Weltmeisterschaft in die USA reist. Die Reisegruppe speist sich aus Wirtschaftsvertretern, aber auch aus Ex-Fußballern, die Deutschland nach außen repräsentieren sollen. Kanzler Helmut Kohl hatte Rahn persönlich um seine Teilnahme gebeten. Der Weltmeister von 1954 sagt jedoch ab. Sein Rücken mache eine solche Reise nicht mit. Justen dichtet daraus die Schlagzeile: «Der ‹Held von Bern› gibt dem Kanzler einen Korb.» Diese Zeile genügt, dass Rahn fortan auch Justen keine Interviews mehr gibt. Rahns Reißleine ist bei Journalisten dünn.

Dabei zeigt das letzte Interview, das Justen 1994 mit Rahn führt, viel Sympathie für den Medienverweigerer. Rahn könne die Frage nicht mehr hören, wie es damals mit dem Tor war, schreibt Justen, «und er hält sich deshalb auch nicht mehr die gestanzte Antwort parat. Was aber zur Folge hat, dass sie ihm bestenfalls Arroganz vorwerfen und dass sie schlimmstenfalls ein Versteckspiel vermuten, eine Flucht vor ‹persönlichen Problemen›.» Und weiter: «Statt Fußball zu gucken, geht Rahn lieber mit Ehefrau Gerti auf Wanderschaft. Statt sich vom trügerischen Licht der Popularität blenden zu lassen, genießt der ‹Held von Bern› die familiäre Intimität. Und wenn er in die Hosentasche greift, dann fingert er keineswegs den berühmten Goldpokal von 1954 heraus, sondern das Kommunionbild des ältesten Enkels.»

Rahn schweigt fortan. Die meisten Prominenten, die sich nicht mehr öffentlich zeigen, werden irgendwann einfach vergessen. Helmut Rahn ist jedoch kein x-beliebiger Promi. Er ist eine Persönlichkeit historischen Ausmaßes. Sein Schuss aus dem Hintergrund hat dem Land Selbstvertrauen eingeimpft in einer Zeit, in der die Nation am Boden lag. Zahllose Deutsche erinnern sich an das Finale von Bern; für viele ist es eine der schönsten, wenn nicht sogar die schönste Kindheitserinnerung. Das Interesse an Rahn ist auch vierzig Jahre nach dem Triumph ungebrochen hoch. Zu jedem Jubiläum des Siegs von Bern und zu jedem runden Geburtstag von Rahn kramen die Zeitungen die Geschichten über den Helden von Bern heraus. Johannes B. Kerner versucht verzweifelt, ihn in seine Talkshow zu bekommen. Der Regisseur Sönke Wortmann möchte das Wunder von Bern verfilmen, Rahn soll als Berater engagiert werden. Doch der Held von Bern verweigert sich allen Anfragen. Er will einfach seine Ruhe.

Nicht alle Journalisten interpretieren Rahns Schweigen als Zeichen, dass er sein Glück gefunden hat. Medienschaffende sind eitle Genossen. Wer für eine Zeitung oder einen Fernsehsender arbeitet, sucht selbst die Öffentlichkeit. Die meisten können nicht begreifen, dass andere Menschen nicht im Rampenlicht stehen möchten, ja dieses sogar verabscheuen.

Es ist nicht anders bei Rahn. Dass er irgendwann nicht mehr reden mag und keiner Einladung mehr folgt, interpretieren nicht wenige als Zeichen der Verbitterung. In den Neunzigern finden sich immer wieder Verweise auf angebliche Streitigkeiten unter den Weltmeistern. Rahn neide besonders Fritz Walter dessen Popularität, schreibt die *Süddeutsche Zeitung*. «Der Boss hatte das falsche Image», zitiert die Zeitung Rudi Michel. «Es gab die Knast- und Trinkgeschichten. Fritz Walter hingegen war der Saubermann. Warum nur begreift der Boss das nicht?»[95] Wie sehr ihn Fritz Walters Ruf als Medienliebling tatsächlich stört, wie viel Verbitterung in ihm steckt, warum er irgendwann nur noch schweigt: Das weiß nur der Helmut Rahn, um es in seinen eigenen Worten zu sagen.

Rahn verbringt die letzten Jahre seines Lebens zurückgezogen. Zum Schluss holen ihn die Eskapaden der Vergangenheit ein. Nicht nur in Form der Zeitungsartikel, die wieder und wieder die alten Skandalgeschichten aufwärmen. Vielmehr schlägt Rahns unsteter Lebenswandel im Alter auf sein Wohlbefinden. Um die Jahrtausendwende verschlechtert sich seine geistige wie körperliche Gesundheit rapide. Seine Frau und seine beiden Kinder pflegen ihn, so gut sie können.

Am 14. August 2003 stirbt Helmut Rahn. Nierenversagen. Zwei Tage später hätte er seinen 74. Geburtstag gefeiert. Zu seiner Beerdigung zeigt sich noch einmal, wie sehr sich sein Tor in die Seele Deutschlands eingebrannt hat. Seine Bestattung wird live im Fernsehen übertragen. Die wenigen Kameraden von Bern, die noch leben, sind noch einmal zusammengekommen. DFB-Präsident Gerhard Meyer-Vorfelder und NRW-Ministerpräsident Peer Steinbrück halten Trauerreden.

Der Pomp, das Pathos, die zahlreichen Prominenten aus Politik und Sport, die sich am Grab tummeln: Helmut Rahn hätte seine Beerdigung vermutlich gehasst. Der Aufriss ist dennoch richtig. Mit Helmut Rahn verliert Deutschland einen der größten Fußballer seiner Geschichte. Ob er das nun sein wollte oder nicht.

OW:
Später Ruhm

Ottmar Walter hat in der ersten Hälfte seines Lebens viel erlebt. Im Zweiten Weltkrieg sah er seine Kameraden sterben und wäre beinahe selbst ertrunken. Als Fußballer hat er zahllose Tore geschossen und die größten Titel errungen. Sein Körper wird sein Leben lang unter den Belastungen von früher ächzen. Nach seiner Spielerkarriere fiel er in ein tiefes Loch, aus dem er beinahe nicht mehr herausgekommen wäre. Man hatte ihn hochleben und dann tief fallen lassen.

Trotzdem hört man Ottmar in der zweiten Hälfte seines Lebens selten öffentlich schimpfen über die zahlreichen Belastungen, die ihn heimgesucht hatten. Sicher, seit den Sechzigern verliert Ottmar praktisch kein gutes Wort über die nachfolgenden Fußballergenerationen. Auf die Jugend zu schimpfen, gehört in Deutschland aber zur Folklore – erst recht auf die derzeit kickende Spielergeneration. Mit seinem eigenen Schicksal hadert Ottmar hingegen kaum.

Es hätte durchaus Gründe gegeben. Bis zu seinem Lebensende muss Ottmar Walter regelmäßig unter das Messer. Beide Hüften werden runderneuert, später erhält er künstliche Hüft- und Kniegelenke. 1982 muss er sich einer komplizierten Bandscheibenoperation unterziehen, eine Arterie klemmt zwischen zwei Wirbeln fest. Seine Stelle beim Stadtamt Kaiserslautern kann er von da an nicht mehr ausfüllen; Schreibtischarbeit ist ihm angesichts seiner angeknacksten Halswirbel nicht mehr zuzumuten. Mit gerade einmal 58 Jahren geht der ehemalige Leistungssportler in Frührente.

Anerkennung erfährt der Weltmeister von Bern in den Siebziger- und Achtzigerjahren kaum mehr. 1983 lädt ihn ein Hotelier in die Nähe von Cuxhaven ein. Er war nicht nur glühender Verehrer der Weltmeister-Elf von 1954. Der Unternehmer erhoffte sich vor allem einen Werbeeffekt für sein neu eröffnetes Hotel. So lädt er die Presse zu einem Ortstermin ein. Ottmar trifft auf eine Berliner Schulklasse, die sich auf einer Klassenreise befindet. «Wer is'n det da vorne?», fragt einer der Schüler beim Anblick von Ottmar Walter. «Na kannste nich kucken? Ottamar Walter!» «Otto Waalkes?» «Ne, Ottmar Walter, na weeste – der Mittelstürmer.» «Ach, der.» «Na meenste etwa, der Paul Breitner würde sick in so een' Kaff verirren?»[96] Welches Kind kennt schon einen Fußballer, dessen Karriere seit über zwanzig Jahren vorbei ist?

Schon als Spieler hatte Ottmar im Schatten seines Bruders Fritz gestanden. Das setzt sich in späteren Jahren fort. Fritz Walter wird zeit seines Lebens mit Ehrungen überschüttet. Bereits 1970 erhält er das Bundesverdienstkreuz. 1985 wird er zum Ehrenbürger Kaiserslauterns ernannt. 1990 erhält er – als vierter Mensch überhaupt – die Ehrung «Pfälzer Löwe». Sogar eine Rosenzüchtung wird nach dem Ehrenspielführer der Nationalmannschaft benannt. Fritz genießt die Gesellschaft von Stars und Sternchen. Max Schmeling – der Boxer, dessen Kämpfe die Gebrüder Walter als Kinder nachts am Radio verfolgt haben – ist mittlerweile ein enger Freund von Fritz.

Seine Popularität fällt nicht mit der Zeit. Im Gegenteil: In den Neunzigerjahren erreicht sie ungeahnte Ausmaße. 1994 jährt sich der Triumph von Bern zum vierzigsten Mal. Seit wenigen Jahren ist Deutschland kein geteilter Staat mehr. Die Wiedervereinigung hat das Nationalgefühl der Deutschen beflügelt. Gesucht werden positive Ereignisse, die in der jüngeren deutschen Geschichte jedoch eher rar sind. Die Rückschau auf die Weltmeisterschaft 1954 bietet die Chance, ein Gemeinschaftsgefühl zu beschwören. So erscheinen 1994 zum Jubiläum des Weltmeistertitels zahllose Bücher. Die Weltmeister von 1954 feiern ihren zweiten Frühling. Oder besser gesagt: Fritz Walter ist wieder in aller Munde. Die Ehrungen für die Weltmeister nimmt er anstelle seiner Teamkameraden entgegen.

Ottmar hätte allen Grund gehabt, eifersüchtig zu sein auf seinen Bruder. Der steht selbst dann im Mittelpunkt, wenn es eigentlich um Ottmar gehen soll. Eines Tages erhält Ottmar für seine Verdienste einen Preis. Doch der Laudator schweift immer wieder ab. Er spricht kaum mehr über den zu Ehrenden, sondern lobhudelt vielmehr dessen Bruder Fritz. Selbst dem wird es irgendwann zu bunt. «Ich werde nicht geehrt, sondern mein Bruder», brüllt er durch den Raum. Zu Ottmars 75. Geburtstag wird das Brüderpaar in die Ruhmeshalle des deutschen Fußballs aufgenommen. Beide erhalten einen Pokal. Wie immer steht Fritz im Mittelpunkt. Der Veranstalter schafft es nicht einmal, Ottmars Name auf dem Sockel des Pokals richtig zu schreiben.

Doch der kleine Bruder hegt nie einen Groll gegen den großen Fritz. Er richtet sich ein im Schatten des übergroßen Ehrenspielführers. Der 1. FC Kaiserslautern lädt seine Weltmeister weiterhin zu sich ein. Die Spieler scharen sich um den alten Fritz. Doch auch Ottmar darf auf diese Weise die neue Generation im Fußball kennenlernen, von Otto Rehhagel über Ciriaco Sforza bis hin zu Stefan Kuntz. Die großen Reden darf ruhig der Fritz schwingen, denkt sich Ottmar. Der große Bruder bleibt zeitlebens sein Idol. Er weiß, was er ihm alles zu verdanken hat. Noch 2004 sagt Ottmar der *Augsburger Allgemeinen*: «Wir waren fünf Kinder, aber der Fritz und ich waren, auf Deutsch gesagt, en Kopp und en Arsch.»[97]

Jede Schulklasse kennt das Phänomen: Je länger der Schulabschluss zurückliegt, umso häufiger treffen sich die früheren Klassenkameraden. Das gilt auch für ehemalige Fußballspieler. Die Treffen der Sieger von Bern blieben in den ersten Jahren rar gesät. Mit der Zeit intensivieren sie sich. Zunächst kommen die Sieger von Spiez alle fünf Jahre zusammen, in späteren Jahren jeden Juli. An einem der zahlreichen Treffen darf auch Franz Beckenbauer teilnehmen. Er zeigt sich verwundert ob der anhaltenden Kameradschaft. Würde er die Weltmeister von 1974 einladen, würde keiner erscheinen, sagt er.

Gemeinsame Erfahrungen schweißen zusammen. Das gilt nicht nur für einstige Mitspieler, sondern auch für frühere Konkurrenten. Die deutschen und ungarischen Finalteilnehmer sind längst Freunde geworden. Ferenc Puskás' Aussagen im Anschluss an das Finale sind lange vergessen. Die deutschen Sieger wissen, welchen Preis Puskás und seine Mitspieler für die Finalniederlage zahlen mussten. Die Spieler von Honvéd, die im Ausland verblieben waren, wurden von der Regierung als Deserteure eingestuft. Puskás verbrachte sein Leben als Heimatloser. Er nimmt Trainerjobs auf der ganzen Welt an: in Europa, Saudi-Arabien, Australien. Erst 1981, 24 Jahre nach seiner Flucht, durfte er in sein Heimatland zurückkehren.

Eines Tages kommt es zu einem gemeinsamen Treffen an der Mosel. Die noch lebenden Lauterer Weltmeister Horst Eckel, Werner Liebrich, Fritz und Ottmar Walter vertreten die deutsche Seite; Puskás, Nándor Hidegkuti, Zoltán Czibor, Jenő Buzánszky und Gyula Grosics sind aus Ungarn angereist. Der Abend verläuft zäh, bis irgendwann Puskás kurz verschwindet. Er kehrt mit seiner Geige zurück. Er spielt Lieder aus seiner Heimat, sie sind voller Schmerz und Wehmut, wie es nur ungarische Melodien sein können, gespielt von einem Menschen, der alle Seiten des Lebens kennengelernt hat, die guten wie die schlechten. Die Rivalen von einst singen gemeinsam bis tief in die Nacht.

Auch die einstige ungarische Wunderelf ist auf den Fotos 40 Jahre nach dem Finale kaum mehr wiederzuerkennen. Sie haben sich – wie viele der deutschen Spieler – stattliche Bäuche zugelegt. Ottmar Walter hingegen ist schlanker denn je. Er kann zwar kaum mehr Sport treiben. Das Tennisspielen, eine heimliche Leidenschaft, musste er bereits vor vielen Jahren aufgeben. Doch er geht regelmäßig ins Schwimmbad, ernährt sich gesund, hat sich sämtliche Laster abgewöhnt. Ottmar ist mit 60 Jahren fast noch dünner, als er es in Spiez gewesen war.

Sein gesunder Lebenswandel verschafft ihm ein langes Leben. Die Schattenseite der Langlebigkeit: Er muss zahllose seiner Freunde und Weggefährten begraben. Richard Herrmann hatte als erster Weltmeister 1962 den Anfang gemacht, Werner Kohlmeyer war 1974 gefolgt.

Der dritte Tod der Spiezer Riege war weniger tragisch, dafür für die Gebrüder Walter umso schmerzhafter. 1979 darf Sepp Herberger noch seinen 80. Geburtstag feiern. 320 Gäste aus der ganzen Welt strömen nach Mannheim. Fifa-Präsident João Havelange ehrt den Weltmeister-Trainer, Oppositionsführer Helmut Kohl gratuliert, Schauspieler Bernhard Minetti zitiert Goethe. Herberger erhält so viele Geschenke, dass ein Lastwagen sie abtransportieren muss. Exakt einen Monat später erleidet Herberger einen Herzinfarkt – stilecht während einer Partie der deutschen Nationalmannschaft. Auf der Beerdigung trauern die Weltmeister von 1954. Helmut Rahn trägt zusammen mit Max Morlock, Werner Liebrich, Karl Mai, Hans Schäfer und Horst Eckel den Sarg. Besonders hart trifft der Verlust die Gebrüder Walter. Ihre leiblichen Eltern sind zu diesem Zeitpunkt bereits tot. Nun ist auch ihre Vaterfigur verstorben.

Kaum einem Weltmeister von Bern ist ein derart langes Leben beschieden wie Herberger. Bereits 1984 ruft der echte Gott den Fußballgott Toni Turek zu sich. Er stirbt mit 65 Jahren nach langer Krankheit. Mitte der Neunziger finden die Beerdigungen im Jahrestakt statt. 1993 verstirbt Karl Mai, 1994 Max Morlock, 1995 erwischt es Werner Liebrich, 1996 Berni Klodt, 1997 Jupp Posipal. Keiner von ihnen erlebt seinen 70. Geburtstag.

2002 folgt der wohl härteste Schlag für Ottmar. Sein Bruder Fritz stand bis ins hohe Alter in der Öffentlichkeit. 2000 half er noch als Botschafter, die WM 2006 nach Deutschland zu holen. Er setzte sich auch dafür ein, dass auf dem Betzenberg Spiele der Weltmeisterschaft ausgetragen werden. Als die 100 000 Bewohner kleine Stadt tatsächlich als Spielort ausgewählt wird, sprechen nicht wenige vom «Fritz-Walter-Bonus». Ende 2001 stirbt jedoch Fritz' Frau Italia. 52 Jahre hatte sie an seiner Seite gestanden. Ohne seine Gemahlin verliert Fritz den Lebensmut. Er zieht sich zurück, schließt sich in seinem Haus in Alsenborn ein, nimmt keine Termine mehr wahr. Nicht einmal ein Jahr nach Italia stirbt auch Fritz.

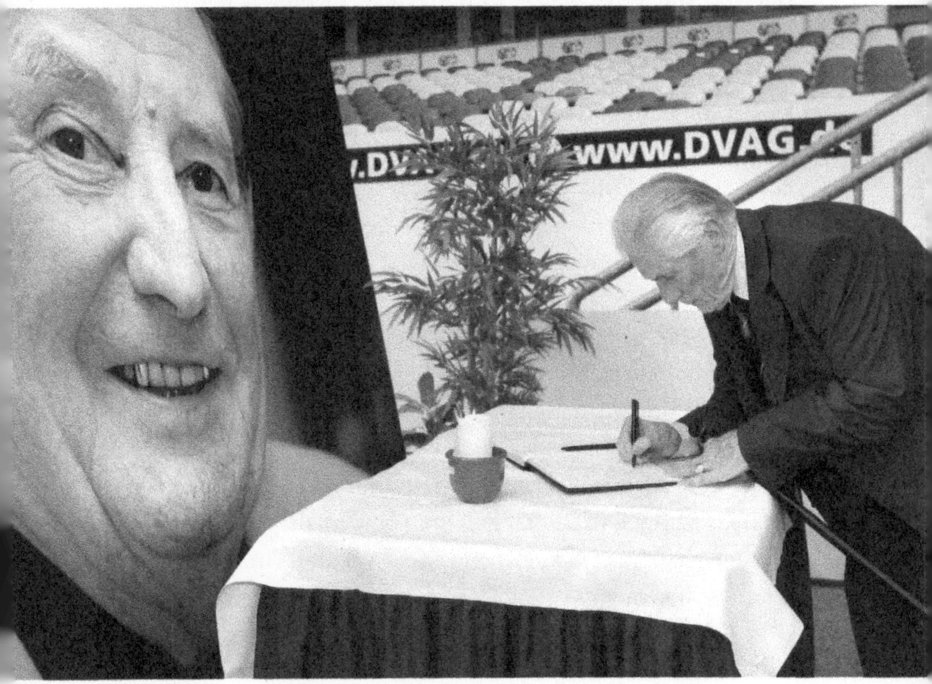

Ein symbolträchtiges Bild: Ottmar Walter ehrt seinen verstorbenen Bruder an dessen erstem Todestag.

Zum Tod von Fritz Walter vergibt Kaiserslautern die höchsten Weihen, mit denen eine Stadt einen Toten ehren kann. Fritz Walter erhält ein Ehrengrab auf dem Friedhof, er liegt zwischen ehemaligen Bürgermeistern und großen Persönlichkeiten der Stadtgeschichte begraben. Im Stadion auf dem Betzenberg kommt es zu einer Andacht, zahllose Menschen wollen sich von ihrem Idol verabschieden. Unter ihnen befindet sich auch Ottmar Walter. Er verliert nicht nur einen Bruder, sondern auch einen Freund.

Der Tod von Fritz Walter hinterlässt nicht nur in persönlicher Hinsicht eine Lücke. Fritz Walter war der Klassensprecher der Weltmeister von 1954. Galt es, eine Ehrung zu verleihen oder des Sieges von damals zu gedenken, stand Fritz allzeit bereit. Durch das ganze Land war er gereist, als Vorbild und Idol der Massen. Einst scherzte Fritz, er wäre längst Millionär, hätte er für jeden Kilometer Bahnreise eine Mark erhalten. Ottmar und die anderen Weltmeister mussten sich mit der zweiten Reihe begnügen. Ob sie den Platz selbst gewählt hatten oder dort hineingedrängt wurden – darüber gibt es auch unter den Weltmeistern unterschiedliche Ansichten. Ottmar für seinen Teil neidete seinem Bruder nie die Aufmerksamkeit.

Die Rückblicke auf 1954 enden jedoch nicht mit dem Ableben von Fritz Walter. Im Gegenteil. Weiterhin herrscht eine ungebrochene Nachfrage nach den Siegern von damals. Die zweite Weltmeisterschaft im eigenen Land steht vor der Tür. Sönke Wortmann lässt seinen Worten Taten folgen und dreht den Spielfilm «Das Wunder von Bern». Noch immer erscheinen Jahr für Jahr Bücher über den Sieg 1954, besonders viele werden zum fünfzigjährigen Jubiläum 2004 herausgegeben.

Fritz kann die Weltmeister von damals nicht mehr vertreten. Das müssen nun andere übernehmen. Nachdem Siegtorschütze Helmut Rahn 2003 verstirbt, leben noch exakt drei deutsche Spieler, die in Bern auf dem Feld standen: Ottmar Walter, Horst Eckel und Hans Schäfer. Letzterer zeigt wenig Interesse an dem Trubel. Viele Jahre lang hat man die Weltmeister von Bern vergessen, schimpft er. Allenfalls Fritz Walter sei geehrt worden. Das stößt ihm noch immer sauer auf. So war Schäfer 2000 zwar der Einladung zu Fritz Walters Geburtstag gefolgt. Als er jedoch sah, dass man es nicht für nötig befunden hatte, ihm einen Sitzplatz im Kaiserslauterer Stadion zu reservieren, fuhr er direkt wieder nach Hause. Er trägt den Gram über Jahre der Ignoranz weiter mit sich. Schäfer verweigert sich den meisten Einladungen. Einmal kritisiert er seine früheren Teamkollegen sogar öffentlich, dass sie die Ehrungen annehmen.

Horst Eckel und Ottmar Walter schert das nicht. Sie treten in die Fußstapfen von Fritz Walter. 2001 sind Ottmar und Horst zugegen, als das Wankdorfstadion in Bern abgerissen wird. Zusammen rätseln sie, auf welcher Seite das Tor stand, in das Rahn einst aus dem Hintergrund geschossen hatte. Als Sönke Wortmann mit dem Dreh seines Films beginnt, verdingen sich Horst Eckel und Ottmar Walter als Berater am Set. Sie sind auch 2003 zugegen, als der Film seine Premiere feiert. Ottmar Walter wirkt in einem Interview auf dem roten Teppich sichtlich gerührt, dass so viele Menschen noch immer Anteil an einer Geschichte nehmen, die mittlerweile fast fünfzig Jahre her ist. Fast vier Millionen Menschen sehen den Film im Kino.

Wie sehr die Sieger von einst mittlerweile mystifiziert werden, zeigt sich zum Jahresbeginn 2004. Ein Bericht des ARD-Magazins *Monitor* wärmt die alte Theorie auf, die deutsche Mannschaft sei beim WM-Erfolg gedopt gewesen. Die *Bild*-Zeitung fragt tags darauf auf der Titelseite: «Die Helden von Bern alle gedopt?» In den kommenden Tagen dürfen alle lebenden Weltmeister erklären, dass sie nie illegale Mittel genommen hätten. Ottmar Walter behauptet sogar, nichts von irgendwelchen Spritzen mitbekommen zu haben. Dabei hatte der DFB bereits 1954 eingeräumt, dass die Spieler Spritzen erhalten hätten. Ottmar selbst hatte am meisten unter Gelbsucht gelitten, welche die Spritzen ausgelöst hatten. Nachdem das Boulevardblatt das Thema tagelang ausgeschlachtet hat, kommt Kolumnist Franz-Josef Wagner zu der Erkenntnis: «Über alle Maßen erregt mich das Anpissen von Helden. Was ist das für eine Lust, die Erfolgsgeschichte Deutschlands runterzumachen, kaputt zu schreiben? Wir sind ein bescheuertes Volk geworden, das nicht an Wunder glaubt.»[98] Es kann eben nicht sein, was nicht sein darf. Die Helden von Bern sind längst überlebensgroß geworden. Das Wunder von Bern gehört zum Gründungsmythos der Bundesrepublik Deutschland. Legenden zweifelt man nicht an.

2004 feiert Ottmar seinen 80. Geburtstag. Der 1. FC Kaiserslautern schmeißt ein großes Fest. Vor dem Spiel gegen Eintracht Frankfurt ehren ihn die Kaiserslauterer Ultras, die hingebungsvollsten Fans des Vereins, mit einer Choreografie. Sie halten sein Konterfei hoch, unterschrieben mit dem Spruch: «Ehre, wem Ehre gebührt.» Anschließend singt das ganze Stadion ein Geburtstagsständchen. Ottmar kann die Tränen nur schwer zurückhalten.

Am Tag danach lädt der DFB zu einem Empfang ein. DFB-Präsident Gerhard Meyer-Vorfelder ist gekommen, Uwe Seeler sowieso, und auch die noch lebenden Weltmeister Horst Eckel, Alfred Pfaff und Ulrich Biesinger sind zu Gast. Drei Gänge werden serviert, als Hauptgericht gibt es Lammrückenfilet in Kräutermantel an Thymian-Senfjus und Entenkeulchen gefüllt mit Steinpilzen an Orangensoße. Der Ministerpräsident von Rheinland-Pfalz, Kurt Beck, überreicht Ottmar Walter das Bundesverdienstkreuz. Es werden Reden gehalten und Lobpreisungen gesungen. Der Geehrte zeigt sich angesichts der warmen Worte nachdenklich: «Ich habe mir die ganze Zeit Gedanken gemacht, ob das alles so zutrifft, was in den Reden über mich gesagt wurde. Am Ende habe ich es geglaubt.»[99]

Ottmar hätte gerne noch mehr Ehrungen wie diese genossen und die Sieger von Spiez weiter würdig vertreten. Doch seine Krankengeschichte holt ihn ein. Nur wenige Tage nach dem großen Fest muss er wieder unters Messer. Seine Prothese im rechten Knie wird runderneuert. Sein 85. Geburtstag steht bereits unter einem gänzlich anderen Stern. Wenige Tage vor der Feier war Ottmar gestürzt. Die Folge: ein ausgekugelter Arm, schwere Prellungen an der Wirbelsäule, Gedächtnisstörungen. Er muss das Fest in kleinstem Familienkreis begehen mit seiner Frau, seinem Sohn und seinen zwei Enkelkindern.

Von diesem Sturz wird sich Ottmar nicht mehr erholen. Der Rollstuhl ist fortan sein steter Begleiter. Geistig baut Ottmar in den kommenden Jahren mehr und mehr ab. Er leidet an Demenz. Seine Frau Anneliese umsorgt ihn, so gut es geht. Doch irgendwann reichen ihre Kräfte nicht mehr. Ottmar verbringt seine letzten Jahre in einem Pflegeheim. Anneliese besucht ihren Mann fast täglich. Der 1. FC Kaiserslautern greift ihr dabei unter die Arme. Stefan Kuntz, mittlerweile Vorstandsvorsitzender des Vereins, schickt jeden Tag einen Chauffeur zu Anneliese. Der fährt sie zu ihrem Mann.

Am 16. Juni 2013 verlassen Ottmar endgültig die Kräfte. Er verstirbt im Alter von 89 Jahren. Für ihn gibt es keine Beerdigung mit Pomp, kein Ehrengrab findet sich auf dem Kaiserslauterer Hauptfriedhof. Seine letzte Ruhestätte versteckt sich auf dem weitläufigen Friedhofsgelände. Feld 26, Block B, Reihe H, Platz 1. Ein schlichter, liegender Grabstein ziert sein Grab. Eingraviert sind sein Name und eine kleine Vogeltränke.

Dank

Die Idee für dieses Buch habe ich bereits viele Jahre mit mir herumgetragen. Sie kam mir erstmals, als ich um das Jahr 2015 herum für mein erstes Buch «Vom Libero zur Doppelsechs» recherchiert habe. Damals wollte ich nur kurz in den Archiven des *Kickers* kramen, um Material zu finden über Deutschlands WM-Sieg 1954. Die Geschichte des Wunders von Bern faszinierte mich jedoch derart, dass ich tagelang in dem Thema versank.

Ein halbes Jahrzehnt später schlug ich dem Rowohlt-Verlag vor, mein nächstes Buch könne ja von ebendiesem WM-Triumph handeln. Das Exposé sah vor, eine Biografie über Fritz Walter zu verfassen. Der erste Dank gebührt daher dem Verlag: Das vorliegende Buch hat am Ende wenig mit dem Werk zu tun, das ich einst zu schreiben versprach. Ein Hoch also auf Johanna Langmaack und Erik Riemenschneider. Ihr habt mir zu jedem Zeitpunkt blind vertraut, sogar als ich selbst nicht so genau wusste, wohin die Reise geht.

Erik Riemenschneider gebührt ein weiteres Dankeschön. Er hat das Buch als Lektor betreut. Mir persönlich bekannte Autoren geben gerne damit an, wie wenig Korrekturvorschläge sie von ihrem Verlag erhalten. Als du mein Buch überarbeitet hast, hat der Rotstift geglüht. Vielleicht sind die anderen schlicht bessere Autoren. Vielleicht bist du aber einfach der beste Lektor, den man sich wünschen kann. Deine Vorschläge haben das Buch besser gemacht.

Auch den übrigen Mitarbeitern des Rowohlt-Verlags danke ich sehr herzlich. Egal, ob ihr in der Korrektur, in der Bildbestellung, im Marketing oder im Layout sitzt: Ohne euch wären Bücher wie dieses nicht möglich.

Während der Recherche bin ich in die Untiefen so mancher Archive geklettert. Mein Dank gilt den Mitarbeitern des Hauses der Essener Geschichte, des Stadtarchivs Kaiserslautern sowie des Landesarchivs Speyer für die äußerst zügige und überaus freundliche Bearbeitung meiner Anliegen. Die Mitarbeiter des Bundesarchivs arbeiten weder zügig noch freundlich, aber auch hier möchte ich mich insbesondere beim Referat PA für die Auskünfte zu Ottmar Walter bedanken. Den Mitarbeitern der Staats- und Universitätsbibliothek Hamburg sowie der Bibliothek der Helmut-Schmidt-Universität gebührt ebenfalls ein Dank, genauso wie Nils Hotze vom Deutschen Fußballmuseum.

Für Informationen, Auskünfte und Gespräche danke ich Bruno Affentranger, Rainer Dolev, Jürgen Kowalewski, Reinhard Kroll und Simon Verhoeven. Es ist keine Selbstverständlichkeit, dass ihr euch Zeit für mich genommen habt.

Zum Schluss gilt der größte Dank meiner Familie. Ihr habt mich ein Jahr lang mit diesem Monstrum von Buch teilen müssen. Dabei kamt ihr häufig zu kurz. Als Ausgleich gibt es für Maxi ein paar zusätzliche Minuten Bildschirmzeit, für Loki frische Hühnerherzen sowie für Antje eintausend Küsse. Ich liebe euch.

Anhang

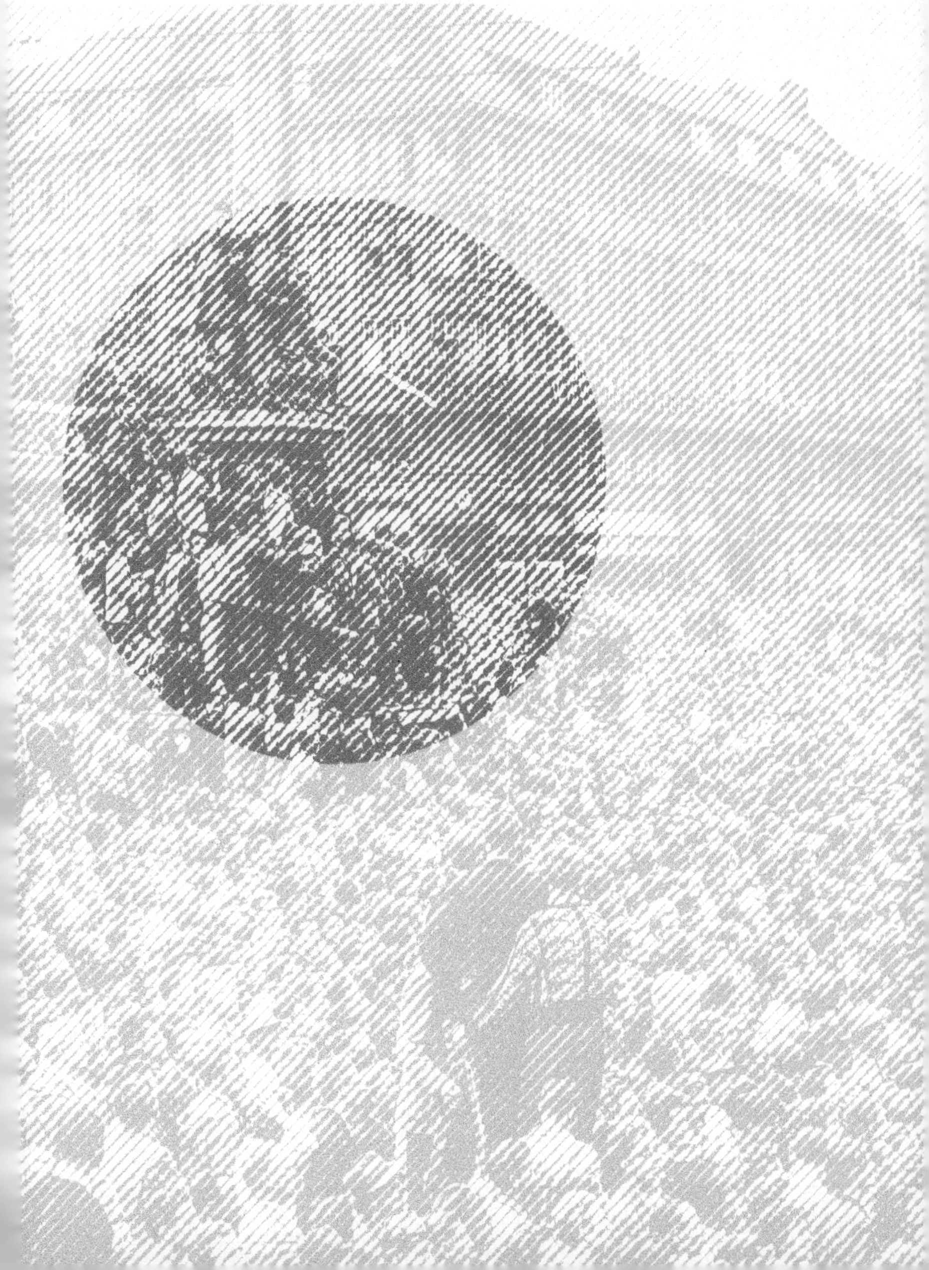

Anmerkungen

Teil 1 – Vor Spiez

1 Ottmar Walter berichtet über die Skepsis seines Vaters in der Dokumentation «Bekannt im Land: Im Schatten des Bruders – Ottes, der Held aus der zweiten Reihe», die vom SWR produziert wurde. Sie lässt sich auf YouTube abrufen. Aus dieser Dokumentation stammen auch die Zitate.
2 Fans von Horrorfilmen kennen diese Art von Kanälen aus den «Es»-Filmen.
3 Dieses und spätere Zitate von Ottmar Walter, die ich in diesem Kapitel anführe, stammen aus einem Aufsatz über seine Kindheit, den er für das Buch «Heimat Pfalz» verfasst hat.
4 Welche Aufgaben Ottmar als Sportwart der Hitlerjugend übernommen hat, ist nicht klar. Dass er dieses Amt ausgefüllt hat, hat er in einem Formular für Kriegsgefangene angegeben, das er beim Eintritt in ein amerikanisches Kriegsgefangenenlager ausgefüllt hat.
5 Die Hintergründe zur Jugendzeit der Walters stammen aus verschiedenen Quellen. Stefan Mayr hat im Buch «Unter Bombern» viele Details zusammengetragen, Ottmar selbst in der erwähnten SWR-Dokumentation und im Beitrag zum Buch «Heimat Pfalz» einiges erzählt. Weitere Quellen umfassen «Fritz Walter. Kapitän für Deutschland», «Fritz Walter. Die Legende des deutschen Fußballs» sowie «Das Fritz Walter-Buch» von Bernhard Gnegel. Ja, über Fritz Walter wurden ziemlich viele Bücher publiziert!
6 Fritz Walter selbst hat diese Anekdote (mit einiger Genugtuung) in mehreren seiner Bücher wiedergegeben.
7 Frei zitiert nach Stefan Mayrs Buch «Unter Bombern», S. 30 f.
8 Torangaben jener Zeit lassen sich kaum verifizieren. Die Angabe, dass Fritz Walter an 93 Treffern beteiligt war, stammt aus Stefan Mayrs Buch «Unter Bombern». Fritz Walter selbst schreibt im Buch «Spiele, die ich nie vergesse», dass er über 80 Tore geschossen habe. Dominic Boldts Chronik des 1. FC Kaiserslautern behauptet wiederum, Fritz habe 59 Tore geschossen. (Wohlgemerkt geschossen, nicht daran beteiligt!) Boldt schreibt ebenfalls, Fritz habe in einem einzigen Pokalspiel elf Tore erzielt.
9 Die Seite Der-Betze-brennt.de führt ein umfangreiches Archiv mit den Begegnungen des 1. FC Kaiserslautern seit dessen Gründung.
10 Siehe Bernhard Gnegels «Das Fritz Walter-Buch», S. 79.
11 Ob dieses Spiel tatsächlich Ottmar Walters Debüt war, wage ich nicht abschließend zu beurteilen. Er selbst behauptet sowohl im Buch «Heimat Pfalz» als auch in «Der Mythos von Bern», sein Debüt habe 1940 als 16-Jähriger in einem Punktspiel gegen Metz stattgefunden. 1940 war der FV Metz aber noch nicht

Teil der Gauliga Südwest, sondern erst ab der Einführung der Gauliga Westmark zur Saison 1941/42. Ottmar könnte sich auf das von mir besprochene Freundschaftsspiel in Metz beziehen, bei dem er der Initiative Fritz-Walter-Museum zufolge mitgespielt hat (https://www.initiative-fritz-walter-museum.de/100-jahre-fritz-walter/100-tage-fritz-walter/035-metz/). Da war er jedoch bereits 17 Jahre alt.

12 Dieses Spiel hätte beinahe nicht stattgefunden. Die Bedingung der Metzer Mannschaft lautete, dass Fritz Walter mitspielen soll. Der zeigte sich nicht gerade begeistert von diesem Freundschaftsspiel. Als bei Verhandlungen in der Gaststätte seines Vaters ein mittlerer Eklat drohte, lenkte er ein. Die Geschichte stammt aus dem Buch «Der Betze unter dem Hakenkreuz».

13 Über Fritz Walters fast schon filmreifen Werdegang im Zweiten Weltkrieg hat Stefan Mayr ein Buch geschrieben: «Unter Bombern: Fritz Walter, der Krieg und die Macht des Fußballs». Mehrere Details aus diesem Kapitel entstammen seinem Buch.

14 Sepp Herberger war nicht nur in diesem Fall erfindungsreich, wenn es darum ging, seine Nationalspieler vom Frontdienst zu befreien. Die «Operation Heldenklau», wie er sie nannte, nahm im Verlauf des Kriegs verwinkelte Züge an. Zwischenzeitlich sorgte Herberger dafür, dass mehrere Nationalspieler, u. a. auch Fritz Walter, beim Dreh des Films «Das große Spiel» mitwirken durften. Mehrere Wochen verbrachten sie an Filmsets in Berlin und Dresden. Später log Herberger, was die Frontbewährung einzelner Nationalspieler anging, um sie zu Lehrgängen abzukommandieren. Er dichtete ihnen Ehrenabzeichen an, die sie gar nicht verdient hatten. So bewahrte er den ein oder anderen Fußballspieler vom Frontdienst.

15 Mehr Informationen zur legendären Kieler Mannschaft aus dem Jahr 1943 gibt es im Buch «100 Jahre Holstein Kiel».

16 Alle Nationalspieler von 1954 redeten ungern über den Krieg. Mit Ausnahme von Fritz Walter: Er publizierte sogar ein ganzes Buch über die «Roten Jäger». Sein Fußballtalent hat ihn vor den schlimmsten Qualen der Front bewahrt. So gab Fritz an, während seiner gesamten Soldaten-Laufbahn keinen einzigen Gewehrschuss abgefeuert zu haben.

17 Ottmar Walter sprach in einer Dokumentation des SWR davon, dass exakt elf Mann den Angriff überlebt hätten. Das wirkt zwar wie eine schöne Parallele zum Fußball. Allerdings gibt es keine belastbaren Belege, dass exakt elf Besatzungsmitglieder den Angriff überlebten. Andere Quellen sprechen von 12 oder über 20 Überlebenden. So oder so: Ein Großteil der Besatzung starb bei dem Angriff.

18 Die Zitate des Marinearztes stammen aus Stefan Mayrs Buch «Unter Bombern».

19 In frühen Darstellungen von Helmut Rahns Lebens heißt es, sein Vater habe nicht unter Tage gearbeitet, sondern sei Metzger gewesen. Dazu finden sich später keine Quellen mehr. Unstrittig ist, dass er nach Helmut Rahns Geburt ein Fuhrunternehmen für Deputatkohle betrieb.

20 Tatsächlich ist über Rahns Kindheit recht wenig bekannt. Über diese Zeit hat er

sich weder in seiner Autobiografie noch in Interviews oder früheren Karriereporträts ausgelassen.

21 Diese Passage ist zitiert nach «Die Auflistung der KLV-Lager». Aus diesem Buch heraus habe ich auch nachverfolgt, in welchem KLV-Lager Helmut Rahn mutmaßlich untergebracht wurde. Dass er im KLV-Lager 235 lebte, berichtete das *Sport-Magazin* in einem Rahn-Porträt vom 7. Juli 1958.

22 Die Geschichte, wie Helmut Rahn vom Volkssturm verschont blieb, erzählte er selbst in seiner Autobiografie. Glaubt man den Zeitschriftenporträts über Rahn, die *Kicker* und *Sport-Magazin* in den Jahren nach dem Krieg druckten, blieb Rahn aus einem viel simpleren Grund vom Volkssturm verschont: Selbst für das letzte Aufgebot war er zu klein und schmächtig. Welche Version letztlich wahr ist, lässt sich mit 80 Jahren Abstand nicht bestimmen. Dieses Muster wird sich zeit seines Lebens wiederholen: Stets gibt es bei Rahn eine Version der Geschichte, in der er und seine Liebsten gut wegkommen – und eine andere.

23 Die Informationen zum Wiederaufbau des Fußballs im Ruhrgebiet stammen aus Hartmut Herings Buch «Im Land der tausend Derbys».

24 Die Anekdote mit den Schuhen stammt aus dem *Sport-Magazin* vom 7. Juli 1958.

25 Auch die Zahl der zerstörten Fußballplätze in Essen stammt aus Hartmut Herings Buch «Im Land der tausend Derbys».

26 Im 21. Jahrhundert lautet die Faustformel, dass ein gesunder erwachsener Mann 2000 bis 2500 Kalorien benötigt, eine Frau 1600 bis 1900.

27 Interessanterweise taucht die Zahl «Drei» bei Rahn immer wieder auf, wenn es um Tore in wichtigen Spielen geht. Drei Tore im Kinderlandverschickungslager, drei Tore bei Stoppenberg, drei Tore bei seinem Debüt in Oelde. Die Glaubwürdigkeit dieser Aussagen mögen andere beurteilen.

28 In einem Interview mit der Internet-Webseite des SC Oelde behauptet Albert Uthoff, ein Fan des Vereins, Jahrzehnte später, Rahn hätte am Arbeiten in der Zentrifugenfabrik kein Interesse gehabt und sei dort auch kaum gewesen. «Der Rahn war immer nur Eis am Lutschen.»

29 Wie bei allen Torangaben jener Zeit ist solch eine Zahl mit Vorsicht zu genießen, zumal sie aus Rahns eigener Überlieferung stammt. Offizielle Statistiken gab es nicht.

30 Korinthenkacker werden anmerken, dass die Saison der Oberliga Südwest eigentlich nur im Jahr 1947 stattfand. Ende des Jahres 1946 hatte noch eine Nordzonenliga begonnen, ehe die französischen Besatzer einer Liga innerhalb der gesamten Zone zustimmten. Diese nahm im Januar 1947 ihren Spielbetrieb auf. So oder so: Am Ende der Spielzeit hatte kein Verein mehr Punkte auf dem Konto als der 1. FC Kaiserslautern.

31 Im Buch «Fritz Walter. Kapitän für Deutschland» wird angedeutet, dass Fritz Walter zum Zeitpunkt, als er Italia kennenlernte, in einer Beziehung zu einer anderen Frau stand.

32 Siehe *Rheinpfalz* vom 15. Juli 2006.

33 Die Geschichte hat Fritz Walter in einem seiner zahlreichen Bücher aufgeschrieben. Er schreibt jedoch nicht, wann das Spiel gegen Neuendorf stattgefunden haben soll. Auch in der Sportpresse habe ich nichts gefunden zu einem Kaisers-

lauterer Spiel, in dem Ottmar «das halbe Ohr abgetreten» wurde (Zitat Fritz Walter). Dass Ottmars Spruch «Sieg oder Krankenhaus» Auslöser war für die Erfindung des «Kaiserslauterer Kreises» ist indes durch mehrere Quellen belegt. Ich habe die Anekdote aus dramaturgischen Gründen an diese Stelle der Erzählung gepackt.

34 Rudi Gutendorf, der uns später in diesem Buch noch begegnen wird, kickte in diesem Spiel aufseiten der Neuendorfer. In seiner Autobiografie behauptet er, Neuendorfs Spieler hätten vor dem Spiel Pillen eingeworfen. Diese hätten sie fitter machen sollen, sorgten jedoch für das Gegenteil. Deshalb habe sein Team keine Chance gehabt gegen Kaiserslautern. Wie bei vielen Geschichten, die Gutendorf über sein Leben erzählt, erscheint auch bei dieser Vorsicht angebracht. Dass Doping nach dem Krieg im Fußball verbreitet war, wird im Laufe des Buchs noch thematisiert. Dass Neuendorf dieses Spiel maßgeblich wegen schlecht dosierter Pillen verloren hat, findet sich jedoch in keiner anderen Quelle. Zudem hatte Neuendorf bereits in der Oberliga Südwest beide Partien gegen Kaiserslautern mit 1:5 und 2:4 verloren.

35 Einer Legende zufolge trafen die Spieler des 1. FC Nürnbergs vor der Partie auf einen Schäfer. Er sollte das Ergebnis des Endspiels vorhersagen. «Der Sieger wird drei Tore schießen, jedoch eines wird von Übel sein.» Er lag damit goldrichtig, schließlich erzielten die Nürnberger beim 2:1 selbst alle Tore, nur das Eigentor von Uebelein «sollte für den Club von Übel sein», wie nach dem Spiel eine Zeitung dichtete.

36 Die Berichte über den «100 000 Mark Sturm» beschäftigten auch den DFB. Er zwang Preußen Münster, die Bücher offenzulegen. Ein Fehlvergehen konnte jedoch nicht nachgewiesen werden. Wie viel sich die Preußen den Transfer ihrer fünf Stürmer haben kosten lassen, ist bis heute nicht geklärt. Dass sie tatsächlich 100 000 DM auf den Tisch legten, darf bezweifelt werden. Wahrscheinlich kamen die Spieler nicht wegen der Handgelder, sondern aufgrund von beruflichen Versprechungen: Der Verein kümmerte sich um Studienplätze oder Darlehen für die Gründung einer Tankstelle.

37 Eigentlich stammt das Zitat von Rahn selbst und lautet: «Drei Räder gehören der Firma, eins mir.» So hat er später seine Stellung als Fahrer bei Melches beschrieben. Ich habe es der Dramaturgie wegen leicht umgestellt.

38 Da sind sie wieder, die drei Rahn-Tore in wichtigen Spielen!

39 Herbergers Zitat siehe Helmut Rahns Autobiografie «Mein Hobby: Toreschießen!», S. 26.

40 *Het Vrije Volk* zitiert nach «Als Morlock noch den Mondschein traf», S. 83.

41 Sepp Herbergers Beziehung zum Nationalsozialismus war in der Tat ambivalent. Es gibt keine Belege, dass er nationalsozialistisches Gedankengut vertrat. Dennoch unterschrieb er Briefe mit «Heil Hitler». In einem Brief an Fritz Walter schrieb er, dass «gute Sportler auch gute Soldaten» seien. Herberger unterhielt als Reichstrainer enge Kontakte zu führenden Nationalsozialisten, vor allem zu Reichssportführer Hans von Tschammer und Osten. Verbrieft sind jedoch auch Handlungen Herbergers, mit denen er sich deutlich vom Gedankengut der Nationalsozialisten abgrenzte. Unter seinem Vorgänger Otto Nerz durfte die SA

vor Länderspielen paramilitärische Übungen abhalten. Herberger untersagte diese Praktik und legte sich dazu auch mit SA-Funktionären an. Er bewahrte nicht nur Fritz Walter, sondern auch andere Nationalspieler vor dem Frontdienst. Zudem hielt er seinem jüdischen Hausarzt die Treue. Dass nach dem Krieg bei manchem Zeitgenossen Unbehagen herrschte, als Herberger direkt wieder zum Trainer der Nationalmannschaft berufen wurde, ist dennoch nur allzu verständlich. Seine Ernennung passte indes in den Zeitgeist der frühen Fünfzigerjahre: Die Deutschen wollten die zwölf Jahre unter nationalsozialistischer Herrschaft nicht aufarbeiten, sondern verdrängen.

42 Siehe Jürgen Leinemanns Biografie «Sepp Herberger: Ein Leben, eine Legende», S. 281.

43 Wenige Tage vor dem Spiel rief Herberger bei Fritz Walter zu Hause an. «Was macht das Knie?» «Ich weiß es nicht, Chef.» «Dann treten Sie mal mit voller Wucht gegen den Schreibtisch!» Fritz trat gegen den Schreibtisch. «Ich konnte den Tritt gar nicht hören. Sie müssen schon stärker treten!» «Aua!» «Tja, wenn Sie das schmerzt, werden Sie wohl nicht mitspielen können.»

44 Siehe «Der Mythos von Bern», S. 141.

45 Zitiert nach «Als Morlock noch den Mondschein traf», S. 64.

46 Das Interview strahlte der SWR in seiner Reihe «Bekannt im Land» aus. Die Zitate aus den Gesprächen zwischen Ottmar Walter und Fritz Walter sowie Sepp Herberger stammen aus der Dokumentation.

47 Die Anekdote stammt aus Max Morlocks Autobiografie «Max Morlock erzählt», S. 140.

48 Fritz Walter hatte schon zuvor schlechte Erfahrungen mit dem Fliegen gemacht. Bei einer seiner ersten Länderspielreisen nach Finnland zog er sich während eines Flugs eine Ohrenentzündung zu. Später wäre er als Soldat fast aus einem Flugzeug gefallen, als sich während eines Flugs eine Tür öffnete. In einigen Biografien gilt dies als Auslöser für die Tatsache, dass Walter in seinem späteren Leben Flugzeuge mied. Tatsächlich flog er aber zumindest in die Türkei mit dem Flugzeug. Wahrscheinlich flog er dann nach der Türkei-Reise so gut wie gar nicht mehr. Selbst eine spätere Reise in die USA unternahm er per Schiff.

49 Dass der Unterhändler tatsächlich 100 000 Schweizer Franken in Geldscheinen auf den Tisch gelegt hat, klingt mehr nach einem Mafiafilm denn nach einer realen Begebenheit. Tatsächlich hat Ottmar Walter diese Geschichte später aber so erzählt. Sie findet sich im Buch «Im Dress der elf Besten» sowie in einem *Spiegel*-Artikel aus dem Jahr 1974. (Dort werden aus den 100 000 Schweizer Franken 150 000 Deutsche Mark.)

50 Siehe Rudi Michels «Deutschland ist Weltmeister: Meine Erinnerungen an das Wunder von Bern», S. 191.

51 Jürgen Leinemann schreibt in seiner Biografie «Sepp Herberger: Ein Leben, eine Legende»: Sepp Herberger sorgte «hinter den Kulissen dafür, dass – über das Fußballtoto – alles getan wurde, um Fritz Walter für den Verzicht auf dieses Angebot zu entschädigen» (S. 295). Wie hoch genau die Summe war, die Fritz erhalten hat, ist nicht geklärt. Dass das Darlehen für Fritz Walters Wäscherei im Zusammenhang mit den Auslandsangeboten gewährt wurde, bestätigte Her-

berger später im Rahmen eines Verfahrens, das noch Gegenstand dieses Buchs sein wird.

52 2:2 lautete zwar das Endergebnis. Doch offiziell wurde das Spiel annulliert. Kaiserslauterns Trainer Schneider hatte sich vor der Endrunde mit Stammtorhüter Karl Adam überworfen. Der Verein verpflichtete kurzfristig Dieter Schaak als Ersatz. Die Regularien des DFB sahen jedoch vor, dass Spieler, die in der Endrunde zum Einsatz kommen, mindestens zwei Saisonspiele für den jeweiligen Klub bestritten haben mussten. Fürth legte Protest gegen das 2:2 ein und bekam recht. Der DFB wand sich jedoch um eine Bestrafung des 1. FCK herum. Man behielt sich ein Wiederholungsspiel oder eine nachträgliche Änderung des Ergebnisses vor, sollte das Unentschieden entscheidend sein beim Kampf um den Gruppensieg. Das wurde es nicht, Kaiserslautern gewann die Vorrunde mit zwei Punkten Vorsprung. Um für die weiteren Spiele einen Torhüter zu haben, musste Schneider den Gang nach Canossa antreten – oder genauer gesagt nach Neuendorf. Dort hatte Adam bereits unterschrieben. Er willigte ein, in den restlichen Finalspielen das Tor des 1. FCK zu hüten.

53 Gespräch zitiert nach Bernhard Gnegels «Das Fritz Walter-Buch», S. 150.

54 In der anderen Vorrundengruppe spielte sich ein Drama ab. Vor dem letzten Spieltag waren der Hamburger SV, der 1. FC Nürnberg und Preußen Münster punktgleich. Als der Schiedsrichter das Spiel zwischen Nürnberg und dem HSV abpfiff, jubelten die Nürnberger Fans: Der 4:1-Erfolg hat sie in das Finale gebracht! Keiner machte sich Gedanken über das Parallelspiel, schließlich hatte der FCN in den ersten fünf Partien deutlich mehr Tore erzielt als Münster. Zudem stand es zwischen Preußen Münster und Tennis Borussia Berlin nach 70 Minuten 2:2. Dann erreichte die Kunde vom Endergebnis die Zuschauer: Preußen schlug Tennis Borussia Berlin mit 8:2 und war damit Gruppenerster – eine Katastrophe für die Nürnberger. Der FCN legte Protest gegen das Ergebnis ein und schickt sogar Max Morlock als Zeugen zum DFB. Er soll mitgehört haben, wie die Berliner beim Spiel gegen Nürnberg gesagt hätten, sie würden Preußen mit Absicht gewinnen lassen. Der DFB war jedoch der Ansicht, dass es die Hitze und nicht etwa eine Spielmanipulation war, die zur Niederlage von Tennis Borussia geführt habe.

55 Zitiert nach «Fritz Walter. Die Legende des deutschen Fußballs», S. 29.

56 Siehe Helmut Rahns Autobiografie «Mein Hobby: Tore schießen», S. 43.

57 Siehe Fritz Walters Buch «Der Chef», S. 103.

58 Zitiert nach Günter Rohrbacher-Lists Buch «Im Herzen der Pfalz», S. 349.

59 Siehe Bernhard Gnegels «Das Fritz Walter-Buch», S. 191.

60 Matthews war mit seinen 37 Jahren nicht etwa am Ende seiner Karriere angelangt. Er sollte noch 13 weitere Jahre lang kicken, ehe er mit 50 seine Karriere beendete. Zwischenzeitlich hatte er den Ballon d'Or als bester europäischer Fußballer gewonnen und war von Queen Elizabeth II. zum Ritter geschlagen worden.

61 Tatsächlich hat sich in Kaiserslautern durch die Erfolge eine gewisse Fußballmüdigkeit eingestellt. Nur wenige Zuschauer kamen zu den Heimspielen der Oberliga Südwest. Kaum jemand wollte dem 1. FCK dabei zuschauen, wie er

Provinzteams mit sieben oder acht Toren nach Hause schickte. Auswärts war dies anders: Die Zuschauer strömten in Massen in die Stadien, um die «Walterelf» spielen zu sehen. Im Buch «Teufelsangst vorm Erbsenberg» heißt es auf Seite 10: «In der Saison 1952–53 kam man auf dem «Betze» auf einen Schnitt von 5667 Besuchern... Auswärts aber verzeichneten die Lauterer 14267 Zuschauer pro Spiel.» Der Südwestdeutsche Fußballverband plante sogar, eine Sonderabgabe einzuführen: Der FCK hätte so einen Anteil an den Einnahmen der Auswärtsspiele erhalten. Die Idee scheiterte jedoch.

62 Anhand dieser Ochsentour lässt sich gut veranschaulichen, inwiefern die Jobs der Spieler meist nur als Scheinanstellungen auf dem Papier bestanden. Inklusive der Urlaubsreise nach Borkum waren die Spieler drei Kalenderwochen lang nicht in Kaiserslautern, konnten also keiner geregelten Arbeit nachgehen. Der gesetzliche Urlaubsanspruch betrug zu jener Zeit 14 Tage, zumal in vielen Branchen auch der Samstag als Arbeitstag galt. Die Kaiserslauterer Spieler nahmen also für eine Privatspielreise mehr Urlaub, als die meisten Arbeitnehmer in einem gesamten Jahr bekamen. Diese Rechnung ging nur auf, weil die Arbeitgeber der Fußballspieler beide Augen ganz fest zudrückten – oder wie im Falle des 1. FCK im Vorstand des Vereins saßen und ein Interesse am Erfolg des Klubs hatten.

63 Siehe Bernhard Gnegels «Das Fritz Walter-Buch», S. 226 f.

64 Die Radioübertragung des deutschen Gastspiels in Österreich ragte auch abseits der Witze über Ottmar Walter aus der Zeit heraus. Die deutschen Radiomacher vertrauten einem Österreicher die Aufgabe an, das Spiel zu kommentieren. Heribert Meisl machte dies mit seinem ganz eigenen Witz und Charme. Mit dem typischen Wiener Schmäh kommentierte er die Partie mit mehr als nur einem Augenzwinkern. Man kann seine Form der Reportage mit jener Leichtigkeit vergleichen, die heutzutage Frank Buschmann auszeichnet. Wie auch Buschmann hat sich Meisl jedoch so manches Mal mit seiner Flapsigkeit vergaloppiert. So nahm Fritz Walter Meisl die Kommentare über seinen Bruder lange übel.

65 Siehe Bernhard Gnegels «Das Fritz Walter-Buch», S. 244. Im Buch «Teufelsangst vorm Erbsenberg» schreibt Werner Skrentny auf Seite 7 über diese Rede: «Als Spielführer Fritz Walter sprach, herrschte eine fast andächtige Stimmung in der Mannschaft. Sogar die hartgesottenen Männer seiner Elf sind in ihrem Verhältnis zu Fritz von einer geradezu sentimentalen Treue.»

66 Siehe Fritz Walters Buch «Spiele, die ich nie vergesse», S. 155 f.

67 Kowalewskis Zitat stammt von der Webseite Stolpersteine-Hamburg.de, dort hat er einen Text über Halvorsen veröffentlicht. Ein weiterer Aufsatz von ihm über Halvorsen findet sich in «Vergessene und verdrängte Geschichte(n). Kolloquium anlässlich des Internationalen Museumstages am 21. Mai 2017 in der Gedenkstätte Neckarelz». Im Frühjahr 2024 erscheint sein Buch «Ein HSV-Star in Widerstand und KZ. Das zu kurze Leben von ‹Assi› Halvorsen».

68 Ich habe leider nicht herausfinden können, ob Herberger und Halvorsen sich auch auf dem Fußballplatz gegenüberstanden. In den Spielen um die Deutsche Meisterschaft trafen Herbergers Vereine VfR Mannheim und Tennis Borussia

Berlin nicht auf den Hamburger SV. Bei einem Freundschaftskick zwischen Tennis-Borussia und dem HSV scheint Herberger nicht mitgewirkt zu haben. Es besteht aber die Möglichkeit, dass beide Akteure in Spielen ihrer Stadtauswahlen aufeinandertrafen. In diesen Teams wurden aus unterschiedlichen Vereinen die besten Spieler einer Stadt rekrutiert. Herberger kickte immerhin zehnmal für die Berliner Auswahl, Halvorsen wurde noch öfter für die Hamburger Auswahl nominiert. Falls sie sich auf dem Feld gegenüberstanden, wären sie unmittelbar aufeinandergetroffen: Herberger agierte als Halbstürmer im Dunstkreis des Mittelläufers Halvorsen.

69 Bernhard Gnegel schreibt zu dieser Zeit, Herberger und Xandry hätten während des Zweiten Weltkriegs versucht, Halvorsen aufzuspüren. Das erscheint jedoch unglaubwürdig. Es gibt keine Indizien, dass die beiden vom Schicksal Halvorsens wussten. Herberger könnte es noch am ehesten erfahren haben: Er war als Reichstrainer zur Truppenbespaßung in ganz Europa eingespannt, in dieser Funktion besuchte er auch Skandinavien. Selbst wenn er auf einer dieser Reisen von der Inhaftierung Halvorsens erfahren hätte, wären seine Mittel jedoch begrenzt gewesen, ihn zu suchen. Gewichtiger Inhalt des «Nacht-und-Nebel-Erlasses» war die Geheimhaltung. Hätte sich Herberger unter Nationalsozialisten über den Verbleib Halvorsens umgehört, wäre dies mit ziemlicher Sicherheit negativ auf ihn zurückgefallen. Es findet sich in keiner anderen Quelle ein Beleg dafür, dass sich irgendjemand aus der späteren DFB-Führungsriege ernsthaft um Halvorsen bemüht hatte. Die Behauptung Gnegels dürfte einzig dazu dienen, die Weste der DFB-Oberen nachträglich reinzuwaschen.

70 Siehe *Hamburger Abendblatt* vom 2. Februar 1952.

71 Siehe Werner Raupps Biografie «Toni Turek – Fußballgott», S. 99.

72 In der Qualifikation galt eine äußerst kuriose Auswechselregelung: Verletzt sich ein Spieler innerhalb der ersten Halbzeit, darf er ausgetauscht werden. In der zweiten Halbzeit waren Auswechslungen jedoch nicht mehr zulässig.

73 Mit Horst Eckel wurde ein Kaiserslauterer immerhin eingewechselt. Er kam noch in der ersten Halbzeit für den verletzten Richard Gottinger. Fritz Walter nahm trotz seiner Verletzung auf der Auswechselbank Platz. Die Zeitungen hatten spekuliert, dass dieser gar nicht verletzt sei, sondern mit Bundestrainer Herberger im Clinch liege. Dass Herberger und Walter Seite an Seite sitzen, soll der Öffentlichkeit demonstrieren: Zwischen Trainer und Kapitän passt kein Blatt Papier.

74 Zitiert nach Dietrich Schulze-Marmelings «Die Geschichte der Fußball-Nationalmannschaft», S. 136.

75 Siehe Helmut Rahns Autobiografie «Mein Hobby: Toreschießen», S. 64.

76 Das Zitat stammt aus Sepp Herbergers Notizen. Ich konnte es im Stadtarchiv Kaiserslautern einsehen.

77 An dieser Stelle möchte ich kurz unterstreichen, dass Freundschaftsspiele zu jener Zeit eine gänzlich andere Bedeutung hatten als heute. Anno 1954 bot ein Zusammentreffen einer argentinischen und einer deutschen Mannschaft die einzige Möglichkeit, die Spielstärke unterschiedlicher Länder und gar Kontinente zu messen. Allzu häufig gab es solche Spiele nicht. Da es noch kein

Fernsehen gab, war dies zudem die einzige Chance, Stars aus anderen Ligen Fußball spielen zu sehen. Bei Spielen wie zwischen RWE und Independiente ging es darum, das eigene Team, das Heimatland und sogar den Kontinent zu repräsentieren. Entsprechend ernst nahmen die Mannschaften solche Partien – bis hin zu Rudelbildungen und Ausschreitungen.

78 Siehe *Neue Ruhr-Zeitung* vom 15. Mai 1954, eingesehen im Essener Stadtarchiv.

79 Das Zitat findet sich im Stadtarchiv Essen, jedoch ohne Quellenangabe. Außerdem findet sich das Zitat auf der Online-Seite der *11Freunde*, veröffentlicht am 24. August 2010.

80 Eher unrühmlich gestaltet sich in diesem Zusammenhang die Tatsache, dass RWE so manchen hochrangigen Soldaten aus dem Zweiten Weltkrieg hofierte. So erwähnt Helmut Rahn in seiner Autobiografie einen Besuch von Hans-Ulrich Rudel, was weder Rahn noch RWE zur Ehre gereicht: Rudel unterstützte nach dem Krieg in der BRD rechtsextreme Parteien, die teils vom Verfassungsschutz verboten wurden. Zwanzig Jahre später kam es zu mehreren Skandalen, als Rudel 1976 auf Bundeswehr-Generäle und 1978 während der WM auf DFB-Präsident Herrmann Neuberger traf. Im Rahmen der «Rudel-Affäre» wurden zwei Bundeswehr-Generäle entlassen, Neuberger sah sich massiver Kritik ausgesetzt.

81 Quelle für diese Begebenheit ist der DFB-Mannschaftsarzt Fritz Loogen. Fünfzig Jahre nach der Weltmeisterschaft sagte er dem ARD-Magazin *Report*, dass er den deutschen Spielern Spritzen verabreicht habe. Die Idee dazu kam laut seinen Aussagen von Helmut Rahn. Der habe in Südamerika beobachtet, wie sich Spieler mit Spritzen behandeln ließen. (Dieses Thema wird später im Buch ausführlich besprochen.)

82 Warum Herkenrath und Termath nicht mit in die Schweiz reisten, lässt sich im Nachhinein nicht abschließend klären. Vor der Amerikareise hatte Herberger explizit notiert, dass er alle drei mitnehmen möchte. Termath hatte jedoch bereits in der Qualifikation nur eine untergeordnete Rolle gespielt. Er taucht auch nicht im 40 Mann starken Kader auf, den der DFB Anfang Mai der Fifa meldet. Torwart Herkenrath hingegen schon. Auf ihn hielt Herberger große Stücke, er wird bei der WM 1958 das deutsche Tor hüten. Herkenrath sagte Jahre später, er sei 1954 nicht zur WM gefahren, um die Amerikareise weiter mitzumachen. Herberger wiederum notierte, er fürchte, Herkenrath würde von seinem Betrieb nicht für die WM freigestellt werden. Herkenrath wäre ohnehin nur als zweiter oder dritter Torhüter mitgereist. Toni Turek war in Herbergers Planungen als Stammtorhüter vorgesehen.

83 Siehe Jürgen Leinemanns Biografie «Sepp Herberger. Ein Leben, eine Legende», S. 302.

84 Anders als seine Teamkollegen stand Werner Liebrich nicht im Spiel gegen die Schweiz in der Startelf. Er kickte stattdessen in der deutschen B-Mannschaft mit, die einen Tag zuvor auf eine B-Auswahl der Schweiz traf. Deutschland verlor dieses Spiel mit 1:3. Werner Kohlmeyer stand in beiden Spielen auf dem Feld.

85 Bernhard Gnegel schreibt in «Das Fritz Walter-Buch», dass er während des

Finals an «Abszessen am unteren Rücken» laborierte. Das ist eine schöne Umschreibung für die wahre Verletzung, die Jürgen Leinemann in seiner Sepp-Herberger-Biografie als Grund für die schwache Leistung des Lauterer Kapitäns nennt: Laut Leinemann plagte Walter ein Hämorrhoiden-Leiden.

86 In manchen Quellen wird suggeriert, der *Spiegel* habe mit diesem Zitat Herberger direkt angegriffen. Tatsächlich schrieb der *Spiegel* dieses Zitat erst nach dem WM-Sieg in einer Lobpreisung auf Herberger. Er beschrieb damit die negative Stimmung, die vor dem Turnier in Fußballdeutschland herrschte – und die sich im Nachhinein als falsch entpuppte.

87 Siehe Werner Skrentnys Buch «Teufelsangst vorm Erbsenberg», S. 16.

88 Siehe Hans Schäfers «Die Schäfer-Ballade», S. 6.

89 Siehe Sonderheft zur Fußballweltmeisterschaft 1954 der Firma Pattex, S. 45.

90 Siehe *Spiegel* 28/1954, S. 24.

91 Die Erlebnisse der südkoreanischen Nationalmannschaft bei der WM 1954 sind eigentlich ein eigenes Buch wert. Höchste politische Kreise beschäftigten sich vor dem Turnier mit der Frage, ob die Südkoreaner überhaupt zur Qualifikation antreten sollten. Schließlich hieß ihr Gegner Japan, jenes Land also, das keine zehn Jahre zuvor Korea besetzt hatte. Nationaltrainer Lee Yoo-Seong erklärte aber: «Wir werden gegen Japan gewinnen. Wenn nicht, schmeißen wir uns ins Meer.» Nach der geglückten Qualifikation begann das finanzielle Dilemma: Die Südkoreaner benötigten einen Zuschuss, um sich die lange Reise überhaupt leisten zu können. Dieser wurde vom Organisationskomitee zwar gewährt, fraß aber einen nicht unerheblichen Teil des Budgets der gesamten Weltmeisterschaft. Einen Teil der Reise von Seoul nach Zürich mussten die Koreaner in einem Flugzeug der US Air Force absolvieren. Einige Spieler kamen erst wenige Stunden vor dem Anpfiff der ersten Partie am Spielort Zürich an. Entsprechend endete Südkoreas erste WM-Teilnahme nach zwei Spielen mit null Punkten und einem Torverhältnis von 0:16.

92 Nicht nur die Fifa, auch Sepp Herberger war sich sicher, dass Deutschland bei der WM auf Spanien trifft. Er hatte das Hinspiel zwischen Spanien und der Türkei im Stadion verfolgt. Noch vor dem Rückspiel schwor er in einem Brief die potenziellen WM-Fahrer auf das Auftaktspiel gegen Spanien ein. So riet er allen, das Kopfballspiel zu üben. Das werde gegen Spanien besonders wichtig.

93 Die Niederlage ereignete sich in einem Freundschaftsspiel gegen die Sowjetunion. Dieses Spiel wird nicht offiziell von der Fifa anerkannt. Manche Quellen schreiben daher, die Ungarn seien seit 1950 ungeschlagen gewesen. Ich beziehe an dieser Stelle das Freundschaftsspiel aber mit ein, weil Ungarn mit zahlreichen Stammspielern angetreten war.

94 Siehe Fritz Walters Buch «3:2. Das Spiel ist aus! Deutschland ist Weltmeister!», S. 24.

95 Siehe Fritz Walters Buch «So habe ich's gemacht», S. 77.

96 Siehe Fritz Walters Buch «3:2. Das Spiel ist aus! Deutschland ist Weltmeister!», S. 24.

97 Werner Skrentny vermutet in seinem Buch «Als Morlock noch den Mondschein traf», Baumann sei aus einem anderen Grund zu Hause geblieben. Der

Nürnberger Verteidiger habe eine bissige Bemerkung gegenüber Fritz Walter gemacht. «Das war das Aus: Sepp Herberger reagierte da sehr empfindlich.»

98 Es gibt widersprüchliche Berichte, was genau zwischen Herberger und Harpers vorgefallen war. Der DFB schreibt in seiner offiziellen Chronik, Harpers sei nachts ausgebüxt und daher suspendiert worden. Harpers selbst fühlte sich später ungerecht behandelt. Im Buch «Jungens, Euch gehört der Himmel!» wird er mit den Worten zitiert: «Der Arbeiterverein [Sodingen] und seine Spieler hatten keine Lobby beim DFB.»

Teil 2 – Der Geist von Spiez

1 DFB und Hoteldirektion achteten tatsächlich penibel darauf, dass keine deutschen Fans oder Journalisten im Hotel übernachteten. Eine Ausnahme musste Sepp Herberger hinnehmen: Ein Reporter der *Sport-Illustrierten* hatte – unabhängig von der deutschen Nationalmannschaft – seinen Aufenthalt im Hotel Belvédère gebucht. Als er erfuhr, dass auch die deutsche Nationalmannschaft dort nächtigen würde, beharrte er erst recht auf seiner Buchung. Der DFB fand dies gar nicht lustig und ignorierte ihn, so gut es ging.

2 Einige Zeit herrschte der Glaube vor, die Mannschaft habe im ersten Obergeschoss residiert. Das lag an der Faulheit der Bediensteten des Belvédère. Nach dem deutschen WM-Triumph pilgerten zahlreiche deutsche Fans nach Spiez. Sie wollten das sagenumwobene Zimmer sehen, in dem Fritz Walter und Helmut Rahn genächtigt hatten. Die Mitarbeiter hatten keine Lust, jedes Mal bis in den dritten Stock hinaufzusteigen. Sie erklärten einfach ein Zimmer im ersten Obergeschoss zum deutschen Zimmer. Heute lassen sich die deutschen Zimmer im Übrigen nicht mehr bestaunen: Die oberen Stockwerke wurden im Zuge von Renovierungsarbeiten abgerissen und neu errichtet.

3 Das Hotel Belvédère gab mir netterweise eine genaue Auflistung der Zimmerbelegung während der WM 1954. Zimmer 302: Horst Eckel & Hans Schäfer. Zimmer 304: Jupp Posipal & Karl Mai. Zimmer 305: Max Morlock & Berni Klodt. Zimmer 307: Albert Pfaff & Richard Herrmann. Zimmer 308: Ulrich Biesinger & Karl-Heinz Metzner. Zimmer 309: Heinz Kubsch & Heinrich Kwiatkowski. Zimmer 310: Hans Bauer & Herbert Erhardt. Zimmer 311: Toni Turek & Paul Mebus. Zimmer 312: Werner Kohlmeyer & Fritz Laband.

4 Heutzutage wird dieser Blick getrübt durch Häuser und Hotels, die in den vergangenen Jahrzehnten gebaut wurden. 1954 stand das Belvédère noch in Alleinlage. Eine Wiese führte direkt hinunter an den See.

5 Siehe Fritz Walters Buch «3:2. Das Spiel ist aus! Deutschland ist Weltmeister!», S. 46–47.

6 Siehe Fritz Walters Buch «3:2. Das Spiel ist aus! Deutschland ist Weltmeister!», S. 47.

7 Siehe Rudi Michels «Deutschland ist Weltmeister», S. 30–31.

8 Zur Frage, warum Herberger Adi und nicht Rudolf die Treue hielt, gibt es unterschiedliche Versionen – je nachdem, ob man bei Adidas oder Puma fragt. Die

Adidas-freundliche Version: Puma-Chef Rudolf Dassler habe Herberger in einem persönlichen Gespräch abschätzig behandelt. «Sie sind ein kleiner König. Und wenn Sie uns nicht passen, wählen wir einen neuen Bundestrainer», soll er gesagt haben. Die Puma-freundliche Version: Adidas habe Herberger unter der Hand Geld gezahlt, damit dieser mit der Nationalmannschaft deren Produkte bewirbt. Solch eine Art des Sponsorings galt in jener Zeit als ehrenrührig.

9 Zu den Spielern, die den Schuh mitentwickelten, gehörte Uwe Seeler. Bei der Junioren-Meisterschaft 1954 trat er in den neuen Schuhen an. Wohlerzogen, wie er war, gab er die Schuhe fein säuberlich geputzt zurück. Adi Dassler bat ihn, das Putzen zu unterlassen: Er wolle schließlich herausfinden, wo der Dreck haften bleibt.

10 Nach der WM behauptete Adidas, die Schraubstollen seien ihre Erfindung gewesen, weshalb ein Streit mit Puma ausbrach, wo man die Erfindung ebenfalls für sich reklamierte. Das Deutsche Patent- und Markenamt stellte 2023 auf seiner Webseite fest, dass weder Adidas noch Puma als erste Firma ein Patent für Schraubstollen anmeldete. Bereits in den Zwanzigerjahren hatten Schuhmacher mit dieser Technologie experimentiert. Alexander Salot wiederum stattete in den Vierzigerjahren Fußballspieler mit Schraubstollenschuhen aus, darunter auch den Nationalspieler Herbert Burdenski. Dennoch setzte sich nach dem deutschen WM-Sieg die Lesart durch, Adidas habe die Schraubstollen erfunden. Ein Verdienst des cleveren Marketings der Firma: Sie bewarb den Schuh großflächig als den «Schuh der Weltmeister». Das Revolutionäre am Schuh waren allerdings ohnehin nicht die Schraubstollen, sondern dessen geringes Gewicht.

11 Zu den Zuschauerzahlen bei den Spielen in der Schweiz gibt es unterschiedliche Angaben. Ich habe die Zahlen der Fifa übernommen.

12 Siehe Fritz Walters Buch «3:2. Das Spiel ist aus! Deutschland ist Weltmeister!», S. 52.

13 Ich habe den Dialog nach Rudi Michels Buch «Deutschland ist Weltmeister» (S. 215) zitiert. Helmut Rahn gab im Interview mit der *Bild* im Jahr 2000 eine weniger jugendfreie Version zu Protokoll: «Eines Tages hat sich Fritz beim Herberger über mich beschwert. Es kam zur großen Aussprache. Herberger fragt mich, was ich vom Fritz Walter halten würde. Ich habe ihn angegrinst: Er ist ein Arschloch.»

14 Siehe Fritz Walters Buch «3:2. Das Spiel ist aus! Deutschland ist Weltmeister!», S. 47.

15 Herberger hatte vor dem Turnier zwar befreundete Journalisten in seinen Plan eingeweiht. Die genaue Aufstellung hielt er allerdings geheim, zumal er angesichts von Karl Mais Erkrankung die geplante Elf umbauen musste. Umso erschütterter war Herberger, als eine Zeitung die Aufstellung korrekt vorhersagte. Sie konnte diese Information nur aus dem Kreis der Mannschaft erhalten haben. Für Herberger kam dies dem Hochverrat nahe. Der Bundestrainer hatte eine Vermutung, wer der Spitzel gewesen sein könnte. Er behielt sie zeit seines Lebens für sich.

16 Siehe Helmut Rahns Autobiografie «Mein Hobby: Toreschießen», S. 91.

17 Siehe Gerd Krämers Buch «Im Dress der elf Besten», S. 267.

18 Siehe Fritz Walters Buch «Der Chef», S. 119.

19 Wenig ist bekannt über den «Klub der Unzufriedenen». Helmut Rahn ist der einzige deutsche Spieler, der sich zur Meuterei bekannt hat. Wann der Ausbruch aus dem Hotel stattgefunden hat, ist unklar. Wahrscheinlich ist, dass die Ersatzspieler die Gelegenheit nutzten, als die Türkei-Spieler bereits einen Tag vor dem Spiel abreisten. Auch über die Frage, welche Spieler dem Klub angehörten, schwieg sich Rahn zeit seines Lebens aus. In seiner Biografie deutet er nur an, dass Alfred Pfaff Teil des Klubs war. Auch Paul Mebus ist ein Kandidat: Ihn sortierte Herberger nach dem Ungarn-Spiel aus, offiziell aufgrund einer Verletzung. Rudi Michel vermutet im Buch «Deutschland ist Weltmeister» (S. 104) jedoch, dass die Verletzung nur eine Ausrede für die Öffentlichkeit darstellte. Herberger hätten «die lustigen Lieder» nicht gefallen, die der Rheinländer «nach dem Debakel unter der Dusche» gesungen hat.

20 Siehe Jürgen Leinemanns Biografie «Sepp Herberger. Ein Leben, eine Legende», S. 314.

21 Siehe Jürgen Leinemanns Biografie «Sepp Herberger. Ein Leben, eine Legende», S. 316.

22 Siehe *Sport-Illustrierte* 8/1954.

23 Siehe Rudi Michels Buch «Fritz Walter. Die Legende des deutschen Fußballs», S. 60–61.

24 Das Spielformat der Weltmeisterschaft 1954 bietet so einige Kuriositäten. Dazu gehört die Tatsache, dass bereits in der Gruppenphase unentschiedene Spiele in die Verlängerung gingen. Die Schweizer Gastgeber wollten nicht, dass zu viele Entscheidungsspiele entstehen. Die wären im Falle mehrerer Punkteteilungen unvermeidlich gewesen. War ein Spiel nach 90 Minuten nicht entschieden, gab es anschließend zweimal 15 Minuten Verlängerung, um vielleicht doch noch einen Sieger küren zu können. So auch beim Spiel Jugoslawien gegen Brasilien. Beide Teams waren durch das 1:1 bereits weiter. Naturgemäß hatte niemand mehr ein Interesse daran, in der 30 Minuten andauernden Verlängerung auf Risiko zu spielen.

25 Siehe Rudi Michels Buch «Deutschland ist Weltmeister», S. 47.

26 Siehe Helmut Rahns Autobiografie «Mein Hobby: Toreschießen», S. 95.

27 Müsste man die Spielorte der WM 1954 aufzählen, wäre eher die Formel «5+1» korrekt. In Basel und Zürich fanden sechs Partien statt, in Bern und Lausanne fünf, in Genf vier. In der sechsten Stadt Lugano fand hingegen nur ein einziges WM-Spiel statt: das Vorrunden-Spiel zwischen Italien und Belgien. Lugano liegt kurz vor der Grenze zu Italien und ist größtenteils italienisch geprägt. Bis heute ist die Amtssprache der Gemeinde Italienisch. In Lugano sahen immerhin 24 000 Zuschauer das (im Nachhinein recht unbedeutende) Gruppenspiel der Italiener.

28 Nach dem Turnier stellte sich heraus, dass es nicht in erster Linie die Hitze war, die Bocquet umwarf, sondern ein Hirntumor. Bocquet konnte zum Glück erfolgreich behandelt werden. Er lebte noch vierzig weitere Jahre.

29 Das 7:5 stellt bis heute den Rekord als torreichste Partie einer Weltmeisterschaft (Stand bis zur WM 2022).

30 Siehe Rudi Michels Buch «Deutschland ist Weltmeister», S. 54.

31 Ironischerweise reagierten die Österreicher auf dieselbe Art. Sie sahen Deutschland als den leichtesten Gegner. Man kann ihnen die Reaktion nicht verdenken. Uruguay schied für sie als Halbfinalgegner aus, da beide Teams in derselben Gruppe gespielt hatten. Die Alternative zu Deutschland hätte also geheißen, gegen die Ungarn spielen zu müssen. Und das wollte während dieser WM niemand.

32 Siehe Fritz Walters Buch «3:2. Das Spiel ist aus! Deutschland ist Weltmeister!», S. 127.

33 Man könnte bemerken, dass sowohl Deutschland als auch Österreich an den Olympischen Spielen 1952 teilgenommen haben. Die BRD erreichte sogar den vierten Platz. Allerdings taten beide Nationen dies mit einer Amateurauswahl. Vertragsspieler durften bei Olympischen Fußballturnieren nicht auflaufen. Sozialistische Länder wie Ungarn schickten dennoch ihre beste Elf zu den Spielen: Ihre Spieler arbeiteten offiziell für das Militär und galten daher als Amateure. Was Deutschland und Österreich betrifft, so gab es nur einen einzigen Akteur, der sowohl an den Olympischen Spielen 1952 als auch an der Weltmeisterschaft 1954 teilnahm: Sepp Herberger.

34 Siehe Jürgen Leinemanns Biografie «Sepp Herberger. Ein Leben, eine Legende», S. 155.

35 Zumindest 21 der 22 Spieler im Kader kickten 1954 für Wiener Vereine. Die Ausnahme stellte Alfred Teinitzer vom Linzer ASK. Da er in der Schweiz kein einziges Spiel absolvierte, habe ich ihn aus der Gleichung ausgeklammert.

36 Siehe Fritz Walters Buch «3:2. Das Spiel ist aus! Deutschland ist Weltmeister», S. 142.

37 Siehe *Spiegel* 28/1954.

38 Einen Nachteil hatte die Wolkenfront: Die Deutschen verpassten die partielle Sonnenfinsternis, die für diesen Tag vorhergesagt wurde. Die schwarze Sonne versteckte sich hinter nicht minder schwarzen Wolken.

39 Siehe Fritz Walters Buch «3:2. Das Spiel ist aus! Deutschland ist Weltmeister», S. 131.

40 Siehe Fritz Walters Buch «3:2. Das Spiel ist aus! Deutschland ist Weltmeister», S. 50.

41 Siehe Fritz Walters Buch «3:2. Das Spiel ist aus! Deutschland ist Weltmeister», S. 141.

42 Betrachtet man altes Filmmaterial, ist es schon reichlich absurd, mit welch harten Fouls die Verteidiger früher durchgekommen sind. Fußball war damals ein wesentlich härterer Sport. Dass Zeman in dieser Szene nicht vom Platz flog, ist mit siebzig Jahren Abstand betrachtet eine absolute Kuriosität. Rahn war bereits an Zeman vorbeigesprintet, als der Torhüter mit voller Absicht Rahns Fuß griff. Selten gab es in der Geschichte des Fußballs eine derart eindeutige Verhinderung eines klaren Tors. Aber um vom Platz gestellt zu werden, musste man damals schon den Gegenspieler mit der Faust niederstrecken.

43 Nicht alle Spieler sind derart brav: Max Morlock verlässt nachts noch das Hotel, laut eigener Aussage, um seine angereiste Frau in deren Hotel zu begleiten.

Spielerfrauen waren im Belvédère nicht geduldet. Bei seiner Rückkehr steht er in Spiez vor verschlossenen Türen. Er muss sich über den Keller in das Hotel reinschleichen und hoffen, dass Herberger seinen Ausflug nicht bemerkt. So beschreibt er es zumindest in seinen Memoiren.

44 Heute würde die Nationalmannschaft am Blausee keine Ruhe finden. Er ist längst eine Touristenattraktion. Acht Schweizer Franken kostet der Eintritt, was einen Besucher zu der Online-Bewertung hinriss, der Blausee sei «der größte Scam der Schweiz». Ich selbst habe den Blausee im Zuge meiner Recherche besucht und fand das Panorama recht reizend. Einen Fisch mit der Hand konnte allerdings auch ich nicht angeln.

45 Allen voran Hans Schäfer. Er gibt in seiner Autobiografie «Die Schäfer-Ballade» zu, dass er Herbergers Verhalten als eine Art Kapitulation vor dem Anpfiff interpretiert hat.

46 Siehe *Bild*-Zeitung vom 3. Juli 1954.

47 Gespräch zitiert nach Fritz Walters Buch «3:2. Das Spiel ist aus! Deutschland ist Weltmeister!», S. 153.

48 In vielen Darstellungen des Finaltags wird behauptet, die deutsche Mannschaft sei mit Optimismus in das Spiel gegangen. Die meisten dieser Darstellungen stützen sich auf Fritz Walter. Die übrigen Spieler malen in ihren Biografien ein differenzierteres Bild. Bei ihnen mischt sich Zuversicht angesichts des einsetzenden Regens mit Skepsis angesichts der hohen Niederlage im Gruppenspiel – siehe die Autobiografien von Helmut Rahn und Max Morlock. Meine Darstellung stützt sich auf die Memoiren von Hans Schäfer. Er entmystifiziert in seiner Autobiografie «Die Schäfer-Ballade» den Morgen des Finals mit recht deutlichen Worten. «Nur der alles vergoldende Rückblick auf die Weltmeisterschaft 1954 weiß zu berichten, wir seien bereits am Morgen jenes entscheidenden 4. Juli in hoffnungsfroher, vor allem entschlossener Stimmung gewesen. Dabei hatten sich unsere Gefühle vor dem Endspiel ganz dem Sauwetter angeglichen.» Diese Darstellung erscheint angesichts der absoluten Außenseiterposition der deutschen Mannschaft stimmig, zumal diese Töne auch bei Rahn und Morlock deutlich anklingen.

49 Die Zahlen in den Quellen schwanken hier erheblich, von 10 000 bis 30 000 deutschen Anhängern ist die Rede.

50 Die Fahne hing laut Angaben der *Frankfurter Allgemeinen Zeitung* aus ganz banalen Gründen nicht: Der Regen hatte sie aufgeweicht. Den Schweizern war es nicht gelungen, die zerfledderte Fahne zu flicken. Ein Ersatz war nicht aufzutreiben. Bauwens hingegen witterte dahinter eine antideutsche Verschwörung, was angesichts seines Verhaltens nach dem Finale noch von Bedeutung sein wird.

51 Das Spiel begann somit mit sieben Minuten «Frühzündung». Das brachte vor allem den deutschen Radiokommentator Herbert Zimmermann in Not: Als seine Radioreportage beginnt, läuft die Partie bereits.

52 Jahrzehnte später wird Hans Schäfer sagen, das zweite Tor hätte eigentlich nicht zählen dürfen: Er habe Torhüter Grosics im Fünfmeterraum zu hart angegangen. Im heutigen Fußball würde Schäfers Einsteigen mit Sicherheit abgepfiffen. Im Jahr 1954 galten noch andere Regeln – im wörtlichen wie im

übertragenen Sinne. Die Hoheit des Torhüters über den Fünfmeterraum war regeltechnisch noch nicht so klar ausdefiniert wie heute. Zudem herrschte in den Fünfzigern allgemein ein rauerer Ton auf dem Fußballplatz. Man musste den Gegner schon klar treffen, damit der Schiedsrichter auf Foul entschied. Schäfers Körpereinsatz gehörte damals meiner Einschätzung nach nicht zu den sanktionswürdigen Vergehen. So hat sich nach dem Spiel auch kaum jemand über Schäfers Einsteigen gegen Grosics beschwert – bis Schäfer selbst das Thema später aufmachte.

53 «Bei den Ungarn wird es zappenduster» ist ein Zitat von Ottmar Walter aus der ZDF-Doku «Wunder von Bern» aus dem Jahr 2004.

54 Siehe Hans Schäfers Autobiografie «Die Schäfer-Ballade», S. 10.

55 Jahrzehnte später behauptete Loogen, Herberger habe ihn in der Kabine bedrängt, Eckel eine schmerzstillende Spritze zu geben. «Ich verneinte, denn das Risiko wäre zu groß gewesen, einen Muskel oder eine Blutbahn zu treffen. Dann hätte Eckel gar nicht mehr spielen können. Ich machte daher ein paar Sprintübungen mit Eckel und sah, dass er ohne Behandlung die zweite Halbzeit durchhalten würde», sagte Loogen 2003 laut dem Portal *Correctiv.org*. Das widerspricht anderen Quellen, nach denen sich Deuser um den verletzten Eckel gekümmert habe. So erwähnt Herbert Zimmermann in seiner Radioreportage, dass Deuser den verletzten Eckel versorgt habe, nicht etwa Loogen.

56 Siehe Helmut Rahns Autobiografie «Mein Hobby: Toreschießen», S. 111.

57 Zitat nach Helmut Rahns Autobiografie «Mein Hobby: Toreschießen», S. 112. Bei Fritz Walter wird dieselbe Szene geschildert, allerdings (wie immer) etwas züchtiger. Demnach habe Fritz gesagt: «Das war doch Abseits, Helmut. Hast du das nicht gesehen?»

58 Alfred Pfaff saß als deutscher Ersatzspieler auf der Tribüne. Er hatte einen guten Blick auf das Geschehen. Bereits wenige Jahre nach dem Finale gab er zu: Aus seiner Sicht lag keine Abseitsposition vor. Jahrzehnte später sind Bilder der Situation aufgetaucht, die Pfaffs These stützen. Puskás stand nicht im Abseits. Linienrichter Griffiths hob fälschlicherweise die Fahne.

59 Siehe Fritz Walters Buch «3:2. Das Spiel ist aus! Deutschland ist Weltmeister!», S. 194.

60 Interessanterweise saßen Lokalpolitiker wie Lauterns Bürgermeister Alex Müller im Berner Wankdorfstadion, jedoch keine Abgesandten der Bundesregierung. Während heutzutage jeder Politiker versucht, sich im Glanz der Nationalelf zu sonnen, galt Distanz in jener Zeit als oberstes Gebot. Sportminister Gerhard Schröder zog es vor, das am selben Tag stattfindende Hamburger Derby zu besuchen. FDP-Minister und Vizekanzler Franz Büchler versuchte indes, enger an die Nationalmannschaft zu rücken. Seine Telegramme nach den deutschen Viertel- und Halbfinalsiegen sorgten jedoch für einen Rüffel des Kollegen Schröder: «Seit wann gehören nationale Siege ins Ressort des Marshall-Plans?»

61 Siehe Fritz Walters Buch «3:2. Das Spiel ist aus! Deutschland ist Weltmeister!», S. 192.

62 Siehe Alfred Georg Frei: «Finale Grande. Die Rückkehr der Fußballweltmeister», S. 28.

63 Zitat von Ottmar Walter aus der SWR-Doku «Bekannt im Land: Im Schatten des Bruders – Ottes, der Held aus der zweiten Reihe».

64 Über die Heimreise der deutschen Mannschaft hat Alfred Georg Frei ein ganzes Buch geschrieben: «Finale Grande: Die Rückkehr der Fußballweltmeister 1954». Das Buch bietet neben vielen interessanten und lustigen Anekdoten zahlreiche Bilder der Heimreise der deutschen Elf. Viele Informationen in diesem Kapitel stammen aus diesem Buch.

65 Siehe Max Morlocks Autobiografie «Max Morlock erzählt», S. 169.

66 Nicht alle goutierten Zimmermanns Formulierung. Die damals noch äußerst mächtigen Vertreter der Kirche beschwerten sich beim Rundfunkrat über die frevlerische Formulierung. Auch Bundespräsident Theodor Heuss verpasste Zimmermann später einen Seitenhieb. Dem Kommentator selbst war die Posse hochnotpeinlich. In der hunderttausendfach verbreiteten, neu vertonten Schallplatten-Version der Übertragung, die wenige Wochen nach dem Finale erschien, nennt Zimmermann Turek nicht mehr einen «Fußballgott», sondern sagt: «Toni, du bist Gold wert!» Er hatte die neuen Worte nachträglich eingesprochen und einfügen lassen.

67 Siehe Rudi Michels Buch «Deutschland ist Weltmeister: Meine Erinnerungen an das Wunder von Bern», S. 152.

68 Siehe Rudi Michels Buch «Deutschland ist Weltmeister: Meine Erinnerungen an das Wunder von Bern», S. 154.

69 Zu den Kindern, die an diesem Tag die Heimkehr der deutschen Nationalmannschaft verfolgten, gehörte auch ein Junge namens Franz Beckenbauer.

70 Die Kritik auf die Rede fiel bereits damals beträchtlich aus. Nationale und auch internationale Zeitungen kritisierten Bauwens' Formulierungen heftig. Der Bayerische Rundfunk klinkte sich mitten in der Radioübertragung der Rede aus. Der offizielle Grund lautete, die Übertragungszeit sei abgelaufen; es wird aber seitdem gemutmaßt, dass die Beendigung der Übertragung mit dem Inhalt der Rede zusammenhing. Tatsächlich bedient sich Bauwens zahlreicher nationalistischer Formulierungen. Ein Transkript findet sich unter https://doi.org/10.12759/hsr.trans.27.v01.2015

71 Der Landkreis Kaiserslautern gab all seinen Schülern frei. Die Schüler in den umliegenden Landkreisen hatten nicht ganz so viel Glück. Das Kultusministerium Rheinland-Pfalz wies alle Schulen an, «zwei bis drei Stunden Unterricht zu halten und anschließend in einer ‹besinnlichen Feier› des deutschen Sportsiegs zu gedenken». So schreibt es die *Rheinpfalz* am 7. Juli 1954.

72 Neben einem Auto und einem Job bei den Düsseldorfer Verkehrsbetrieben durfte sich Toni Turek besonders über die Spendierfreudigkeit seines Vermieters gefreut haben. Der senkte die Monatsmiete seiner Garage von 20 DM auf 15 DM.

73 Ottmar Walters Zitat stammt aus der SWR-Doku «Bekannt im Land: Im Schatten des Bruders – Ottes, der Held aus der zweiten Reihe».

74 Diesen Satz soll Herberger bereits am zweiten Tag nach dem WM-Sieg in Lindau gesagt haben. Ich habe ihn aus dramaturgischen Gründen an diese Stelle verschoben.

Teil 3 – Nach Spiez

1 Siehe Jürgen Leinemanns Biografie «Sepp Herberger. Ein Leben, eine Legende», S. 340.

2 In seiner Autobiografie schreibt Rahn, nicht seine Frau, sondern Toni Turek habe ihm nach einem Spiel geraten, er müsse unbedingt zum Arzt gehen. Angeblich soll dies nach einem Spiel von Rot-Weiss Essen gegen Tureks Klub Fortuna Düsseldorf geschehen sein. Ich habe jedoch kein passendes Spiel gefunden, weder in der Oberliga West noch in den Pokalwettbewerben. Auch bei der Nationalmannschaft war Turek nicht dabei.

3 Zwischenzeitlich hatte das Gerücht die Runde gemacht, dass auch die ungarische Mannschaft Fälle von Gelbsucht zu beklagen hätte. Sandor Kocsis bestritt das gegenüber der *Bild*-Zeitung: «Ich bin in meinem Leben schon hin und wieder ein bisschen blau gewesen, aber gelb war ich noch nie.»

4 Zitat stammt aus der *Bild*-Zeitung vom 8. November 1954. Zitiert nach *Deutsches Ärzteblatt* 23/2010.

5 Ich bin kein Mediziner und habe auch nur sehr begrenzte Ahnung von Themen wie Ernährung und Nahrungsmittelergänzungsmitteln. Beim Thema Vitaminzufuhr muss ich immer an eine Szene der Sitcom *Big Bang Theory* denken. Als die weibliche Hauptfigur Penny im Supermarkt Vitaminpräparate kauft, schnaubt Superhirn Sheldon Cooper nur verächtlich: «Was du da kaufst, sind nur die Zutaten für einen teuren Urin.» Tatsächlich muss man relativ viel Vitamin C zu sich nehmen, um eine Überdosierung zu riskieren. Es hilft dem Körper jedoch auch nicht, mehr als die empfohlene Dosis zu sich zu nehmen. Da Herberger in Spiez auf eine ausgewogene Ernährung achtete, hätten Vitamin-C-Spritzen für die deutschen Spieler allenfalls «teuren Urin» produziert, um es mit den Worten von Sheldon Cooper zu sagen.

6 In einigen Publikationen heißt es, die deutsche Mannschaft habe so oder so gegen keine Regel verstoßen. Zu jener Zeit gab es weder eine Anti-Doping-Agentur noch konkrete Anti-Doping-Bestimmungen. Das Magazin *Correctiv.org* wies 2012 nach, dass dies nicht stimmt. So hat der Deutsche Sportbund 1953 bereits festgestellt, dass Doping unsportlich und damit abzulehnen sei: «Wenn [die Stoffe] wirksam sind, stellen sie einen unphysiologischen Reiz dar. Sie sind also gesundheitsschädigend.» Seien sie hingegen nicht wirksam, gäben sie dem Sportler immer noch ein Gefühl der Überlegenheit. «Sie sind also unsportlich. Das Entscheidende aber ist der Dolus, die Absicht, mit dem diese Medikamente verabreicht werden, nicht das Medikament selbst. In beiden Fällen soll dem Sporttreibenden ein unberechtigter, unsportlicher Vorteil über den Gegner gegeben werden.» Der DFB war als Fachverband des Deutschen Sportbundes an diese Richtlinie gebunden. Das Thema Doping war in jenen Jahren zudem sehr präsent in den Medien, sodass die Öffentlichkeit durchaus sensibilisiert war für das Thema.

7 Helmut Rahn gehört nicht zu diesen Spielern. In seiner Autobiografie bekennt er, dass er Spritzen erhalten habe. In diesen sei Vitamin C gewesen, schreibt er.

8 In manchen Publikationen steht die Behauptung, auch Herberger habe sich mit

Hepatitis infiziert. Das stimmt nicht. Er befand sich in Bad Mergentheim zur Entspannung. Anhänger der Doping-Theorie dürfte interessieren, dass Herberger sich in der Klinik die Unterlagen sämtlicher Weltmeister aushändigen ließ. Er hatte die Klinikleitung zu diesem Schritt überredet mit dem Argument, sonst könnten sie in die Hände der Presse fallen. Ein Schelm, wer Böses dabei denkt.

9 Siehe Jürgen Leinemanns Biografie «Sepp Herberger. Ein Leben, eine Legende», S. 339.

10 Tatsächlich wird es noch einige Zeit dauern, ehe Uwe Seelers Karriere im Nationaldress so richtig Fahrt aufnimmt. Mit vielen Jahren Abstand mag man es kaum glauben, doch Sepp Herberger war zunächst alles andere als angetan vom Hamburger. Ihm missfiel Seelers Angewohnheit, sich ständig ins Mittelfeld fallen zu lassen. Er sah in ihm einen Mittelstürmer und keinen verkappten Spielgestalter. Erst zur Weltmeisterschaft 1958 wird er fester Bestandteil der Nationalelf. Da zwischen den Weltmeisterschaften nur Freundschaftsspiele stattfanden, kann Seeler dennoch mit Fug und Recht als Nachfolger Ottmar Walters bezeichnet werden.

11 Es ist rein spekulativ, aber man könnte die These aufstellen, dass dieser zweite Krankenhausaufenthalt das Leben von Ottmar Walter entscheidend verlängerte. Die Autoren des *Deutschen Ärzteblatts* haben 2010 dargelegt, dass die Hepatitis-Erkrankung die Lebenserwartung der 54er-Weltmeister drastisch gesenkt hat. Die Autoren vermuten, dass mehrere Weltmeister eine chronische Hepatitis-C-Infektion entwickelt hätten. Die Spätfolgen hätten den frühen Tod mehrerer Spieler begünstigt. Tatsächlich starben die meisten Weltmeister von 1954 recht früh. Sie lebten im Schnitt nur 71 Jahre. Die Tode einzelner Spieler lassen sich direkt auf diese Krankheit zurückführen, wie später in diesem Buch noch gezeigt wird. Ottmar Walter wird – Spoiler-Alarm – eines der längsten Leben aller 54er-Weltmeister genießen und erst mit 89 sterben; einzig Hans Schäfer durfte ein Jahr länger auf der Erde verweilen. Dass Ottmar im Gegensatz zu manch anderem Weltmeister seine Hepatitis vollständig auskurierte, dürfte seiner Lebenserwartung nicht geschadet haben.

12 Funktionär Fahrenbach suchte zuvor nach einer außergerichtlichen Einigung zwischen dem FCK und Rot-Weiss Essen. RWE-Mäzen Georg Melches hat seine Sekretärin eine Abschrift des Gesprächs verfassen lassen, man kann diese im Stadtarchiv Essen einsehen:
Fahrenbach: Vielleicht können wir so auseinanderkommen: Kaiserslautern zieht den Protest zurück, Rot-Weiss Essen verpflichtet sich, in Ludwigshafen gegen Kaiserslautern anzutreten.
Melches: Nein, kann im Augenblick nicht in Frage kommen.
Fahrenbach: Danke schön, auf Wiedersehen.

13 Max Morlock wird 1958 noch einmal zur Nationalmannschaft zurückkehren. Um die Weihnachtstage bestreitet er mit der Nationalmannschaft eine Reise nach Ägypten. Herberger tut seinem Weltmeister damit einen Gefallen: Morlock wollte unbedingt die Marke von 25 Länderspielen knacken. In den längerfristigen Planungen von Herberger spielte er aber seit 1956 keine Rolle mehr,

auch wenn er bis 1964 weiterhin Leistungsträger beim 1. FC Nürnberg blieb. 1961 wählten ihn Sportjournalisten sogar zum Fußballer des Jahres.

14 Siehe Fritz Walters Buch «Spiele, die ich nie vergesse», S. 41.

15 Siehe Helmut Rahns Autobiografie «Helmut Rahn. Mein Hobby: Toreschießen», S. 114.

16 Rahns Schilderung des Tores hat Ulfert Schröder in den Siebzigerjahren aufgezeichnet. Das Zitat stammt aus der *FAZ* vom 29. Juni 2002.

17 Siehe Helmut Rahns Autobiografie «Helmut Rahn. Mein Hobby: Toreschießen», S. 198.

18 Heinz Flotho, in jenen Jahren Torhüter des STV Horst-Emscher, erzählte Jahrzehnte später im Buch «Anstoss. Fußball im Ruhrgebiet», Rahn hätte noch auf ganz andere Art Geld verdient. Flotho selbst musste seine Karriere 1954 beenden, da er vom DFB aufgrund eines Gerichtsverfahrens gesperrt wurde. Er war der «Kohlenschieberei» angeklagt. In der Nachkriegszeit hatte sich im Ruhrgebiet ein Schwarzmarkt für Schwarzkohle entwickelt. Flotho wurde erwischt. Er führte Prozesse bis zum Bundesgerichtshof, ehe das Urteil gegen ihn aufgehoben wurde. Mit etwas Bitterkeit blickte er Jahrzehnte später darauf zurück, dass er angeklagt wurde – Helmut Rahn jedoch nicht. Zitat aus dem Buch «Anstoss»: «Helmut Rahn», erzählt Flotho, «sei sein ‹größter Kohlelieferant› gewesen, ohne dass ihn der DFB oder ordentliche Gerichtsbarkeit jemals belangt hätten.» Weitere Belege für diese Anschuldigung vonseiten Flothos gibt es nicht. Sie scheint angesichts der Tätigkeit von Rahns Vater als Kohlelieferant nicht komplett unglaubwürdig.

19 Siehe Jürgen Leinemanns Biografie «Sepp Herberger. Ein Leben, eine Legende», S. 360.

20 Die Reise der deutschen Nationalmannschaft in die Sowjetunion ist eins der spannendsten Kapitel der deutschen Länderspielgeschichte. Leider kann ich im Rahmen dieses Buchs nicht näher darauf eingehen. Ich empfehle Thomas Grimms Buch «Der Kracher von Moskau. Fußball zwischen Politik und Sport – Das Länderspiel Sowjetunion gegen die Bundesrepublik Deutschland am 21. August 1955».

21 Kaiserslauterns Niederlage fand gegen eine kombinierte Mannschaft der besten Spieler des Deutsch-Amerikanischen Fußballbundes statt. Trainiert wurde diese Elf vom Neffen des Bundestrainers: Johann Herberger fügte den Kaiserslauterern ihre einzige Niederlage während der USA-Reise zu.

22 Siehe Webseite der Initiative Leidenschaft – Fritz-Walter-Museum Kaiserslautern: https://www.initiative-fritz-walter-museum.de/erinnerungen/2022/014-usa-teil-02/

23 Siehe Dominic Boldts «Chronik des 1. FC Kaiserslautern», S. 141.

24 Siehe *Rheinpfalz* vom 24. Mai 1957.

25 1960 hätte diese Anordnung beinahe zur Absetzung des Finals des Europapokals der Landesmeister geführt. Der amtierende Deutsche Meister Eintracht Frankfurt hatte sich überraschend für das Endspiel qualifiziert. Dort traf man auf Real Madrid, jene Mannschaft also, in deren Reihen Ferenc Puskás kickte. Die Eintracht war sich zunächst nicht sicher, ob der DFB eine Finalteilnahme

erlauben würde. Der Verband tat es. Vorher musste sich Puskás jedoch entschuldigen. Die Eintracht verlor mit 3:7, Puskás schoss vier der sieben Tore. Im Finale 1959 hatte Puskás indes nicht mitgewirkt. Dieses fand in Stuttgart statt. Da es sich um einen Uefa-Wettbewerb handelte und kein deutsches Team teilnahm, hatte der DFB offiziell keine Handhabe, Puskás' Mitwirken zu verbieten. Er wurde von Real aber nicht aufgestellt. Offiziell war er verletzt. Inoffiziell munkelte man, Real wolle keinen Streit mit den deutschen Hausherren.

26 Siehe Helmut Rahns Autobiografie «Helmut Rahn. Mein Hobby: Toreschießen», S. 145 f.

27 Fritz Walters Zitat stammt aus dem *Kicker* vom 11. März 1957.

28 Zitiert nach *Hamburger Abendblatt* vom 21. Juli 1999.

29 Da sind sie wieder: die berühmt-berüchtigten drei Rahn-Tore. Die Quelle dieser Aussage ist Rahns Autobiografie. Verifizieren konnte ich diese Angabe nicht. Die Saison 1957/58 startete erst zwei Wochen später, es muss sich also um ein Freundschaftsspiel gehandelt haben. Einen passenden Spielbericht habe ich jedoch nicht finden können – was schlicht daran liegen kann, dass selbst der *Kicker* und das *Sport-Magazin* nicht über jedes Testspiel berichteten.

30 Siehe Jürgen Leinemanns Biografie «Sepp Herberger. Ein Leben, eine Legende», S. 370. Leinemann behauptet in dem Buch auch, dass Rahn auf der Polizeizentrale Herberger angerufen habe, damit dieser ihn abholt. Dazu findet sich aber in keiner anderen Quelle ein Beleg. Es hätte auch wenig Sinn ergeben, wenn der Essener Rahn den nahe Mannheim lebenden Herberger mitten in der Nacht aus dem Bett gejagt hätte.

31 Diese Zahl findet sich sowohl in einem zeitgenössischen Artikel des *Sport-Magazins* sowie in den Berichten der Deutschen Presse-Agentur. In einem späteren Artikel des *Kickers* aus dem Jahr 1968 findet sich die Zahl 1,5 bzw. 1,6 Promille.

32 Siehe *Sport-Magazin* vom 21. Juli 1958.

33 Siehe Jürgen Leinemanns Herberger-Biografie «Sepp Herberger. Ein Leben, eine Legende», S. 371.

34 Gespräch zitiert nach Jürgen Leinemanns Herberger-Biografie «Sepp Herberger. Ein Leben, eine Legende», S. 369.

35 Beinahe wäre mit Werner Liebrich ein weiterer Weltmeister von Bern mitgefahren. Herberger hatte überlegt, dem «Löwen von Wembley» ebenfalls zum Comeback zu verhelfen. Liebrich reiste zum Trainingslager vor dem Turnier an. Eine Leistenverletzung entpuppte sich jedoch als derart hartnäckig, dass er kurze Zeit später wieder abreisen musste.

36 Siehe Helmut Rahns Autobiografie «Mein Hobby: Toreschießen!», S. 162.

37 Da die Trikots der deutschen und der argentinischen Mannschaft sich zu ähnlich aussahen, musste vor dem Spiel gelost werden, welche Mannschaft sich umziehen muss. Argentinien verlor. Sie hatten jedoch keine Ersatztrikots eingepackt. Der örtliche Klub IFK Malmö musste ihnen einen Satz leihen.

38 Dieses Tor sorgte nach dem Spiel für wilde Diskussionen. Hans Schäfer drückte Torhüter Břetislav Dolejší mitsamt dem Ball über die Linie – ein klares Foul. Das war aber nicht der Grund, warum die Tschechoslowaken das Tor annullieren wollten. Sie fanden, der Ball war gar nicht hinter der Linie. Dolejší befeuerte

die Debatten, indem er direkt nach dem vermeintlichen Gegentreffer den Ball demonstrativ vor die Linie legte und die Fotografen ermunterte, Fotos zu schießen. Die Bilder gingen um die Welt als Beweis, dass der Ball nicht über die Linie gerollt war.

39 Siehe Helmut Rahns Autobiografie «Mein Hobby: Tore schießen!», S. 174.

40 Hans Schäfer schreibt in seiner Autobiografie, dass der Sekt bei Fritz Walter nicht nur nach den Spielen floss. Während der WM 1958 habe in den Halbzeitpausen stets ein Gläschen für den deutschen Ehrenspielführer bereitgestanden. Er hätte zwar nur daran genippt. Das habe ihm aber neue Kräfte für die zweite Halbzeit verliehen.

41 Das Zitat stammt von der DFB-Webseite: https://www.dfb.de/index.php?id=1002844

42 Siehe *Pfälzische Volkszeitung* vom 12. März 1959, eingesehen von mir im Kaiserslauterer Stadtarchiv.

43 Zitat stammt aus einem *Kicker*-Porträt aus der Spielzeit 1967/68.

44 Das Zitat stammt aus einem *Kicker*-Porträt aus der Spielzeit 1967/68.

45 Siehe *Kicker* vom 11. Juli 1960.

46 Siehe Manuel Neukirchners Buch «Post vom Chef», S. 79 f.

47 Siehe Anton Kehls Buch «Ich war ein Besessener», S. 127.

48 Siehe *Bild*-Zeitung vom 27. Juli 1960.

49 Diese Zahlen stammen aus Thorsten Mosers Buch «Ein Kapitel der deutsch-niederländischen Fußballgeschichte: Helmut Rahn und der Sportclub Enschede». Das Buch befasst sich ausschließlich mit Rahns Jahren in den Niederlanden. Es ist ein hochgradig amüsantes wie interessantes Werk. Viele der Anekdoten aus Rahns Jahren in Enschede stammen aus diesem Buch.

50 Obwohl Rahn nicht mit nach Chile fahren wird, sollte Herberger mit seiner Aussage, zwei Weltmeister von Bern würden 1962 im Kader stehen, recht behalten. Herbert Erhardt fährt tatsächlich mit. Statt Helmut Rahn ist Hans Schäfer dabei. Vor der Weltmeisterschaft hatte Herberger zudem versucht, den 42 Jahre alten Fritz Walter aus dem Ruhestand zurückzuholen. Der reagierte vollkommen schockiert und lehnte kategorisch ab.

51 Siehe Klaus Brinkbäumers Nachwort in Helmuts Autobiografie «Mein Hobby: Tore schießen», S. 215.

52 Zitiert nach Thorsten Mosers Buch «Ein Kapitel der deutsch-niederländischen Fußballgeschichte: Helmut Rahn und der Sportclub Enschede», S. 52.

53 Siehe Jürgen Leinemanns Biografie «Sepp Herberger. Ein Leben, eine Legende», S. 407.

54 Siehe Thorsten Mosers Buch «Ein Kapitel der deutsch-niederländischen Fußballgeschichte: Helmut Rahn und der Sportclub Enschede», S. 68.

55 Während seiner Zeit in Enschede durfte Rahn an einer besonderen Auslandsreise teilnehmen. Er war der erste deutsche Spieler, der mit seiner Mannschaft Israel besuchte. Bei einem der Zwischenhalte hielt Rahn eine Rede. Er erhielt großen Applaus der anwesenden Gäste. Manche von ihnen hatten den Holocaust miterlebt, der zu diesem Zeitpunkt noch keine zwanzig Jahre vergangen war.

56 Erst zur Saison 1965/66 stockte der DFB die Bundesliga auf 18 Teams auf. Die-

se Größe hat sie seitdem behalten – mit einer Ausnahme: Nach der Wiedervereinigung kickten zur Spielzeit 1990/91 20 Teams in der Bundesliga.

57 So manch eine Entscheidung darüber, wer in der Bundesliga spielen darf und wer nicht, sorgte für einen Aufschrei. So grollen Fans von Alemannia Aachen bis zum heutigen Tag, dass ihr Verein nur aufgrund einer vermeintlichen Intervention von Köln-Chef Kremer nicht zur Bundesliga zugelassen wurde.

58 Siehe Ronald Rengs Buch «Spieltage. Die andere Geschichte der Bundesliga», S. 42.

59 Siehe *Sport-Illustrierte* 8/1963.

60 Siehe *Sport-Illustrierte* 8/1963.

61 Siehe Rudi Gutendorfs Autobiografie «Machen se et jut!», S. 66.

62 Siehe Günter Preuß' Autobiografie «Der Kapitän der Zebras», S. 76.

63 Siehe *Sport-Illustrierte* 7/1964.

64 Das Zitat stammt aus einem *Kicker*-Porträt über Rahn aus der Saison 1967/68. Die Aussage soll Rahn bereits während seiner Kölner Zeit getätigt haben. Ich habe sie der Dramaturgie wegen an diese Stelle gepackt.

65 Siehe *Sport-Magazin* vom 14. Oktober 1964.

66 Siehe *Sport-Magazin* vom 19. November 1964.

67 Zur selben Zeit plagte ein Skandal die Fußball-Bundesliga. Raymond Schwab soll Spielern verschiedener Bundesliga-Vereine Geld angeboten haben, wenn diese absichtlich gegen Hertha BSC verlieren würden. Hertha steckte damals im Abstiegskampf. Schwab hatte mit dem Verein in den Jahren zuvor gute Geschäfte getätigt. Ein Abstieg hätte seine Arbeit erschwert. Laut einem *Kicker*-Artikel aus der Saison 1967/68 soll Schwab auch seinen ehemaligen Schützling Helmut Rahn angesprochen haben. Der lehnte das Bestechungsgeld aus moralischen Gründen ab (und weil er gegen Hertha sowieso nicht in der Startelf gestanden hätte). Am Ende der Saison stiegen die Berliner aus einem anderen Grund ab: Ihnen wurde die Lizenz entzogen, da sie verbotenerweise Handgelder an ihre Spieler gezahlt hatten.

68 Beide Zitate stammen aus der *Abendpost* vom 20. November 1965.

69 Siehe *taz* vom 21. Dezember 2013.

70 Siehe *Sport-Illustrierte* 14/1966.

71 Drei haben es immerhin auf die Bank eines Bundesligisten geschafft. Werner Liebrich (1. FC Kaiserslautern) und Heinrich Kwiatkowski (Borussia Dortmund) übernahmen für wenige Wochen interimsmäßig den Trainerposten ihres Herzensvereins, kehrten dann aber ins zweite Glied zurück. Hans Schäfer arbeitete einige Jahre als Assistenztrainer des 1. FC Köln; den Cheftrainerposten übernahm er nie. So manch ein Weltmeister verbitterte ob der Tatsache, dass die meisten Bundesligisten ausländische Trainer bevorzugten. Jupp Posipal sagte 1969 dem *Kicker*: «Ich finde, der beste Beruf ist heutzutage Fußballtrainer in der Bundesliga. Aber da musst du ausländisch oder wenigstens mit Akzent sprechen, am besten wienerisch oder slawisch. Wenn du beispielsweise ein Pferd siehst, musst du einfach sagen: ‹Was für eine wunderhübsche Esel!› Und dann kannst du von den Klubpräsidenten so viel Geld verlangen, wie du willst – du kriegst es ganz bestimmt!»

72 Eine kleine Ausnahme bildet eine Episode in Fritz Walters Leben, bei der er einen kleinen Dorfverein beinahe in die Bundesliga geführt hätte. Zusammen mit einem Mäzen griff Fritz dem SV Alsenborn unter die Arme. In Alsenborn, einem Ort nahe Kaiserslautern, hatte sich Fritz nach der Karriere ein großzügiges Anwesen errichtet. 1962 begann er mit der Unterstützung des Vereins seiner Wahlheimat, er empfahl Spieler und ließ sich beim Training und den Spielen blicken. Ende der Sechziger wäre der Klub sogar beinahe in die Bundesliga aufgestiegen. Der Verein scheiterte jedoch in der Aufstiegsrunde. Fritz schrieb – wie sollte es anders sein? – auch über diese Episode ein eigenes Buch: «Alsenborn. Aufstieg einer Dorfmannschaft».

73 Ottmars Depressionen in den Sechzigerjahren wurden in Aufsätzen über sein Leben kaum aufgegriffen, weder von Rudi Michel noch von Heiner Breyer. Das Stigma, Alkoholismus und Depression als Schwäche zu sehen, überwog in der Kriegsgeneration. Über Probleme redete man nicht gern. So findet sich gerade zur Frage, wieso Ottmar seine Tankstelle aufgeben musste, sehr wenig in späteren Quellen. Ich habe mir aus zeitgenössischen Quellen ein Mosaik zusammengebastelt, das jedoch einige Lücken aufweist. Womöglich handelt es sich bei dem Betreiberwechsel der Tankstelle um den Verkauf von Rheinpreußen an DEA im Jahr 1965; 1954 zumindest wurde in einigen Berichten erwähnt, Ottmar betreibe eine Rheinpreußen-Tankstelle. Andere Quellen, wie etwa ein Bericht in der *Christ & Welt* aus dem Jahr 1969, sprechen hingegen davon, dass Ottmar explizit wegen seiner Alkoholprobleme als Pächter gekündigt wurde. Was wirklich hinter Ottmars Ausbootung als Tankstellenpächter steckt, lässt sich für mich kaum greifen. Ich habe versucht, den Fall so ausgewogen und sachlich darzustellen, wie es mir möglich erscheint.

74 Näheres hierzu findet sich in der *Nordwest-Zeitung* vom 27. Juli 1973.

75 Siehe *Bild*-Zeitung vom 22. Januar 1969.

76 Siehe Manuel Neukirchners Buch «Post vom Chef: Briefe von Sepp Herberger an seine Spieler», S. 70.

77 In einer Quelle steht, dass Ottmar Walter Insolvenz angemeldet habe. Das würde angesichts der hohen Schulden Sinn ergeben. Diese Angabe konnte ich jedoch nicht restgültig verifizieren.

78 Siehe Jürgen Leinemanns Biografie «Sepp Herberger. Ein Leben, eine Legende», S. 342.

79 Siehe Bernhard Gnegels «Das Fritz Walter-Buch», S. 65.

80 Diese Anekdote klingt äußerst reißerisch, wenn man bedenkt, dass der durchschnittliche Lohn eines Arbeiters Mitte der Fünfzigerjahre etwas über 4000 DM beträgt. Hätte jemand sich die Tasche mit den 40 000 DM geschnappt, hätte er folglich knapp zehn Jahre von dem Geld leben können. Die Anekdote wird aber in mehreren Quellen mit exakt diesem Geldbetrag aufgegriffen, u. a. in der Dokumentation «Die Helden von Bern».

81 Zitat nach einem Online-Artikel der *11Freunde*: https://11freunde.de/artikel/das-leben-ein-zweikampf/472393

82 Siehe Rudi Michels Buch «Deutschland ist Weltmeister: Meine Erinnerungen an das Wunder von Bern», S. 181 f.

83 Siehe *Süddeutsche Zeitung* vom 3. Juli 2004.

84 Eine ganz ähnliche Geschichte trug sich bei einem anderen Weltmeister zu. Fritz Laband, 1954 in drei Spielen im Einsatz, verfiel ebenfalls eine Zeit lang dem Alkohol. Er war irgendwann so bankrott, dass er seine Siegermedaille in einem Pfandhaus zu Geld machte. Ernüchtert musste er feststellen, dass die Medaille zwar einen sentimentalen, aber keinen materiellen Wert besaß. Immerhin erhielt er einige Mark für die goldene Uhr, welche die Weltmeister für ihren Triumph von der Fifa erhalten hatten. Ein Hamburger Verlag löste später beides beim Pfandhaus wieder aus. Laband fing sich in den Sechzigerjahren, vor allem dank der Hilfe seiner Frau.

85 Siehe *Sport-Illustrierte* 16/1967.

86 Die Zitate stammen aus einem Zeitungsausschnitt, den ich im Stadtarchiv Kaiserslautern einsehen konnte. Leider konnte ich das Datum des Artikels und die Quelle nicht ermitteln.

87 Der DFB hätte den Helden von einst am liebsten verboten, eine eigene Schallplatte herauszubringen. Denn pünktlich zur Heim-WM soll die amtierende Nationalmannschaft die Charts stürmen. Ihr Hit heißt «Fußball ist unser Leben». Der DFB hat jedoch keine Handhabe, gegen die Weltmeister von Bern vorzugehen. Mit Unterstützung von ehemaligen Nationalspielern wie Fritz Szepan oder Uwe Seeler touren die Weltmeister von 1954 durch die Schlagersendungen des Fernsehens.

88 Siehe *Nordwest-Zeitung* vom 27. Juli 1973.

89 Siehe *Honnefer Volkszeitung* vom 7. Juni 1969.

90 Zitiert nach Klaus Brinkbäumers Nachwort in Helmuts Autobiografie «Mein Hobby: Tore schießen», S. 231. Offensichtlich hat der spätere *Bild*-Kolumnist Franz-Josef Wagner bereits in den frühen Siebzigerjahren seine Artikel im Stakkato-Stil verfasst.

91 Siehe Hans-Josef Justens und Jörg Loskills Buch «Anstoss. Fußball im Ruhrgebiet», S. 49.

92 Dass Rahn direkt nach dem Karriereende für Altherren- und Traditionsteams kickt, missfällt vor allem dem Meidericher SV. Der hatte nach Rahns Vertragsauflösung beim DFB den Antrag gestellt, Rahn als Sportinvalide anzuerkennen. In diesem Falle hätte der MSV auch während der Saison einen Ersatzmann für Rahn verpflichten dürfen. Der DFB schmetterte den Antrag jedoch ab und verwies auf Rahns Auftritte in Altherrenmannschaften.

93 Siehe *Frankfurter Allgemeine Zeitung* vom 22. November 1973.

94 Siehe *Nordwest-Zeitung* vom 1. Juli 1977.

95 Zitat stammt aus der *Süddeutschen Zeitung* vom 27. März 1997.

96 Der Dialog klingt zu schön, um wahr zu sein, wurde aber exakt in dieser Form durch die *Nordwest-Zeitung* vom 6. 7. 1983 überliefert.

97 Siehe *Augsburger Allgemeine* vom 4. März 2004.

98 Siehe Erik Eggers Aufsatz «Die Helden von Bern – alle gedopt?» aus dem «Jahrbuch 2005 der Deutschen Gesellschaft für Geschichte der Sportwissenschaft», S. 105.

99 Siehe *Trierischer Volksfreund* vom 8. März 2004.

Bibliografie

Baroth, Hans-Dieter. *Anpfiff in Ruinen. Fußball in der Nachkriegszeit und die ersten Jahre der Oberligen Süd, Südwest, West, Nord und Berlin.* Klartext Verlag, 1990.

Baroth, Hans-Dieter. *«Jungens, euch gehört der Himmel!» Die Geschichte der Oberliga West 1947–1963.* Klartext Verlag, 1988.

Biermann, Christoph und Ulrich Fuchs. *Der Ball ist rund, damit das Spiel die Richtung ändern kann. Wie moderner Fußball funktioniert.* Kiepenheuer & Witsch, 2004.

Bold, Dominic. *1. FC Kaiserslautern. Die Chronik.* Verlag Die Werkstatt, 2013.

Brüggemeier, Franz-Josef. *Weltmeister im Schatten Hitlers. Deutschland und die Fußball-Weltmeisterschaft 1954.* Klartext Verlag, 2014.

Court, Jürgen. *Jahrbuch 2005 der Deutschen Gesellschaft für Geschichte der Sportwissenschaft.* LIT Verlag, 2006.

Dembowski, Gerd. *Im Revier der Zebras. Die Geschichte des MSV Duisburg.* Verlag Die Werkstatt, 2001.

Deutscher Fußball-Bund. *Fritz Walter. Kapitän für Deutschland.* Verlag Die Werkstatt, 2010.

Escher, Tobias. *Vom Libero zur Doppelsechs. Eine Taktikgeschichte des deutschen Fußballs.* Rowohlt Taschenbuch Verlag, 2016.

Frei, Alfred Georg. *Finale Grande. Die Rückkehr der Fußballweltmeister 1954.* Transit Buchverlag, 1994.

Garthe, Michael und Hans-Peter Schlössler. *Der Mythos von Bern. Und seine Pfälzer Fußballweltmeister.* Rheinpfalz Verlag, 2004.

Gnegel, Bernhard. *Das Fritz Walter-Buch. Die Biographie eines großen Sportsmannes.* Bertelsmann Lesering, 1961.

Grimm, Thomas. *Der Kracher von Moskau. Fußball zwischen*

Politik und Sport. Das Länderspiel Sowjetunion gegen die Bundesrepublik Deutschland am 21. August 1955. Bundeszentrale für politische Bildung, 2015.

Grütter, Heinrich Theodor und Manuel Neukirchner. *Mythos & Moderne. Fußball im Ruhrgebiet*. Klartext Verlag, 2023.

Grüne, Hardy und Dietrich Schulze-Marmeling. *Das goldene Buch des deutschen Fußballs*. Verlag Die Werkstatt, 2015.

Grüne, Hardy. *100 Jahre Holstein Kiel*. Sportverlag, 2000.

Gutendorf, Rudi. *«Machen Se et jut». Vom Deutschen Eck in alle Welt*. Verlag Die Werkstatt, 2004.

Gutendorf, Rudi. *Mit dem Fußball um die Welt. Ein abenteuerliches Leben*. Verlag Die Werkstatt, 2003.

Haug, Joachim. *«Elf Freunde müsst ihr sein!» Einwürfe und Anstöße zur deutschen Fußballgeschichte*. Geschichtswerkstatt, 1995.

Havemann, Nils. *Samstags um halb 4. Die Geschichte der Fußballbundesliga*. Siedler Verlag, 2013.

Hering, Hartmut. *Im Land der tausend Derbys. Die Fußball-Geschichte des Ruhrgebiets*. Verlag Die Werkstatt, 2017.

Herzog, Markwart. *Der «Betze» unterm Hakenkreuz. Der 1. FC Kaiserslautern in der Zeit des Nationalsozialismus*. Verlag Die Werkstatt, 2009.

Hohlfeld, Michael. *Fußball-Weltmeisterschaft 1954*. Verlagsgruppe Weltbild GmbH, 2005.

Jähner, Harald. *Wolfszeit. Deutschland und die Deutschen 1945–1955*. Rowohlt Berlin Verlag, 2019.

Justen, Hans-Josef und Jörg Loskill. *Anstoss. Fußball im Ruhrgebiet*. Verlag Gronenberg, 1985.

Jürgens, Tim und Philipp Köster. *Lieber Herr Bundestrainer! Briefe, die die Fußballwelt bewegten*. Wilhelm Heyne Verlag, 2022.

Karlauf, Thomas. *Deutsche Freunde. Zwölf Doppelporträts*. Rowohlt Berlin Verlag, 1995.

Kasza, Peter. *1954. Fußball spielt Geschichte. Das Wunder von Bern*. Bundeszentrale für politische Bildung, 2004.

Kehl, Anton. *«Ich war ein Besessener, einer, der nach letzter Erkenntnis aus war». Sepp Herberger in Bildern und Dokumenten.* List Verlag, 1997.
Krämer, Gerd. *An Tagen, da das Endspiel war. 60 Jahre Deutsche Fußballmeisterschaft.* Wilhelm Limpert Verlag, 1963.
Krämer, Gerd. *Im Dress der elf Besten. Geschichte und Geschichten der Deutschen Fußball-Nationalmannschaft.* Friedrich Bassermann'sche Verlagsbuchhandlung, 1961.
Kürten, Dieter. *Drei unten, drei oben. Erinnerungen eines Sportjournalisten.* Rowohlt Verlag, 2003.
Leinemann, Jürgen. *Sepp Herberger. Ein Leben, eine Legende.* Rowohlt Berlin Verlag, 1997.
Maylahn, Erich. *Auflistung der KLV-Lager.* Projekt Verlag, 2004.
Mayr, Stefan. *Unter Bombern. Fritz Walter, der Krieg und die Macht des Fußballs.* Riva Premium, 2021.
Meisel, Heribert. *Tor! Toor! Tooor! Erlebnisse eines Sportreporters.* Gutenberg, 1954.
Meisl, Willy. *Soccer revolution.* Phoenix Sports Books, 1955.
Michel, Rudi. *Deutschland ist Weltmeister! Meine Erinnerungen an das Wunder von Bern 1954.* Südwest-Verlag, 2004.
Michel, Rudi. *Fritz Walter. Die Legende des deutschen Fußballs.* Engelhorn Verlag, 1995.
Morlock, Max. *Maxl Morlock erzählt. Von der Schülerelf zur Weltmeisterschaft.* Süddeutscher Verlag, 1955.
Moser, Thorsten. *Ein Kapitel der deutsch-niederländischen Fußballgeschichte. Helmut Rahn und der Sportclub Enschede.* Books on Demand, 2020.
Neukirchner, Manuel. *Deutschland, dein Fußball! Eine Kulturgeschichte in 44 Objekten.* Edel Sports, 2022.
Neukirchner, Manuel. *Post vom Chef. Herbergers Briefe an die Weltmeister.* Deutsches Fußball Museum Edition, 2019.
Neumann, Dr. Florian. *Hotel Belvédère. 100 Jahre.* August Dreesbach Verlag, 2008.
Peiffer, Lorenz und Dietrich Schulze-Marmeling. *Hakenkreuz*

und rundes Leder: Fußball im Nationalsozialismus. Verlag Die Werkstatt, 2008.

Preuß, Günter. *Der Kapitän der Zebras.* Books on Demand, 2014.

Pyta, Wolfram. *Der lange Weg zur Bundesliga. Zum Siegeszug des Fußballs in Deutschland.* LIT Verlag, 2004.

Rahn, Helmut. *Mein Hobby: Tore schießen.* Deutsche Verlags-Anstalt, 2004.

Raithel, Thomas. *Fußballweltmeisterschaft 1954. Sport – Geschichte – Mythos.* Bayerische Landeszentrale für politische Bildungsarbeit, 2004.

Raupp, Werner. *Toni Turek – «Fußballgott». Eine Biographie.* Arete Verlag, 2019.

Reng, Ronald. *Spieltage. Die andere Geschichte der Bundesliga.* Piper Verlag, 2013.

Rohrbacher-List, Günter. *Im Herzen der Pfalz. Die Geschichte des 1. FC Kaiserslautern.* Verlag Die Werkstatt, 2007.

Schäfer, Hans und Helmut Eickelmann. *Die Schäfer-Ballade. So erlebte ich die große Welt des Fußballs.* DuMont Schauberg, 1964.

Schlüper, Johann-Günter. *Bern, 4. Juli 1954.* J.-G. Schlüper, 2004.

Schulze-Marmeling, Dietrich und Hubert Dahlkamp. *Die Geschichte der Fußball-Nationalmannschaft.* Verlag Die Werkstatt, 2008.

Schwarzmüller, Theo. *Heimat Pfalz. Gedanken und Erinnerungen.* Institut für pfälzische Geschichte und Volkskunde, 2006.

Setzpfand, Walter. *Max Morlock. 13. Meine Glückszahl.* Copress Verlag, 1961.

Skrentny, Werner. *Als Morlock noch den Mondschein traf. Die Geschichte der Oberliga Süd 1945–1963.* Klartext Verlag, 1993.

Skrentny, Werner. *Teufelsangst vorm Erbsenberg. Die Geschichte der Oberliga Südwest 1946–1963.* Klartext Verlag, 1996.

Smit, Barbara. *Drei Streifen gegen Puma. Zwei verfeindete Brüder und der Kampf um die Weltmarktführerschaft.* Campus Verlag, 2005.

Unschuld, Dirk. *Im Zeichen des Geißbocks. Die Geschichte des 1. FC Köln*. Verlag Die Werkstatt, 2014.

Verband Odenwälder Museen. *Vergessene und verdrängte Geschichte(n). Kolloquium anlässlich des Internationalen Museumstages am 21. Mai 2017 in der KZ-Gedenkstätte Neckarelz*. Verband Odenwälder Museen e.V., 2019.

Vinke, Hans. *Die goldene Ära des Hamburger SV. 1947 bis 1963*. AGON Sportverlag, 2008.

Walter, Fritz. *3:2. Das Spiel ist aus! Deutschland ist Weltmeister!* Copress Sport, 1954.

Walter, Fritz. *Der Chef. Sepp Herberger*. Copress Verlag, 1964.

Walter, Fritz. *So habe ich's gemacht. Meine Fußballschule*. Copress Verlag, 1962.

Walter, Fritz. *Spiele, die ich nie vergesse*. Copress Verlag, 1955.

Wick, Uwe und Georg Schrepper. *Deutscher Meister ist nur der RWE. Die goldenen fünfziger Jahre von Rot-Weiss Essen*. Verlag Die Werkstatt, 2015.

Wilson, Jonathan. *Inverting the pyramid: A history of football tactics*. Orion, 2008.

Wilson, Jonathan. *The Names Heard Long Ago: How the Golden Age of Hungarian Football Shaped the Modern Game*. Blink Publishing, 2019.

Weitere Quellen umfassen u.a. archivierte Druckausgaben der *Abendpost*, der *Bild*, der Zeitschrift *Christ & Welt*, des *Fünf-Uhr-Tages-Blatts*, des *Kickers*, der *Kristall-Illustrierten*, der *Rheinpfalz*, der *Sport-Illustrierten*, des *Sport-Magazins*, des *Sterns* sowie der *Welt*. Außerdem habe ich recherchiert in den Online-Archiven des Magazins *11Freunde*, der *Augsburger Allgemeinen*, der Webseite *Betze-brennt.de*, der BBC, des Magazins *correctiv.org*, des *Deutschen Ärzteblattes*, der Webseite des DFB, der *Frankfurter Allgemeinen Zeitung*, der *Fränkischen Nachrichten*, des *Hamburger Abendblattes*, der *Honnefer Volkszeitung*, der Initiative Leidenschaft des Fritz-Walter-Museums Kaiserslautern, der Webseite *Josimar.no*, des *Kickers*, der *Kölnischen Rundschau*, der *Nordwestzeitung*, der *Saarbrücker Zeitung*, des *Spiegels*, der *Süddeutschen Zeitung*, der *taz*, des *Trierischen Volksfreunds*, der *Westdeutschen Allgemeinen Zeitung*, der *Westfälischen Nachrichten* sowie der *Zeit*. Teilweise habe ich Zugriff auf diese Archive erlangt über die elektronische Zeitschriftenbibliothek der Staats- und Universitätsbibliothek Hamburg. Hinzu kommen Recherchen in den Unterlagen des Hauses der Essener Geschichte, des Stadtarchivs Kaiserslautern, des Bundesarchivs sowie im Archiv des Hotels Belvédère in Spiez.

Bildnachweis

Seite 26: Archiv Holstein Kiel
Seite 45: RWE-Archiv/Georg Schrepper
Seite 55: aus: Deutscher Fußball-Bund. *Fritz Walter. Kapitän für Deutschland.* Verlag Die Werkstatt, 2010/Archiv des 1. FC Kaiserslautern
Seite 81: picture-alliance/KEYSTONE/Photopress-Archiv/Str
Seite 89: RWE-Archiv/Georg Schrepper
Seite 100: ullstein bild
Seite 109: RWE-Archiv/Georg Schrepper
Seite 114: ullstein bild
Seite 119: Stadtarchiv Ludwigshafen
Seite 144: RWE-Archiv/Georg Schrepper
Seite 147: Haus der Geschichte Baden-Württemberg, Sammlung Gebr. Metz, Stuttgart (mit freundlicher Unterstützung von Rainer Neumahr)
Seite 152: picture-alliance/dpa/Kurt Rohwedder
Seite 168: ullstein bild – RDB
Seite 180: picture-alliance/KEYSTONE/Photopress-Archiv/Str
Seite 207: ullstein bild
Seite 217: ullstein bild – RDB
Seite 232: picture-alliance/AP Photo
Seite 245: picture-alliance/dpa
Seite 250: picture-alliance/dpa/Georg Göbel
Seite 257: Berthold Fischer/Süddeutsche Zeitung Photo
Seite 271: ullstein bild
Seite 278: Foto Bachem
Seite 291: IMAGO/Horstmüller
Seite 316: IMAGO/Horstmüller
Seite 324: IMAGO/Horstmüller
Seite 336: de.m.wikipedia.org/wiki/Datei:SC_Enschede_tegen_

DOS_3-2_Helmuth_Rahn_%28rechts%29_in_duel_met_Okhuisen_%28DOS%29,_Bestanddeelnr_911-5201.jpg/National Archief der Niederlande, Foto Wim van Rossem/Anefo (CC0 1.0 Universell)

Seite 352: Horstmüller/Süddeutsche Zeitung Photo

Seite 372: IMAGO/Rust

Seite 383: Sandra Behne/Bongarts/Getty Images

Tobias Escher

Was Teams erfolgreich macht

Die Formel hinter dem Triumph von Bayern München, Liverpool und Co.

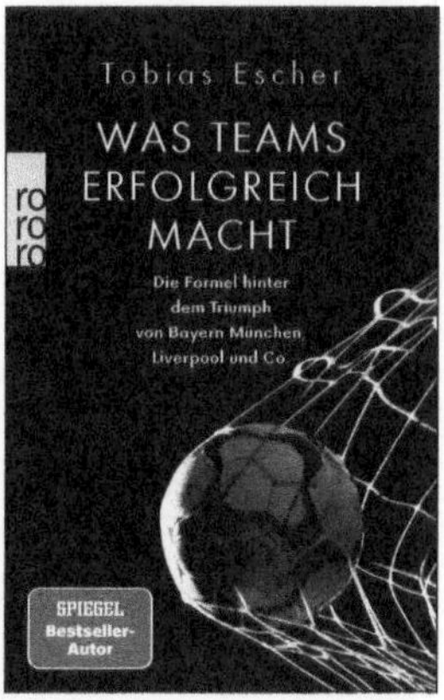

272 Seiten

Warum dominiert Bayern München den deutschen Fußball, und wieso gewinnt Real Madrid immer wieder die Champions League? Wie schafft es der SC Freiburg, mit relativ kleinem Budget regelmäßig einen Top-Tabellenplatz zu erringen, und weshalb stellt der FC Liverpool theoretische Physiker an? Technik, Taktik, Psychologie, Gruppendynamik, Fitness, sogar die Länge der Rasenhalme: Jeder noch so kleine Faktor kann über Sieg oder Niederlage entscheiden. Und doch stehen seit Jahren dieselben Klubs an der Spitze. Tobias Escher analysiert die derzeit erfolgreichsten Vereine und entschlüsselt die Geheimnisse und Strategien der großen und kleinen Sieger des europäischen Fußballs. Dabei zeigt er, wie der moderne Fußball funktioniert und wie er sich im vergangenen Jahrzehnt entwickelt hat.

Weitere Informationen finden Sie unter **rowohlt.de**